见识城邦

图书在版编目（CIP）数据

竞逐富强：公元1000年以来的技术、军事与社会 /
(美) 威廉·麦克尼尔著；孙岳译. -- 北京：中信出版
社, 2020.12

书名原文: The Pursuit of Power: Technology,
Armed Force, and Society since A.D. 1000

ISBN 978-7-5217-2089-1

Ⅰ. ①竞… Ⅱ. ①威… ②孙… Ⅲ. ①军事史－西方
国家－通俗读物 Ⅳ. ①E19-49

中国版本图书馆CIP数据核字(2020)第172880号

竞逐富强——公元1000年以来的技术、军事与社会

著　　者：[美] 威廉 · 麦克尼尔
译　　者：孙岳
出版发行：中信出版集团股份有限公司
　　　　　（北京市朝阳区惠新东街甲 4 号富盛大厦 2 座　邮编　100029）
承 印 者：北京通州皇家印刷厂

开　　本：787mm × 1092mm　1/16　　印　　张：28.25　　字　　数：378 千字
版　　次：2020 年 12 月第 1 版　　印　　次：2020 年 12 月第 1 次印刷
京权图字：01-2020-4912
书　　号：ISBN 978-7-5217-2089-1
定　　价：98.00 元

目　录

中文版序言

本书1982年问世，那时冷战还在进行中，人们内心异常焦虑。而且正因冷战中资本主义社会与共产主义社会之间的激烈竞争，威廉·麦克尼尔在书中刻意凸显了指令经济与市场经济在组织军事与技术方面异常鲜明的差异。他在1941—1946年还曾在美国陆军服役，这段经历也教会了他许多有关军事组织和军事技术的知识，而这些知识后来也成为他理解一般社会运作的核心工具。

然而这本书的写作却是在麦克尼尔退役差不多20年以后。他在该书最初的序言中称，有书评人（即乔治敦大学的卡罗尔·奎格利）认定自己获奖的世界史著作《西方的兴起》（1963年）花大篇幅凸显了公元1000年以前军事技术及军事组织的重要性，但在此时段之后却全然忽略了这一主题。所以《竞逐富强》一书可谓弥补这一缺憾之举。

不过该书还同时试图弥补《西方的兴起》叙事中的另一缺憾。20世纪60—70年代，麦克尼尔就总觉得自己撰写的世界史缺少了非常关键的一环，即中国宋朝时出现的市场社会（也有人称之为"资本主义"）。麦克尼尔的主张是：中国在11世纪开启了大规模的市场运作模式，以市场原则引导社会行为，在此后的数个世纪，这种运作模式传播至欧亚大陆多地并在西欧社会生根发芽、茁壮成长。

麦克尼尔坚信，宋代的创新使世界史的发展步入了一个崭新的阶段，即它开启了长达千年之久的非比寻常的社会活力及随之而来的动荡不安。在此前的年代，政治及军事精英总想方设法遏制在技术、经济关系和社会结构方面出现的创新，他们伙同各级官僚操控着整个“指令经济”体制，在这种体制下，极端保守的国王和皇帝差不多总能遂愿，而其旨意也恰恰在维护既有的权力架构。但在宋代创新之后，私营业主和逐利的商人生产出越发致命的大量武器，此时的国王和皇帝为保持自身在军事上的领先地位，不得不及时追踪最先进的军事创新，甚至为此不惜一切代价。就这样，军事变得越发商业化，而且比以往更难以规约和管理。

不过这段历史虽由中国开启，其最精彩的部分却在欧洲。全书用四分之三的篇幅讲述欧洲在技术、经济组织及政治权力三方面的互动。正是由于欧洲近代早期在技术、经济和政治上的这种动荡不安与活力四射，才使得欧洲人在1800年之后脱颖而出并凭借武力走向全球。

麦克尼尔将本书看作他在1976年出版的全球史著作《瘟疫与人》一书的姊妹篇，后者追溯流行病对人类社会发展的影响及其发生规律。书中提出一种有关人类社会发展的格局观，他称之为微寄生（micro-parasitism）与巨寄生（macro-parasitism）现象。在此，微寄生是指致人生病的病原体，包括病毒和细菌，而巨寄生特指统治阶级和军事专家，他们不事稼穑，却能从为数众多的劳动者中间榨取大量资源。这一对概念可谓塑造麦克尼尔20世纪70年代世界史学思想的关键。

但诚如他在本书序言中所言，他后来在书中实际上完全抛弃了“巨寄生”概念。“巨寄生”这个词颇显不妥，因为“寄生”常被用于政治谩骂的话语中，马克思称资产阶级为“寄生虫”，纳粹用“寄生”诋毁犹太人。麦克尼尔发现：在历史叙事中使用这个词更容易引起误解。但更为根本的是，他认识到：统治者和军事专家是为供养他们的平民提供了某种服务的，至少他们自己认为他们为平民提供了防卫服务，使其免遭外敌的攻击。就其实实在在地提供防卫服务这一点而言，统治者和军事专家其实并非寄生，而是与被保护的民众实现了共生。正因为如此，他在该书的序言之后再也没有使用“巨寄生”这个词，这一点亦可谓他在世界史学思想上发生了某种转向。

在该书的结尾处，麦克尼尔对未来进行了遐想，其实他很少在笔头这样做。和20世纪80年代早期的许多人一样，他也认为美苏之间的军备竞赛令人惊骇。他主张：只有世界政府——或用他自己的话说就是“全球帝国”（empire of the earth）——才能阻止核毁灭的厄运。他觉得在未来的某个时刻，当人类回望公元1000—2000年这段长达千年的历史时，会发现这个时段在技术、经济组织和政治权力三者之间关系方面迥异于世界历史的主流，即指令经济模式。他这样说实际上就等于预测资本主义必然走向灭亡，虽然他从来没有这样直说。他认为未来会更接近远古的模式，即宋代创新之前的那个样子，创新实际上打破了技术、经济组织和政治权力三者之间颇为平衡的关系，至少麦克尼尔是这样看的。

只不过40年后，麦克尼尔的预言未能兑现。世界政府还遥不可及；苏联（及其后继的多个国家）和中国的指令经济业已不再，反倒向私营企业模式靠近。也就是说，麦克尼尔的预言有可能是错误的，但也有另一种可能，即麦克尼尔的预言还有待成真。麦克尼尔在这部著作及其他多部著作中，动辄以数世纪甚至数千年的尺度考察历史格局，以这种尺度视之，40年的证据可能太微不足道了。

麦克尼尔2016年去世了。他生前总是将本书及《瘟疫与人》、《西方的兴起》视为自己毕生最出色的学术著作。且不管他对未来的预测是否准确，他对历史及长时段发展格局的解读还是颇令人信服的，所以还有美国名牌大学的教授们布置他的这些作品给自己的学生研读，特别是在有关战略、安全和军事的课程中。在军校受训的军人也还在读这本书。而对那些对军事——尤其是军事的经济、技术和政治的全方位背景——感兴趣的读者而言，《竞逐富强》一书还有众多的教益可挖掘。

约翰 · R. 麦克尼尔

（威廉 · 麦克尼尔之子、美国著名历史学家）

2020 年 7 月 23 日于美国乔治敦大学

序　言

《竞逐富强》本意上说，是要作为我的早期著作《瘟疫与人》一书的姊妹篇。后者追溯人类与微寄生物互动过程中的重大事件，尤其是生物体不时经历的相对突兀的生态位变化，这种变化往往发生在新的变异或生物体突入某种新的地理环境之际，会使生物体暂时突破原有的生态条件制约。本书的思路与此相近，只不过探讨的对象转到了人类，即巨寄生现象的变化规律。病菌是人类必须应对的最主要的微寄生物，而人类同样必须学会应对的巨寄生物中最重要的却是人本身，有些人善于玩弄暴力，不直接从事生产就能获得其日常消费的食物和其他必需品。细思便不难发现，研究人类之间盛行的巨寄生现象实际上就是研究武装力量的组织，尤其是不同时代的战士所使用的不同的武器装备。武器装备的变化恰似微生物自身内部的基因变化，也就是说，伴随时代的演进，它们会开辟新的资源地界，或突破既有社会设定的对武力使用的条件制约。

不过我在描述人类武装力量组织方式的变化时，没有使用流行病学和生态学的术语。之所以这样，部分原因在于本书研究的所谓“巨寄生现象”严格说来只是一种隐喻延伸，而另一部分原因在于强有力的武装力量与支撑其存在的社会之间的共生优势一般都超过了寄生所带来的资源消耗。微寄生物与宿主之间的共生关系在疾病生态学中也同样非常重要。事实上，我在《瘟疫与人》一书中曾提出：文明的——也就是说曾感染过疾病的——人群要比孤立的社区拥有无可比拟的巨大优势，因为后者一旦遭遇新环境，就会有未曾感染疾病者感染无以名状的新疾病。同理，一支装备精良、组织有序的武装力量，在与不善此道的社会发生接触时，也会给后者以致命打击。换言之，双方交战，相对较弱的群体会损失惨重，损失的原因在于强势一方的军事优势会带来经济和流行病入侵。但不管具体的因素是何种组合，无法以武力捍卫自身以免遭外敌侵害的社会总会失去自主权，继而失去群体对社会的认同感。

战争和有组织的人类暴力活动总是难免让人有一种爱恨交织的异常矛盾的心态。一方面，作为社会性的最高表现形式，人们会竭力颂扬英雄主义、自我牺牲精神及超凡勇猛。士兵们只有做到团结一致，才能实现无坚不摧。事实上，人类似乎有这样一种天性，他们需要有敌人去惧恨、去全力消灭，因为只有这样才能做到同仇敌忾、共担风险并争取最后胜利。我们远古时期狩猎的祖先正因此才过上团结协作的生活，虽然那时候他们的敌手更多是动物而非其他人。但久而久之，这种发端于远古的人类心性却至今仍与我们同在，潜藏在我们的表层意识之下，使现代人随时能够步入战争。

可另一方面，有组织地杀戮生命、毁坏财产为现代人所深恶痛绝，尤其自 1945 年人类杀戮能力得到巨大提升以来，此时的人类完全可以彼此不见面而实现远距离的大规模杀戮。相比于旧时徒手搏斗时代发端于强健肌肉的英雄气概或凶残野蛮，现代战争技术早已使前者显得无足轻重，甚至可以忽略不计。战争工业化的历史虽不过一个多世纪而已，但由此迸发的巨大力量却一举荡涤往昔全部的勇武之道，即便人类自远古继承而来的集体使用暴力的心理倾向依然还在。这是一种极其危险的不稳定的变局。由此也就生发了我们这个时代一个亟待拷问的大问题，即武装力量、军事技术和人类社会如何能够继续共存的问题。

考察往昔人类对强权的追求并分析技术、军事和社会三者之间关系变化的格局当然不足以使我们摆脱当前的困境，但正如通常意义的历史研究一样，这种考察和分析足以拓宽我们的视野并提升我们的判断力，使各式各样简单粗暴的解决方案或彻底的绝望都显得不再令人信服。在日渐逼近的灾难面前摸索前行是所有人类过去共同的命运。我们和我们的后人也许同样得这么做。此外，鉴于我们每天都必须做出行动的决策，多了解一点儿我们人类究竟是如何步入当今窘境的历史可能不无裨益。

《竞逐富强》一书试图验证笔者一个谦卑的信念：懂得这类知识还是有用的，甚至会因此变得更为明智理性。不过哪怕这一信念终归虚幻，笔者的内心还是深藏着一种恬淡却真实的获取真知的喜悦：既解彼世多奇谲，又明何以通未来。

始料未及的是，本书的撰写差不多前后经历了 20 年时间。本书最初的构想来自读者对《西方的兴起》一书的批评，即那部书稍微概括了一下早期历史中军工技术与政治格局之间的互动关系，而对现代历史的这一部分却未做任何交代。因此，《竞逐富强》可谓《西方的兴起》一书的一个迟来的注脚。

这些年来，我对技术、军事和社会之间关系的思考极大程度上得益于芝加哥大学的历届学子，他们耐心地听我在课堂上讲述我的这些看法，不失时机地表现出自己的兴致、热情、怀疑，甚至不解。我从芝加哥大学以下博士生的毕业论文中更是获益颇多，一方面是不可多得的新知，另一方面是帮我避免了不该犯的错误，他们是：巴顿·C.哈克（Barton C. Hacker）、沃尔特·迈克道格尔（Walter McDougall）、斯蒂芬·罗伯茨（Stephen Roberts）、霍华德·罗森（Howard Rosen）和乔恩·苏密达（Jon Sumida）。

我在芝加哥大学的同事约翰·博耶（John Boyer）、何炳棣（Ping-ti Ho）、哈利尔·伊纳尔哲克（Halil Inalcik）和埃米特·拉尔金（Emmet Larkin）阅读了本书的全部或部分书稿。此外，牛津大学的迈克尔·霍华德（Michael Howard）和哈特穆特·波格·冯·斯特兰德曼（Hartmut Poggo von Strandmann）、东英吉利大学的保罗·肯尼迪（Paul Kennedy）、美国空军总部的约翰·吉尔马丁（John Guilmartin）及科罗拉多学院的丹尼斯·肖沃尔特（Dennis Showalter）均曾慷慨为我的学术提问作答。我还要特别感谢中国史专业的三位研究生，其中休·斯科金（Hugh Scogin）和李中清（James Lee）来自芝加哥大学，史蒂文·萨吉（Steven Sagi）来自夏威夷大学，他们三人对本书第二章的科研和撰写颇有兴致且让我领略了其中错综复杂的中国史学。剑桥大学的罗宾·耶茨（Robin Yates）还对第二章的文稿进行了润色。

最后，我要感谢芝加哥大学以外相关机构的热情支持和培育：夏威夷大学 1979 年冬曾邀我以伯恩斯客座教授（Burns Visiting Professor）的身份就本书的主题做详细阐述，而牛津大学及其下属的贝利奥尔学院（Balliol College）也在 1980—1981 年聘我为伊斯曼教授（Eastman Professorship）讲解本书的主题。

正是在这种鼓励和激励下，我最终才得以完成此书。当然，本书还难免存在这样那样的缺陷甚至讹误，对此我承担全部责任。但我还是要说：若不是我的妻子伊丽莎白（Elizabeth）和女儿鲁斯（Ruth）的悉心叮咛和嘱托，这类缺陷和讹误还会更多，因为她们曾不间断地严令我说：要写作就必须言所欲言，要达意就必须言简意赅。

威廉·麦克尼尔

1981 年 11 月 28 日

第一章

古代的武器与社会

从某种意义上说，战争工业化同文明本身一样古老，因为青铜冶炼技术从一开始引入便使得技艺娴熟的匠人成为生产刀剑甲胄不可或缺的人才。另外，此时的青铜还相当稀缺且异常昂贵，所以只有极少数特权武士才可能拥有全套的装备。因此，专职武士同技术专家一道出现，前者几乎完全垄断后者的产品，至少一开始的时候是这样。

但“战争工业化”一词其实并不适用于古代的河谷文明，无论是美索不达米亚、古埃及，还是古印度、古中国。首先，那时的祭司和寺庙与武士和将领争相享用青铜产品及其他奢侈品，而最初统治者的权力可能更多基于其僧侣身份而不是军人身份。其次，当时社会绝大多数人是在田地里耕耘的农民，只有勤勉劳作才能生产足够的粮食，真正的剩余产品数量很少，所以作为僧侣祭司或军人的统治者以及工匠也都很少。而且在这少数人的群体当中，工业化的成分也相当不显眼。刀剑盔甲一旦铸就便要长期使用，哪怕在征战中变钝或者有了损伤，也只好稍加磨砺或锤打然后接着使用。可以想见，那时生产刀剑盔甲的匠人还是很少的，肯定要比勇猛的武士少得多。

由于锡、铜矿石不常在同一地方出现，而且由于锡矿石本来就相对稀少且路远难求，所以限制古人从事冶金和武器制造的关键因素更多是金属及矿石的发现和采掘，其次才是生产的技艺。换句话说，从事贩卖和运输的人甚至比工匠还要重要。因此，公共政策的制定者必须把与可能的金属供应商的关系考虑进去，哪怕这些供应商处于其直接行政管辖的范围之外。同时，政府要保障商路的畅通，使其不受对手或强盗的骚扰，要做到这一点虽有时困难重重，但的确非常重要。而另一方面，时人常觉得只要有相应的技术传统在，从人群中找些技术娴熟的金属工匠总不成问题。

当时打起仗来，人们依靠的通常是既有的武器装备，得失也不过是战场上的缴获或损失而已。比较而言，军队最不可或缺的是粮草，粮草是否充足决定着战事和军队的规模。不过有时也存在例外，比如传染病的暴发会突然改变战争的走势，例如公元前 701 年亚述人进攻耶路撒冷时遭遇的离奇惨败，这一事件甚至被记到了《圣经》里面。[1]

防范疾病或其他惹怒诸神的恶行是僧侣祭司的职责所在，其使用的手段是宗教仪式和祈祷，而增加军队的粮草供给则是统治者及行政官员的职责。当然，最直接且快捷的方式是依靠暴力，比如从粮农或畜牧者手里抢得粮食或牲畜，然后马上或不久以后就消费掉。但要做到这一点的前提是军队必须有能力迅速地克敌制胜，而后转战他乡，如若不然，战利品很快会消耗殆尽，随后会对乡里造成大面积的毁坏。比如失去供给的农民很可能会饿死，即使没饿死的也很难找到用于来年播种的种粮。遇到这种情况，往往要过好几年甚至数十年才能实现生产生活的真正恢复。

位于美索不达米亚的阿卡得王国国王萨尔贡一世的横征暴敛即是一例，他在公元前 2250 年前后曾大肆掠夺其首都基什附近的所有村寨，说明这种有组织的掠夺行为虽然快捷却也潜力有限。有一则铭文这样记载：

> 基什的萨尔贡王，34场战役皆获全胜，攻陷城池远至海边……［众神之首的］恩利尔（Enlil）庇佑萨尔贡王所向无敌。每日有54 000名士兵与国王一同进餐。[2]

总是有54 000人规模的军队跟随自然使萨尔贡王能够力压地方群雄，也难怪他能顺利赢得34场战役。但要养活这样一支庞大的军队也必然需要每年出征，结果，军队的粮食供给是有了保障，却同时毁掉了一片又一片的良田和村落。这种政体对广大民众的消耗显然是巨大的。事实上，萨尔贡王的军队颇类似不时泛滥的流行病，在杀死大量人口的同时，却使宿主群体获得了效力能持续好几年的免疫力。同理，军队的洗劫降低了土地的产出，使得维持同等规模的军队变得不切实际，[3]直到数年后人口和耕地产量得到恢复后才有可能。

然而，一旦传染性的微生物与其人类宿主之间的互动关系变得日益密切且达到一定规模，那么流行病就会演变成地方病。战争的情况亦然。因此，当我们把视线由萨尔贡王转移到大约2000年后的阿契美尼德帝国（公元前539—前332年）时，就会发现：伴随时间的推移，战争对帝国臣民的破坏程度已有所减弱。比如，波斯王薛西斯在公元前480—前479年大举入侵希腊前夕，曾在波斯波利斯的皇宫责令地方代理人筹措粮草并存储在行军线路的各个站点，所以在大军——其规模甚至超过了萨尔贡王的军队——开拔至希腊的过程中并未给所过之地带来破坏。但到了希腊后，由于在当地不可能获得充分的补给，所以大军在此停留的时间不能超过数周。正因为如此，希腊半岛最南端诸城邦一旦拒不投降，薛西斯王所能做的只有让自己的军队大部撤退，因为要让整个大军在希腊战场过冬根本无力筹措足够的粮草。[4]

就我们目前所知，薛西斯王的军队所到之处，当地人缴纳的税金和租金并未受到影响。恰恰相反，正是由于税金和租金源源不断地流入帝国军队行军线路上的多个储存库，才使得沿路平民免遭军队的劫掠。相比萨尔贡王时代的劫掠体制，这种有规矩的租税制度带来的互利共赢是显而易见的。如此，国王可带领军队顺利实现征伐而无须担心粮草供给或长途跋涉，远比一路行军、一路劫掠强多了。对农民而言，拿出收成的一部分充作相对固定的租税，也可以躲避不时陷入贫困的厄运或饿死的危险。虽然农民缴纳租税并非易事——因为古代帝国时期农民的收成大致不过勉强维持生存所需的最低水平，薛西斯王的租税制度相比萨尔贡王的劫掠制度显然更富预测性，也更有规矩，哪怕是考虑到如下因素亦如是：租税每年都要征收，而劫掠却可以好几年才进行一次。因此，尽管征收租税会造成统治者和地主的利益与农民的利益对立，双方还是更愿意选择有规矩的租税，而不喜欢抢劫。

有关租税制度在其他古代帝国的演进，由于文献不足，都不如中东地区来得更清晰生动。但很显然，古中国、古印度及不久以后伴随罗马帝国兴起而成型的地中海世界，都曾见证过类似的帝国官僚制度。美洲的印第安文明虽与上述文明存在一定的时差，但也发展出大致相当的行政管理制度，其功能也是把农民土里刨食的收成部分转移到身居远方的统治者手里，而统治者就可以使用这样得来的粮食和物品发动战争或从事祭祀活动，无论是出于自己还是心腹谋士的筹划。

值得指出的是，战争并非总是高于一切。有时候，相比花费大量资源维持庞大的军队，统治者更喜欢组织隆重的宗教典礼或从事规模宏大的建设工程。在古埃及，由于地理条件优越，王国周边的防御根本无须煞费苦心，第五王朝的法老遂开始动员大量人力建造金字塔——据说每个法老在位期间都要建一座，而金字塔的宏伟程度足以说明在位法老的威势和组织能力。甚至在战争不断的美索不达米亚，神庙建设的花费也似乎与军事行动并驾齐驱。在其他时代和其他地方，用于从事战争和改善福利的资源[5]比例变化不定，古今亦然。

但有一点似乎是肯定的，就是无论资源在古代被投入何种大规模群体活动，这种群体活动得以实现总是出于上方的指令，即由统治者或其代理人及僚属发令，而由众人执行。人类出于幼年的自身经历，大概从根本上颇适应这套公共管理模式，因为从小就有父母发号施令，子女的职责就是闻令而行（时常也存在被逼无奈的情形）。父母之于子女，自然要懂得更多且身体更强壮，而古代帝王之于臣民，自然因官僚体系上传下达之故掌握了更多的信息，且因掌管专职的军队而远强于普通臣民。有时候，统治者还以活神灵的形式出现，从而有能力享用另一种权力。

整个古代帝国体系中最棘手的是长途贸易及从事长途贸易的人。但从远处输入一些物品还是必需的。比如，用来制造青铜器的锡通常就必须从远处进口，因为通过强令，通常无法迫使众人从事采矿、冶炼锡并铸成锭，然后跨越大洋和陆地把锡锭运送到国王和大祭司所需的地方。当然，要获得其他稀有产品也无法通过强令动员的方法有所收获。此时，统治者或当权者就必须学会与拥有此类产品的人平等交易，这样，外交惯例和方法就逐渐取代了原有的当权者发号施令的方法。

这一过渡过程无疑是缓慢而艰难的。在那个久远的年代，国王实施军事远征，目的之一就是夺取来自远方的产品。比如，乌鲁克王吉尔伽美什（约公元前 3000 年？）曾发动一次远征，目的是夺取远方的杉木：

“但我要亲自动手，
要砍倒那雪松。
我要为自己树立不朽的威名！
朋友，我要传令兵器匠，
让他们当我的面把雪松铸成武器。”
兵器匠已得令，
能工巧匠们坐下来悉心筹划。
很快就造出精良的武器。
有三泰伦特重的巨斧，
还有那巨剑……[6]

但组织袭击以获取稀有资源总是要冒很大的风险。从上述故事我们得知，国王吉尔伽美什在远征杉木林之后失去了好友和伙伴恩奇都，这是以诗意伸张正义，因为恩奇都拒绝和平交易，详见下文：

于是胡瓦瓦（杉木林的主人）屈膝投降。
胡瓦瓦对吉尔伽美什说：
“请给我一条生路，吉尔伽美什；从今以后
汝为主，我为奴。我在山上种下的树，
我也将伐倒为你造屋。”
但此时恩奇都对吉尔伽美什谏言：
“莫要听胡瓦瓦所言，
今日他必碎尸万段。”[7]

于是，两位主人公杀死了胡瓦瓦，而后回到乌鲁克，想必还同时带回了杉木。

杀害胡瓦瓦的决定反映出当时非常不稳定的权力格局。吉尔伽美什的军队不可能长久地驻守杉木林，只能偶尔率大军压境，而要做到这一点也不是很容易。若是不杀掉胡瓦瓦，那么一俟远征军撤离，胡瓦瓦的势力势必东山再起，照样会无视异族人的意愿。显然，要确保乌鲁克的木材供应，靠这种方法是办不到的，不管吉尔伽美什是否接受胡瓦瓦的降服。

既无力将边远地区纳入辖区，又要确保从那里获取稀缺资源，更可靠的办法是以一些实物进行交换，也就是说用交易代替掠夺。一般说来，文明社会所能提供的是能工巧匠制造出的某种产品，虽然这种产品最初问世通常是为了讨好神灵和统治者。

当然，这种奢侈品数量极少，只有极少数人才能拥有。因此，数个世纪以来，物物交易仅限于少数稀缺物品，交易双方则不外文明地区的君主、行政官员和边远地区的实际统治者。也只有文明地区的君主和行政官员能够享用能工巧匠依指令生产出的奢侈品。而文明地区的君主和行政官员乐于与之从事交易的对象只有边远地区的实际统治者，因为后者能够组织人力从事采矿、伐木等大规模体力劳动，然后把产品运抵文明地区。因此，这种交易会使周边地区复制文明地区的指令模式（有时一开始只是很小的规模），就像 DNA 和 RNA 在有利的环境中会复制复杂的分子结构一样。

交易条件是通过谈判议定的，一方面自然要顺应市场的供需状况，而另一方面也少不了关照权势、威望和礼仪。帝国既需要来自远方的物品供给，而远方的族群又不完全听命于帝国的管制，这对古代帝国的管理确实构成了某种制约。不过这种情况还是比较罕见的，因为就维持军队和行政机构——这是薛西斯等古代君王实施统治的一对支柱——而言，大多数必需品都可以在帝国内部找到，而且通过指令还能得到有效的调配。相比其他所有物品，这其中最重要的要算粮食了，因为人（及驮畜）只需几天不吃不喝就会一命呜呼，这个简单的事实使其他物品相形见绌。

上面曾谈到两种贸易关系，一是君主国与本国以外地区的贸易关系，二是政府在本国境内的贸易关系，二者之间的差别并不如上述所言那样巨大。地方官员及其他僚属在各地为君主效力，君主则必须结合实际对其进行适当的奖惩，其中包括赏赐、赞扬和处罚。指令性动员只有在臣属服从命令时才有效，而要人服从就如同兜售物品一样，必须要花钱购买才行。与付给距离更远、更富独立性的地方大员的款项相比，这种要人服从的付出仅在程度上有所不同而已。

早期文明之所以能够存在，主要是因为统治者和当权者能够把粮食从生产者那里转移到自己的手中，后者再以这样得来的粮食养活随行的军队和熟练工匠。有时，统治者还会调集那些占人口绝大多数的粮食生产者从事某种公共建设工程，比如开凿运河、加固城防工事或修建神庙。从本质上说，这些都属于把资源从大多数人那里转移到极少数人手中的行为。除此之外，还有奢侈品在统治阶层内部的流动，比如高官对随从或部下的赏赐，或臣属对权贵的进贡。跨越政治边界的贸易其实不过是上述当权者之间的馈赠与进贡的一种翻版，差别只在于前者更容易突然中断，也不像后者那般充满尊卑意识及俯就屈尊的作为，因为后者毕竟是在文明国家的精英之间展开的。[8]

古代帝国的另一个特征是，每个政治实体都有其自身最适宜的幅员范围。要确保税收能够顺利进行，君主须至少每年有一段时间居住在都城，因为对君主主要臣属的奖惩信息要汇聚到一个中心地带才更便捷。在这里，相关事宜必须得到及时有效的处理，不然的话，整个行政机器就可能很快停止运转，使得最大限度集中资源的计划落空。此外，统治者还必须有私人卫队严加防范，一是要保障君主的安全，二是要吓倒或击败任何可能策动反叛的对手。要做到这一点，最好的方案是君主大部分时间都居住在某个核心地带，这一核心地带还必须处于资源流动的通道——尤其是水流通道——上，能够常年确保粮食从附近的乡野得到有效的补充。

但是，如果国家必须有都城，而且君主必须常年或部分时间居住在都城，那么帝国疆界的扩展自然会受到限制。要确保帝国有效运转，君主必须有能力在内乱危局或外敌犯境时以优势兵力去应对。但如果君主及其卫队每年必须有部分时间居住在都城，那么遇到必须行军 90 天才能抵达险境的情况可就危险了。

薛西斯入侵希腊时，远离都城，远远超过了行军 90 天的行动半径。[9]所以，薛西斯王的远征大军未能取得最终胜利便不得不仓皇撤退。事实上，波斯人入侵希腊已超越其帝国扩张的范围。世界上的其他帝国在试图扩张时实际上也曾遭遇类似的限制，当然，帝国边界处未遭遇强敌挑战的情况除外。若真是那样的话，则君主只需少许守卫部队和外围的骑兵远征军（比如类似薛西斯王率领的骑兵远征军）就可以行使主权或拓展帝国的疆域。比如，中国长江以南地区几乎每一次开疆拓土都是这种情况。不过，一旦边远地区的政权实施有效的抵抗，那么中国军队就会遭遇与薛西斯大军相同的命运。越南之所以能够保持独立就是这个道理。

所以说，运输与粮食供应是古代统治者及其所属军队必须面对的主要限制因素。相比而言，金属和武器虽然也很重要，却不是决定因素，而且战争工业化的程度长期以来都非常低，几乎微不足道。但不管怎样，我们还是能从历史记载中洞悉武器系统发生的一系列重大变化，这是因为历史上毕竟会发生时断时续的技术进步和发明，而这足以改变战争的条件和军队的组织形式。当然，这种改变常伴随意义深远的社会政治变革，而我们置身于政治权力的军事基础的系统变革的框架中观察，便能够更好地理解古代帝国的兴衰成败了。[10]

这种变革的第一个起点上文已经提到过，即大约公元前3500年前后，人类开始在美索不达米亚使用青铜武器和盔甲，这可以说是在文明史的开端就发生的事件。就在薛西斯王可自由支配的指令性帝国管理体制在古代的美索不达米亚成型之前，武器系统的第二次变革发生了。这是战车在设计上得到重大改进的结果：公元前1800年之后不久，人们发明了双轮的轻型马拉战车，战车异常坚固，可以在战场上左突右冲而不会倾覆，也不会轻易发生故障，从而极大地提升了战场上的机动性和火力。使战车成为优良的战争工具的最关键的因素是装有辐条的车轮的发明，车轮中间还有轮毂和车轴装置，可以起到减少摩擦的作用。用木料制造出带轮毂的车轮，使其呈精确的能够保持动态平衡的圆形并承载数百磅[11]的重量高速奔驰而不至撞成碎片，这本身很不简单，所以只有专门的车轮匠才能完成。短小坚固的复合弓对战车武士而言也是重要的武器装备，其制造同样需要高超的技艺。[12]

战车的设计得到完善之后，站在驭手旁边的娴熟的弓箭手就可以向敌方步兵发射雨点般的利箭，而自己因战车在高速行驶处于相对安全的位置。在平坦的开阔地带，这种飞驰的战车可以轻松超越步兵，或切断步兵与补给基地的联系。此时的战车简直势不可当，至少在战车问世的早期是这样，虽然敌军在崎岖不平的地面或陡峭的山地总能找到地方躲避战车武士的袭击。不过，当时所有的文明中心都处于平原地带，所以战车即使有此缺陷也无关紧要，当时最紧要的问题是从哪里能够找到足够的马匹以及制造车轮和弓箭的能工巧匠。还有一点就是，青铜冶炼也很重要，因为战车武士需要刀剑或长矛，还要身着盔甲以自我保护，毕竟这是文明时代的武士早已习惯了的做法。

最善于充分利用战车战法的要数草原居民了，他们因为生活方式的缘故肯定能找到足够的马匹。因此之故，装备了战车的草原入侵者在公元前1800年至公元前1500年曾征服或蹂躏了中东所有的文明国家。新来的入侵者建立了许多“封建”（feudal）国家，由少数擅长驾驭战车的精英武士把控具有决定性作用的军队，他们与封建领主们共同行使统治权，但后者能否有效统治取决于是否得到大多数战车武士阶层的支持。随着战车武士不断征服中东诸国，他们掌控了当时的大部分农业收成，有的是抢来的（初始阶段通常是这样），有的是靠收税得来的（这种强征暴敛后来逐渐变得更为经常化）。这种行为的后果是削弱了中央集权，因为中东诸国实际上业已建立起帝国的某种官僚体制。不过不久之后，复兴了的中央集权政府很快就掌控了这种新的军事技术。比如，公元前1520年之后，埃及的新王国用从努比亚得来的黄金雇用战车武士，很快建立起一支常备的专业军队，从而在数代人的时间里得以力压群雄。

在中国和印度，战车的引入带来了更富戏剧性的变革。公元前1500年前后，战车打破了古老的印度河文明，在历经数个世纪的“黑暗时代”之后印度河流域才又兴起新的文明格局。与此相反，在中国，善用战车的商朝很快战胜了此前早就在黄河流域立足的更加高度分化的王朝，作为战车武士的商朝统治者因此获得了更奢华的生活方式、更多的收入，这一格局塑造了后来的中国文明，使中华文明的特征更为显著。

在欧洲，战车的作用似乎没有那么大。诚然，在爱琴海地区，伴随战车技术引入希腊，旋即就出现了政治霸权从米诺斯向迈锡尼的转移。此后的几个世纪，在遥远的斯堪的纳维亚甚至人迹罕至的不列颠也出现了战车。但假如荷马讲述的有关迈锡尼人的战斗故事准确属实的话，那么欧洲武士显然未能充分利用战车战法带来的机动性和武力优势。相反，荷马史诗中的英雄们都是先从战车上跳下来，然后用长矛或其他近身格斗武器大打出手，战车只是一种炫耀的家什，或者至多只被当作战场上便捷的运输工具。[13]

战车的劣势在于它颇为昂贵。首先必须有精良的制作，其次在没有常年青草的地带，饲养马匹必须消耗大量的粮食，而那时粮食都颇为金贵。因此，在战车武士统治的社会，往往只有极少数的贵族存在，而这极少数的武士阶层控制着农民从土地上得来的大部分剩余产品。工匠、商人、游吟诗人甚至僧侣对上述少数统治精英都采取阿谀奉承的态度。而一旦这类精英相对社会上的大多数人而言属于异族时——事实上经常是这样，那么在统治者和被统治者之间自然就会生发一种普遍的冷漠无情。

但与此相反，下一次武器系统的重大变革却为古代世界的战争带来了极端民主化，使上述趋势发生了逆转。约在公元前 1400 年，在小亚细亚东部的某个地区，人们学会了用铁制作实用的工具和武器。不过，这种技术直到公元前 1200 年前后才开始广泛传播。因此，铁器很快变得非常便宜，因为铁矿石在地壳的分布极为广泛，而冶铁所需的木炭也不难烧制。所以，普通人在历史上破天荒地第一次开始拥有和使用金属，至少是少量地拥有和使用。尤其值得指出的是，铁制犁铧改善了耕作条件，使可耕种范围扩展到此前较难开垦的黏土地带。于是，财富开始缓慢地稳步增长。普通农民历史上第一次从并非自己制作的器具中获益，换言之，农民从作为文明标志的分工以及随之而来的娴熟技艺中得到明显的好处。这种情况发生后，文明的社会结构比此前要稳固得多。此时，要推翻某个少数人统治的政权不再像以前那样几乎摧毁整个社会分化的架构，比如在此前的印度河流域就是这样。

仅就战争而言，由于铁器价格低廉，所以社会上有更多男性可以制备自己的金属武器和铠甲参战。普通的农牧民因此在战场上展现出一种前所未有的威猛和战斗力，以至此前仅由少数贵族精英统治的战车时代几乎戛然而止。从此，人类步入了一种更为民主的时代，挥舞着铁器的入侵者掀翻了靠垄断战车而兴起的少数精英统治的政权。

居住在山地的边民和其他蛮族群体可谓是从金属贬值中获利最多的人群。在这类群体当中，首领和随从中间盛行着一种坚固持久的道德凝聚力，传统的均平互助的生活方式使整个族群往往非常团结。战车武士根本无力团结社会上的大多数人对抗新近穿上铠甲且富有战斗力的蛮族人。事实上，那样做只会招致当地人揭竿而起反抗自己的统治。因此，先前的战车贵族往往缺少来自下层民众的支持，战车发射的利箭也敌不过身披铁甲、手持盾牌的蛮族，可叹先前神勇无比、无往不胜的战车战法，现在在战场上变得全无用处，所以战车武士的统治很快被新的蛮族推翻了。

在中东地区，冶铁技术的传播在公元前1200—前1000年促成了新一轮的侵略和移民热潮。新来的希伯来人、波斯人、多利安人等族群渐次登上历史舞台，从而开启了一个野蛮却更具平均主义的时代。正如《圣经·士师记》作者在一段充满血腥暴力和大肆屠杀的故事结尾处所说的那样：

> 在那些日子里，以色列没有国君；任何人都可以为所欲为。[14]

不过事实证明，平均主义和地方上的无法无天只是短暂的。此后不久，职业军队的优越性就开始显露出来。战车武士入侵前在埃及和巴比伦已存在的中央集权的传统很快被雄心勃勃的建国者所利用，如扫罗王、大卫王及其多个对手。因此，公元前 1000 年之后，官僚君主制的政体再度在中东地区盛行起来，各君主国都有常设的军队，必要时还征募民兵作为补充。维持职业军队的资金都来自税收，所以上述薛西斯王维持其庞大帝国的那种指令性结构当时业已开启。

在铁器时代早期，亚述的一代代国王最精于武装力量的集权管理之道。他们发展了军队内部的等级管理制度，谁服从谁都规定得清清楚楚。同时，装备和建制都施行标准化，还为有才识者铺就了一条晋升之路。总之，几乎所有为后人所熟知的军队管理官僚主义原则要么是亚述国王发明的，要么是经亚述国王标准化的。与之平行的文官制度则能确保为计划中的战役储备足够的粮食，为军队的长途跋涉修筑道路，为修建堡垒动员劳动力，等等。

当然，经亚述人规范化的行政管理模式并非没有先例，正相反，这其中的很多先例甚至可追溯至公元前 3000 年前后。但史学家对亚述人成就的认识都带有某种源自基督教《圣经》的敌意色彩，即亚述人异常凶残，于公元前 722 年灭掉了以色列王国，后在公元前 701 年又差一点儿灭掉了犹太王国。但毫无疑问，正是亚述人建立起了最根本的帝国行政管理体系，时间是在公元前 935—前 612 年，这套体系在文明世界大部分地区一直持续到 2000 多年后的 19 世纪。得意扬扬的亚述征服者还别具匠心地发明了一系列新的军事装备和编队战法，比如多种复杂精巧的攻城器械，事实上，亚述人在攻城时总要带上攻城车。总之，亚述人在军事管理方面表现出一种卓越的理性，从而使亚述军队成为当时世界上最强大、军纪最为严明的军队。

亚述人总乐于尝试新的军事模式，但不无讽刺的是，正是这一点加速了亚述政权的灭亡。在公元前 612 年攻打亚述帝国首都尼尼微的联军中有一个新兵种——直接坐在马背上的骑兵，他们的攻击从此彻底铲除了亚述帝国。现在我们已无从知晓究竟骑兵最初是何时、何地被纳入军旅的，但早期图像中展示的恰是骑在马上的亚述士兵。[15] 显然，亚述人在不断摸索有效战法的过程中，发现了可以同时驾驭坐骑并双手弯弓射箭的做法。起初，他们让骑士两两配对，其中一人驾驭两马，另一人搭弓射箭。这种做法显然是在模仿长久以来盛行的战车战法，即驭手和射手的合作，而骑士配对正可谓没有战车的战车武士。而一旦战车武士学会了直接骑在马背上，就可以摆脱战车，战车也就成了不必要的累赘。[16] 再到后来，骑士与马匹之间的配合越发默契，以至于骑手完全可以松开缰绳，用双手直接射箭了。

大多数史学家认为，那些从骑兵革命中受益最大的草原游牧部落同时也是这种利用马的速度和耐力的新战法的发明者。这种说法当然不无道理，但却缺少证据。草原的游牧部落虽然后来成了骑马射箭的能手，但这并不能证明他们发明了这项技术，而只能说明：相比其他族群，他们更为充分地利用了这一新战法。而亚述人最初使用的双骑士配对的战法反倒更能说明，他们才是这种将马的速度用于战场的主要先驱。

后来，草原游牧民族大都习练骑射，甚至有能力向定居的文明地区发动大规模的侵略。但骑兵战法真正传遍整个亚欧大陆的草原地带却是在好几个世纪之后。从草原地带发起骑兵侵袭的起点大约是在公元前 690 年，当时，一个被希腊人称作辛梅里安人（Cimmerian）的族群攻破了小亚细亚的大部分地区。值得一提的是，这刚好是在亚述人在战争中大规模使用骑兵差不多两个世纪以后的事。辛梅里安人原本居住在茂盛的乌克兰草原，而且在灭掉弗里吉亚（Phrygia）王国之后又回到了那里。后来，从中亚阿尔泰地区西进的新民族斯基泰人（Scythian）又灭掉了辛梅里安人。此后在公元前612年，斯基泰人又派大量骑兵第二次侵袭中东地区，并参与了洗劫尼尼微的战斗。

这两次大侵袭开启了一个中东军事史上的新时代，其影响达至公元14世纪。而在远东地区，直到公元前4世纪才出现蒙古及其邻近地区的骑兵四处袭扰的明确记录。不过也有学者认为：公元前771年西周王朝的覆灭可能与来自阿尔泰地区的斯基泰骑兵入侵有关。[17]

骑兵革命在欧亚大陆的影响是深远的。草原上的牧民一旦掌握了骑术并学会就地取材制造弓箭及其他武器装备，就意味着他们以远低于定居文明的成本，拥有了一支高速机动且随时能投入战斗的军队。因此，草原武士可以肆无忌惮地袭扰位于其南部的定居文明，除非后者能如法炮制并建立起自己的类似蛮族的快速机动、士气高昂的军队。

“以夷制夷”显然是一种可行的战术。事实上，这正是薛西斯及其阿契美尼德王朝的先辈们为保卫其草原边疆常使用的方法。大多数中国君主也曾采取同样的办法。具体而言就是：给居住在边疆的部落发放军饷，让他们抵御可能的外来侵袭者，这样就等于沿边界编织了一层不透明的隔膜。但这种做法的缺陷是，这样的隔膜总是很容易破损。戍边部落本该抵御外敌，可事实上这些人总在游移，总试图加入犯境的蛮族入侵者一边，因为从短期看，劫掠的收获总比军饷要高得多，至少比与付饷的政府协商提高的军饷额度高多了。

草原部落对阵文明国家的君主及官吏，此后2000年的历史正是在这一对立的大框架下展开的，由此生发了变化无穷的军事、外交及经济关联。领取防务酬劳和参与劫掠袭扰往往交替发生，而有时洗劫过度反倒让所有相关方都变得一贫如洗。围绕单一首领形成的草原战争联盟此起彼伏，而这些首领通常是极富个人魅力的领袖，从而构成战争或政治的又一重要变量，比如其中最杰出的成吉思汗（1162—1227年）。但无论草原民族与农耕民族之间不间断的政治军事纷争如何变幻，草原民族一直占尽优势，其原因正在于前者的军事机动性更强，其装备军队的投入也相对低廉。这就造成了文明地区反复遭游牧民族征服的局面。

不论出于什么原因，一旦地方防务削弱，游牧民族侵袭的次数就会逐年增多，因为掠夺性远征得胜的消息会迅速传遍整个草原。如果地方防务彻底崩溃，入侵者就会想到永久占领无力自卫的地区。因此，入侵者成了统治者，并且很快认识到收税比抢劫的好处要多得多，于是就开始保护缴税的臣民不受其他掠夺者劫掠。这时，地方防务有望加强，至少短时期会是这样，直到再后来新统治者失去了部落内部的凝聚力，也丢掉了勇武好战的习性，转而贪图城市生活的安乐——于是又开启了新一轮的袭扰与征服的周期。

此外，还有另外一种格局在草原居民当中逐渐形成。在整个草原地带，气温和雨量从西到东呈递减的状态分布。蒙古草原的气候条件变得对人畜都相当恶劣。而在蒙古东部，由于雨量充沛，牧草更为丰盛，气候也要温和一些。这种地理分布的后果就是：蒙古草原的游牧部落只要一有机会就会离开蒙古，向东或向西去寻找更丰盛的牧草。据信斯基泰人就是被西部草原的优质牧草吸引而在公元前 8 世纪从阿尔泰迁徙至乌克兰。此后数个世纪中，又有讲印欧语的其他族群迁徙至东欧地区，其后是突厥人，最后是蒙古人，这一波一波的迁徙浪潮都是受欧亚草原地理的梯级分布影响所致。

由此可见，骑兵革命引发了两次大规模的人口迁徙。草原部落会不时地征服与其毗邻的文明国家或地区，如中国、中东或欧洲，属于草原向农田的迁徙。与此同时，还有草原内部东西向的人口迁徙。前者意味着牧民不得不放弃原有的生活方式，摇身一变成为文明地区的地主和统治者；后者则说明，游牧部落所习惯的那种生活方式换个条件稍好的地方也可以继续下去。文明国家的统治者和军队为阻挡游牧部落侵袭所做的努力间或也有成功的事例。哪怕是长城也未能有效阻止来自游牧部落的侵袭和征服。

在草原和农田之间，地理和社会政治条件维持着某种波动式的平衡状态。由于雨水不足，草原的大部分地区不宜耕作。当然，在灌溉较便利的地区，如乌克兰，种植谷物还是颇有收益的，因为小麦也是一种禾本科植物。因此，在乌克兰以及同样优越的亚洲东部、小亚细亚和叙利亚，游牧部落既占据自然的牧草又同时从事农业种植，以这种交替的方式充分利用土地。决心长久占据这种相对边缘的农田的游牧武士经常驱赶扶犁耕地的农民，但在这些地方，毕竟还是农耕产出的粮食更多，所以在和平时期及人口增长期，农田会不时地突入草场，直到新的军事政治动荡诱发新的劫掠和新的破坏，使当地生活重新回到游牧的方式。

在公元前 900—公元 1350 年这 2000 多年里，农牧之间的界限在中东和东欧的大部地区曾反复出现此消彼长的局面。在这一漫长的历史时期，骑兵战术赋予了游牧部落以更大优势，所以畜牧地带总体呈扩展之势，而农业生产却由于气候条件所限总是停滞不前。

而在远东地区，由于季风性降雨的缘故，农田与草原之间的转换更为剧烈。而且，由于中国人在北方半干旱地区的黄土地带实施精耕细作，其收成远高于在同一地区从事畜牧，所以哪怕在边疆的黄土地带，一旦游牧部落袭扰农耕告一段落，农耕便会很快恢复。[18]

除上述地理和社会经济因素之外，武器系统的变革同样有助于游牧部落与定居的农耕者之间变动不居的界限的形成。武器系统变革的影响虽不是很深远，却足以改变西亚多地以及欧洲大部分地区的社会结构模式。公元前 6—前 1 世纪，伊朗的地主和武士培育出一种体大力壮的战马，完全可以驮起穿戴铠甲的武士[19]。这种战马往往还穿戴某种金属外罩以避免利箭的伤害。因为负载过重，这种战马不能像草原矮种马那样毫无负担地奔跑。但身着铠甲的骑兵队至少可以部分防范利箭的袭击，而骑兵队本身还可以用弓箭或长矛发动进攻。因此，与以往文明地区所能搭建起的防御相比，重装骑兵队是一种有效得多的地方防御方式。这些高头大马自然需要喂养，而大多数农耕地区的天然牧场都非常稀少，但因为这些马可以吃人工种植的饲料作物——尤其是紫花苜蓿，所以它们无须再与人争食谷物。[20]种植紫花苜蓿大大降低了养马的成本，所以伊朗人得以在农耕地区维持一支庞大可畏的重装骑兵。这些骑兵完全有能力保护农民不受大多数游牧部落的侵害。当然，骑兵们能这样做也有自己的考虑：被保护的农民必须直接承担起他们的衣食生计。

当然，对时常遭受游牧部落侵袭的农民来说，供养一支伊朗式的重装骑兵还是值得的。但对居住在城里、政治上更活跃的人群而言，由于有城墙的保护，要供养一支类似上述骑兵队的地方防卫力量有时就不能令人接受。因此，这种新技术在地中海沿岸地区的传播速度就不是很快。罗马军队自哈德良（117—138 年在位）时代起[21]开始尝试这种新式重装骑兵，但“全甲兵”（cataphracts，希腊人对这种兵的称呼）的数量相当有限。而且在罗马时代及拜占庭时代早期，军饷都是以现金支付，而不是像在伊朗那样，军人就居住在村民中间，军饷直接由被保护的村民支付。[22]拜占庭社会实施较为彻底的封建改造是在公元 900 年以后，大大落后于拉丁语的欧洲，那里早在公元 732 年查理·马特（Charles Martel）将新式骑兵引进到欧洲西部地区以后的 100

年内就走上了封建改造的道路。

法兰克人使用这种高头大马的方式颇为新颖。这些拉丁语世界的基督教骑士不佩戴弓箭，而喜欢用长矛、钉头锤和刀剑近身肉搏。这与东方人所习惯的战法大相径庭，也难怪荷马史诗中的英雄对箭术不屑一顾。这与荷马史诗中所描述的西方骑士显然不合理地使用战车的情况颇为不同，事实上，西方骑士的战术还是非常有效的。其中的原因在于，骑士坐在飞驰的马上，其有效进攻都集中在长矛的尖端，冲刺时有巨大的冲力。只有装备相似的军队才有望抗衡这种集中力量的冲击。要想在双方激烈碰撞的时刻仍能安坐马上，骑士必须双脚用力抵住结实的马镫。马镫显然是 5 世纪末 6 世纪初发明的，其传播的速度之快，简直令后人根本搞不清它是在何地最先使用的。这一发明使得西方武士在战场上的表现异常勇猛，同时也增强了草原骑兵的战斗力，因为有了马镫，骑在飞驰的马上的弓箭手就可以更好地瞄准射箭。[23]

重装骑兵在西亚和西欧的兴起再现了 1800 年前战车问世时对社会政治结构造成的巨大影响。每当优势兵力集中在少数装备精良、训练有素的人手里时，就连中央政府也无力阻止这些人截取大部分剩余农产品并在当地消费掉。此时，“分封制”势必成为现实的结果。不过，伊朗和地中海多地仍保留有不少旧帝国的建制形式和虚饰的礼仪，它们为后世重建更有效的威权政体提供了可效仿的模型和先例，因为毕竟有那么一天，既有的强权模式——尤其是军力模式——还会倾向于中央集权式的管理。[24]

远东的发展模式颇为不同。虽然汉武帝公元前 101 年的远征把伊朗的骏马引入中国，但这种马在远东从未发挥过重要作用。此时，能够在 100 多码[25]以外将马上的披甲武士掀翻在地的强弩并不罕见。正因为如此，强弩在很大程度上抵消了新式重甲骑兵带来的种种优势。不过，中国的统治者更喜欢利用通过税收得来的人力物力以求得某种适度的平衡，一方面要给驻守边疆的职业军人付饷，另一方面还须以外交礼品的方式给边境另一边的当权者付钱。在纳税人和用税人之间维持某种平衡，是汉朝（公元前206—公元220年）的皇帝为中国社会定制的规范，而且此后被长久保存，时常被拿出来再度利用，哪怕官僚腐败或周边民族异乎寻常的猛烈进攻使中国社会不时瘫痪之后依然是这样。

主导的武器系统规定了时人的战争范式，而在不同的范式内部，纪律和训练情况的起伏变化构成了各自不同的地方变量，而不时涌现的卓越的军事首领可谓给当时的政治军事格局又增添了一个引人注目的维度。马其顿的亚历山大大帝（公元前336—公元前323年在位）就是这样一位人物，要不是亚历山大大帝，我们很难相信古希腊文化会伴随马其顿大军对远在东方的亚洲产生影响。

穆罕默德以及团结在他周围的虔诚者团体的事迹更为出色。穆斯林的胜利完全取决于一种新式的社会风纪和宗教信仰将整个阿拉伯半岛的所有部落联合成一个单一的武装国家，虽然同时期武器的设计未见丝毫改变。但穆斯林却凭此在中东和北非建立了一个新的相对集权的帝国，并在广阔的土地上——从伊拉克一直延伸至西班牙——大力扶持城市建设、商业活动及社会的官僚治理。而在同一时期，邻近的多个国家和地区却受军力平衡的制约，正大搞封建制权力下移的把戏。

在世界历史的主要事件中，伊斯兰教的兴起和早期哈里发国家的建立明白无误地说明：思想观念在人类事务中也会起到重要作用，有时甚至能够在各种力量的平衡中起决定性的作用，从而确立持久的、基本的人类组织模式。在某一特定的时空，当然会存在各种相互竞争的社会结构，可一旦人们有意识地做出选择并发自内心地相信它，在很大程度上就决定了这种模式会最终取胜。伊斯兰教在中东的兴起和传播就是如此，它决定性地推动了城市和官僚机构的发展，明确反对封建制的军事及社会组织原则。

伊斯兰教的威力在伊朗表现得最为明显。乡村里的骑士若要皈依新宗教，就必须放弃原有的军事化生活方式，哪怕这种生活方式数个世纪以来曾帮助其有效抵御来自草原部落的侵袭。这样做的结果是伊朗再度接受来自草原生活方式的渗透。从 10 世纪起，突厥侵袭者和统治者的出现便能充分说明这一点。

公元 1000 年以前，曾普遍存在通过指令性系统动员人力和物力从事大规模事业的情况，人们对此也深信不疑。打仗和税收靠的是指令，营建公共事业靠指令，在边境地区从事垦殖也靠指令。[26] 一旦统治者认识到光靠发布指令无法获得其想要的东西，他们当然要去交易。相比之下，即便在效率最高的官僚体制下，大量的内部管理工作都是靠中央政府与地方总督、地主、酋长、僧侣及其他当权者之间或明或暗的交易才得以实现。

跨越政治边界的权力关系也具有同样的交易性质，唯一的不同是：这种在不同辖区间往复奔走的中间人会超脱任何一方的公共指令系统，因为他们要在不同辖区的缝隙间开展工作。他们不是在既有的等级制体系中寻求功名利禄，他们想要的只是从交易的双方或交易的过程、路径中最大限度地谋取物质利益。[27]

但这种行为是有限度的。凡人积累了大量财富而又独立于任何既有的军事政治指令性结构，就会面临如何保护自身利益的问题。商人若不能得到权势显赫者的保护，那么只要他的财产进入地方当权者的势力范围，就无法制止后者将其攫为己有。要取得有效保护的代价很高，以至于高昂的代价抑制了私人资本的大规模积累。

而且，在大多数文明社会里，人们往往更看重有权势者——如官员和地主——并对其表现出尊重，而同时对商贾表现出不信任，甚至是蔑视态度。因此，商人挣了钱总会去购田置地或设法跻身当地的统治阶层。

因此，商业和市场调节的行为虽自古有之，[28]但在公元1000年之前的文明社会里一直处于边缘和低贱的地位。大多数人一生与市场激励从不发生任何关系。人们的日常行为均受传统习俗的支配。人们的行为发生大幅度的变化，多半是由于听从了社会上层人士的指令，而不是遵从市场供求和买卖关系。

在大多数人的生活中，庄稼歉收和疫病流行之类的自然灾害的影响要大得多，远远大于任何人的行为的影响。在扶犁耕地的农民看来，甚至不时发生的武装侵袭者的强夺掳掠——经常是来无影，得手后又去无踪——也属于天灾的范畴，毕竟他们是这种祸端的主要受害者。经过预谋的、有意识筹划的行动非常少。那时的人类生活更像是生态平衡的一个组成部分，即使遭受冲击，也根本没有我们现代人所拥有的技术、组织和资本作为缓冲。在大多数生活场景中，风俗和亘古不变的惯例都会提供颇为精准的行为指南。任何变化，无论是自我有意识的行为还是遵照某人的意图行事，抑或在旧的生活模式崩溃时陷入绝境而迸发出的行为变化，始终都被当作零星发生的事件，只能算是例外。

对大多数人而言，生活的中心任务就是如何能够吃饱饭。这是一个永恒的问题，其他任何问题与之相比都只能是次要问题。大规模公共事业的工业基础虽说是一个现实问题（要从事公共工程就需要相应的工具，正如军队建设需要武器一样），但却属于微不足道的因素，因为时人甚至很少意识到：工具和武器会制约人类能够从事或实际从事的事业。

严格说来，战争商业化——以及随之而来的战争工业化——在公元 1000 年以后才算真正开始。这一变革起初很慢，直到最近几个世纪才达到不可遏止的速度。以下各章将探讨标志这一重大变革的几个主要分界点。

第二章

中国称雄的时代（1000—1500 年）

公元 1000 年前后，中国的工业和武器制造业发生了巨大变化，这比欧洲要早数百年。然而，新的生产方式即使已经形成了巨大的规模，最后还是以解体告终。其解体正如其当初的出现一般，同样不同寻常。政府的政策时有变更，当年促成变革的社会背景后来竟成了阻碍创新的因素，或者至少不能助力创新。中国因此失去了其在工业、强权政治和战争中的领先地位。原先地处偏远的“蛮夷之地”——在东方有日本，在西方有欧洲——竟取代中国的蒙古君主，成为世界上最强劲的黩武者。

早在中国相对于其他文明的优势消失之前，就有一股强劲的变革之风开始横扫连接远东与印度及中东的南方海域了：随着市场机会的增多，货物流通和人员流动也日益频繁。为了寻求发迹和糊口谋生，越来越多的商人和小贩开始活动，从而给人类事务带来了远超任何年代的变化。

中国财富的显著积累和技术发展基于中国社会本身的大规模商业化。因此可以说，中国发生的事情，对于从日本海和中国南海到印度洋乃至整个欧洲海域兴起的商业活动，起到了决定性的作用。在这种趋势下，1 亿人口[1]日益置身到商业网络之中，通过买卖商品来养家糊口。这种生活方式与文明世界大部分地区人民的谋生方式迥然不同。事实上，本书的立论前提就是：公元1000年前后的几百年间，中国朝着市场调节的方向迅速演变，而这一点在世界历史上起到了改变均势的关键作用。我认为，中国的榜样促使人类对下述问题进行了长达千年的探索：依靠价格以及个人或者小团体（合伙经营或者商队）的私利观念来协调大规模人群的活动，最终会有什么样的成果？

当然，人们照旧要服从命令。指令行为和市场行为相互作用所引起的矛盾丝毫没有减少。但是执政者发现，摆脱财政束缚的可能性越来越小，财政状况越来越多地取决于供应市场的商品的流通情况，而统治者对商品的流通已无法进行控制。他们和臣民一样，日益陷入现金和信贷的罗网之中，因为事实证明，使用金钱能比其他任何办法都更有效地动员财力、物力和人力来进行战争或从事其他公共事业。社会必须创立新的管理体制和新的政治指导模式来调和军事力量与金钱势力之间的初期对立。到后来，在这方面手法最高明的社会——西欧——就成了世界的主宰。

欧洲的兴起是下面几章的内容。本章主要探讨中国变革的动力和局限，以及它对世界其他地区的最初影响。

中世纪中国的市场与指令

如果有人想了解中国如何取得了领先地位以及它怎样丧失了对文明世界其他地区的技术领先优势，那很快会遇到困难。中国的历史学家尚需带着适当的问题，孜孜不倦地钻研唐（618—907年）、宋（960—1279年）、元（1206—1368年）、明（1368—1644年）各个朝代浩如烟海的文献。他们经过一代人或几代人的努力，才明确认识到建立在中国地区性变异与社会和经济转型基础上的高技术炼铁和采煤工业，以及曾经遍及印度洋的海上霸权的兴衰过程。与此同时，人们所能得到的却不过是一些权宜的知情假设（active hypothesis）。[2]

尽管如此，从事这一领域研究的学者已经收集了一些关于中国成就的令人吃惊的资料。例如郝若贝（Robert Hartwell）的三篇出色的文章，[3] 追溯了 11 世纪中国华北地区的炼铁史。当时大规模发展的炼铁业的技术基础已经很古老。到了 11 世纪的最初几十年，使用精巧的风箱连续鼓风的鼓风机已经有了 1 000 年的历史。[4] 这时，华北的炼铁厂主开始以焦炭作为这种鼓风炉的燃料，从而解决了树木匮乏的黄河流域持续的燃料不足的问题。焦炭也是在被用于烹调和家庭取暖至少 200 年之后才被用于黑色金属冶炼的。[5]

虽然这些单项技术已经陈旧，结合起来使用却是新方法。一旦焦炭被用于熔炼，钢铁生产的规模似乎有了非同寻常的发展。中国铁产量数据如下所示：[6]

表 2-1　中国铁产量数据（9—11 世纪）

年份	产量（吨）
806	13 500
998	32 500
1064	90 400
1078	125 000

当然，这些数据来自官方的税收记录，所以可能一直低估了产量，因为小规模的“后院”冶炼有时肯定没有受到官方的注意。另一方面，产量增长的统计也许有人为的成分，在 11 世纪，出于某种原因，官方

对钢铁生产给予了更大的关注。[7] 然而，即使是这种明显的数字增长也有一部分是由于以前报道不够全面造成的。郝若贝指出，到 1018 年，在华北一个比较小的地区，即河南北部和河北南部适合炼焦的烟煤产地或附近地区，铁的年产量从 0 吨上升到每年 35 000 吨。在这些地区出现了大规模的企业，雇用数以百计的专职工业劳动者；而在中国的其他地区，炼铁似乎一直是农民在农闲季节才会从事的一种副业。

新的大规模企业只有在拥有现成的市场可以吸收大量钢铁时才能兴旺发达，而这样的市场又取决于运输及价格关系，这种价格关系能吸引一些家庭（也许正如郝若贝所说，他们原来是一些地主家庭）来建造和管理新的冶炼企业。在大约一个世纪里，这些条件确实同时并存。运河将北宋的都城开封与河南、河北的新钢铁生产中心连接起来，都城则为金属产品提供了巨大的市场。铁用于铸币 [8]、制造武器、建筑和制作工具。政府官员对铸币和制造武器实行严密的监督。1083 年，政府认为还应该垄断铁质农具的销售。

这样的决定在中国历史上是不乏先例的。自汉朝以后，铁和盐一样一直受到官方的重视。通过垄断这两种物资的分配和任意抬高价格，可以很容易地增加国库收入。因此，1083 年的决定标志着官方重新回到古老、完善的税收方式，[9] 尽管人们很容易相信，由此造成的高价可能抑制了民间私用钢铁范围的扩大，从而妨碍生产的进一步发展。

郝若贝并未试图估计 11 世纪中国钢铁的最终用途。现存的只是一些零星的资料。资料提到，有人一次订购 19 000 吨铁用于铸币；还提到政府拥有的两家兵工厂年产 32 000 套盔甲。从中可以约略看到，11 世纪末，铁从新的铸造厂加速流入都城时政府在开封的经营规模。但是单凭这些资料还不足以估计，与用于铸币、建筑及装饰艺术的钢铁数量相比，[10] 究竟有多少钢铁被用于武器制造。虽然郝若贝相信有一部分钢铁避开了政府制造厂，进入私营部门，但是数量也不得而知。

即使 1083 年关于垄断铁制农具销售的决定使生产受到限制，也还值得指出，中世纪中国官方对经济的管理已经达到相当自觉和成熟的程度。白居易对此论点做了如下的精辟阐述：

> 臣闻谷帛者，生于农也；器用者，化于工也；财物者，通于商也；钱刀者，操于君也。君操其一，以节其三。[11]

货币管理已经具有现代特点。早在 1024 年纸币已经被引入中国部分地区。到了 1107 年，货币的使用已扩展到京畿地区。[12] 从以实物纳税到以货币纳税的转化十分迅速。根据一项统计，宋初（即公元 960 年以后不久）每年税金收入为 1 600 万贯铜钱；[13] 在 1068—1078 年的 10 年间，每年税金收入猛增至 6 000 万贯左右。到那时，政府的全部收入也许有一半以上采取现金支付的方式。[14]

显然，这些改变表明，社会和经济发生了意义深远的变化，至少在中国最发达的地区是这样。看来，通过建造运河和排除江川航道上的天然障碍，运输情况有了改善。由于各地地形和资源的差异，即使是最贫穷的农民也能进行专业化生产。由于适应不同土壤和气候的多种农作物互相补充，农业产量明显上升。改良种子和系统施肥也创造了奇迹。无数农民开始在本地市场上买卖产品，作为自给自足生产的补充。除此之外，业余的手工业劳动为数百万人带来了农业生产以外的收入。当地的、地区的和跨地区的市场交易激增。亚当·斯密后来令人信服地分析过的专业化的全部优越性开始体现出来，使总生产率得到了惊人的提高。[15]

人口的激增意味着贫困并没有消失。相反，当一些人依靠巧妙地操纵市场发财致富时，另一些人却沦为乞丐。在帝国的首都和其他城市里，他们的悲惨处境触目惊心。贫穷的乡下人涌入城镇，希望找到报酬丰厚的工作，求职无门时便行乞为生，或冻饿而死。组织公共救济的工作始于1103年，但时断时续。1125年的一份请愿书说得很明白：

冬寒倒卧人更不收养，乞丐人倒卧街衢辇毂之下。十目所视，人所嗟恻。[16]

因此，由于冷酷的环境压力，在中国社会里，即使是最卑微的人，也被迫一有机会就进入市场，设法改善他们的物质生活条件。14世纪初期的一位作家这样写道：

今夫十家之聚，必有米盐之市。……相时之宜，以懋迁其有无，揣人情之缓急，而上下其物之估，以规圭黍勺合之利，此固市道之常。丁桥虽非井邑，而水可舟，陆可车，亦农工商贾一都会。[17]

或者：

安吉人皆能之。彼中人唯藉养蚕办生事，十口之家，养蚕十箔。……以此岁计衣食之给，极有准的也。以一月之劳，贤于终岁勤动。[18]

除了这类本地交换以外，还出现了不同等级的市镇，从农村的集镇到省城，直至连接长江与黄河流域的大运河沿岸几个名副其实的大都会。高踞首位，控制整个交换系统的是北宋的都城开封。[19]1126年以后，大运河另一端的南宋都城杭州，也起了类似的控制全局的作用。与商业发展和农业专业化相对照，11世纪钢铁生产的增长并不十分明显。实际上，日益频繁的市场交换使技术的专门化和自然资源的充分利用得以实现并得到促进，从而引起财富和生产率的普遍增长。钢铁生产的增长仅仅是这种普遍增长的一个组成部分。然而，在市场上竭力追求个人利益，尤其是因此使暴发户得以积累大量财富，这是与古老的中国价值观背道而驰的，况且这些传统的价值观念已经在政府中巩固而有力地制度化了。通过以儒家经典为基础的考试而录用的官吏，经常睥睨商业精神的浮华表现。例如，一个名叫夏竦（卒于1051年）的人曾这样写道：

> 国家奄有华夏，车书万里，而经营之制，未逮商旅。至有持粱啮肥，击毂列第，妻孥服珠玉，奴婢衣纨素，昼思积滞之计，夕念兼并之术。……赋役之课，优容于农家，关市之征，姑息于平民。众以为法，贱稼穑，贵游食。[20]

由于官方的理论认为“王者之于天下犹如一室之中也”，[21]帝国官员干预和改变当时生产以及交换方式的权力自然也是毋庸置疑的，问题只是某项特定的政策实际上是否能够强行实施，以及它是否符合总体利益。对不义之财进行没收性征税始终具有正义和惩罚的意味。触目皆是的贫民的苦难使反对富商和无情的市场垄断者的斗争更加有理。然而宋朝的官吏认识到，如果不加区别地实行这项政策，就可能减少将来的税收岁入，从而使国家蒙受重大损失。因此，官吏们极力在正义与财政的权宜手段之间、长期利益与短期利益之间进行调和。在11世纪的一段时间里，他们的政策使那些占有有利的地理位置、容易进入都城的地区技术得以迅速发展，钢铁生产得以扩大。郝若贝已经为我们探索了这方面的惊人成就。

但是大规模的商业和工业企业容易衰败，其衰败的原因和迅速兴起的原因相同。与都城的交通中断或官方对于钢铁产品的需求暴跌都必然会破坏工业。税率或政府支付的价格发生变化也会破坏生产——也许速度慢一些，但结果确定无疑。

确实，12 世纪时，情况有了变化，因而开封经济区的钢铁生产出现衰退，但是，由于现存的文献资料存在空缺，1078 年以后的统计数字无处可寻。48 年后，也即 1126 年，满洲的女真部落攻克开封，在华北建立了一个新政权（金朝），宋朝政府的正规管理遭到破坏。失败的宋朝政府撤至南方，以淮河作为业已缩小的疆域的北部边界。一个世纪以后，到 1226 年，成吉思汗的军队击败女真，胜利者将钢铁厂所在的地区划归一位蒙古王子作为封地。后来，成吉思汗的孙子、元朝的开国皇帝忽必烈登基（1260 年），并着手征服中国南方。此时，产铁的河北和河南地区重新被置于帝国政府的直接管辖之下。因此，对 13 世纪 60 年代的产量做出估计又有了可能。到那时，该地区的铁产量已从历史的最高纪录年产 35 000 吨（1078 年）下降至年产 8 000 吨左右。而且，可以料想，产品全部都被用于制造盔甲和武器来装备蒙古军队。[22]

元朝在军事方面对钢铁的需求本身并不足以使其生产恢复到以前的水平。其中一个原因就是华北的运河运输中断。而这又是 1194 年所发生的一次严重灾害的部分结果。是年黄河决堤，淹没了华北大片肥沃的土地，最后改道入海。修复运河系统的工程始终没有进行。因此，从那时起，河南、河北的铁产量一直处于一般水平。到 1736 年，一度繁忙的鼓风炉、炼焦炉和钢厂已经完全废置，尽管大量炼焦煤仍然近在咫尺，铁矿床也相距不远。一直要到 20 世纪，生产才得以恢复。

显然，由于资料太零碎，任何人都无法弄清在发展和技术突破时期或收缩和衰退时期的确切情况。但是显而易见，政府的政策始终至关重要。官员们通常以不信任和怀疑的眼光看待成功的企业家，这就意味着任何事业都有被接管为国家垄断事业的风险。它可能受制于税金或官方强行规定的价格，因而不可能维持原有的生产水平。看起来，中国北方那些善于进行技术革新的钢铁厂的情况就是这样。假如那些钢铁厂继续扩大，它们完全有能力为本国提供当时世界上其他任何国家的人民从未得到过的价格更低、数量更多的钢铁。

北宋时期供养的军队发展到了100多万人，对钢铁的需求量极大。考虑到这一点，以焦炭作为燃料的钢铁技术中途夭折就更显得不同寻常。然而，军方的需求受挫，因为它只有在政府官吏同意的情况下才有效。而鄙视工业巨头的文官对军事指挥官也满怀疑惧，这是因为有组织的军事力量对于他们控制中国社会构成了明显的潜在挑战。

在10世纪60年代，即中国重新统一的最初几年里，宋朝政府还发动过进攻性战争。不过，从那以后，宋朝就采取了严格的防御性军事政策。主要的问题仍是如何防止西北边疆以外的游牧部落袭扰宋的定居地区。游牧部落的骑兵能够超越宋的步兵，但是驻扎在边疆地区星罗棋布的要塞里，以强弩武装起来的步兵，可以很有效地阻挡骑兵的进攻。如果袭击者有意绕过这些设防地区，以便更深入地渗入宋朝疆域，宋朝政府起初采取的应敌办法是“焦土”政策，将一切贵重物品运进城里。[23] 假如袭击者滞留不去，政府可以派出通常驻扎在都城周围的帝国中央野战部队（即禁军）去骚扰入侵者并把他们赶回去。野战部队有一部分是骑兵，这些骑兵既被用于弹压和威慑有可能谋反的戍边部队，也被用来保护内地免遭周边部落的侵袭。[24]

这种战略在袭击者人数猛增，形成庞大的入侵军，并且拥有攻克城池所需要的组织形式和武器装备时就无济于事了。1127年女真人攻陷开封时就是这种情况。为了防止出现这种灾难，宋朝的政策就以外交为基础，向强大的邻邦赠送“礼品”以免遭攻击。从一位游牧部落首领的观点来看，通过外交交往接受奢侈的礼品（自然他也需要回赠马匹或其他礼物以达到交易对称），似乎往往比通过随意掠夺得来的各色物品更合意。

从中国官吏的观点来看，消极防御政策的优点是有利于保证国内的文官统治。对于一支担任卫戍任务、很少参加实战的部队，可以通过谨慎地调节其物资供应来予以操纵。文官负有向当地军事指挥官提供食物和武器的责任，在发生争端时，他们可以利用一个军事首脑和另一个军事首脑抗衡。这样，如果有某个军官试图用武力来影响帝国政府的决策，政府就可以较容易地把反叛因素消灭在萌芽阶段。[25] 即使这样做的代价是丧失野战的机动性，使国家更易于遭受游牧部落组织良好的大规模进攻，宋朝当政者也在所不惜。唯有如此，中国国内的文官统治才能获得保障；唯有如此，官员们才有把握控制中国生活的各个方面。

这种局面有两个方面值得讨论。首先，从统治阶层的观点来看，对待中国军事将领和对待帝国疆界以外的部落首领的政策没有根本的区别。分而治之，同时向军事首脑们分配物资、爵位和礼仪性职务，以此来抚慰不可靠分子，这就是宋朝官吏的秘诀，无论在疆界内外都是如此。政策要求，在安全的前提下，物品和荣衔越少越好。地方官吏则总是想要将钱财挪为己用或供家庭享用，即使这意味着有可能引起帝国疆界内外武装起事的危险。

军人和部落首领面临十分相似的诱惑。通过袭击或反叛可以立即获得比他们可能从不情愿的官吏手中榨取的赏赐更贵重的战利品。但另一方面，攫取这些财物要冒风险，而且不可能无限期地继续下去。因此，当事者总是不得不在长远利益和眼前利益之间进行权衡。由于事实上判断总会变化不定，因而即使是设计最巧妙的防御体系也潜藏着不稳定因素。如果边防将士停止抵抗敌军，或者这些敌军能够联合起来成为庞大的军队，并且获得围城和攻破城郭与要塞的手段，边界上的军事力量对比随时可能发生突变。女真人在 1122 年后突然取得胜利，仅仅 4 年后便攻克开封，就表明了这种内在的不稳定性。[26]

其次，宋朝官方对待军人和有组织的暴力行动的政策，与对待依靠技巧或侥幸操纵日益发展的市场体系发财致富的商人以及其他人的政策，也没有根本的区别。在儒家的观念中，凭借个人在买卖中的精明获取私人财富和有组织地使用武力一样，都是不义的。这些人的活动只有在符合官方利益时才会得到容忍，甚至受到鼓励。但是，允许商人或厂主获得过多的权利或积累过多的资本，就如同允许军事将领或外族首领控制过多的军队，两者都不是明智之举。明智的政策旨在分散过分集中的财富，正如明智的外交和得当的军政管理旨在防止军权过分集中在任何一个指挥官手中一样。分而治之的策略既适用于战争也适用于经济。遵循这一原则的官吏可望取得民众的爱戴，因为对百姓而言，抢夺劫掠的军队和残酷无情的资本家几乎同样可憎。

中国的武器制造技术也有助于维持官僚统治的权威。[27] 自汉代以来，甚至在汉代之前，弩一直是中国军队的主要投射武器。弩有两个显著的特点。首先，使用弩几乎和使用现代手枪一样容易。拉开弩的弓弦并不需要过人的臂力。拉一张长弓需要经过多年的练习，拇指和其他手指才会有足够的力量拉满弦，而弩上好弦以后，弩手只需要将弩箭置于发射位置，顺着弩身瞄准，到合适的目标出现即可发射。普通人只需要几个小时的发射训练，就能相当有效地掌握用弩技术。13

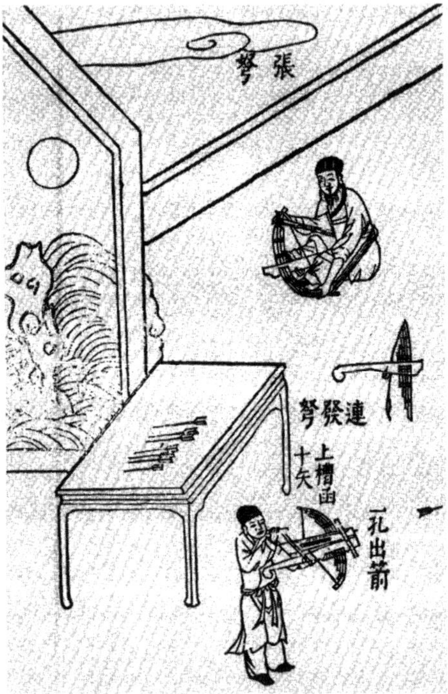

中国弩的制造

该版画是17世纪的一部百科全书《天工开物》中的插图，讲述了中国古代弩的制作过程。如图，层层叠加的木条与一次可装10支弓箭的发射槽，使得弩成为冷兵器时代速度快、效率高的武器。扣上弓弦从发射槽中释放一支弩箭，随后弩箭落到射击位置。这里并没有有关扳机和触发机制等机械部分的详细制作描述，而是以人物形象来诠释弩的制作工艺。

图片来源：Sung Ying-Hsing, T'ien-kung K'ai-wu. Translated by E-tu zen Sunand Shiou-chuan Sun (University Park, Pa. Pnnsylvania State University press,1966) , p.266。

世纪中国弩的杀伤距离达到了400码[28]。[29]

其次，使用弩只需要简单的技巧，制作弩却需要高超的技术。大批的弓弩手需要依靠技术熟练的工匠制作精确的发射装置和其他必要的部件。况且，向这些工匠提供制造大量弩弓所需的材料也绝非易事。制作一张强弩需要木叠片、兽骨、兽角和筋腱，工匠将这些材料十分巧妙地结合在一起，以保证弓在受到拉力弯曲变形时具有最大的弹性。制作这种复合强弓的技艺在欧亚草原各处得到了高度的发展。弩弓的特色在于它们的发射装置，这些装置必须非常坚固，扣上弓弦准备发射的时候，能够经受住巨大的压力。只有技术娴熟，又能得到合适的金属的工匠才能制造出可靠的扳机。[30]

分布在不同地区的市场经济，能比一般的指令经济更有效地保证所需材料源源不断地供应工匠作坊，只有效率最高的指令经济能够与之相比。就各种投射石弹、利箭和燃烧物的机器——11 世纪中国军队也装备了这类机器——的制作而言，情况也相同。[31] 公元 1000 年左右，包括火药在内的爆炸性混合物也加入了这个复杂的武器库。最初火药只被当作燃烧弹，但是约在 1290 年以后，中国人开始利用火药的推进力。首批真正的火炮似乎就是在那时发明的。[32]

在宋朝，中国的技术创新似乎特别集中于武器方面。也许是周边民族在技术上的进步迫使中国人不得不保持领先地位。无论如何，女真族和其他邻邦在 1126 年征服华北以前，越来越容易得到中国工匠制造的产品。这一变化主要体现在盔甲得到了改进，用于制造武器的金属供应增多。很明显，宋朝统治者面临与主要敌手之间技术差距日益缩小的形势；在周边民族征服华北以后，这种差距实际上消失了。面对这种威胁，宋朝的当权者开始有步骤地奖励军事发明家。下列一段文字说明了这一点：

> （宋太祖）开宝三年（即 970 年）五月……时兵部令史冯继昇等进火箭法，命试验，且赐衣物、束帛。[33]

在朝廷的赞助下，革新的障碍减少到了最低限度。

宋朝以城市为基地、具有防御性特点的战略也促进了技术试验。将独创性和财力物力用于制造结构复杂而威力巨大的武器来保卫城墙和其他固定的阵地是合理的，而起初这类武器对于准备野战和在原野上快速运动的军队而言过于笨重，不便使用。只是到后来，当弩炮和火药武器变得威力无比的时候，蒙古人才证明了这些器械不仅可以用来防守，还可以用来攻破城门和城墙。[34]

成功地管理已经发展到超过百万之众、依靠复杂的武器来抵挡机动性更强的进攻者的军队，显然首先有赖于通过市场关系、运输的改善和技术上的有效管理将经济的各个环节结合在一起。通过考试招募官吏有助于保证相对熟练的文官管理层。[35]但是，尽管官吏们手段高明，诡计多端，供应军队的任务也许仍使中国社会的军人和文官的指令成分与新近活跃起来的个人市场行为之间原本就不稳定的平衡关系更趋紧张。改革派大臣王安石（卒于 1086 年）写道："天下学士以执兵为耻。"然而 11 世纪 60 年代的一项官方统计披露，政府收入的 80%，也就是 5800 万贯铜钱，需用来供养 100 多万负责守卫疆土而又被蔑视的士兵。[36]对这一负担忧心忡忡的官员们为了节省军费开支，可以用制定不经济的价格的办法抑制河南和河北的金属冶炼。但是现在无人知道当时是否确实发生了这种情况，还是别的因素破坏了工业生产。

无论士大夫们的政策最后付出了多大的代价，20 世纪的西方人对他们在力图使一种令人不安的成分（专事暴力者）与另一种同样令人不安的成分（专谋私利者）互相抗衡的过程中所遇到的问题无疑会寄予同情。两者都不符合传统的行为准则。确实，商人和军人经常肆无忌惮地宣扬他们的卑劣行为，完全无视他人。中国官吏肯定会把后来 14—19 世纪欧洲军事和商业企业之间那种不受抑制的联系看作真正的灾难。受过儒家治国思想教育的人只要仍然掌握政权，就不会容许这种危险的军商合流。中国的政治管理体制对工业、商业和军事的扩张一贯进行有计划的约束。

12 世纪一个名叫王革的铁工厂主的经历便是一个具有启发性的实例，从中可见这种管理制度之一斑，尽管他显然是一个极端的例子。

王革白手起家，后来成了中国中南部一个颇有实力的铁工厂主，雇用了约 500 名工匠。他的炼铁炉用的是木炭而不是焦炭。实际上他首先占有了一处树林覆盖的山地，可以就地烧炭，他就此开始发迹。1181 年，王革和当地官吏发生争执，但现存的文献资料没有清楚地说明起因。官衙派兵弹压，他组织工匠击退官军，进而进攻官吏居住的城镇。可是他的工匠们抛弃了他，他不得不外出逃亡，最后被捕处决。[37] 他的经历显示出企业经营与武力的非常规使用何以能融为一体，根基深厚的官吏阶层又如何按自己的意愿压制这两种不正当的行为。

然而，在 11 世纪，政府的财政转变为以现金为基础，这就使政府本身也有受到商业意识传染的危险。这一点在华南表现得很清楚。长江以南由于多山，运河和河道航运受阻，商人们不得不到海上寻找出路。中国沿海各省的海上贸易一旦稳定地建立起来，将贸易关系扩展到更遥远的地区就很容易。事实上，和帝国行政管辖范围之外的各地居民进行贸易，就可以通过消费税为政府带来可观的收入。掌管这种税收事务的官吏有时以类似欧洲重商主义的精神谋求海外贸易的发展，甚至可能将政府的经费投入那些可望增加收入并且带回稀有和贵重物品的冒险事业中去。据信皇帝本人曾说过：“市舶之利最厚，若措置合宜，所得动以百物计，岂不胜取之于民？”[38] 皇帝言之有据，因为到 1137 年，帝国政府五分之一的收入来自海外贸易中的消费税。[39]

商人和官吏终于取得了部分一致的看法，这种情况在蒙古人统治时期更是达到了顶点。蒙古人和儒家不同，他们并不轻视精明的商人。马可・波罗在忽必烈的朝廷中受到礼遇即说明了这一点。实际上，忽必烈任命了许多外国商人担任税收官和帝国的其他重要行政职务，马可・波罗只不过是其中之一。[40] 到了明朝，商业和军事的结合开始遭到反对（虽然不是立即表现出来），因为早在 15 世纪，中国船队出于政治、商业目的探测印度洋的时候，这种结合的惊人效果就显现出来了。

帝国进入印度洋的冒险行动依靠的是一种海军传统，这种传统是随着南宋的建立而形成的。1126 年，开封陷入女真人之手，一个皇族子弟（即宋高宗）逃亡到南方，他证明自己有能力凭借江河屏障保卫剩余的半壁江山，使其免遭女真人的进犯。他通过创建一支海军做到了这一点。1126 年后，南宋不像北宋那样依靠驻守在沿陆上边界设防的据点里的步兵，而是依靠特殊设计的战舰来防御女真骑兵。

起初，宋朝的海军主要在内河水道使用。当时发明的一些新式舰船，包括靠踏车和蹼轮驱动的战船在内都是为了在内河和运河战斗中使用。主要的进攻和防守力量是弩弓手和长矛兵，但是，用于陆上围城和据点防御的大型抛射武器也已经安装在大型舰船上了。这是陆上的作战方法在战舰上的应用，每艘舰船所起的都是移动据点的作用。装备这样一支拥有数百艘舰船和 52 000 名水兵的海军，[41] 需要比装备北宋陆军更复杂的大批原料和制成品。中国的经济已经承担了陆军强加于它的各种比较复杂的需求，现在又增加了造船所需要的全部材料——木材、绳索、风帆和附件。一个城市基地和由市场连接的供应系统变得比以前更加重要；新的舰船机动性很好，而且用它们集中对付进攻的敌军比步兵容易得多。这样，北宋采取的消极防御政策就得到了修正。

后来成吉思汗的军队侵入华北女真人的领地，接着，过了半个世纪，又进袭南方。此时，他们不得不首先战胜早已成为宋朝主要屏障的海军。这就要求忽必烈建立一支自己的海军。他凭借海军的帮助，对长江上宋朝主要据点之一襄阳围困达 5 年之久，最后攻破该城。从那以后，宋朝海军大部分投向胜利者，使征服战的最后阶段得以比较容易地完成。[42]

忽必烈在取胜后继续加强海军力量，但是改变了它的性质，因为其后他所从事的海军事业是海外冒险。[43] 因此，按照远洋航行的需要而设计的船成了中国舰队的主力。尽管海军建设的规模十分庞大（据记载，1281 年试图入侵日本的舰船总计达 4 400 艘），但忽必烈的海上远征并不是无往而不胜的。1281 年，日本武士借助及时刮起的台风，摧毁了入侵敌军。1292 年进攻爪哇之战，虽然初战告捷，但也未能对那个遥远的岛屿实行持久的控制。

从长远看，用远洋船舶作为南粮北运的补充手段也许具有重要意义（但结果并未实现）。到了 14 世纪初叶，远洋船舶运输的谷物和运河上运输的谷物在数量上大致相当。由于航运技术的改进，从长江口到天津的航程缩短到 10 天，比通过大运河运货快得多。但是，南方的叛乱和骚乱很快就开始干扰谷物和其他货物的大规模、长距离海运业务，同时海盗活动也造成了问题。因此，甚至在蒙古人对中国的统治最后垮台（1368 年）以前，海军就已经减少到无足轻重的程度。实际上，将余粮集中在北方以便政府使用的整个税收系统崩溃了。各地军阀兴起，其中一人（即朱元璋）成功地排除了竞争对手，重新统一了中国，建立了汉族人统治的朝代，即明朝。

首先，新朝代将南宋和北宋的军事政策结合起来。也就是说，明朝的第一个皇帝着手维持一支庞大的步兵镇守边疆以防游牧民族入侵，同时保持一支强大的海军来控制内河航道和公海。1420 年时，明朝海军拥有的船只不下 3 800 艘，其中 1 350 艘为战舰，包括 400 艘特大型移动堡垒和 250 艘为长距离巡航而设计的“宝船”。[44]

著名的舰队司令郑和统率着“宝船”远航印度洋（1405—1433 年）。他的舰队最大的舰船排水量可能有 1 500 吨，而在同一个世纪末，从葡萄牙抵达印度洋的达·伽马的旗舰排水量只有 300 吨。这几次远征在各个方面都使后来葡萄牙人远征的规模相形见绌；远征船队不仅有更多的舰船、更多的枪炮、更多的人力和更大的载货量，而且在航海技术和适航性方面与哥伦布和麦哲伦时代的欧洲人相比毫不逊色。郑和的足迹遍天涯——从婆罗洲和马来半岛到锡兰，远至红海和非洲海岸。所到之处，他都维护中国的宗主权，并通过贡品或贸易交往确保与这些地区的关系。他的强大舰队遇到抵抗的事例非常罕见，出现此类情况，他就动用武力。例如，1411 年，他将锡兰一个不顺从的首领抓住，带回中国由朝廷处置。[45]

约从 13 世纪起，除了这些官方的交往以外，私人经营的海外贸易也在中国蓬勃发展。商人和资本家建造和操纵大型船舶。如何管理船员和货物，分担风险和分享收益，解决远方交易中的纠纷等都有了规范化的明确模式。[46]通常航运目的地是接近中国海岸的地方——中国东北、朝鲜和日本；但是，在郑和的舰队首次到达印度洋之前几十年，中国的海运就已经开始进入那个地区。从 12 世纪中叶起，中国在南亚和东非的贸易规模似乎有了突飞猛进的发展。在非洲海岸发现的中国瓷器碎片是这一情况的最好说明。这些碎片的年代可以十分准确地加以断定，它们表明早在 8 世纪，贸易就已经开始（大概是用穆斯林船只运载），1050 年后更是数量激增，那时中国船舶已经不再重复几个世纪以前的做法，即横穿克拉地峡陆运货物，而是开始定期绕过马来半岛进入印度洋。[47]

一个通晓欧洲历史的人会认为，11 世纪，随着使用焦炭的鼓风炉迅速发展，应该出现一场具有广泛意义的工业革命。同样，西方人会想，15 世纪初期中国建立了海外帝国后，如果当时中国人有意进一步开展探险活动，会有什么样的结果。一位中国的哥伦布很可能在哥伦布本人寻找中国无着，无意中发现伊斯帕尼奥拉岛前半个世纪就发现了美洲的西海岸。中国船的适航性无疑足以使其横渡太平洋再返回中国。的确，如果类似于郑和远征的航行重新开始，中国的航海家很可能在大航海家亨利王子去世（1460 年）以前就已经绕过非洲，发现了欧洲。

然而，帝国朝廷的官员却另有选择。1433 年之后，他们不再向印度洋远航了。到了 1436 年，帝国干脆发布一项法令，禁止建造新的远洋船舶。海军人员奉命在来往于大运河水道的船只上充当船员，远洋船舶则任其腐朽，不予更换。造船技术迅速荒疏衰退。到了 16 世纪中叶，中国海军已无力抵御在中国海岸一带活动日益猖獗的海盗。[48]

造成这种倒退的部分原因是朝臣内部敌对集团的斗争。郑和出身于穆斯林家庭，也许是蒙古人的后裔；[49] 这就使他的海外冒险事业带有异国色彩，而中国的士大夫对外国的事物逐渐采取不信任态度。他又是一个宦官，而在明朝朝廷内部，宦官也成了攻击对象，因为 1449 年有一个宦官（即王振）轻率地领兵对蒙古发起远征，结果却让蒙古人将皇帝（即在“土木之变”中被掳去的英宗）掳去。[50] 这一事件揭露了官方放弃海外冒险事业的一个更重要的原因。陆上边界的一边仍有强大可畏的敌人，而在海上，直到 15 世纪末倭寇崛起以前，并没有值得中国人惧怕的对手。

于是，这就产生了采用进攻还是防御的军事政策的问题。1407 年，明朝海军远征安南（即今越南），但在 1420—1428 年中国军队屡遭挫败。1428 年，朝廷终于做出了撤军的决定。说来奇怪，在这种背景下，当时的一位朝臣于 1426 年安南战事正处于关键阶段时递呈皇帝的一份奏章，现在美国人听来竟很熟悉：

> 兵者凶器，圣人不得已而用之。……古英君良相，不欲疲民力以夸武功，计虑远矣。……毋以犁庭扫穴为功。弃捐不毛之地，休养冠带之民，俾竭力于田桑，尽心于庠序，边塞绝伤痍之苦，闾里绝呻吟之声，将无幸功，士无夭阏，远人自服，荒外自归。国祚灵长于万年矣。[51]

明朝政府面临两种选择：一是守卫靠近新都城北京的备受威胁的边境；二是在海外进行代价高昂的进攻战。在这种情况下，不难理解明朝政府为什么选择了筑垒固守的策略。

或许还有一种考虑也起了部分作用：1417 年，连接长江和黄河流域的大运河上的各处深水船闸已经建成。这些船闸都是新近发明出来的：船闸建成后，一年 12 个月船舶都能在运河上航行，再也无须为水位高低担心。过去，一年中约有 6 个月运河上不能通行大船，有时河上交通甚至完全停顿，只有等雨水将水位提高以后才能恢复航行。新的船闸建成后，一年四季的粮食都可以畅通无阻地通过内陆水道运往北方，已经没有必要依靠海运来作为运河货运的补充手段，再也不用控制公海以确保都城得到充分的粮食供应。因此，官吏们认为没有理由一定要批准庞大的支出使海军保持战备状态。于是，他们就听任海军悄然解体。

私人企业家对远洋航行的兴趣又是怎样的呢？显然，数千人的生计问题取决于曾在华南沿海城市蓬勃发展的对外贸易。1371 年，政府禁止对外贸易，其后两个世纪又时时重申这项禁令，[52] 但那些商人和海员并不驯服。远洋航行继续进行，不过，由于违法经营的成本比以前要高得多，所以规模相对缩小了。为贿赂官员，使他们不追究违法交易，所需要的费用往往超过宋朝对外贸易迅速发展时期对外国货物征收的 10%~20% 的实物税。[53] 于是，从航海所获得的利润中积累大量私人资本的可能性逐渐变小，因为任何官吏一旦发现商人非法牟取的利润，都有充分的理由予以没收。

从 1371 年到 1567 年（是年明朝政府再度准许中国船只在官方的允许下按照适当的规定远航外国）大约 200 年间，中国船员和商人只能不惜从事违法活动来维持他们的生活方式。他们人数众多，给明朝政府造成了麻烦。官吏们把他们称为“倭寇”，以此作为不能或不愿有效镇压他们的遁词。海盗中确实有为数不多的日本人，但是 15 世纪和 16 世纪在中国沿海一带进行非法活动的海员大多数是中国人。这些海盗商人像铁厂主王革以及他的工匠们一样缺乏民众的支持，因此并没有对明朝政府有组织的军队构成严重的威胁。1567 年以后，官方和从事对外贸易的企业家之间达成了一项差强人意的暂时协定，海盗活动趋向平息，危机得到解除。但是两个世纪的非法活动显然阻碍了 1567 年以前的中国对外贸易，而且大大有利于欧洲商人在远东取得立足之地。[54]

因此，尽管中国无论是在炼铁方面还是在造船方面都比欧洲更早地取得了成就，结果并未对发展中的中国的实际生活产生多大的影响。中国的商人和厂主们对于将他们的社会功能局限在较小范围内的价值体系采取赞同的态度，其证明就是，他们在土地和子孙的教育上投资，使他们的子孙可以加入占统治地位的地主阶级行列，并在官场争得一席之地。[55]

结果，中国社会的传统秩序从未真正受到过挑战。设法在刚刚萌芽的市场经济上面维持平衡（有时也许是很不稳定的平衡）的政府指令机构，从未失去最后的控制权。铁厂主和造船业主与中国社会中的其他人一样，从来没有自主权。在官吏们准许时，技术进步和活动规模的扩大可以迅速到令人眼花缭乱的程度。但是，一旦官方政策改变，优先项目发生变化，与之相适应，财力物力也会以同样的速度重新分配。11 世纪钢铁生产和 12—15 世纪的造船工业能够突飞猛进，情形就是这样。

这些情况清楚地显示了那种由复杂的市场交换关系所支撑，同时又顺应统治者政治意志的指令经济所具有的优越性。中国的财力物力能够集中用来完成某项规模宏大的公共事业，例如建立船队，改良大运河，保卫边疆防备游牧民族进犯，建设新都城等。在官方的指令结构下运行的活跃的市场交换系统提高了经济的灵活性。这一系统也增加了财富，从总体上大大地扩充了国家的财力物力。但是，它并没有影响官吏们的统治地位，相反，新的财富和改善后的交通条件增强了中国官吏们所掌握的实际权力。中国从宋朝到现代，除了各朝政权之间有相对短暂的中断时期以外，政治上一直保持着统一，这正是政府官员手中的权力不断增加的证明。商贾和政府各有各的理想，这两种理想之间存在着实际矛盾，但只要官吏们在遭到某个地区或个人的公然反抗时能够运用强大的治安权，那么这个混合体中的指令成分就仍能够确保其统治地位。市场活动和个人谋求财富只能在行政当局限定的范围内进行。

基于上述原因，在 11—19 世纪，欧洲商业和工业扩展所显示的自动催化特点从未在中国展现出来。中国的资本家从来不能长久地享有随意将利润用于重新投资的自由，任何人只要积累起财富就会引起官方的注意。官吏们可以通过接受贿赂来分享别人的财富，也可以通过调整税收和价格使国家从这些新积累的财富中获利，还可以利用先买权将该企业变成国家的垄断企业。在各种特定的情况下，这些政策总是可以以不同的方式结合运用。但是，在每次交锋中私人企业家总是处于不利地位，而官吏们始终占有优势。之所以如此，根本原因在于大多数中国人感到通过贸易或制造业积累大量私人财富是极端邪恶的行为，因为私人企业家只有一贯贱买贵卖、欺骗他人，才能做到这一点。因此，在官方与只有财富的个人每次交锋时，官吏们的优势由于官方的意识形态与民众的心理相一致而得到加强。

中国境外的市场动员

虽然资本主义精神就此得到了牢固的控制，但是11世纪在中国兴起的庞大的市场经济仍然足以使指令行为和市场行为之间的世界均势发生十分重大的变化。中国在富裕程度、技术水平以及人口数量方面都迅速地远远超过了地球上的其他国家。而且，中国的经济增长和社会发展已经对国外产生了影响。随着中国的技术秘诀传到国外，欧、亚、非地区出现了新的希望，这一点在西欧尤为明显。

甚至在火药、指南针、印刷术开始使中国边界以外的文明社会发生剧烈的变革以前，就已经出现了一个预备阶段。在此阶段，日益强化的远距离贸易将市场关系的重要性提到了新的高度，为比中国国内的任何经济发展都更持久、更稳定的经济起飞铺平了道路。

遗憾的是，南洋的贸易发展鲜为人知。中国人出现在印度洋及其附近海域数百年前，阿拉伯海员及其先驱希腊、罗马海员和印度尼西亚海员就已经横渡过这一带的水域。在文明历史的开端，苏美尔人很可能就已经通过海路和印度河流域的居民有了交往。印度的各族人民也在热带水域上往返航行，那里一年中大约有半年时间由于有风向相反的夏季季风和冬季季风，航行比较安全和容易，即使对轻便船舶而言也是如此。

有一点似乎可以肯定：尽管有无数的暂时性挫折和地区性灾难，公元1000年以后，途经南洋的贸易的规模逐步扩大。与维持这种贸易相适应的行为日益牢固地在人们的日常生活中扎下了根。在欧洲中世纪贸易中，胡椒、丁香、肉桂等调味香料起着举足轻重的作用。这些调味品的生产也开始支配东南亚及其邻近岛屿上数以千计的居民的生活。所有种植这些香料的人和筹划装运这些货品的人，还有海员、商人以及一切与香料的收集、分类和运输有关的人，他们的生计都取决于和数千英里[56]以外的消费者之间极不稳固的联系。对进入远距离贸易网络的数以百计的其他商品（从稀有的犀牛角到大量生产和消费的棉花和食糖）的生产者来说，情况亦复如此。[57]

这种专业化和相互依赖的情况是更早一些时候在中国发生的情况的重演，区别仅仅在于，中国南海和印度洋的贸易跨越了政治边界。结果是商人们一方面面临着更大的风险，另一方面却享有更大的自由。马来半岛和贸易路线上的其他重要地点——锡兰和南印度以及非洲海岸和南阿拉伯的海港——都由一些其主要收入依靠海运关税的统治者管辖。但是，一旦船只出海，地方统治者就失去了控制权，船长们则有相当大的自由来寻找最便宜的地点上岸和进行贸易。如果某个统治者贪得无厌，被激怒的船长可以另找停靠港。在这种情况下，贸易方式可能会随着政权的变化而迅速改变。新兴的货物集散地可能很快占有重要地位。

例如，在马六甲就发生了这种情况。这个商业中心是在一片凄凉的沼泽地里建造起来的。这片沼泽地从陆上几乎无路可通，在14世纪和15世纪之交以前毫无价值。起初，它是海盗们的一个大本营，从海上抢来的货物可以在那里重新整理分类，再送到条件有利的地方去。到15世纪初，它已经成为适用于和平海运活动的海港，在几十年内控制了周围地区的贸易，成了往东更远的“香料岛”生产的香料的主要集散地。马六甲的兴起，自然也是以牺牲其他海港为前提的。停泊安全和关税适度固然吸引了贸易；在苏门答腊和大陆之间的马六甲海峡巡航的武装船只的强制行动也起到了作用。因此，武力的使用，连同它所起到的对付海盗、保护贸易的作用，对于马六甲的兴起产生了重要影响。海军的费用需要靠对通过港口的货物征税所得来支付。两者之间巧妙的平衡左右着贸易的规模和付税船只的数量。[58]

尽管当时的具体情形已经无法考证，我们完全有理由认为，经过反复试验，地方统治者逐渐明确了向过往商人征收关税的可接受限度。如果他降低保护费和停泊费就有希望引来新的交易；如果他要求过多，贸易就会锐减。[59]一个统治者如果索取太少（如果真有这样的统治者），就可能无力维持对他所管辖的地区或邻近海域的有效的武力控制。索取太多的统治者可能遭遇同样的命运，因为商船和商人能够成功地躲开他的控制，从而损害他的收入。换言之，在印度洋沿岸国家的统治者中间自然形成了一种行情，将所谓的保护税规定在能使贸易继续下去并且（约在公元 1000 年以后）有步骤地发展的水平上。[60]

这完全有可能是一种非常古老的制度。古代美索不达米亚的国王和船长们，在有组织的远距离贸易的最初阶段，大概就已经规定保护税了。穆斯林在征服中东时（634—651 年），无疑从阿拉伯半岛的贸易城市带来了应该如何进行贸易的明确想法。对此，《古兰经》给予了适当的认可，[61]穆罕默德早年的经商生涯又提供了一个道义上无可指摘的典范。因此，中国的商业化引起的扩大市场活动的冲动与其说是一种新鲜事物，不如说是对原有事物的强化。

确实，宋朝经济和社会改革完全可以看作是中东早已熟悉的商业原理推广到中国的结果。佛教僧人与中亚商队的商人是第一批中间人。[62] 通过他们与广阔的草原游牧民族的联系，中国产生了另一种具有重要战略意义并具有贸易倾向的群体；由于游牧的生活方式使草原居民能征善战，因此这个群体能够对中国以及欧洲、亚洲和非洲的其他文明产生影响。

因此，11 世纪的新事物，不是通过市场把相隔遥远的人类活动连接起来，而是这种活动影响人类生活的前所未有的规模。中国通过市场把整个经济连成一个整体的时间很晚，但市场活动犹如一个大风箱，将闷燃的煤块扇成烈焰。1 亿中国人中间涌现的财富开始流向海外（也沿着商队的路线大量外流），为和市场相关的活动增添了新的活力，并开拓了新的方向。[63] 几十艘、几百艘甚至几千艘船开始在日本海、中国南海、印度尼西亚群岛和印度洋的各个海港之间航行。大多数的航行也许航程较短，从最初的生产者到最终的消费者之间的运输路途上有许多集散地，货物就在那里被重新分类。商业组织方式仍然是简单的合伙经营，往往是家庭合伙经营。因此，日益增加的商品流通就需要有大批商人乘船往来或坐在集市上讨价还价。

众所周知，在 11 世纪，类似的商业活动也开始在地中海兴起，运货人主要是从威尼斯、热那亚和其他港口起航的意大利商人。他们在此后的 300 年间，将欧洲半岛的大部分地区纳入了联系日益紧密的贸易网络。这虽然是一个显著的成就，但仅仅是更广泛的社会现象中一个很小的组成部分。我认为，这种社会现象将市场调节行为的规模和重要性提高到了前所未有的高度。老式的指令性社会的统治者再也无力像以前那样彻底地控制人们的行为。小贩和商人对于统治者和平民同样有用，而且他们已经能够在沿途寻找商队停留和商船停泊的适当港口来躲避没收性征税和劫掠，以此保护自己。那些地区统治者已经懂得，他们的收入和权力大小取决于贸易，因此不向商人过度征税。

于是，公元1100年以后，原来只是时断时续地迸发出烈焰的阴燃之火，开始摆脱官方的控制，逐渐变成熊熊大火。最终，在19世纪，市场活动的火焰炽烈升腾，将中华帝国的指令性结构熔化，这场儒教中国的大灾难历经9个世纪才变成现实。

在这个商业变革的起始阶段，编年史家和一般的文学人士对于变革似乎并未予以重视。因此，历史学家们只能利用零星的史料再现昔日情景，苦心孤诣地将残缺不全的点滴资料加以综合，来勾画当时的情况。这项工作主要是在过去三四十年间进行的，研究对象是中世纪的欧洲，而不是别的地区。因此，历史学家们了解了西欧各国之间以及它们和地中海东海岸穆斯林居民如何发展贸易关系的许多情况。正是在11世纪中国迅速向现金交换转变的时候，欧洲的海员和商人在地中海开展的活动与当时可能在南方海洋同时出现的情况十分相似，只是规模要小得多。[64] 几乎在同时，昔日北欧海盗袭击信奉基督教的欧洲时受害的大西洋沿岸各国，也发生了从劫掠到贸易的逐步转变。[65] 1291年，一位热那亚的船长从一个穆斯林统治者（此人曾经禁止基督教国家的船舶通过海峡）手中夺取了对直布罗陀海峡的控制权，从而将这些分离的海上贸易网结合成单一的互相作用的整体。[66]

因此，综观欧、亚、非三大洲贸易的兴起，可以看出，在中国，由于内陆水道运输的改进，北方和南方建立了多重联系；几个世纪以后，在欧洲西部地区也出现了与之相当的类似发展，只是规模稍小一些而已。欧洲的河流以及连接这些河流的公海，提供了一个天然的水道网，和中国的情况相比，这个水道网所需要的人工改良较少。到了14世纪后期，来自北方的羊毛、金属和其他原料开始和南方的酒、盐、香料和精工产品进行交换。安排日益周密的粮食贸易以及日益扩大的渔业满足了城市居民的需要。欧洲内部的市场与中东和北非穆斯林经营的贸易网以及南方海洋的贸易结合在一起。组织欧洲地区间交易的那些意大利城市也是东地中海穆斯林和犹太商人的主要贸易伙伴。从11世纪到15世纪，地中海沿岸的这些国家通过贸易联系与亚洲和非洲内陆相连，这些贸易联系将各个不同的民族越来越紧密地结合起来。

从中国南方海岸直至地中海的整个南方海域有着类似的组织方式和技术水平，对这个地区的贸易显然起着润滑剂的作用。十进制记数法和算盘的正式使用是这一贸易发展的一个引人注目的、具有重大意义的产物。这些记数法对于便利各种计算具有极大的价值，只有2300年前发明的字母对于促进扫盲所起的作用才能与之相比。

除了数字运算的简化这个基本条件外，南方海域的远距离贸易还取决于一套规章制度。合伙经营规则、裁断合同纠纷的方法以及汇票——用于解决远方的债务，从而把运送硬通货减少到最低限度——这一切也许已经在世界范围内实行了。船舶的经营管理规则——如何在船员之间分配利润，如何划分职责，如何为损失投保，等等——也是如此。在这些问题上，穆斯林和基督徒的做法几乎相同。关于中国人如何经营远洋贸易这一问题，目前掌握的有限资料似乎与上述情况颇为吻合。[67]

海洋也并非长途旅行的唯一重要媒介。约从公元之初起，商队就已经开始将中国和中东与印度联系起来。驮畜队在中亚沙漠和半沙漠地带的绿洲间行进，恰似船舶从一个港口驶向另一个港口。经商成功的条件也相似。保护税需要经过反复的试验过程加以调节，直到发现一个最佳水平，使当地统治者和长途贸易商能够最有效地互相支持。

这种安排始终容易遭到破坏。地方当权者总是禁不住想进行劫掠和公然没收财物，而且在陆地上不像在海上那样容易找到可供选择的其他路线。然而，在这种冒险性的贸易取得最初几次成功以后，中国和西亚之间的商队联系从未长期中断过。在其后的 10 个世纪里，使商队贸易得以蓬勃发展的习俗和态度向北发展，渗入欧亚草原和森林地带。在商队原来经营的东西方物资交流之外，又逐渐增添了南北之间用奴隶和毛皮换取文明地区产品的流动。

的确，关于这一点证据不足，而且是间接的。这种贸易方式向北渗透的主要标志是高等宗教在亚洲绿洲和草原居民中间的传播——佛教、景教、摩尼教、犹太教，还有最得势的伊斯兰教。游牧民族的首领访问中国的都城，接受皇帝的“赏赐”，又向皇帝回赠“贡品”。这种一直可以追溯到汉朝的进京朝贡也是宗教仪式化的、具有浓厚政治色彩的贸易方式已经渗入草原的证明。但是关于游牧民族和商人如何互相形成共生关系，我们所知不多。[68]

然而，草原地带的游牧民族发现，和文明地区的居民进行贸易好处很多，具有极大的吸引力。除了获取具有象征性价值的奢侈品与具有制作工具和武器的实用价值的金属（10 世纪以前或到 10 世纪时两者对游牧社会都具有重大意义）以外，游牧民族还可以用牲畜和畜产品交换谷物，从而改善蛋白质含量极高的饮食，大大扩充食品的来源。文明社会的上层阶级（尤其是畜牧业很不发达的中国上层社会）愿意出高价购买牲畜和畜产品，因为他们控制下的劳动者根本无法像游牧民族那样低成本饲养等量的牲畜。

在汉朝，中国和游牧民族的贸易组织已经很复杂，[69] 但是现在无法了解它的兴衰或在各地区的消长方式。这种兴衰或消长一定达到了极端的程度。草原地带和农耕地区的贸易关系可能在公元第一个 1000 年变得更为重要。在蒙古人的社会里，商人在极盛时期所占的突出地位证明，在成吉思汗的后代中，贸易和商人也都有稳固地位。

13 世纪，蒙古人征服中原王朝，从而为游牧民族提供了新的可能性。例如，在忽必烈及其继承者统治时期，喀喇昆仑山脉的驻军每年从中原地区接收 50 多万蒲式耳的粮食，这些粮食由货运马车运送，往返需要 4 个月。[70] 运送的粮食弥补了当地肉类和牛奶的不足，从而使更多的人能够在草原上生存。但是，依赖远方运粮也意味着一旦粮源被切断就会灾难临头。只要蒙古人统治着中国，粮食运送就有保证。但是明朝在掌权后就想通过禁运粮食对草原上的邻居施加压力。1449 年他们真的这样做了，蒙古人（即瓦剌）的反应是兵戎相见，结果擒获了皇帝。[71] 若不如此，至少草原上的部分居民就会挨饿。

值得指出的是：游牧民族（以及欧洲地中海地区季节性迁移放牧的牧民）和城市居民同样容易遭受这种危险。长期断粮也会使城市居民遭殃。城市，尤其是大城市，只有在运输系统运转正常，能从远方运粮时才能生存。游牧民和季节性迁移放牧的牧民特别适合承担为内陆城市供应粮食的陆上运输任务，因为他们拥有大量合适的驮畜。事实上，几乎可以说，城市居民和牧民之间的一种社会联盟成了伊斯兰社会的中坚力量。这个联盟从其在阿拉伯的诞生地扩展到大部分中东地区，因为城市居民都被说服或被迫与游牧民族合作来剥削占人口大多数的粮食生产者。至于农民，他们几乎毫无办法。他们的日常生活把他们固定在土地上，因而无法具有城市生活和放牧生活所需要的机动性（或享有参与市场活动的机会）。[72]

在 11 世纪海上活动开始之前，草原居民和文明社会之间的联系似乎在 10 世纪时跨入了关键阶段。大约从公元 960 年开始，突厥人大批渗入伊斯兰世界的中部地区，竟至夺取了伊朗和美索不达米亚的控制权。另一支突厥民族佩切涅格人于 10 世纪 70 年代涌入乌克兰，切断了罗斯人和拜占庭的联系。与此同时，沿着中国中原王朝的北部边界也出现了一批新兴的强大政权，首先是辽（907—1125 年）。

这些政治事件反映出这样一个事实，即在10世纪中国和中东游牧民族的军事组织与实力超越了早期的部落局限（虽然佩切涅格人也许并非如此），这里一部分原因是装备有了改进。例如，金属胸甲和头盔已经很普遍，这是因为和文明社会进行贸易，使游牧民族（如契丹）有机会得到大量这类商品。契丹人也学会了如何使用攻城机械（如弩炮等），从而克服了昔日的骑兵在面临设防的要塞时无能为力的弱点。但是，比新的武器装备更重要的是新的社会和军事组织形式。在10世纪时，文明的军事指挥模式和纪律开始在草原居民中扎根，从而取代或至少改变了陈旧的部落结构。例如，契丹人按照十进位制来组织军队，每10人、100人配一名指挥官，就像古代亚述人的做法一样。在伊朗和美索不达米亚掌权的突厥人在消除部落习惯方面更为激进，因为他们在自己夺权以前曾经在文明社会统治者的军队中充当军事奴隶。[73]

游牧民族的军事力量通过和文明社会的互相渗透而不断提高，在13世纪达到了顶峰。成吉思汗（1206—1227年在位）几乎将所有草原民族联合成了单一的指挥结构。他的军队编制也按照十进位制，10人、100人、1 000人为一个单位，各级指挥官都由立过战功的人担任。这支军队强大可畏，而且不断扩大（草原上的敌方败兵直接被编入这支军队，从当底层士兵开始）。在深入中国北方和中亚文明地区的过程中，蒙古指挥官吸收了他们所遇到的一切新式武器。就这样，他们在1241年的战役中把中国的炸药带进了匈牙利，在1268—1273年对南宋的战役中，又在中国使用穆斯林的攻城机械。这些攻城机械的威力是中国人前所未见的。同样地，我们已经提到，忽必烈汗首先合并了南宋海军，后来又将它改造成远洋舰队，以便向日本和海外其他国家发动进攻。

然而，蒙古人在13世纪赢得的巨大胜利也孕育着独特的报应。他们的遭遇和以前其他来自草原的征服者一样，经过两三代以后，文明社会的舒适享乐生活使蒙古卫戍部队的刚毅素质和军事凝聚力受到了破坏。这是正常的，也是意料之中的事情。最终，到 1371 年，蒙古军队被中原王朝驱逐出境。在西亚和俄国，蒙古人没有被驱逐，反而在 13 世纪末以后融入了数量上占优势的操突厥语的西部草原武士群体。而在北京，对可汗的服从甚至在礼仪上也失去了重要意义。

来自草原的征服者既被诸文明社会所吸收，同时又被它们所排斥。除了这种整体模式以外，在亚洲的蒙古帝国，还有两个具有偶然性的副产品，使草原居民和他们那些已经进入文明阶段的邻居相比，力量被急剧削弱。一个是欧洲历史上被称作“黑死病”的瘟疫（1346 年），造成欧亚游牧部落的人口锐减。瘟疫的病菌或许于 14 世纪首次在草原的啮齿动物中流行。这种传染病大概是蒙古骑兵从中国云南和缅甸的战场上带入新环境中来的。在中国云南和缅甸的啮齿动物中这种病已经流行。病菌一旦在草原上扎下根，游牧部落便发现他们时刻可能得一种致命的传染病，这种病以前在当地从未出现过。结果是人口锐减，甚至欧亚地区某些最好的牧场也不得不被完全放弃。

后来，人们很可能逐渐找到了将草原居民和这种新的传染病有效地隔离开来的民间土法。大草原的东部肯定发生了这种情况，因为 20 世纪 20 年代那个地区的居民中暴发了距今最近的一次严重瘟疫，当时就有效地使用到了这些民间土方。但是，这种重新调整需要时间。在 1346 年之后的两个世纪或更长的时间里，由于接触了一种新的、死亡率很高的疾病，草原人口似乎大大地减少了，这种流行病是蒙古人向以前难以逾越的远方地区进行扩张所带来的结果。[74]

由此引起的后果是草原人口向农耕地区的流动中断，从而使长期以来欧、亚、非人口迁移的一个基本趋势完全改变。到草原人口开始恢复时，一个新的因素开始发挥作用（这一因素的出现也可以追溯到蒙古人突破旧的地理障碍的时期），即在战场上使用火器对抗游牧部落的弓箭手。虽然大约到1550年以后，文明社会的军队才能普遍得到有效的小型火器。但是，随着这些火器的传播，游牧民族在战场上的优势终于逐渐消失。大约公元前800年以来，游牧民族一直能够侵占农耕地区，而如今农民开始入侵欧亚草原上可以耕种的地区，在以前遍地牧场的地方开辟农田。俄国向东扩张和中国的清朝向西扩张，表明了人类定居方式的这一政治性逆转。试想，火药武器的扩散导致18世纪中叶草原部落军事失势，而这竟是蒙古人军事胜利和他们在武器设计、后勤和指挥方式等各方面表现出来的彻底合理化的副产品，真是天大的讽刺。然而情况就是如此。

从10世纪到16世纪，在中东和印度，在阿拉伯、伊朗和印度的城市居民的协助下，突厥军人掌握了政权。游牧民出身的武士吸收了伊斯兰的城市文化，然后与城市商人和行会的工匠们联合起来剥削农村中种粮的农民。这种剥削极为残酷，可能因此而限制了欧亚中部地区的经济发展。[75]可能是出于这个原因，也可能是出于别的什么原因，伊斯兰的阿拉伯腹地似乎出现了经济退化现象。10世纪和11世纪，伊拉克及其附近地区的商人的财富与社会声望达到了前所未有的程度。但是1200年以后，他们的地位降低了，或许财富也减少了。[76]伊拉克的灌溉系统年久失修，这一地区的基本生产率因之下降。也许气候的变化使13世纪成为西北欧的黄金时代，夏季温暖干燥，谷物丰收，而在中东则干旱成灾，农业受损。若果真如此，即使在城市附近，放牧地也一定不断扩展而农田缩小；这种发展将使伊斯兰国家的游牧成分恢复元气并且得到加强。[77]

总而言之，随着蒙古人统一欧亚大陆，中国人的技术得到了传播，从而开辟了发展新技术的可能性，但伊斯兰世界未能充分利用这些可能性。诚然，1453 年奥斯曼土耳其人利用在设计上获得改进的大炮攻克了君士坦丁堡，但是为穆罕默德建造大炮的匠人都是匈牙利人。甚至早在 15 世纪中叶，拉丁基督教世界的枪炮工匠在大炮铸造技术方面似乎确实已经超过了包括中国在内的世界其他文明地区的同行。

关于拉丁基督徒是如何达到这种熟练程度的，以及在以后的几个世纪中他们是如何比世界上其他地区的人民更有效、更积极地使战争步入商业化的问题，正是我们下一章将要讨论的主题。

第三章

欧洲人的战争业务（1000—1600 年）

公元 1000 年的时候，欧洲的拉丁基督教世界基本上还是一派农村景象。差不多所有人都生活在农村，人们的社会角色主要取决于传统与个人品质间某种微妙的互动关联。一遇外敌入侵，所有身强体壮的人都要参与地方防卫，有人负责把贵重物品搬到设防的据点保管，有人直接参加针对外来挑衅者的抗击。当然，随着发源于莱茵河和塞纳河的骑士制度不断向外扩展，一种更有效的防务体系渐趋成型，防范、抗击外来劫掠者的责任落到了少数人的肩上。这些人骑着昂贵的战马，从小就接受使用各种兵器的专业训练。骑士使用的武器和盔甲当然是由有专门技术的工匠制作的，但具体到拉丁基督教世界的骑士所使用的武器和盔甲究竟是如何制造的，又是如何分配的，我们却知之甚少。[1] 普通的村民通过捐献实物支持这些新式的职业军人，但久而久之，捐献的数量和品质就成了某种约定俗成的规定，从而使以骑士和平民完全不同为基础的社会关系稳定下来。

教士、修士和吟游诗人很轻松地就融入了这一简单的社会等级制度，而少数同样在农村谋生的商人和流动的小贩则构成当时社会潜在的颠覆性因素。按照乡村的社会观，市场行为与农村生活是格格不入的。所以，商人和小贩作为生人来到冷漠无情的乡下，不得不设法自卫。这样，社会上就出现了另外一支装备较好的武装力量，其与既有的乡村骑士之间的关系颇不稳定，哪怕是双方议定了暂时的休战协定。

这种局面还可以以另一种方式描述：公元 1000 年前后数百年间，由于拉丁基督教世界内地域较大的政治实体都很虚弱，商人需要不时地重新议定保护税。欧洲商人在一个好战的、暴力频发的社会里活动，[2] 可以有两个选择：要么吸引并武装足够的追随者保护自己，要么向当地统治者缴纳一部分货物以求安全通过。在其他文明社会（可能日本是个例外），商人一般不会动用武力来自卫，往往去迎合靠租税维持的当权者以求得庇护。

欧洲商人的特点是集尚武精神和商业精神于一身，这一特点植根于过去的野蛮时代。北欧海盗和商人是 11 世纪北海商人的嫡系祖先。海盗劫掠成功总得找地方销赃。在地中海世界，至少从迈锡尼人开始，贸易和劫掠之间就没有明确的界限。诚然，自罗马人公元前 1 世纪成功垄断了有组织的暴力行为之后，贸易确实曾取代劫掠，但是到公元 5 世纪汪达尔人横行海上时，这种界限不明的情况又重新出现了。此后，7—9 世纪，由于基督教和伊斯兰教在文化上互不相容，南欧海上劫掠和突然袭击之类的活动持续不断。

公元 1000 年以前，约在一个世纪的时间里形成的骑士制度在拉丁基督教社会盛行。事实证明，这样一个社会完全具备了大范围征战和殖民的能力。1066 年诺曼人入侵英格兰就是人们最熟悉的一个事例，但地域更广的一次扩张发生在易北河以东，时间是 13 世纪中叶。当时，德意志骑士和移民的势力在北欧平原上扩张开来，一直延伸至普鲁士，然后再向东向北扩展，在同一世纪里，德意志骑士统治着直至芬兰湾的大片土地上的农民。在其他边疆地带，拉丁基督教徒们同样表现出强烈的侵略性：在西班牙和意大利南部，他们分别取代了穆斯林和拜占庭人的统治；尤其在遥远的地中海东部沿岸诸国和岛屿（即黎凡特），在第一次十字军东征（1096—1099年）中，骑士大军更是一路打到耶路撒冷。

然而，到公元1300年，这种扩张达到了极限。此时的西欧社会依然靠双犁板的犁耕作才能生产出当时所需的大部分粮食，但气候的障碍遏制了土地的无限扩张。一旦种子收获率过低，比如此前在西班牙干旱地区以及北欧和东欧的极寒地区就曾发生过此类事情，那么重犁和拉犁耕地所需的牲畜就不得不让位于更廉价的农业技术。在同样的边陲地带，人口相对密集的定居区还可以靠耕犁耕地勉力支撑，但人口稀疏的地区就只能靠游牧、打猎、采集和捕鱼谋生，俨然不同于拉丁基督教世界的核心地带。凡被骑士征服却不能实施农耕的地区，其社会格局便与西欧核心地区迥异，所以那里的政权常常不稳定且短命，比如在地中海东部沿岸诸国和岛屿，那里伴随十字军东征兴起的一系列政权在1291年之后就消失了。又如在巴尔干半岛，早在1261年，那里从第四次十字军东征（1204年）起建立的拉丁领地的统治权大部分已被当地的世袭君主所取代。而在西班牙和爱尔兰以及波罗的海东岸一带，情况却刚好相反，从属于拉丁基督教世界主体的征服者社会长久存在下来，虽然其总处于边缘地带。同样，在波兰、波希米亚和匈牙利，为抗击德意志骑士而结合起来的各王国采取了与西欧的骑士-农民模式不同却又与之紧密相关的组织形式。[3]

在意大利北部开辟战争业务

与11世纪拉丁基督教世界军事扩张同时发生的是市场行为的扩展。与同时代发生在中国的情形一样，交通运输便利的地区起到了带头作用。在地中海一带，邻近且更发达的国家（比如拜占庭和穆斯林诸国）的技术很容易传入，这对欧洲商业的发展产生了影响。首先，这其中最得天独厚的当属意大利。此外，在可以通航的莱茵河、默兹河和斯海尔德河三河交汇的低地国家也兴起了一个次级商业中心。陆上运输路线将这两个主要的商业和手工业活动中心连接起来，两个地区的物品在香槟地区的一系列集市上交易。渐渐地，人们用越来越多的时间和精力来生产供市场出售的商品，有时还会在很远的地方出售。专业化使财富增多，同时使社会形势有利于商人-资本家一方。在12世纪结束之前，在那些最活跃的商业中心地带，骑士的优越地位和建立在乡村关系基础之上的社会领导层就已出现了问题。

伴随上述社会经济变革，骑士的优势地位也被削弱了。在11世纪，仅需数百名诺曼骑士就足以征服并统治南意大利和西西里，至11世纪末，也至多不过几千名骑士就足以夺取并守住耶路撒冷。而到了12世纪（1176年），德意志的骑士大军却在意大利北部的莱尼亚诺意外败给了结盟城市的长矛兵。在那次胜利中得到证实的伦巴第联盟（Lombard League）的军事力量本质上是防御性的，所以自此以后，凡商人和工匠聚集的城市都开始建筑城墙，为自保买单。

这种形势导致了战争以及新旧社会形式之间的僵局，至少在意大利情况就是如此。武装起来的城镇居民设法控制周围的乡村地区。否则，城镇居民又如何确保货物安全通过以及城市的食品准时送达呢？有时，乡村地主和附近城镇的统治阶层之间有可能实现和解；有时地主贵族迁入城镇，和城里的商人-资本家上层阶级混为一体并与之竞争。除此之外，从11世纪起，皇帝和教皇争权使意大利处于分裂状态。双方都想对当时混杂的地方统治者和管辖范围实行全面控制，但他们却只能时断时续地实施霸权。

意大利内部的军事均势与政治均势同样非常不稳定。较大城镇中的商人、匠人及其追随者有能力抵御来自骑士的进攻，前提是他们能够维持严格的纪律，能让市民届时负责任地守卫城墙或在战地部署好长矛兵的队形。但这却不是很容易做到的，因为当时的初级社会纽带迅速让位于市场行为，而市场行为又影响并受制于数百英里以外的人和事。随之而来的市民间的倾轧削弱了城市的防务。党派之间的斗争因半岛上更大范围的政治论战而愈演愈烈，而且常因贫富之间、雇主与雇员之间的利益冲突而日益恶化。在这种情况下，雇用外来者代替市民参战就变得越发重要了。但这样做的后果是：雇主与雇员之间本已模糊不清的关系在打乱了较富裕的意大利城市的内部生活之后，现在又波及军事防务。

显然，随着越来越多的人受到商业与手工业专业化的影响，欧洲地方社区之中既有的初级社会纽带不再能够有效规范人们的日常行为，由此引发了大量的社会及军事管理问题。意大利北部的少数城市对此率先做出有效反应，因为在这些城市里，非关人情世故的市场关系第一次开始主宰成千上万居民的行为。

从 11 世纪到 13 世纪，在巴塞罗那和热那亚等城市，弩弓制造业的规模迅速扩大，以至于弩弓成了战斗中极为重要的武器，俨然成为城市生活中的一个新的因素。起初，弩弓主要是用来保卫舰船的，因为只需在桅楼守望台上安置几名弩弓手，进攻的一方哪怕想登上一艘船员不多的商船也非常困难。到了 13 世纪末期，弩弓手已技术娴熟且人数众多，因而在陆战中也能发挥重要作用。1282—1311 年间，加泰罗尼亚佣兵团无往不胜的战绩充分显示出弩弓手卓越的攻击力，哪怕面对当时最强劲的骑兵也毫不逊色。加泰罗尼亚佣兵团首先于 1282 年在西西里击败了一支以法国人为主的骑兵队，在此后的数十年间，又在巴尔干半岛和安纳托利亚的战场上大败游牧民族的轻骑兵。在中国，制造大批强弩虽然需要金属加工专家，但强弩使用起来却简便高效，也算是战场上的一种补偿。任何体格强健的士兵都可以扣动扳机发射弩箭，将100多码以外的骑兵从马上射下来，因此，装备铠甲的骑兵也未必就占优势。难怪1139年召开的第二次拉特兰会议明确禁止使用这种武器，理由是弩弓杀伤力太大，不能让基督徒彼此这样杀戮！

弩弓和长矛都必须有骑兵作为补充，以提供侧翼保护并追击溃逃的敌人。这显然使战争变得比以往要复杂得多，因为以前在欧洲战场上一队骑兵发起猛攻就足以占尽优势。单凭骑士家族内部世代相传的个人的勇武善战早已无法赢得战斗或维持社会统治。此时需要的是战略战术，因此必须有人能够协调长矛兵、弩弓手和骑兵。步兵须经过训练，以确保队列的稳定性，因为步兵队列一旦被冲垮，单个的长矛兵在冲锋的骑士面前很快就束手就擒了。此外，弩弓手扣扳机也需要时间，所以每次箭射出去之后，他们也会面临危险，除非在做好再次发射的准备之前，野外有某种防御工事或队形严密的长矛兵可以保护他们。

这种战略战术需要复杂的协调工作，所以意大利市民无法马上做到也不足为奇。此时欧洲其他地区的城市差距更大，基本上还仰赖厚重的城墙实施消极防御。但无论如何，在公元1000—1300年，城镇居民以及贸易活动给乡村社会带来了变革，从而使欧洲的军事均势发生了根本变化。总之一句话，新战略战术的复杂性强化了地方主义。如果说繁荣的城市利用这种新技术都感到有困难，那么对更古老的地域单位——公国、王国直至其中最大的神圣罗马帝国——而言，要有效地掌握这些新的军事手段就更加困难了。因此，11世纪和12世纪拉丁欧洲在经济形式和军事力量格局方面的变化最终导致13世纪帝国结构的崩溃。此后一代人的时间，罗马教皇在神圣罗马帝国废墟上建立一个绝对君主国的企图也宣告失败（其实到1305年已明确无疑）。

帝国体制和教皇政治均是昔日罗马的遗产。昔日的荣光令人长久记忆、难以忘怀，至少在政治理论家看来是这样，所以迟至17世纪，他们才颇不情愿地妥协，接受了不同主权国家林立的政治多元格局。当年教皇英诺森三世（1198—1216年在位）和卜尼法斯八世（1294—1303年在位）曾幻想建立一个由教皇统治的基督教世界，将当地所有军人、农民和市民都置于教士的控制之下。假如其梦想成真的话，那么西欧就会同中国一样，上有高高在上的天子，中间是一大群满脑子儒教信条的官吏，其下是被管辖的农民、市民、地主和军人。

基督教虽不同于儒教，但13世纪罗马教会的管理方式与当时中国的官僚体制存在颇多共性。首先，主教和其他高级教士都必须至少接受初级教育才有资格任职。任命事宜须经教皇审核，至少原则上是这样规定的。教职虽不得世袭，但可供才子们选择的职业却往往能吸引颇具天赋和雄心的人加入教士的行列。在所有这些方面，13世纪基督教的高级教士与中国宋朝的儒家官吏都颇为相似。

而且，基督教教义对市场竞争的敌视态度也与儒教相仿。相比儒家信条，基督教神学对高利贷的谴责可谓更加明确有力，而基督教教士与基督教军人之间的互不信任也与中国官吏和军人之间的隔阂相似，虽然前两者之间的鸿沟似不像后两者这般宽阔。但即使教皇真能在西欧行使独裁君主的权力，西欧也不会照搬中国的官僚体制，虽然那样的话二者之间的差异肯定要比实际存在的差异小得多。事实上，教皇试图在拉丁基督教世界有效实施宗主权的企图和此前神圣罗马帝国多位皇帝的努力一样，都以惨败告终。基督教世界一直分裂为多个不同的地方政治结构，彼此始终不和，而且彼此号称拥有的领土主权和地区管辖权永远是笔算不清的糊涂账。

这种政治形势使得市场行为与军事行为出现了相当程度的密切交融，也使这种体制得以在西欧经济最活跃的中心地带生根并繁荣生长。及至 14 世纪雇佣军制在意大利变得司空见惯之时，暴力的商业化也变得越发凸显。从此，市场的力量以及人们对市场的态度开始影响军事行动，而这在此前是非常罕见的。[4] 在欧洲人中间，战略战术得以迅速发展，而且达到了前所未有的高度。1500—1900 年的全球史足以说明此时的欧洲在这些方面一枝独秀，此间发展出的军备竞赛的直接源头就是肇始于 14 世纪的欧洲各国与私人企业主之间在军事上的紧密互动，而军备竞赛甚至到今日还不时使世界均势陷于紧张之中。因此，此间究竟发生了什么事情，事情是怎样发生的，都值得我们仔细分析。

首先是总体的背景。欧洲多地在 13 世纪末之前不久已陷入艰难时期。意大利和低地国家都出现了人口增长而可利用的资源匮乏的局面。此时，木材供应开始短缺，气候明显变冷，多地出现饥荒。贫富之间、雇主与雇员之间都出现了鲜明的利益冲突，使欧洲社会颇不安宁。城市起义和农民造反记录下时人的困境，但与 1346 年暴发并造成西欧人口锐减的黑死病相比，这些都显得微不足道了。在不到一代人的时间里，整个欧洲的人口有四分之一至三分之一死于腹股沟腺炎，到 1480 年以后人口才恢复至灾前水平。

由上述情况可知，对大多数欧洲人而言，14 世纪显然不是一段舒适的时光。但从长远看，除了接连不断的灾难之外，这个世纪还有一些与上述情况相反的趋势颇值得关注。在 1280—1330 年，这里的造船业突飞猛进，[5] 造出了比以前更大、更坚固且更容易操控的舰船，首次实现在冬季也能像夏天一样安全自如地在大海上航行。不久以后，这种全天候的舰船围绕欧洲海岸建立起空前密集的商业网络。南安普敦的羊毛、布鲁日的布匹、希俄斯的明矾、卡法（Caffa）的奴隶、威尼斯的香料、奥格斯堡的金属，所有这些商品的价格开始在整个欧洲的市场上相互影响。汇票便利了长距离的支付，信贷则成了商业以及大规模、专业化手工业生产的润滑剂。一种更错综复杂、内蕴更加丰富但也相应更容易受到伤害的经济模式开始操控比过去几个世纪更多的人力。意大利北部的城市和位于低地国家的另外一些城镇长期以来一直是整个交易系统的组织中心。

从地理上看，以前彼此隔离的多个水域首次相互连接成一片宽广的水域。东部的黑海和西部的北海都被纳入已扩大了的以意大利为基地的海运范围。过去，由于海上航运非常危险，再加上围绕直布罗陀海峡、达达尼尔海峡和博斯普鲁斯海峡形成的各种政治障碍，这些水域都是彼此隔绝的。同样地，以汉萨各港口为基地的德国海运连通了波罗的海与北海沿岸诸地，而与南方意大利控制的各航道的交易就在这里进行。事实上，就在欧洲其他地方先是被人口过多、后又被瘟疫和社会争斗所困的 14 世纪，波罗的海诸地却步入了某种边地的繁荣期。有了从南方运入的盐，波罗的海地区的居民就可以腌制足以过冬的鲱鱼和卷心菜，从而极大地改善了饮食，而饮食有了保障就有了更多的劳力，可以伐木、种植粮食作物，用以向粮食和燃料都匮乏的低地国家及附近地区出口。

经济上的另一项重要进展是在硬岩采矿方面。在 11 世纪，德意志哈茨山脉的矿工发明了能够穿透坚硬岩层的采矿技术。击碎岩石并运走碎石还只是问题的一部分，通风和排水同样非常必要，且不说寻找矿石以及找到矿石后的精炼提纯也需要技术。随着技术的发展（每项技术都会强化并拓宽其他技术的应用范围），采矿业扩展到新地区，13 世纪从哈茨山脉向东推广至波希米亚的厄尔士山脉，14、15 世纪又传至特兰西瓦尼亚和波斯尼亚。德意志采矿者寻找的主要是银，但应用银矿工人最初开发的技术也可以开采铜、锡、煤、铁，并且成本更低、产量更高。[6]

因此，总体上来说，14 世纪欧洲的经济发展并非一片黯淡。虽然各地有各自的苦难，还有波及多地的大瘟疫，但市场上一般消费品的供应还是颇为普遍的，比如粮食、羊毛、鲱鱼、食盐、金属、木材等。所有这些拓展了当时的劳动大军，也使得整个欧陆变得富裕起来。只不过这种新财富还不是很稳定，因为伴随供给的变化，物价常会大幅波动，从而给成千上万的人不时带来深重的苦难，因为他们的生计取决于自身根本无法操控的远端变化着的市场。

欧洲商业经济的主要管理者是意大利人，他们在威尼斯、热那亚、佛罗伦萨、锡耶纳和米兰等城市里从事经营。他们批发购进再销售，把新技术带到落后地区（比如在波兰组织或重组盐矿，在康沃尔组织或重组锡矿），还有最重要的，是向贵族、教士和平民发放（或拒绝给予）贷款。

教士和王公贵族的行政管理以及远距离贸易、采矿、海运和其他形式的大规模经济活动都变得严重依赖意大利银行家的贷款。这种关系其实很不好处理。教会法禁止高利贷，这就使信贷活动带有一种不正当活动的气息。挥霍无度又经济拮据的君主常会以高利贷乃罪恶之名拒付债务，而这种行为会导致广泛的恶果。例如，1339 年英王爱德华三世的破产在意大利引发了普遍的财政危机，造成欧洲历史上第一次显著的商业周期。

对从事国际贸易的商人和银行家而言，要他们亲自参加保卫家乡的战斗远不如雇人守城或上阵作战来得更容易、更自在。而且，被雇用的职业军人很可能比整日伏案的银行家或烦恼不断的商人更善战、更令人生畏。这样的话，效率和个人爱好就出现了吻合。结果，本来在 12、13 世纪还在意大利守卫家乡的市镇民兵开始让位于雇用来的职业军人。

对富人而言，这一变化不过只是一时的权宜之计，穷人则日益感觉到兵役成了沉重的负担。因为这样一来，战役变得越来越长，似乎终年不断。在 11 世纪和 12 世纪，邻近的城市刚把周围的乡村纳入自身的管辖范围，旋即与其他城市发生了边界冲突和贸易战。市镇的民兵根本无力持久镇守离城 50 英里的边境据点，因为他们无法做到无限期地离家在外。

从另一方面说，随着职业军人的问世，其卓越的军事技能使得民兵根本无望在战斗中取胜，因为此时取胜的关键取决于能否实现步兵与骑兵的协同作战，而这一点非职业化军人很难做到。此外还有一个因素进一步削弱了意大利民兵的战斗力，那就是城市中上下层民众之间出现了越来越深的隔阂，以至于很难实现富人和穷人在军事或民事上的通力合作。因此，到 1350 年前后，意大利的民兵业已变成往昔简单社会遗留下的旧物，很少被派去作战，在军事上也很难说有什么价值。此时，有组织的暴力主要由职业军队来实施，军队的指挥官与相当级别的市政官员共同商定具体的军事任务和服务期限。[7]

起初，意大利主要城市内部基层涣散，在军事上的表现就是城镇民兵的衰亡，结果造成极大的混乱。武装起来的冒险家——往往来自阿尔卑斯山以北地区——聚集在论资排辈的首领麾下，靠勒索地方当局为生；或者，在得不到大宗钱财之时，就洗劫乡村。到 14 世纪，随着时间的推移，这种“自由军”式的士兵变得日益可怕。1354 年，这类团伙中最大的已达到 1 万人之众。他们和人数比这还多一倍的追随者一道横行于意大利中部最肥沃的地区，靠出售和转售他们没来得及就地消耗的战利品为生。这样一支游动的队伍实际上是一座移动的城市，因为城市也是一方面通过武力或武力威胁（租税），另一方面凭借多少带有自由契约性质的交易（以手工制品换取食品和原料）从农村获取资源以求生存的。

富裕的乡村被一伙接一伙的武装游寇洗劫，这种情形与有组织的战争一样古老。但在此时此地，也有一点是比较新颖的：比较富有的意大利城市有足够的流通货币，因此市民可以自我课税并用税收所得去雇用武装的外来者替自己服务。此后，这些雇佣兵又通过花掉饷银把税金重新投入流通，从而强化了市场上的交易和流通，至少使得市镇养得起武装的雇佣兵。因此，这种新出现的制度颇具自给自足的性质。唯一需要解决的问题是如何创制一套双方都接受的契约形式以及执行契约条款的实际手段。

从纳税人的观点看，以必须缴纳的税金代替间或发生的劫掠是否可取，取决于个人损失的数额以及强盗出现的频率。在 14 世纪，许多人认定宁可缴税而不愿遭劫，因此之故，在意大利北部那些较富有、管理也比较好的城市里，集体暴力的商业化变得切实可行。出于完全相同的动机，那些职业军人也愿意接受固定的薪俸，而不愿完全以劫掠为生，因为毕竟后者有更多风险。而且，随着军事契约［意大利文为 condotta，雇佣兵（condottiere）是“订约人”的意思］的发展，人们又制定出一些新规则，规定在某些情况下允许抢劫。这样，职业军人既有薪俸收入，也没有完全丧失其靠冒险得来的经济利益。

意大利的军事业务与市场系统的结合经历了两个明显不同的阶段。截至 14 世纪 80 年代，上述所谓的“自由军”武装分子已经消失了。取而代之的是，各个城市通常与军事指挥官们订立契约，后者答应雇用并指挥一支军队，作为交换，前者如约付钱就可以了。这样，城市就可以选择雇用什么样的军队在某一特定的作战时期服役，地方行政官代表纳税人对部队进行认真考察，酌情根据己方实际所得付酬。起初，每次订立的契约只适用于某个特定的战役，甚至有效期更短。军队被雇用来也只是完成特定的任务，如进攻某个邻近的边境要塞等等。雇佣双方的关系仅被视作应急的服务关系。

然而，短期契约关系的费用较高。每次商定的服务期限届满，士兵们就面临一次关键性的转折。如果找不到新的雇主，他们就面临两种选择：要么以洗劫为生，要么改行从事某种和平的职业。是散伙还是继续合伙成群对这些人而言是关乎自身未来命运的同样关键的抉择。显然，指挥官要想继续干下去，就必须得到新的契约。经常更换雇主，节俭地使用契约订立者可供出售的资源——马匹、士兵、武器、盔甲——这些都是短期契约必然会遇到的问题。

这种雇佣关系中的雇主与被雇用者之间注定会存在摩擦和彼此间的不信任，因为双方都必须时刻着眼契约关系最终结束的那一天。有组织暴力的自由市场意味着今天雇用的人到了明天就有可能成为敌人。雇佣军和市政当局都意识到存在这种可能性，所以，起初双方之间的情感纽带根本说不上强韧。

但这种脆弱关系使双方都感到不自在，而且城市的行政官和纳税人都看得很清楚，伴随军事紧急情况不断出现，订立长期契约的好处也就越发明显了。到了 15 世纪的头几十年，指挥官和城市间建立长期协作关系已成常态。终身为一个雇主效力的情况也变得司空见惯，虽然这种关系不过是雇主与受雇者不断续约才成就的（每次签约的有效期为 2~5 年）。

雇主在长期雇用指挥官的同时，也要求他的下属人员稳定化、标准化。长期职业军人的编制单位为 50 或 100 lance，lance 的原意是一位盔甲骑士及其带上战场去的随从。但商业化很快便要求人员和装备实现标准化，将每个 lance 编成 3~6 人的战斗小组，组员的装备不同，但在战斗中要能相互支持，彼此间的关系也非常密切。城市官员定期要对军队进行检阅，这样就能验证出钱雇用的究竟是什么样的队伍。与此相对应，服役期限也以合同的形式明确下来。就这样，15 世纪的头 50 年，意大利一些管理较好的城市开始有了颇具规模和战斗力的正规常备军。

在以陆上征服（1405 年）为目的而发动的最初几次战役中，威尼斯率先以上述方式规范调整雇佣军。威尼斯之所以在这方面比较早熟，部分原因在于他们的船队早就采取了类似的做法。早在第一次十字军东征之前，领薪俸的士兵划桨手就已被编入标准化的水手队，一季接一季地被雇用来服役，从而使威尼斯威震海外。所以，管理半永久性的陆军只需将这些做法稍做调整即可。[8] 另一方面，佛罗伦萨在适应新的战争环境方面却远远落后，其中部分原因在于，类似马基雅维利那样受人文主义教育的地方行政官正迷恋罗马共和制的美妙绝伦。他们哀叹市镇民兵的衰亡，对军事政变和军队职业化的高昂代价满怀恐惧，所以宁愿牺牲军事上的效能而只顾发展经济，同时效忠市民自卫的古老传统。

佛罗伦萨人害怕军事政变是有充分理由的。许多野心勃勃的雇佣军头目确实曾以非法的暴力手段从文官手里夺权。当时曾经历这种命运的最大的城市是米兰，该城在 1450 年弗朗切斯科 · 斯福尔扎（Francesco Sforza）掌权之后便成为军事专制的城市，斯福尔扎利用米兰的资源长期支持追随他的军队。威尼斯能够避免这种命运，部分原因是它对可能的篡权者实施了认真的监视，并同时与几个不同的、彼此猜忌的雇佣军指挥官订立契约，此外还向忠诚而有功绩的雇佣军头领授予公民勋章和礼物，安排他们与威尼斯贵族中的适合者联姻。

因此，不管是通过篡权还是同化，雇佣军头领中的佼佼者很快便跻身意大利城市的统治阶层。而这种情况一旦发生，旧的政治秩序与新式军事业务之间制度性调整的第一阶段就可谓大功告成了。由于职业军人与那些分割意大利的主权后刚刚巩固的多个国家之间存在种种情感的联系，原有的现金交易关系也就被强化了。只不过指挥官及其下属若觉得另有巨利可图，或者由于雇主明显地偏袒他们的竞争对手，从而伤害到了他们的自尊心，他们仍然可以另觅雇主。

有这样的对手存在，而且很不好对付，这是威尼斯和米兰军事体制最主要的弱点。威尼斯人根本无法做到让一个指挥官统领所有的军队，因为这样会招致诸多下属的嫉妒，后者会在战场上恣意卖弄自己的本领，甚至公然违抗命令。所以只有通过把相互敌对的指挥官派到互不关联的“战线”才能避免摩擦，但这样做当然会降低整个武装部队的灵活性和军事价值。斯福尔扎在 1450 年接管米兰之后，在调整下属指挥官的关系时也遇到了类似的问题。

要避免这种效能低下的现状，一个办法是文职行政官与越来越小的军事单位订立契约，甚至小到单个的 lance。到 15 世纪 80 年代，这种做法在威尼斯和米兰变得日益普遍。文职官员因此对国家的武装力量有了比过去大得多的控制权，他们此时可以随意任命自己中意的人指挥由多个 lance 组成的战斗小组。由此产生了一批军官，其职业前景主要取决于自己与有任命权的文官的关系，而不是与下属军人的关系，或这些军人此前曾由谁指挥过。这样一种从属关系保证了对有组织武装力量更有效的政治控制。从此，军事政变不再是严重威胁了。

到 15 世纪末，波河河谷地带终于出现了一种非常灵活而高效的战争体制，战争的目的和手段完全可以依据财经及外交的分析计算而筹划就位。这种战争体制的创立标志着意大利诸城市战争商业化的制度调整步入了第二阶段。

显然，由于此时国家还比较少而个体的战斗小组特别多，交易的条件对雇主而非被雇用者更为有利。整个演变可以说是由近乎自由市场（勒索者和抢劫者依靠无数地方性的“市场”交易来规定保护费用）到寡头垄断（即少数军事大头目和城市行政官订立又撕毁契约）再到准垄断的过程，后者发生在意大利的几个规模较大、管理较好的国家。从另一视角看，也可以说，城邦国家与雇佣军的关系，起先是一种纯粹的现金交易关系，后来逐步让位于军人之间以及军人与雇主之间更为复杂的关系。这种关系将团结精神与官僚从属关系、对指挥官的忠诚以及对国家的忠诚（至少在威尼斯是这样）结合在了一起。

尽管各种关系错综复杂且变化不定，但总的结果是意大利社会的行政与军事部门之间的关系实现了稳定。稳定了这层关系，意大利各主要城邦才能在那个时代的政治活动中发挥强国的作用。比如，1508年，威尼斯成功抵挡了教皇尤利乌斯二世（Julius II）、马克西米连皇帝（Emperor Maximilian）、法国国王和西班牙国王组成的所谓的康布雷同盟（League of Cambrai）的联合进攻。只有在和奥斯曼土耳其人的冲突中，威尼斯的军力才稍显薄弱。

后来，意大利多个城市成了法国与西班牙战争中的抵押品和战利品，马基雅维利（卒于1527年）等观察家开始对威尼斯和米兰调整管理体制时表现出的高超手腕不屑一顾，称其只为适应那个时代非个人的、尚未被充分理解的市场关系，而那个时代的人际关系，尤其是军事关系，早已不是按照习俗和地位面对面地处理了。马基雅维利对雇佣军制度的攻击在19世纪和20世纪的史学家听来还颇具说服力，因为他们自身的战争经历同样凸显了公民兵制和爱国主义的重要意义。

但在此时，军事专业化再次使公民兵制变得过时，学者们已开始赞赏15世纪意大利诸城市高超的管理经验，其军事制度两个世纪后在阿尔卑斯山北部地区成为普遍施行的规范。[9]

意大利各市政当局通过收取税金支付军费，而士兵又通过花费薪俸恢复税收的根基，这说明了商业社会如何可以有效地保护自己。这些城市创制了控制士兵的行政方法，并将其持续服务同一雇主与其自身的利益越发紧密地联系在一起，从而改变了市场关系中固有的经常出现不稳定局面的特质。

换句话说，通过有效的税收、债务融资和娴熟专业的军事管理，意大利的城市国家完全可以使国内保持和平，同时把有组织暴力行为的诸多不确定性转移至外事、外交和战争领域。一旦武装力量的内部管理出现效率滞后，比如佛罗伦萨和热那亚，就会导致国内暴力事件在长时期里不时爆发。在创新武装部队管理方面最成功的威尼斯共和国则完全避免了国内动乱，此外它还在意大利的本土取得了一系列外交及军事上的胜利，虽然它在外部的频繁进攻面前也险遭毁灭。

火药革命与大西洋欧洲的崛起

总体而言，意大利的邦国体系（连同其将财政资源主要集中在少数城市的经济关系）很容易受到两种不同但又相互关联的变化过程的影响。首先，最明显的是：相互竞争的不同国家间既有政治抗衡，又同时寻求外交结盟，这种情形已不限于意大利半岛。一旦新兴的领土上相对更大的王国崛起并决意干预意大利事务，那么小小的意大利城邦国家无论如何治理有方也无法永久维持主权。15世纪末就已经有了此种迹象：先是奥斯曼帝国（1480年），接着是法国（1494年），先后派强大的远征军试图征服意大利本土。虽然这两个国家都很快撤出了军队，但分裂的意大利无力抵御大规模外来干涉，这一点已是再明显不过的了。于是，在下一个世纪，意大利半岛果然成了一个战区，外国列强在此争夺意大利的巨大财富和优良技术。

第二个不稳定因素在技术方面。城邦国家仰仗军务商业化的同时又维持着武器制造与供应的商业化。士兵手里没有合适的武器终究无大价值，而持有武器的人在为人效力时却可以依据他所拥有的武器和他使用该武器的娴熟程度来索价。因此，在使用雇佣军的战争中，能不费力地、公开地得到武器就成为绝对必要的条件。

一般的远距离贸易也有赖于能够自由地得到武器，因为没有武装的船只或商队不能指望安全地到达目的地。事实上，能够成功跨越政治边界的贸易与城市及其属地的成功管理一样，都需要外交谈判、军事准备和财政上的精明等几方面的微妙结合。也许这种关系该这样陈述：先是有了成功实施长途贸易的技术和才能，而后才有了意大利多个大城市的财富和权势，而正是这种技术和才能为意大利人发明新的、欧洲独有的外交及战争模式提供了范本和成型的背景。

这种体系为人们不断改进武器设计提供了强劲的动力。有了众多的买主进入市场，又有众多的作坊为大众制造武器和盔甲，此时哪怕产品设计上出现任何变化，只要能够降低产品价格或提高产品性能，都会马上引起注意并迅速打开销路。与此相应，14 世纪时就爆发了后来在欧洲各民族之间一直屡见不鲜的军备竞赛，而竞赛的中心主要是在意大利。起初，这一形势起到了巩固和加强意大利军力威势的作用，但此后不久，新武器就开始青睐更大的国家和更强的君主。

若军备竞赛只限于不断提高弩弓的效率和金属盔甲的精细程度，那么意大利的作坊和手工设计师就始终处于领先地位。14 世纪的发展情形就是这样：先是采用了一种简单的“镫”（1301 年，而中国在 11 世纪就有镫），使弓箭手能够更快地给弩弓上弦；接着又设计出威力越来越大的强弩（大约在 1350 年之后，弓身部分开始以钢代替木）；然后，又用绞盘来拉弓弦（1370 年）。[10] 从那时起，弩弓设计便停滞不前了。发明创造转而集中到火药武器方面。在这以前，每次弩弓威力的加强和盔甲设计的改进都是近乎同步的。米兰是制造盔甲的主要中心，但除了热那亚，意大利却没有一个类似的弩弓生产中心。热那亚之所以在北方统治者中间闻名，就是因为可以从那里招募弩弓手，也许热那亚人在弩弓生产方面占有一定优势，不过对此似乎缺乏确定的资料。

进攻性和防御性武器之间的技术竞赛，下一项就是枪炮的使用。欧洲和中国的工匠们似乎同时认识到：如果对火药的爆炸力适当限制，就可以把投射物以前所未有的推动力发射出去。无论如何，欧洲最早的大炮图出现在 1326 年，在中国则是 1332 年。这些图明确证实了当时大炮已经存在。两张图描绘的是一个花瓶形状的器具，瓶口伸出一支特大型的箭。这无疑表明，不论大炮实际上制成于何地，这项发明却源出一处。[11]

即便是火炮及火药的观念是从中国传入欧洲的，事实上欧洲人在火炮设计上很快就超过了中国人及其他任何民族，而且直至“二战”前一直在这一工艺上遥遥领先。不过意大利人似乎并未像此前在弩弓和盔甲制造上领先世人那样在大炮制造方面有所建树，其原因可能在于：欧洲火炮的炮管很快就变得巨大无比，有 1 吨多重。这一点使意大利人处于非常不利的地位，因为他们不得不从北方进口金属，而陆上运输价格昂贵。所以，除了某些根本无法运输的物件（如 1453 年轰塌君士坦丁堡城墙的大炮）之外，人们都习惯于在紧邻矿区的地方提炼矿石，然后制成金属，因为这样要容易得多。因此，意大利人很难与离矿石产地更近的大炮铸造工匠竞争。结果，一旦大炮成了战争中的关键性武器，意大利人在军械工业中的技术优势就逐渐丧失了。

在讨论火药武器的早期发展之前，我们最好先简要了解一下阿尔卑斯山以北地区的情况，那里的封建制度比意大利更加根深蒂固。依照该地区的封建制，骑士应为领主服役并以此换取作为收入来源的土地。百年战争（1337—1453年）开始时，法国国王仍试图依靠王国的封建骑士团来迎战并击退英国侵略者。[12] 至克雷西战役（Battle of Crécy，1346年）时，法国出于审慎的考虑已从热那亚雇来弩弓手作为骑士团的补充，希望以此和英军雇用的长弓手抗衡。

起初，在法国的英国军队得到承诺说要发薪，但到了战地却很少有人能领到薪俸。于是，他们就靠抢夺粮食和饲料应急，同时一直希望会有某种意外的收获，比如发现秘藏的银库或得到某个大人物的赎金，使他们至少能够暂时发财。在法国的大部分地区，通过买卖使货物流通还没有达到足够的水平，根本不像意大利的雇佣军那样有相对固定的佣金收入并起到调节和稳定财政的作用。不过，过路的掠夺大军所造成的有形财产的转移——如变卖教会的财产——肯定刺激了市场交易。在战地跟随英国和法国军队的大批小贩和其他随军谋生者要经常进行买卖，士兵们在偷窃和抢劫不能满足其需求时也要做买卖。正像早年意大利的情况一样，一支不断需要物资供给的野战军队就如同一座移动的城市。从近期看，这种状况对法国乡村造成的影响是灾难性的，但从长远看，这些军队及其掠夺行为事实上扩大了买卖活动在日常生活中的作用。[13]

结果，当法兰西王国从英国的最初胜利和贵族的普遍不满所引发的混乱状态下恢复过来的时候，却发现计税的基数已经扩大了，法国国王能够征集足够多的现金来维持一支日益强大的武装部队。而正是这支军队在一系列的战役中取得胜利后，于1453年将英国军队逐出法国领土。同样是这支军队，使法王路易十一（1461—1483年在位）在勃艮第大公勇敢者查理进攻瑞士的一次战役中阵亡（1477年）后占有了后者的大部分财产。于是，在1450—1478年，法兰西王国就在欧洲地图上出现了。那时的法国王权空前集中，有能力长期维持一支约有25 000人的常备职业军队，在紧急情况下，可动员的兵力最高可达80 000人之众。[14]

不过，单看数字也不能完全说明问题。1450—1453年将英军赶出诺曼底和吉耶讷的法国军队动用了重炮，守军不投降就向城堡的城墙开炮，短短几小时的时间，此前还牢不可破的要塞便纷纷倒塌。在此前的100年中，大炮的设计有了迅速发展，因此，火药武器的威力才如此生动地展现出来。

最初，大炮发射时的突发性爆炸深深地吸引了欧洲的君主和工匠。他们制造早期的大炮时费力很多，但收效很少，因为在1326年以后一个多世纪的时间里，石弩仍然在一切方面超过大炮。大炮除了响声巨大以外，并无多少可取之处。但这并未阻止人们进一步的试验。[15]

大炮设计中的第一个重大变化是用球形的炮弹（通常是石弹）来取代早期大炮使用的箭状射弹。与此同时，早期大炮的花瓶形炮身也改为管状炮筒，这样，爆炸时产生的膨胀气体就能使炮弹在通过炮筒时不断加速。这种设计使炮弹达到的速度比以前要快得多。

炮弹速度加快了，此时的枪炮工匠又设法加大大炮的口径，总以为炮弹加大就能彻底摧毁敌方的防御工事。加大的火炮用的炮弹更重，填充的火药也更多，因而大炮本身也需进一步加固。早期的巨炮是用熟铁条焊接而成的，但这种“臼炮”（bombards）很容易爆裂。更好的

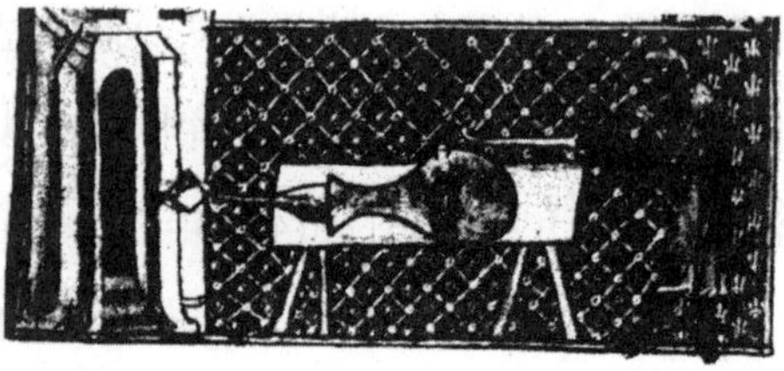

a

b

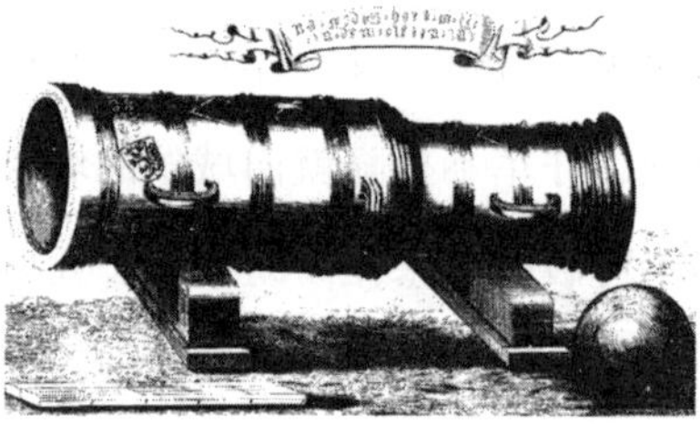

c

d

1326—1500 年间欧洲火炮的进展

这里的四幅图展示的是欧洲的工匠和君主们是如何一步步联合设计出威力巨大的火炮的。1326 年的火炮效果不佳，颇似玩具（图 a）。图 b 和图 c 中的火炮分别是由铁和青铜铸造的，属巨型投石火炮，而到了 15 世纪后半叶就被图 d 中的机动攻城炮所替代，后者能密集发射铁制炮弹，且有颗粒状炸药燃爆的助推力，所以飞行的速度更快。这类改进的后果是，无论多么坚固的堡垒用不了几小时就能被摧毁。

图 a：Berhard Rathgen, *Das Geschütz im Mittelalter* (Berlin: VDI, 1928), Tafel 4, Abbildung 12. Miniature from the manuscript of Walter de Milimete, at Oxford, A.D. 1326。

图 b：Ibid., Tafel 7, Abbildung 22. Stone throwing bombard, Vienna, made about A.D. 1425。

图 c：A. Essenwein, *Quellen zur Geschichte der Feuerwaffen* (Leipzig: F. A. Brockhaus, 1877), vol. 2, pl. A.XXI-XXII. Brunswick bombard, cast in 1411 and recorded in a copperplate drawing in 1728。

图 d：Ibid., pl. A.LXXII-LXXIII. Gun cast for Emperor Maximilian between 1500 and 1510, reproduced from Codex icon. 222, Münich Königlichen Hof- und Staatsbibliothek。

办法是使用欧洲铸钟的工匠早已熟练掌握的金属铸造技术，用整块的青铜或黄铜铸成的大炮比拼接而成的大炮要可靠得多。于是，拼接而成的大炮全部废弃不用了。

因此，到 1450 年，供应炼制青铜所需的铜和锡以及炼黄铜所需的铜和锌对欧洲的统治者而言变得至关重要。新式大炮传入亚洲，便开始了第二个青铜时期。这一时期持续了近一个世纪，直到 1543 年从欧陆进入英国的技师发现了铸造性能更优良的铁炮。由此，大炮的费用降至原来的十二分之一，就像公元前 12 世纪铁器时代的铁匠使刀剑和头盔的价格猛降一样。[16]

因此，严格地说，第二个青铜时代前后持续不足一个世纪（1453—1543 年）。但英国的铁器制造商无法满足每一位欧洲统治者的需求，所以哪怕迟至 17 世纪 20 年代瑞典人与荷兰人已展开铁炮的国际贸易之时，时人更青睐的还是铜炮。因此，直到 17 世纪 60 年代科尔贝（Colbert）试图组建海军之时，才发现海军舰船和海岸设施总共需要成千上万门火炮，此时的法国才最终转向使用铁炮。[17] 在此之前，设法取得铜和锡，对世界各国的统治者而言都具有极其重大的战略意义。

当时的经济模式也印证了这一事实。例如，中欧的铜矿和银矿的重要性急剧提升。15 世纪后半期，德意志南部、波希米亚和邻近地区的经济骤然间出现繁荣局面，反映了这些欧洲地区采矿业的勃兴。富格尔家族（Fuggers）和德意志南部其他银行家建立起的金融帝国也反映了这种情况。这些银行家在短期内为经营大规模的地区间经济企业而与古老的意大利金融中心展开竞争。[18] 英国西部地区也曾出现一段相似的经济繁荣期，刚好与加紧开发康沃尔的锡矿有关。同样地，当 16、17 世纪印度和远东的统治者清楚看到青铜大炮的无上价值时，日本的铜和马来半岛的锡就变得至关重要了。

以铁炮代替青铜和黄铜大炮最终削弱了中欧采矿业繁荣的势头。从美洲运来的廉价白银开始与欧洲矿区的产品展开竞争，其发生的节点恰好是铜矿的开采受更廉价的制炮金属严重影响之际。不过，中欧虽遭受挫折，其他地方却因此得到了好处。16 世纪的英国和 17 世纪的瑞典都因铁在铸炮业中新的重要地位而直接获利。欧洲的政治和军事历史可以说在某种程度上就是围绕这类事实展开的。

第二个青铜时期还远未结束，大炮设计就有了第二次长足进步。15 世纪中叶的臼炮体积庞大（直径往往在 30 英寸[19]以上，长度达 12~15 英尺[20]），移动十分困难。例如，1453 年轰破君士坦丁堡城墙的大炮是就地铸造的，因为把原料运到战场，而后在城墙外建造炼铁炉和铸模，比运输铸成的大炮更容易些。无论这些大炮如何威力巨大，无法移动一直是其严重缺陷，也是对铸炮工匠的一个明显挑战。

1465—1477 年间法国和勃艮第之间的军备竞赛[21]为工匠和统治者们提供了创造性地解决这一问题的实际手段和动力。低地国家和法国的铸炮工匠们发现，如果大炮炮管造得更坚固些，能够用来发射密度更高的铁炮弹而不是石弹，那么，体积小得多的武器可以与体积大三倍的臼炮具有同等的杀伤力。铁炮弹价格也比较便宜，而且可以重复使用，而巨型石弹撞击后即成碎片，并且用手工制作石弹，而后再运送到战地既困难又费钱。

在同一时期出现的第二项技术改进是：将火药做成小的颗粒状，这样点火更快，因为每个颗粒的暴露面可全方位立即燃烧；爆炸的威力也更大，因为在炮弹加速通过炮筒时，迅速产生的气体从炮弹周围泄出的时间就少了。[22]这自然给炮体的金属增大了压力。但低地国家的青铜铸工发现了解决办法：可以加厚发生爆炸的部位，即弹膛周围的关键部分，然后使炮管的厚度沿炮口方向逐渐变小，与炮弹后方逐渐下降的压力成比例。

如果有合适的炮座和足够强壮的马匹，按设计能力，长约8英尺、威力巨大的攻城炮是可以轻松越野托运的，虽然这种炮光发射的铁球炮弹就有20~50磅重。这就要求有特殊设计的炮架，有坚固的轮轴和车轮以及延伸到炮身后面的长架尾。将大炮架在重心附近的炮耳上，就可以把炮管提升到任何需要的角度而不必将炮管从载运它的炮架上卸下来。发射时可以让炮和炮座向后反冲几英尺，以此吸收其后坐力。重新发射时，要将炮座推到原来的位置，但要做到这一点只需使用简单的杠杆，而不必套上马。需要向前移动时，只需用几分钟就可以将架尾抬起，下面装好前车，即可起程。这种大炮能够很快地在行进状态和发射状态之间实现转换，而且只要是大型运货马车和拉车马匹能够通过的地方，这种大炮就能通过。事实上，1465—1477年间，在法国和勃艮第发展出来的大炮设计一直延续到19世纪40年代，其间很少有什么改进。[23]

1494年侵入意大利的法国军队就是依靠这种崭新的大炮使查理八世成功登上了那不勒斯的王位。新式大炮的威力使意大利人慑服。佛罗伦萨和教皇仅进行了象征性的抵抗就先后屈服了。只有那不勒斯王国边境上的一个要塞确实试图抵抗入侵者，但法国炮兵只用8个小时就将要塞的城墙轰成一片废墟。在此之前不久，那个要塞还曾因被围7年未被攻破而闻名遐迩。[24]

1453年时颇为笨重的臼炮就已经改变了围城一方与被围一方的均势，由此产生的对既定权力关系的干扰则因1465—1477年间法国人和勃艮第人发明的移动攻城大炮而大大加剧了。新式大炮在哪里出现，防御工事就变得毫无用处。因此，付得起高价购置新式武器的统治者的权势大振，而不能利用新的战争技术的邻国和臣民就因此遭殃。

在欧洲，新式武器的主要作用是使意大利城邦国家丧失地位，并使其他弱小的主权国家变得微不足道。当然，法国人和勃艮第人并不能长期维持其垄断地位，附近地区的君主很快就获得了新式攻城炮，其中包括哈布斯堡的国王和奥斯曼的苏丹们。[25] 紧接着，在 16 世纪的大部分时间里，欧洲的一些新兴强国展开了一场激烈的斗争，其间，意大利的城邦国家沦为被争夺的筹码。

然而，使意大利人的技能举世瞩目的那种独创性并未因攻城炮的威力而长期被湮没。事实上，甚至在 1494 年遇到强大的法国新式大炮之前，意大利的军事工程技术人员就已经断断续续地进行了半个世纪的试验，寻找使旧的防御工事能更有效地抵御炮火攻击的办法。从那以后，这成了所有意大利政府的紧迫问题。意大利最杰出的天才，包括达·芬奇和米开朗琪罗在内，都潜心探索过这个问题的解决办法。[26]

意大利人很快就发现，堆积的松土能够吸收射来的炮弹而不受损毁，这也许是偶然发现，也许应该说是临时应变的办法。1500 年，被佛罗伦萨人围攻的比萨人因环形城墙出现险情，在城墙内修筑应急土墙时发现了这一点。由于修了这样的土墙，虽然永久性防御工事在炮火轰击下石块纷纷塌落，但攻城的敌人面前却出现了一道无法逾越的新障碍。修筑防御土墙需要在地上挖土，挖出的沟要修整出垂直的前壁，结果修成的沟就变成了一面反向的墙，给进攻的敌人造成极大的障碍，而且可以完全避免遭到大炮的破坏。[27]

这一基本思路在解决防御炮火问题上起了很大作用，后来更是以近乎永久的形式固定下来，具体说来就是土墙加壕沟。不久又增加了堡垒和外围工事，还配有大炮，壕沟同时起到保护作用。这种外围工事若位置合适，便足以向任何企图越过壕沟并冲击城墙的敌人倾泻毁灭性的交叉火力。外围工事的大炮还有另外一个作用：用大炮向围城敌军的大炮发起反击，敌军进攻的准确度和势头就会被大大削弱。[28]

到了16世纪20年代，意大利的新式防御工事又能有效抵抗任何装备精良的进攻者了，但这样做的代价却是巨大的。只有最富裕的国家和城市才有钱建造被阿尔卑斯山以北的国家称为“意大利式要塞”的城防工事并支付庞大的劳动大军所需的费用，而这种工事还只能对付数十门大炮的轰击。

然而，这种工事却很快遏制了攻城炮压倒一切的威力，从而在欧洲历史上发挥了关键作用。16世纪30年代，能有效防御炮火攻击的工事从意大利扩散至欧洲其他地区，此时的高科技再一次青睐地方防御的一方，至少在那些政府有能力修筑新式工事并购置大批大炮的地区是这样。1516—1521年间，哈布斯堡王朝的继承人根特的查理五世（Charles V of Ghent）搜刮了大片领土，欧洲有可能通过政治统一形成单一的帝国。但就在这种可能性出现的时刻，新工事的推广在其实现统一的道路上设置了十分有效的障碍。作为德意志民族的神圣罗马帝国皇帝，查理五世宣称对整个基督教世界拥有某种最高统治权。同时，作为西班牙、低地国家和德意志广大地区的统治者，他似乎拥有足够的力量，给这一古代帝王的尊严赋予新的内涵。

他在镇压了西班牙叛乱后所做的第一件事就是将法国势力赶出意大利。到1525年，他达到了目的。在此后的数十年里，他的以西班牙人为主体的军队实现了对那不勒斯和米兰的控制，并因此将意大利的其他邦国置于很不稳定的从属地位。此后，这些地方不时会爆发以失败告终的反抗行动，目的是摆脱西班牙人强加的桎梏。然而，查理五世在意大利的胜利激发了法国和奥斯曼这两个对手携手合作，在地中海的广大地区与哈布斯堡王朝争权。与此同时，在北方，德意志的诸侯王公们也在他们认为必要时采取军事行动，抗拒查理巩固其帝国的权威。

很显然，能够长期抵挡优势兵力的防御工事对阻止帝国建立起到了关键作用。因此，建造这种工事的活动迅速展开，首先是在意大利，而后是在欧洲边缘地带。结果，1525 年以后，大规模的战役——可谓意大利战争前 25 年的特点——停止了，取而代之的是围城。巩固帝国的努力中途停止，只有那不勒斯和米兰的西班牙卫戍部队支持哈布斯堡在意大利不稳定的霸权。16 世纪 60 年代，类似的障碍同样遏止了奥斯曼帝国的扩张，因为马耳他和匈牙利边界一带都建立起了这种新式防御工事。1565 年的马耳他正遭奥斯曼土耳其人围困，但后者未获成功。

在意大利遍地布满防炮工事之前，意大利战争（1499—1559 年）在最初的数十年间曾有力推动了有效步兵火器的发展，催生了利用滑膛枪及火绳枪火力的战术和野战工事。事实上，法国人在意大利失败的主要原因是过分依赖瑞士长矛兵、重骑兵及其有名的攻城炮。西班牙人比法国人更乐于尝试将滑膛枪作为长矛兵的补充，而且特别擅长利用野战工事保护步兵免受骑兵的袭击。

结果，从意大利战争中脱颖而出的西班牙步兵团成了欧洲最强劲的野战部队。步兵团的部署是外围有一大群长矛兵，负责保护中间的滑膛枪手。事实证明，这种队形能够在旷野上抵挡骑兵的进攻，而且能够平端着长矛向敌人冲击，其攻势与发明这种战术的瑞士人一样凌厉。在战斗中，大炮只是偶尔发挥重大作用，因为将重炮及时运到战场困难太大。

西班牙步兵团的战术使步兵在战场上具有决定性的作用，对防御方和进攻方都是如此。直至 16 世纪，骑士在战斗中一直威名不衰，尤其在法国和德意志，骑士精神在乡村社会结构中根深蒂固。但是，大约在1525年以后，绅士徒步作战几乎和骑马战斗一样保持尊严这种想法在实践中已不可抗拒，甚至法国人和德意志人也都这么想。骑兵在攻城战中终究是难起作用的，这在其后的半个世纪里成了战略和战术发展的主要出发点。

尽管西班牙人在战斗中善于将不同的武器和队形结合使用从而赢得了成功，但他们在战场上的胜利却终究未能让哈布斯堡王朝赢得全面的霸权。只要败北的一方能够退守大量准备好的工事，被击溃的野战部队就可以在那里避难，甚至可以进行持久抵抗，如此一来，哈布斯堡王朝即使取得一系列的胜利也不足以建立霸权。

因此，尽管西班牙士兵在战斗中的优势确实使查理五世得以将法国人赶出意大利，却未能使他推翻法国君主政体的独立政权。而且他也未能压制德意志诸侯的自治权或他的荷兰臣民的地方豁免权，甚至在后者开始信奉形形色色的新教异端时也无力禁止。结果，欧洲各国间持久的竞争继续推动时断时续的军备竞赛，而不时产生的新技术似乎在战争中给拥有者带来重大优势。

然而，在地球上其他地方的人们却不像意大利人那样对大炮做出迅速的反应。但机动攻城炮为拥有者带来的巨大优势还是在亚洲大部及整个东欧催生了一批地域较大的火药帝国。16世纪葡萄牙和西班牙的海外帝国就属于这一类，因为它们是由舰载大炮保护的（葡萄牙的海外帝国更是凭借舰载大炮直接创建的）；这些大炮与陆上大国的大炮的主要不同之处是前者的流动性更强。相比后起的印度莫卧儿帝国（建于1526年）、俄罗斯的莫斯科公国（建于1480年）、东欧的奥斯曼帝国（1453年以后）以及地中海东部诸国及岛屿，中国明朝（1368—1644年）对大炮的依赖较少。伊朗的萨非帝国（Safavid empire）相比邻国对火药武器的依赖较少，虽然在阿拔斯大帝（Shah Abbas，1587—

欧洲人是如何阻止火药革命的

这里的几幅图是19世纪法国建筑师尤金·埃曼努尔·维奥莱－勒－迪克（E. Viollet-le-Duc）绘制的，说明城墙被炮火轰塌的紧急反应如何催生了一种新型的防御工事，使围攻再次变得漫长且困难重重。上图左上角是一道浅沟和应急墙，在一新近被炸开的突破口的后面装有炮位，这样即使袭击者试图攻占这座城市也会遭遇巨大障碍。下图是意大利式要塞的横截面图，显示壕沟和土墙结合可以保护城市免遭炮火袭击。请注意，壕沟左侧斜坡的角度较浅，因此，除非在壕沟的边缘安装大炮（如下页所示），否则炮火不可能直接击中墙壁。不过这说明，哪怕城墙被攻破、护城河也被瓦砾填满，一个设计合理的堡垒仍会让进攻方付出巨大代价。

资料来源：E. Viollet-le-Duc, *Dictionnaire raisonné de l'architecture française du IXe au XVIe siècle* (Paris, 1858),vol. 1:420 (fig. 57), 452 (fig. 75), and 441 (fig.72)。

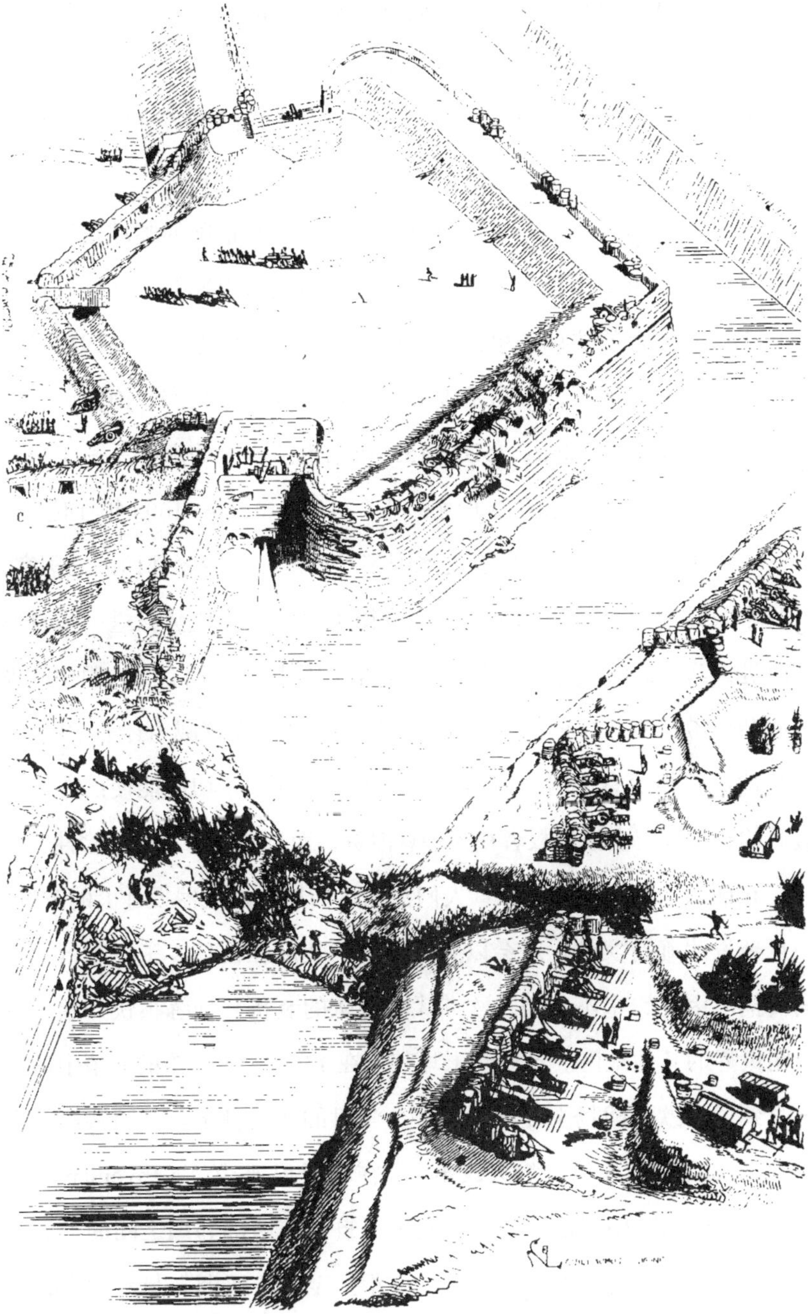

1629 年在位）统治时期，这种新战争技术在伊朗走向集权的过程中也发挥了显著作用。同样，在日本，由于使用了小型武器甚至少量大炮，单一的中央集权制也很快建立起来，而陈旧的作战方式和防御工事至少部分已显得过时。

实际上，莫卧儿帝国、莫斯科公国及奥斯曼帝国的疆域正取决于其机动炮群的机动半径。在俄罗斯，只要河流可以通航，就能够把大炮运去轰击尚存的防御工事，莫斯科人也就稳操胜券。而在印度没有水运之利的内陆地区，帝国基础就始终处于不稳定状态，因为就地铸炮——像巴布尔（Babur，1526—1530 年在位）所做的那样——十分费力，陆上运炮——像他的孙子阿克巴（Akbar，1566—1605 年在位）那样——也十分艰难。但在所有这些国家，甚至在那些紧邻西欧的国家，一旦中央政府通过使用和垄断重炮取得了决定性的优势，进一步自发地改进火药武器的努力就停止了。统治者们显然已经拥有时人眼中的极限武器，虽然要把这种重炮运到某个特定的地点发挥威力还非常困难。于是他们就很少有试验新武器的动力了；相反，一切可能使已有大炮过时的新发展定会被当权者视为恣意浪费，而且具有潜在的危险性。

在西欧，情况正好相反：人们都在热切地追逐武器设计上的改进。一旦新发明确有实效，就会以异乎寻常的速度在宫廷、工厂和营地之间传播。因此，毫不奇怪，欧洲武装部队的装备和训练很快开始超过文明世界的其他地区。奥斯曼土耳其人在 1593—1606 年的战争中清楚地看到了西欧在战场上显露的优势。当时的奥斯曼土耳其骑兵第一次遭到训练有素的步兵的炮火攻击。[29] 在利沃尼亚战争（Livonian war，1557—1582 年）中，俄罗斯人也发现了自己与西部邻国之间的类似差距。[30] 亚洲国家到后来才发现这种差距。至此，亚洲人与欧洲人在军事技术方面的差距已比 17 世纪初大得多；由于差距太大，亚洲人常常不得不先屈从外国人的侵略和征服，才能逐渐弥合彼此间的差距。因此，18世纪和19世纪欧洲推行大规模的全球帝国主义就有了可能。

在这一点上值得指出的是：在亚洲大部分地区，第二个青铜时期和第一个青铜时期一样，军权掌握在一小撮异族人的手里，他们凭借手中有效的战争武器实现对广大民众的统治，前一时期是战车加设防营地，后一时期是大炮加骑兵。的确，中国明朝和德川时期的日本与上述格局颇有不同。但中国到了清统治时期（1644—1912年），也是被少数外来征服者的统治阶层管辖，只有日本仍保持着同族统治。因此，到19世纪，日本人可借助一种民族危机感来推行极端的政治、技术和社会改革，而其他亚洲国家政府在试图有效回应欧洲列强的威胁时，却因统治者与被统治者之间普遍的不信任而受到阻碍。

15、16世纪时，势力强大的亚洲统治者并未认识到这种威胁，因为欧洲人首次在他们的沿海地区出现时的身份是人们熟悉的商人和传教士。亚洲各国政府早就不得不设法对付不守规矩的外国商人和传教士。即使欧洲的船舶比以前来到亚洲海域的船只更加气势逼人，但毕竟数量很少，所以用老办法对付这些外来的水手似乎已经足够了。

当然，贸易小国还是马上就感到了新来者海军优势的威胁。遭到威胁的某些小国遂向当时最强大的穆斯林君主——奥斯曼帝国的苏丹——求助。于是奥斯曼统治者首先在红海建立一支舰队以保卫穆斯林的圣地，然后舰队在印度洋随机活动。奥斯曼土耳其人还派遣炮兵专家到遥远的苏门答腊去加强当地穆斯林政府的抵抗能力。但奥斯曼帝国在印度洋只取得了局部的、有限的成功，因为其所擅长的地中海式的海战由于大炮的迅速发展而逐渐过时。

这一点需要稍做解释。自古以来，地中海的海战就取决于撞击和强行登船。这就需要轻便、快速、容易操纵的战船，并有众多的水手

行进中的 16 世纪欧洲军队

如下鸟瞰图展现了 16 世纪的欧洲人如何将不同的武器和编队结合起来，其中有骑兵、轻型和重型火炮、长矛兵和火绳枪步兵，同时配有补给车，而且补给车的数量可以成倍增加，集结在驻军周边，形成某种应急的野战防御工事。长矛兵队列上方的旗帜标志着下属指挥单位，可以在战场上实现机动。这是一幅理想化的图景；实际上，炮兵队很少能跟上行进中的部队，而且地面也从来没有这般平坦，让军队以如此开阔的编队行进。

资料来源：Leonhardt Fronsperger, *Von Wagenburgs und die Veldlager*(Frankfurt am Main, 1573; facsimile reproduction, Stuttgart, Verlag Wilh. C. Rübsamen, 1968)。

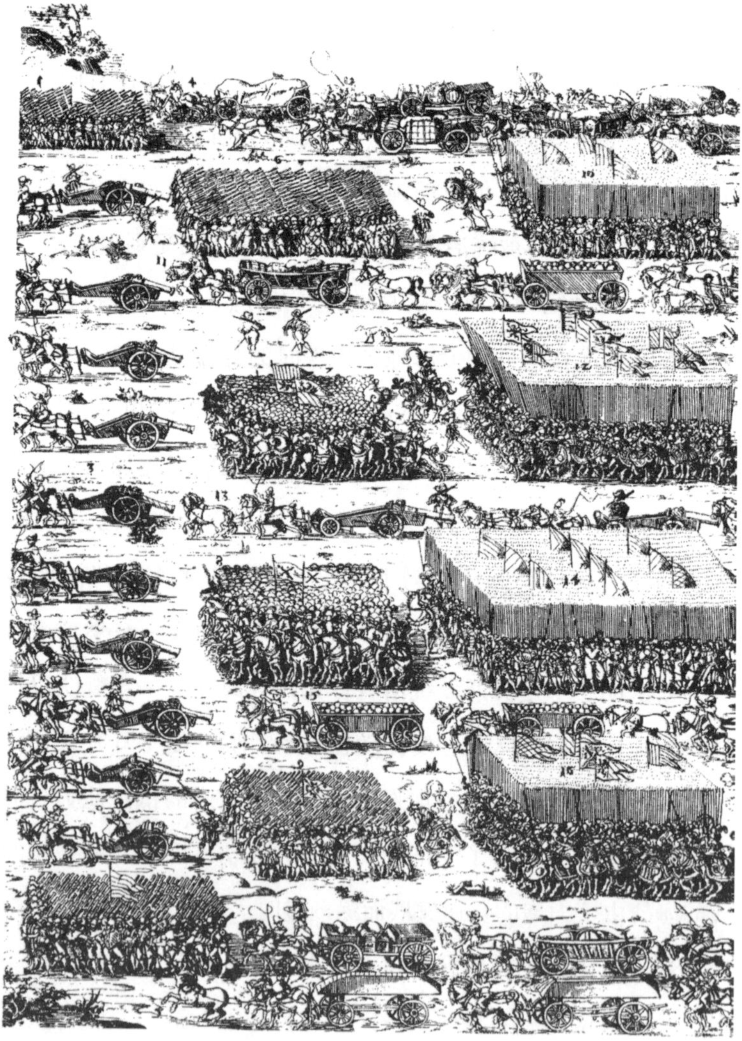

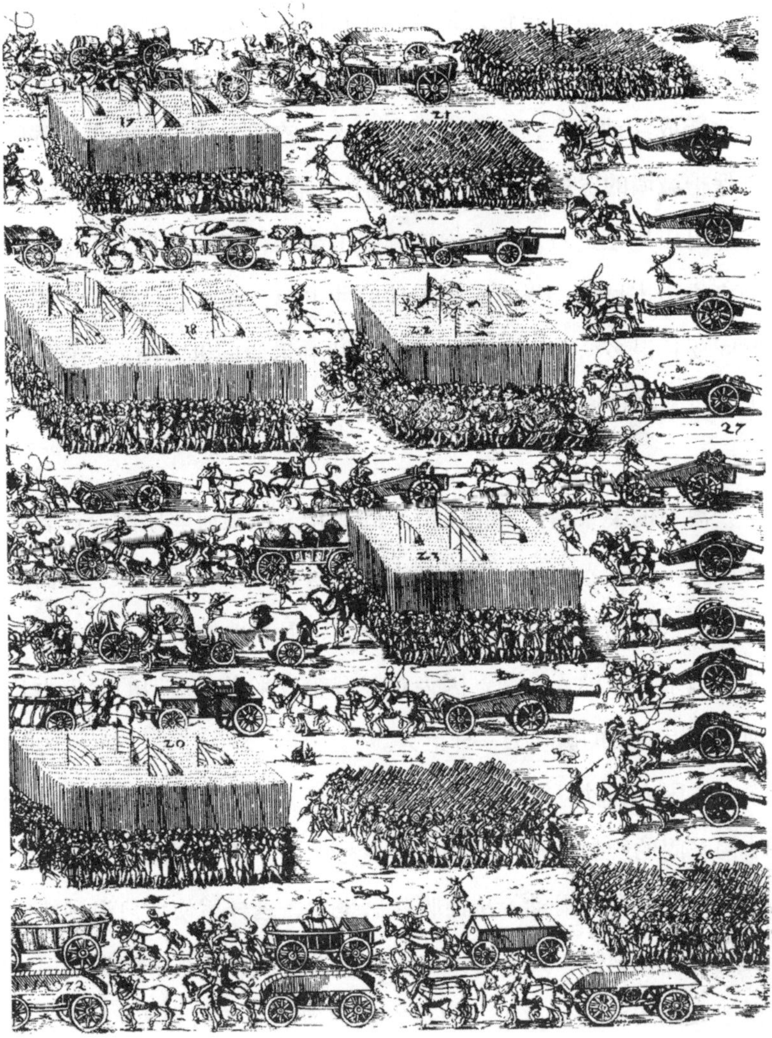
17
21
18
22
27
23
19
20
24
26
72

划桨，随时在海上展开肉搏战。这样一支军队还要能够在战船冲上岸滩时组成陆上战斗队，水手们上岸去包围堡垒、奔袭村寨或只是寻找淡水并睡个安稳觉。而到了13世纪，全天候舰船的问世给地中海海战又注入了新的元素。这种新式舰船使用数量空前的弩弓，依靠飞矢不让敌人靠近。商船所需要的也不过如此而已。

到了15世纪后几十年，随着高效大炮的发展，情况发生了急剧的变化。欧洲海员们很快认识到，正在使陆战发生巨变的大炮在海上也能发挥同样的作用。已经在大西洋海域使用的坚固的全天候舰船很容易改装成浮动炮台，炮台发射集中火力的能力比得上军事工程师们用来保护城墙的堡垒。这种浮动炮台由于很容易操纵，不只能用来防御，完全可以用于进攻。用火炮连续轰击结构轻巧的船只，正像当初同样的大炮轰击城墙一样具有毁灭性的冲击力。而且这种轰击发挥作用的时间要长得多，因为直至20世纪飞机和潜艇问世以前，一直没有在海上对付装备重炮的军舰的办法。

海军的关系由此发生了广泛的变化。地中海舰船的设计着眼于速度，可一旦进入大炮的射程就十分容易被击毁。印度洋上的商船也是如此，这种船构造轻巧，能适应季风，但当地的水手不可能在船上安装大炮来和欧洲人抗衡，因为对轻型船只来说，重炮的后坐力几乎与炮弹落点遭受的破坏力一样巨大。

法国人和勃艮第人在1465—1477年发展起来的那种大炮非常适于结构坚固的舰船。唯一需要的改良是设计一款不同的炮座，使大炮能够在甲板上向后滑动，从而吸收后坐力，这样就使炮口退到船内，便于重新装填炮弹。为了将大炮恢复到发射位置，水手们必须用特殊工具把大炮向前拉回原位，因为在船内发射，船有着火的危险。但是，新式大炮十分沉重，必须装在吃水线附近，以避免船只出现头重脚轻的危险。这就意味着必须设法通过船身两侧发射。在紧靠吃水线的地方挖开炮眼，同时装上没有战斗时可以关闭的厚实的防水盖，这样舷侧牢固，不影响整个舰只的适航性。早在 1514 年为英王亨利八世建造的战舰就首先采用了这种设计。大约 70 年后，约翰·霍金斯爵士（Sir John Hawkins）又将船头及船尾的“船楼”位置降低，以改进伊丽莎白女王的战舰的航行性能。经过这些改变，15 世纪远洋船舶适应大炮革命的任务胜利完成。从此以后，欧洲舰船在地球各大洋与设计不同的舰船发生武装冲突时总是胜券在握。

由于有了通常由普通商船负载的重炮，欧洲人能够以令人惊讶的速度在美洲和亚洲水域扩展其控制范围（前者始于 1492 年，后者始于 1497 年）。葡萄牙人在印度的第乌（Diu）港口外轻松战胜了船只数量多得多的穆斯林舰队（1509 年），不容置疑地说明欧洲水手的远程武器（射程可达 200 码）使他们占有决定性优势，而当时其对手心目中的海战还只不过是靠拢敌舰，强行登船，最后以手持武器结束战斗。只要装有大炮的舰船能保持一定距离，老式的登船战术完全无法对付飞行的炮弹，虽然有时远距离炮击可能也不够准确。

在地中海，撞击与登船战术是在大西洋海战新战术兴起相当长的时间以后才黯然失色的。1581 年，奥斯曼帝国与西班牙停战，结束了一个多世纪反复不断的海战。在那以前，单层甲板大帆船一直是地中海海军的主力舰船。[31] 西班牙习惯以奥斯曼土耳其人为主要的海战对象，这使西班牙人不像后来侵占西班牙和葡萄牙殖民帝国的英国人与荷兰人那样全心全意地接受炮舰逻辑。当查理五世的儿子、西班牙国王腓力二世（1556—1598 年在位）最终失去耐性而决定入侵英国时，他为出征（1588 年）集合起来的舰队主要不是采用远距离炮轰，而只适合于近战。虽然西班牙舰队的主力是为横渡大西洋而建造的非常坚固的大帆船，而且有适当数量的大炮，但是操纵不便，不能对灵活的英国战舰进行有效的反击。不过英国人也不能单靠炮火击沉西班牙的舰船。因此，使西班牙无敌舰队遭到覆灭的主要是绕过苏格兰之后返航途中遇到的风暴。

尽管如此，西班牙无敌舰队的失败载入史册是理所当然的，因为国王腓力的失利表明：地中海式的海战不符合大洋海战的要求。西班牙和奥斯曼帝国政府都固守着地中海海战的技术和观念，所以均无力在公海上与荷兰、英国以及不久之后的法国这些新生的、以大西洋为基地的海上强国进行有效的竞争。后来海上霸权之所以转移到西北欧国家，和17世纪前几十年呈现出来的地中海国家的普遍衰落有很大关系。实际上，荷兰与英国海军大炮的怒吼阻断了地中海各国从其面临的经济和生态绝境中逃脱的最后通道。对此，费尔南·布罗代尔做了深入的探讨。[32]

市场夺取了控制权

16世纪欧洲海上强国的一个重要特点是其半私有的性质。例如，英国皇家海军一开始和商船队没有太大差别。实际上，1588年和西班牙交火的船只大部分是商船，在其日常活动中，袭击和贸易差不多是一回事儿。西班牙无敌舰队大致也是这样，舰队中的武装商船达40艘之多，正式的战舰只有28艘。[33]

荷兰、英国和法国的商船同时具有侵占者的属性，所以当他们闯入西班牙和葡萄牙政府自封的独占禁区时，前者的双重身份既有有利的一面，也有不利的一面。他们可以在欧洲的任何港口进行合法贸易，也可以非法袭击“西班牙大陆美洲”（Spanish Main），进行奴隶贸易，或者在其他沿海地区从事走私活动。总之，在船长和船主们看来，什么最有利可图就做什么。年复一年，适度武装的船只带着战利品和贸易货物回到本国港口，以此营利。至于船上所载的具体物品，那就要看航行期间的运气如何了。

但这无疑是一种危险的行当。在交锋时，是否掌握优势兵力往往决定了最后的成败。强盗总是冒着被更强者抢劫的风险；正如陆战中的士兵可能丧生或受伤一样，在海上随时动武也会面临类似的风险。船队靠国内投资者购买股票才能装备船只并雇用船员出航，所以投资者也面临很大的风险，因为有的船一去不复返，有的下了很大的本钱，回来时却收获甚微。尽管有这类失利的情况，偶尔也会有惊人的意外收获。弗朗西斯·德雷克爵士（Sir Francis Drake）首次环球航行（1577—1580年）归来时所付的巨款就是一例。[34]

甚至像葡萄牙的曼努埃尔（Manuel，1495—1521年在位）政府和英国的伊丽莎白（1558—1603年在位）政府那样吝啬的政府也认为该鼓励这种出航。这两位君主都在海外冒险事业上做了个人投资，从而使之具有皇家威信，然而并没有使政府承担费用。在这两人中，葡萄牙国王的野心更大，他想把香料贸易中的全部利润据为己有。但要达到此目的，他就必须与热那亚的银行家成为合伙人，因为只有银行家才能提供装备国王的船只所需的金钱。曼努埃尔要付贷款的利息，加上他的代理人侵吞盗用，他的利润严重受损。结果，葡萄牙国王发现发财还是蛮困难的，虽然他周围的其他人显然都发了财。

英国的伊丽莎白比较有节制。她从不奢望垄断英国的海外事业，只是出于金钱和政治的综合考虑选择某些航程投资。她在这两方面都很精明，所以从投资中获利颇丰。[35]

荷兰的情况则不同。大约1570年以后，荷兰和泽兰的政府权力均掌握在商界寡头手中，和有皇室宫廷的国家的情形不同，这些人把私人事务与政府事务搅和在一起，更多算计谋划，而较少考虑威望、威力之类的事情。西班牙政府处于另一个极端。在腓力国王的统治下，国家企业不仅在军事中，而且在商业事务中都起着越来越大的作用。这是因为在1568—1603年，英国、荷兰和法国的私掠船俘获了大批西班牙和葡萄牙的船舶，几乎将伊比利亚的私人商船赶出了大洋，而国有的大帆船只能填补一部分的空白。[36]况且西班牙政府只能依靠大多是外国人的银行家和私人投机商的贷款来装备船只和士兵。

于是，尽管程度不同，欧洲的海上冒险活动都是靠政府的、半政府的和强劲的私人企业的结合来维持的。由此形成的这个新的结合体对于经济良机反应灵敏，每次航行都是一项新事业，需要每一个相关人员做出新的决定。不断赞助航行的投资者经常有机会避开无利可图的买卖，而任何时候看到有利的良机就可以重新部署财力物力。

只要欧洲的海外事业按照这种方式经营，海上武装力量就比较严格地遵照资本市场的指令行事，以支付自身的费用。各船长及船员花费的努力和精力犹如膨胀气体的分子，四下搜寻着有利可图的极限。每当有船长带着巨额利润归来时，其他船只就迅速效法。

基于这个原因，1497年葡萄牙人闯入印度洋，并不像同一世纪早些时候在同一水域规模大得多的中国远征海军那样，只是世界历史上一种短暂的偶发现象。紧随葡萄牙人之后，欧洲船只接连不断地驶抵亚洲海岸，攫取一切能到手的贸易和抢掠的机会。

随着欧洲船舶数目日益增多，它们影响亚洲经济和政治的能力也不断增强，最终，就连亚洲最强大的陆上帝国也无力抵抗欧洲人的势力。这一不同寻常的转变经过3个世纪达到顶点，至此，欧洲市场与军事事业的结合体已经历了相当大的变化。但直到 19 世纪，海上贸易和私掠强夺依然紧密相连。甚至在 17 世纪后半叶正规海军发展起来以后，俘获敌方舰船所得的奖金仍是海军军官和水手期望得到的收入的重要部分。

在陆地上，财富和军事的动力从未像在海上那样顺利地结合到一起。贵族在欧洲军队中是主角，他们原则上鄙夷算计钱财，虽然实际上并非一味如此。他们那种勇武和个人荣誉观念与军事管理中的财政、后勤和日常行政是根本不相容的。而在海上，财政却重于骁勇而被置于首位，因为舰船出海前必须装备相当复杂的各类物品，这些物品必须用金钱支付。在陆地上，陆军同样需要支出实际费用，但陆军的供应并非被明晰地划分成装备的费用和其他分项事务的费用。因此，陆军财政的范围比较分散，仅起到从总体上限定军队规模和军事费用的作用。

这一困难的部分原因是招募军队和制订作战计划的人对金钱算计漠不关心。战争是个有关荣誉、威信和英雄主义的自我表现的事业，在大多数君主和大臣看来，以银行家和放债人那种卑鄙的自私观念去操控战争是根本错误的。另一方面，向君主们放债的债主们在军事管理方面很少有发言权。国王愿意怎样使用借款似乎不应与放债人相干。因此，没有人经常算计军事费用和可能取得的成果之间的平衡关系。而在海外航运活动中，每次航行，投资者都极精明地权衡费用和可能获得的利润。

君主们靠放弃宝贵的权力——其中最常见的是放弃未来税收的权力——才能借到足够的钱来持续装备一支大规模的军队，仅靠年税收入根本不够用。在缺乏足够税收支持的情况下，武装部队不得不靠抢劫来贴补费用，即在战事发生的地区就地取材，这种情况下已不可能通过税收更均匀地分摊费用。答应付薪金给士兵却不遵守诺言的君主不能期望部队坚决服从，在远离政府所在地的战争中更是如此。

一个明显的解决办法就是由君主增加税金收入，而且在火药革命的最初几十年里，有一些君主在这方面取得了显著的成功。[37] 可一旦地方上的对手威风扫地，他们的收入全部或部分便流入中央政府的金库，此时要进一步增加税收就很困难了。这是因为直到 17 世纪中叶以后，甚至在西欧管理最完善的国家，民众始终可以选择用武力反抗国王的税收官员，而且，如果万众一心，还有望获胜。

当然，国王可以用军队来压制不愿纳税的人。荷兰战争（1568—1609 年）就是这样开始的。但这类措施可能严重削弱民众的纳税能力，低地国家的战争也表明了这一点。例如，1576 年洗劫安特卫普的西班牙叛军是在得知腓力二世已经破产、他们又显然得不到这位国王允诺的欠薪时才进攻这个北欧最富有的城市的。该城一直未能从“西班牙人的狂怒”中恢复过来，主要是因为 15 世纪以后，安特卫普在财政和商业方面所起的大都会作用转移到被叛军分子占据的阿姆斯特丹。

财政活动之所以迅速地易地进行，是由于无数私人采取了行动：他们认定自己的货物和金钱放在自由民控制政权的荷兰比在西班牙人统治的安特卫普更安全。这类私人决定意味着资本可以迅速转移到大家认为保护费用最低的地方。未能离开税赋沉重地区的资本家很快就发现他们的财源枯竭了。富格尔家族的命运就是如此，这个家族自 1576 年腓力二世破产后，与安特卫普一样，从此一蹶不振。其他成功的企业家（或其子弟）则为声色犬马的更加贵族化的生活所吸引，或完全放弃从商，或任凭他们的商业经营萧条下去。只有在围绕市场小贩和商人的活动而形成的那种社会氛围中，资本积累和最大限度地获取利润才能够长期持续不衰。这种社会要生存，就必须有相当的自治，以杜绝没收性质的征税，即使像伦敦那样，只是大政治结构中的特区，道理也是一样。[38]

另一方面，以固定税收取代非固定的劫掠对统治者和被统治者都有利。这一共同利益使君主们能够在欧洲所有重要的国家逐步增加税收估价，虽然政府的收入一直跟不上军费和其他费用。当君主们停止支付债务时，就会造成间歇性的破产，从而加速财政危机，直至债主和无力偿还债款的君主之间能够协商出解决办法为止。

于是，财政上的限制对早期欧洲现代政府构成了障碍，不时地使政府的行动陷入短期的瘫痪。不过这种限制并未有效地控制日常的政策和管理，尤其是军事。军事管理是抽搐性的——有了资源就拼命地挥霍无度，接着便全部或部分瘫痪，只等几个月或几年以后再重复同样的过程。

这种现象也在荷兰战争中清楚地表现出来。1576年缔结的《根特协定》(Pacification of Ghent)规定全部西班牙军队撤离荷兰，这是腓力二世在破产后不得不接受的政治-经济解决方案的一个组成部分。因此，在1577年的大部分时间里，西班牙军队在荷兰消失了，直到1583年，战争才重新全面展开。那一年，由于和奥斯曼土耳其人停战，又成功吞并了葡萄牙（1580—1581年），腓力认为他已经拥有足够的财力和物力，可以在北方取得决定性的胜利。[39]

然而，在战术单位层面，从百年战争直至17世纪中叶的军事管理和海上贸易的方式非常相似。队长（往往是当地要人或具有军事经验者）由上级委任后，从某个没有严格限定范围的地区招募一队士兵。这些队长是半独立的企业家，和政府的其他订约人并无差别。例如，新委任的队长会获得款项并付给入伍的新兵，但可能需要自己出钱预付征召新兵的津贴，预期日后得到偿还。队长还有责任保证他的士兵得到合适的武器和盔甲，或由个别士兵自行购买，或由他负责采购，然后免费分发，或从日后的军饷中扣除。

生活费用也以同样的方式办理，不同之处在于，政府一般感到扣留已入伍士兵的薪饷比较容易。老兵的策略自然是从他们所到的乡村谋取衣食。有时指挥官对势力所及范围内的一切人征收特别税，通过这种方式进行劫掠。在极端情况下，甚至连这种不固定的财源也缺乏时，士兵就会哗变。在16世纪20年代的意大利战争中，兵变已然成了惯例；到荷兰战争（1567—1609年）时，在参战的西班牙军队中，哗变已司空见惯。16世纪的兵变和后代的工人罢工类似，而且事实证明这是对日益拮据的西班牙宫廷施加压力的有效办法，因为当局只有付清欠款才能平息兵变。“忠诚”的部队根本不愿意进攻哗变的弟兄们，而且野战部队的各个作战单位几乎都有欠薪问题，试图用其他部队去镇压反叛部队还是很危险的。[40]

部队在战地的训练和指挥也由队长负责。队长按自己的意愿任命下属军官；上级发放军饷，也由队长亲自监督分配给士兵。在两次发薪之间，队长也可以用私钱预付给士兵购买日常必需品，等到再次发薪再索回垫付款。所有这一切，和船长与水手的关系非常相似。

因此，陆上和海上武装行动的区别只在于程度不同。最终，陆上行动也感受到了资本市场的约束。但国王可以强迫银行家违心给他贷款——至少是短期贷款，而且，那种多打几仗就会赢得胜利并使税收超过紧急军事开支的说法往往在短期内也还有说服力。但正如我们已经看到的，赤字财政有局限性，国王的破产反复不断地把军事费用重新纳入财政限度的范围之内。

想象军队将新的纳税人纳入胜利者的管辖范围并凭此实现经费平衡，这样的希望几乎总是以破灭告终。欧洲各国势均力敌，很难轻易征服一方获得横财，只有在偶然的情况下，而且是在外围地区，当欧洲的武装力量面对军事上处于劣势的社会时，使用武力才可能有利可图。在16世纪和17世纪，拥有西伯利亚毛皮的俄国人和拥有美洲白银的西班牙人在建造各自帝国的过程中，从各自的边远地带获得了颇为引人注目的好处。

欧洲航海事业资金自给的特点在很大程度上说明了：占优势的武装力量与劣势对手发生冲突时能得到巨大利益。因此，在西伯利亚和美洲的陆上帝国之外，还应加上亚洲海岸的海上帝国，这一帝国起初被葡萄牙船只控制，后来又被荷兰和英国船只控制。因而，使它具有资金自给性质的，不仅是其海运事业的财政组织，还有其“边远地区”的特点。离欧洲社会中心更近的地方，主权国家的武装活动肯定会激发对手的反作用力；君主能够征服别的领地并在那里收入大量税金的情况是非常罕见的。

西班牙政府能够成功在美洲建立幅员辽阔的帝国，却未能维持其对荷兰的控制，就清楚地说明了上述事实。西班牙人在美洲的军事行动成果丰硕。事实上，正是16世纪50年代以后美洲白银流淌，才使腓力觉得自己可以在地中海与奥斯曼土耳其人争战，同时又在北方与荷兰人作战。此外，西班牙人早年在欧洲建立帝国的经历也丝毫不令人丧气。他们在1520—1525年征服那不勒斯和米兰，并在其后几年中巩固了哈布斯堡王朝对意大利的统治，此时的西班牙人差不多已能通过战争解决战争的费用。在西班牙人还未到达的时候，那不勒斯王国和米兰公爵领地都已发展出一种能够持久维持较大武装力量的税收系统。只需西班牙人取代原来靠保卫这些国家领取薪金的意大利订约人，欧洲帝国的费用就可以解决，而无须向卡斯提尔（最主要的西班牙王国）的纳税人增加许多额外的负担。1568年，战争的主要战区向北转移到荷兰后，情况就发生了变化。

引发经济逆转的主要是技术方面的原因。由于意大利式要塞的传播扩散，西班牙军队的人数需要剧增才能展开攻城战。即使胜利了，西班牙人也必须在占领地区建造或修复防御工事并派兵守卫。每次攻城战役，以及每个设防和守卫的据点，都需要数量不断增加的火药和炮弹。同时，美洲白银渗入欧洲经济，使所有商品的价格急剧上升。因此，腓力二世虽然在1556—1577年使卡斯提尔的税收提高至以前的三倍，但还是不得不四次拒付债款（1557年、1560年、1575年以及1596年），而且一直未能按时发放军饷，也就不足为奇了。以下几组数字表明西班牙军事费用的激增情况：

表 3-1　西班牙的军事费用

年代	军费（百万达克特 / 年）
1556年以前	少于2
16世纪60年代	4.5
16世纪70年代	8
16世纪90年代	13

偿还债务的款项（对军人的欠款）：[41]

表 3-2　西班牙对军人的欠款

年份	欠款（百万达克特 / 年）
1559	1.04
1575	2.17
1607	4.76

腓力二世耗费如此庞大的经费并非徒劳无益。16世纪50年代继承父亲查理五世的王位时，他统率下的军队估计为15万人。到16世纪90年代腓力二世统治的末期，军队人数增加到了20万人。17世纪30年代，西班牙的军事努力达到顶点时，国王麾下的军队已达30万人之众。[42]

为承担日益沉重的军费开支，腓力二世试图将曾经令意大利城市受益匪浅的财政管理模式应用到他自己的庞大王国。例如，威尼斯人曾通过销售长期有息债券（往往出售给外国人）来支付战争和其他特殊公共费用。西班牙也实施同样的办法。但是，威尼斯地方行政官有财政头脑，注意准时支付共和国未偿债务的利息，经过了一个又一个世纪，始终如此。而西班牙（和其他大多数的）王室政府的高层人物却没有这种头脑，结果是一再破产，这样又使以后的贷款代价提高到无法忍受的程度。到1600年，西班牙政府的收入中，偿债部分不下40%。[43]

对卡斯提尔农民的征税已达到极限，实际上已经不可能再进一步提高。已有的负担引起了经济倒退。由于王室收入减少，军队的规模缩小了，力量也减弱了。17世纪中叶以后，西班牙已落后于法国。那时，路易十四的地方行政官员（其管辖的人口要比西班牙大得多）想方设法负担一支庞大的军队，其规模很快就超出了西班牙财力物力所能承担的限度。[44]

因此，到最后，财政限度成了最高权威，其威势甚至凌驾于欧洲最强大的国王的君权之上。人们也许要问为什么。为什么腓力二世和他的大臣不能让向他们贷款的银行家服从自己的命令和意志？在亚洲国家，君主统治下的国土比腓力二世管辖的土地面积还小；在那里，没有老谋深算的银行家编织的信贷之网来遏制统治者的意愿或限制其军事上采取主动，因为在亚洲，当派兵作战需要物品和劳力时，君主的命令足以动员一切可以动员的力量。如果从税收和自由市场向政府销售的物资中不能得到足够的供应，官吏们可以任意夺取臣民的货物和金钱，只要政府代理人能找到这种财力物力，就可以将其改造成对眼前的军事行动或其他任何公共事业有用的形式。

我们会看到，比如在中国，政府为达到自身的目的常常采取一种更加微妙的方式，那就是规定低于货物卖主愿意接受的“公平价格”，这样对各方都似乎做到了某种公平合理，或者政府当局和大多数民众认为的公平合理。“公平价格”的实行有效地削减了不择手段的商人和囤积居奇者搜刮到的不义之财，而政府的行为也有效地约束了大规模的私人金融与商业活动。但在这种制度下，手工业水平的生产和小规模的贸易仍然可以兴旺发达，因为对大批小民进行没收性的购物和直接强夺货物从行政上是行不通的。

这种简单粗糙但尚能解决问题的指令性动员自然有其代价。由于大规模私人资本积累既困难又极不稳定，经济发展和技术革新就只能局限在小规模的手工作坊的工匠所能从事的范围内。维持大型企业的唯一办法就是政府进行管理，而官吏们几乎总是愿意采用熟悉的常规方法以尽可能减少失败的风险。我们已经看到，大约在 1500 年以后，在军事技术方面，亚洲的官吏们死抱住攻城巨炮这一轰击城镇和城堡围墙的主要武器不放，任何人都没有办法或动力按照新路子发展火药武器。只有日本人重新设计防御工事以减少炮火的破坏力。[45] 因此，亚洲各国在军事和技术发展方面大大落后于欧洲，这种落后的状况，从长远看来，使它们付出了沉重的代价。

类似的保守和漠不关心在采矿和造船等领域也表现得很普遍，而从 14 世纪起，与其他文明地区相比，欧洲的优势已经很明显。私人资本为欧洲这些规模较大的活动提供了资金，而且带有非常明显的营利目的。结果，一切降低成本或增加利润的技术改革都成为热门，而且很快在整个欧洲普及推广。这与亚洲国家的保守和漠不关心形成强烈的对照。18 世纪以前，在经济生产的其他领域，欧洲和亚洲在制度方面并不存在巨大的差异。直到 18 世纪，欧洲非人工的动力和生产过程的结合得到了新发展，才最终将手工作坊及其生产方式远远抛在后面。由于欧洲没有对大量的私人资本积累进行强有力的约束，从 14 世纪起，西欧与文明世界其他地区的根本差异就已经明确表现出来了。

指令性动员为什么没有在欧洲盛行呢？如果真的盛行，腓力二世和他的大臣们肯定会感到十分惬意。他们和中国以及伊斯兰国家的官吏们一样，精于税收和没收财物之道。卡斯提尔是西班牙帝国内对王室税收约束最小的地方，其命运显示了官吏们在这方面的能力。可是指令性原则时运多舛。腓力的军队所需的大批物资在西班牙半岛无从获得。他为建立生产大炮和其他所需物品的工厂所做的不懈努力总是归于失败。在西班牙官吏看来，国王把经济活动和武器生产集中在不能确保实现自身意愿的地方，这是违反常理的。私人企业总是将大规模的产业放到税收较低又可根据市场的承受度自由调整价格的地方。于是，比如主教辖区列日，它因为毗邻西班牙控制下的荷兰但又不在西班牙统治之下，所以就成了荷兰战争中军火生产的主要基地。西班牙和荷兰军队双方需要的物资很大一部分由那里供应。[46]

1492 年主教辖区解除了武装并正式宣布中立以后，列日才成为重要的军火中心。随后的好几次军事占领很快就破坏了该地的大炮制造业。因此，如果统治者希望获得列日铸炮工人的技术产品（这些产品很快就成了欧洲乃至全世界质量最好、价格最低的产品），他们就必须撤出军队，重新使市场自由发挥作用。唯有如此，每年铸造数以千计的大炮所需的物资和服务才能重新流入市内。只有当列日和其他武器中心的工匠和资本家无须以西班牙或其他任何政府当局法定的价格出售产品时，统治者才能得到他们习惯得到的大量物品。正是这一弱点，才使列日能够自己定价。即使是最有权势的统治者也不得不按价付钱，否则就一无所得。列日的例子并非独一无二。其他数十个企业家的避难地散布在欧洲各处，这是欧洲特殊的分裂的政治地理造成的结果。

在这种情况下，指令不可能比市场更有效地调度人力、物力和财力。只要没有单一的政治指令结构能够把手伸向拉丁基督教世界的每一个角落，从而把资本主义积累消灭在萌芽状态，市场凌驾于当时最强大的统治者的君权之上就依然是基本现实，无论具体实施可能受到多大的压抑。之所以受到压抑，是因为各国的日常管理仍掌握在完全拒绝和反对与债权人的盈亏算计有任何牵连的人手中。

固然腓力二世会感到难以置信，但从长远看，欧洲国家实际上是因为卷入国际银行家和供应商编织的财政网而得到加强的。首先，由于私人商行为大规模的贸易和工业活动积累了财力物力，欧洲的生产规模从整体上有增大的趋势，因而税收基础有了增长。地区专业化造就了跨越政治边界的规模经济。多个供应商和多个购买商的共存促进了技术的进步。为支付政府的特殊费用而通过私人途径获得的贷款（如支持腓力二世所有军事行动的那类贷款）也提高了国家控制人口和物质的权力，尽管付清旧债是困难的，实际上是不可能的。

在管理上两个对立面的混合——国王和大臣与银行家和供应商既斗争又合作——促使市场关系日益深入欧洲社会，这似乎是一种自相矛盾的现象。每次税收的增加都将一部分欧洲财富带入流通领域，因为国家收入多少就消费多少。因此，生计和完全地方性的经济规模持续不断地受到强制（税收）和吸引（更廉价、更好的货物、更多的个人收入）的双重侵蚀。战争及其巨大消耗加速了整个过程。市场的人力物力动员缓慢地向前发展，逐渐证明比指令能更有效地把人们的努力融成一体。

也许，在现代的最初几个世纪中，欧洲和亚洲经历的根本差异可以这样表达：在亚洲，指令性动员强化了人类互动原始模式的维系，反过来，这种维系的举动又使得指令性动员得以维持。追随者终究最容易服从自己熟悉已久的人。地位关系、传统的社会结构、地方上的优尊等级——所有这一切都作为从属成分深嵌于政治指令结构之中。尽管当地的权贵们之间进行着形形色色的竞争抗衡，但社会行为必须符合等级规定的模式这一原则强化并支撑着整个制度。这说明，整个人群中只有很少一部分会被动员参与军事行动。但亚洲的统治者很愿意默认这种现象，因为更广泛的动员会把武器交到挑战当时既定的社会等级和政府模式的人和阶级手中。

相反，市场关系倾向于削弱和取消传统的、地方的和原始的人类互动模式。在对市场刺激做出反应时，互不相识且相距很远的人们可以无意识地合作；而且有了市场关系支持的各种经济专业化和技术精细化，就有可能动员更多的货物和人力。总之，依靠市场刺激对人类行为的作用，就能增加权势和财富，尽管统治者和大多数民众都会悲叹，因为这样做，贪婪和道德败坏的行为就会泛滥成灾。

既有的行为模式遭到破坏，对大多数见证者来说，都是可叹的。欧洲的公众与近代早期的欧洲君主们一样，厌恶且不信任那些饱肥私囊的有产者，认为他们强迫君主及其臣民顺从市场指令。但面对这种状况，君主及其臣民都感到无能为力。在亚洲，类似的情绪也是发挥了作用的，当时的货物和劳务市场还局限于手工作坊的水平，因而仍然比较软弱。在欧洲，由于意大利和低地国家的自治城市证明了更积极地放松对市场刺激的约束能够创造出更多的财富和力量，通过市场联结大众的努力就占了上风。到了16世纪，甚至欧洲最强大的指令结构在组织军事及其他主要事业时，也要依赖国际货币和信贷市场。腓力二世不景气的财政记录就是这一情况的证明。结果，在后来的几个世纪里，市场关系的不断扩展及其向更边远地区和更广泛的社会阶层的逐步渗透就有了可靠的保障。也就是在那几个世纪里，西欧人勉强容忍了私人追逐利润，他们因此能够控制地球上的其他地区。

描述这类相互作用的另一种方法，是论述在欧洲社会内部资本主义是如何兴起的，资产阶级又是如何逐渐成为统治阶级的。自从马克思主义开始渗入知识界和学术界以来，这个问题一直是研究早期近代欧洲的史学家们关注的核心问题。不幸的是，马克思主义者也有19世纪欧洲中心主义的障眼物，这不可避免地限制了卡尔·马克思面对人类历史的视野。在他那个时代的欧洲人看来，市场和金钱纽带的至高无上，无论在过去、当时还是未来，似乎都是确定无疑的。按照20世纪后期的观点，这似乎已不再是不言而喻的真理。因此，历史学家们可能很快就会对欧洲资本主义兴起时的军事-技术和政治问题更加注意。

欧洲人在军事及其他形式的管理中义无反顾地把市场推到至高无上的地位，这其实是对人类行为指令模式的一种古怪背离，这种指令模式在古代曾是主导的行为模式，且自19世纪80年代以来又以非凡的力量重新确立了自己的地位。本书以下各章试图弥合分隔军事史与经济史及史学史的鸿沟，并以此更正因袭已久的学术观点和评价。

第四章

欧洲人战争技艺的提高（1600—1750年）

1300—1600年间在地中海的欧洲一侧发展起来的商业化战争是卓有成效的。从那时起，一种被恰当地称作“军事-商业复合体”的体制便时断时续地向新领域传播，这也证明了这种体制的有效性。与此同时发生的另外一个变化是军事管理的官僚化。在欧洲大陆越来越广阔的地区，为供养常规部队的征税也日益被纳入例行的官僚体系。陆军和海军的内部管理也朝着同一方向发展。接着，到了17世纪，荷兰人率先对军事管理及日常惯例做了重大改进。其中最突出的是，他们发现长时间反复操练能提升军队的战斗力。操练特别能培养普通士兵的团结精神，哪怕这些士兵来自社会的最底层。

一支训练有素的军队，上有宣称有神授权力的君主，下能将明确的命令逐级传至每个下士、每个小队，这样的军队俨然成了史上最为顺从和高效的政策工具。这样的军队有能力而且确实在所有的欧洲国家建立起了良好的社会治安，进而使得农业、商业和工业兴旺发达，后者反过来又增加了军队的可征用财富。由此产生了一个反馈回路，使欧洲的权势和财富超越了其他文明国家所能企及的程度。这样，上述模式向军队缺乏组织和训练的其他地区扩张也就变得相对更容易和确定无疑了。结果，欧洲人环抱世界的帝国事业便开始在地球上的新区域迅速扩展。

地区性传播

我们在第三章已经看到，武装力量的商业-官僚管理发端于意大利，而后又传播至低地国家、法国和西班牙。在 17 世纪，这种组织战争的现代方法在德意志诸国扎了根，在瑞典、英国甚至俄罗斯也产生了各种有趣的变体。

德意志军事商业化的开端可追溯至 14 世纪或更早。那时，意大利诸城邦雇用了大批瑞士山民及其他日耳曼人为他们作战。在意大利的作战经历反过来构成了瑞士人在 14 世纪获得独立的基础。在 1387 年的森帕赫战役中，瑞士的戟兵和长矛兵打败了德意志的骑士军队，从而赢得了步兵劲旅的威名。在下一个世纪里，他们在 1476 年和 1477 年不下三次击败了技术上占优势的“大胆的查理”的军队，成为整个欧洲的奇迹。此后不久，瑞士长矛兵受雇于法国（1479 年），在一段时间里，使法国人（法国的骑兵和炮兵在欧洲本已无与伦比）足以压倒一切对手。[1]

瑞士与法国君主结盟，致使哈布斯堡招募德意志步兵和瑞士人抗衡，因此出现了装备像瑞士人，却是由同样徒步作战的贵族指挥的多队雇佣步兵。至 15 世纪 90 年代，雇佣步兵已达到很大的规模。但由于马克西米连一世（1493—1519 年在位）和其他德意志君主长期处于经济拮据的状态，雇佣兵只能期望偶尔受到雇用。解雇无论对士兵还是对他们当时所在的地区都会造成危机，这与 14 世纪初期意大利城邦国家尚未学会如何对职业化的武装力量进行有效的政治和财政约束以前的情况很相似。[2]

德意志的情况与意大利早期的经历有一个重要区别。从 1517 年开始，德意志的政治逐渐染上了恶毒的宗教论战色彩，路德教、天主教以及各种激进教派很快也受到加尔文教派挑战。各种宗教都有形形色色的社会群体作为其忠诚的信徒，因此，俗世的冲突常在神学辩论中表现出来。在两个世纪以前，意大利也曾经历过尖锐的社会矛盾，但无论何时何地，只要军队专业化且处于常备军的状态，各下层阶级总是遭受失败。德意志的形势与此相似，不过在其起始阶段，宗教改革中的神学观点被神圣化，加剧了阶级冲突。

无论如何，以血腥的三十年战争（1618—1648年）为顶点的广泛的暴力行动持续了一个半世纪，德意志诸邦才取得了某种程度的稳定。到暴力行动结束时，德意志与波希米亚可谓深陷欧洲军事-商业复合体的报应之中，而下层民众及德意志诸城邦，已被牢牢地置于王侯们靠控制职业常备军建立的权势之下。随着官僚化的传播和宗教狂热的消散，德意志诸邦按照“教随主定”（即一地的君主决定辖区内信仰的宗教）的原则开始在宗教上陷于分裂。

在这痛苦的过程开始时，地方、教会、王侯和帝国的管辖权极其混乱地互相交叠在一起。这种复杂的政治局面与意大利各城邦在靠雇佣军守卫边境据点以维护领土主权以前的局面十分相似。在德意志则不是城邦，而是王侯的宫廷通过削弱教皇、皇帝以及地方性对手的权势从而有效巩固自己的统治权。雇佣军成了他们统治权的砥柱，这一点和此前的意大利一样。但德意志小诸侯宫廷的气氛与文艺复兴时期意大利城市的气氛有天壤之别。所以，尽管1300—1500年的意大利与1450—1650年的德意志有种种相似之处，但两国的发展结果却有着深刻的差异。

在这一演变的开端，法国国王在自己的国家刚刚成功实现中央集权，这一点在德意志皇帝看来可谓诱人的榜样。既然法国国王能把英国人逐出法国（1453年），那德皇也可以讨伐奥斯曼土耳其人或德意志诸邦国内部的异教徒。

但讨伐奥斯曼土耳其人遇到了事实证明不可克服的障碍。从 1526 年起，匈牙利和克罗地亚就成了奥斯曼帝国与哈布斯堡帝国之间有争端的边疆，袭击和反袭击使田园荒芜，致使敌对双方在边境地区维持庞大的军队都非常困难。结果，哈布斯堡帝国所能做的，只是修筑几处能抵挡炮弹轰击的防御工事并派兵驻守而已。

另外一种选择是用帝国军队进攻背离天主教信仰的德意志王侯，而且由于改革后的天主教在阿尔卑斯山以北地区发展得有声有色，这一选择也就更具吸引力。因此，1619 年斐迪南二世登上帝国皇位时，决定使波希米亚（1618 年一位加尔文教派的国王在波希米亚当选）重归天主教，使哈布斯堡重新听命于己，于是加速了全面战争的爆发。战争虽然最初取得了一些胜利，但却因此招致一系列来自外部的干预，先是丹麦，后是瑞典，最终是法国。在天主教方面，西班牙于 1621 年与荷兰、1622 年与法国重新开战，并试图凭借其在意大利的帝国地位将所有不同战线连缀成某种统一且连贯的天主教反攻战。

战争的最终结局是德意志诸邦陷入了僵局，可谓是筋疲力尽后的和平（1648 年达成《威斯特伐利亚和约》）。然而，在达成这一结果之前，战争技艺的一些新改进定了形，德意志诸邦整体上都经历了大规模商业化暴力行动的浩劫。

在这场斗争中，为实现以战争为目标的大幅重组，当时的人做过三重努力。第一重是阿尔布雷希特・冯・瓦尔德施泰因（Albrecht von Wallenstein）以出色的军事企业家身份所做的工作。瓦尔德施泰因出生于波希米亚小贵族家庭，他把从军作战变成了庞大的投机事业。他冒了巨大风险，相应地也获得了巨额利润（至少在短期内如此）：他在波希米亚，而且短期内还在梅克伦堡，购置了大片地产并掌握了半独立的政治权力。但在他1634年遭刺客暗杀身亡后，他所积累的全部地产和营业所得全都被没收了。尽管如此，瓦尔德施泰因在10年的时间里像个庞然大物在德意志诸邦称王称霸。虽然他名义上仅是为皇帝效劳的承包人，但实际上由于拥有一支亲自指挥的大军，并依靠改进的税制、公然的劫掠和大规模的市场交易得以维持军队，他本人几乎就成了君主。

瓦尔德施泰因的商业交易十分复杂。例如，他以军队指挥官的身份，并以自己规定的价格，从他的波希米亚庄园里购买产品，又用一个名叫汉斯·德维特（Hans DeWitte）的佛兰德投机商凑集的资本在这些庄园里组织军火生产。德维特与瓦尔德施泰因的关系就如同瓦尔德施泰因与皇帝的关系一样。两人都依靠上司获得染指真正的大买卖的机会，然而，在大规模执行委办事务和履行合同时，瓦尔德施泰因和德维特都竭力追求私利，全然不顾传统道德和礼俗。他们唯一关心的只是如何能够达到自己的目的。他们在选择同事和下属时，既不考虑出身和信仰，也不以任何传统的美德为准则。瓦尔德施泰因和德维特均要求手下人在完成分配的任务时唯命是从且注重高效。结果，二人造就了一大批工作效率极高的人，他们会不择手段地从其所经营的乡村榨取油水。私人和军事企业实现了如此完整且规模庞大的结合，应是历史上绝无仅有的。

其他军事经纪人在三十年战争中的作用比瓦尔德施泰因要小，只有瓦尔德施泰因成功为自己招募了一支高峰时多达5万人的军队。他按照君主的习惯做法，任命下级军官组成连和团。瓦尔德施泰因在其事业的末期曾有过一个念头，想用自己的军队迫使皇帝解散已在宫廷内部形成的一个“西班牙”政党。那个党派的主要人物对这个波希米亚的冒险家怀有强烈的反感，因为他的商业机巧和暧昧的宗教态度与他们的贵族化、天主教理想格格不入。策划暗杀瓦尔德施泰因的正是这一群人，而这一行动只是到后来才得到皇帝的认可。

自从1634年瓦尔德施泰因死后，德意志的民族主义者一直在想：假如瓦尔德施泰因真的得逞了，又会出现什么情况呢？以他的地位，他必然会效法1450年斯福尔扎在米兰采取的篡政行动。当年斯福尔扎曾成功地将自己麾下的军队与米兰的国家军队合二为一并实施管理，并在其后的50年里使米兰成为强国。瓦尔德施泰因的军事指挥结构也许本来可以成为一个新德国的萌芽，这个德国甚至可能比三十年战争后成为欧洲霸主的强大的法兰西还要强大。但事实上，到了1634年，瓦尔德施泰因本人已被慢性病折磨得虚弱不堪。此外，德意志民族的神圣罗马帝国皇帝身上毕竟还带有神圣的气息，就连瓦尔德施泰因那样大胆的企业家在皇帝面前也不免胆怯三分。

无论怎么说，瓦尔德施泰因围绕自身建立起的军事–商业帝国还是崩溃了。此后，稍逊一筹的企业家分担了他在帝国阵营中的不同角色。到战争接近尾声时，德意志一些最肥沃的土地普遍荒芜，迫使军队缩编，人数减少到瓦尔德施泰因极盛时期军队人数的一半左右。[3]

三十年战争期间的第二个突出的权力结构是瑞典国王古斯塔夫·阿道夫（Gustav Adolf，1611—1632年在位）创建的。瑞典之于阿道夫，就如同波希米亚之于瓦尔德施泰因。对阿道夫而言，瑞典是他的个人财产，可以从中汲取人力物力以支援其在德意志的战争。古斯塔夫·阿道夫的确曾宣称，他的战争必须自给自足，[4]但他依靠政府从瑞典的田野山林间征兵，并且因17世纪20年代瑞典炼铁工业蓬勃发展而得益。当时居住在荷兰的列日人路易斯·德·吉尔（Louis de Geer）派瓦隆的炼铁工人到瑞典去，并将新奇的高炉引进到那个边远的国度。[5]

德·吉尔在瑞典的作为与瓦尔德施泰因的代理人德维特在波希米

亚的作为如出一辙。两人都大规模地将新的财政和技术引进到落后的欧洲地区（至少以低地国家的标准衡量是落后地区），但在其他许多方面却很不相同。德·吉尔仍然在荷兰定居，并且发迹成为国际金融家和企业家。他依赖古斯塔夫·阿道夫，但只想从他那里弄到在瑞典经商的法律许可证。他在荷兰商界比较明确的道德和法律范围内行事，并且把自己的事业传给继承人，而德维特在 1630 年自杀时，留下的仅有破产的投机商混乱不堪的账目。同样，古斯塔夫·阿道夫是合法的君主和国王，在道义上和法律上都没有环绕瓦尔德施泰因整个投机生涯的那些可疑之处。因此，德·吉尔和古斯塔夫·阿道夫创建的政治和经济帝国持续了几个世纪，而瓦尔德施泰因的帝国却随着他被暗杀而土崩瓦解。

瑞典国王之所以能够在战争中取胜，还部分归功于他积极引进荷兰最新的作战和训练部队的方法。但他还添加了他本人的风格，这是他从早期与俄国和波兰作战时（对俄战争在 1617 年，对波兰战争在 1621—1629 年）采用的骑兵战术中学来的。因此，当瑞典国王 1630 年在波美拉尼亚登陆干预德意志战争时，他投入战斗的是一支久经沙场的军队。这支军队在 1631 年的布赖滕费尔德战役（Battle of Breitenfeld）中显示了强大威力，当时瑞典人第一次展示了他们经过改良的战术。

瑞典人战术革新的目的是能够在战场上更有效地发动进攻。可以徒手操作的小型野战炮增强了轻武器齐射的火力；这样的密集发射之后，长矛兵和骑兵立即发起冲锋。但瓦尔德施泰因模仿瑞典人的战术，非常迅速地调整了自己的战术。这种战术在次年的吕岑会战（Battle of Lützen）中得到了体现，古斯塔夫·阿道夫正是在第二次战胜神圣罗马帝国的吕岑会战中阵亡的。

这一事例有力地说明了战争的一方对另一方的有效革新做出反应的迅速程度。欧洲的国王和指挥官们显然已经接受了改进永远可能的想法。在整个欧洲，有一个高效率的情报网，既利用口头传递、侦察和商业谍报等手段，也利用书面材料传播有关敌人的意图、能力、新技术和新战术的资料。结果，到三十年战争结束时，欧洲的军队已不再像中世纪早期那样只是一批受过良好训练、生性好斗的单个军人的结合体，也不再像 15 世纪的瑞士长矛兵一样徒有其表地行动一致、蛮勇有余，而一遇战事就缺乏有效控制。与此相反，此时由于有了自觉培育、极力完善起来的战争技术，一个将领可以在战斗中统率 3 万之众（至少原则上是这样）。装备不同、训练有素的兵种面对共同的敌人可以实现机动作战。在战场上，他们既能遵照将军的指令，又可捕捉难以提前预料的战机，使本来势均力敌的鏖战变成一边倒的胜利。换言之，通过发展类似中枢神经系统的组织，欧洲军队已迅速进化到某种高级动物的水平，能够随时启动身上不同功能的利爪和牙齿。

三十年战争中涌现出的第三个值得关注的军事–政治结构是法国人创制的。《卡托–康布雷齐和约》（Peace of Cateau-Cambrésis）结束了意大利战争（1559 年）。之后，法国陷入了长期的内乱，这一方面是加尔文教徒和天主教教徒之间的宗教纷争所致，另一方面也是王朝更迭中王位继承不稳定造成的。此时的法国军人在意大利已无人雇用，这一点也和法国国内反复出现的动乱有关联，因为失业和烦躁不安的士兵一有机会就会动武闹事。直至 1627—1628 年，法国国内的纷争还一直困扰着王国政府，以至国王路易十三派军队包围并攻克了加尔文教徒的据点拉罗谢尔。此后，法国的军事资源就被用于边界以外，以对付西班牙和德意志的哈布斯堡统治者。正是法国对三十年战争的干预最终使天主教的帝国政府统一德意志、镇压异端的努力归于失败。

起初，法国将军们不如久经沙场的西班牙和德意志指挥官。但是到 1643 年在罗克鲁瓦（Rocroi）击败西班牙人的时候，法国的战争技术也达到了欧洲最高水平。由于法国国王掌握着更多的财力和物力，波旁王朝只消将人数更多、训练更精良的军队投入战场就能使任何敌手相形见绌。17 世纪下半叶的政治历史就取决于这一基本事实。

这一历史状况同样也是由下列事实造成的：在《威斯特伐利亚和约》结束德意志战争（1648 年）之后，无论是哈布斯堡皇帝还是法国国王，都感到把在三十年战争中为他们打仗的军队全部解散是不明智的，也是没有必要的。实际上，由于与西班牙的和约直到 1659 年才签订，在和约签订以前，法国人不得不使军队一直处于战备状态。1661 年新国王路易十四亲自掌权时，认为出于荣誉和谨慎的考虑，他都必须拥有随时能战斗的常备军队。1648—1653 年，法国重又爆发内乱，这给年轻的路易留下了深刻印象。他保持常备军队的主要目的在于保证压倒国内的一切挑战，以维护他的权威，对付外国的冒险入侵只排在第二位。

军队控制的改进

法国最后一场老式的内乱——即投石党运动——被成功地镇压下去，这标志着欧洲战争和国家管理史上的一个重要转折点，或者也许应该更准确地说，标志着阿尔卑斯山以北的国家终于赶上了两个世纪以前威尼斯和米兰在行政管理和军队控制方面已经达到的水平。事实上，17 世纪下半叶，在法国和奥地利的军事机构管理中，几乎每个方面的措施，威尼斯和米兰都实行过。文职人员控制给养供应，用税收所得支付士兵的固定军饷，步兵、骑兵和炮兵互有区别又有战术协作——这一切做法都在15世纪意大利城邦和17世纪阿尔卑斯山以北的君主国之间共享。甚至路易十四的著名大臣弗朗索瓦-米歇尔·勒泰利耶（François Michel Le Tellier，即卢福瓦侯爵）和他的儿子、负责战争事务的国务大臣卢瓦侯爵（Marquisde Louvois）在为法国军队提供给养以及使军队机构正规化和装备标准化等方面所做的工作和鲜为人知的威尼斯总督（proveddittore）贝尔佩特洛·马塞利尼（Belpetro Masselini，1418—1455年在任）为保卫圣马克共和国（Republic of St. Mark）的部队所做的工作也十分相似。[6]

然而，北欧的新常备军在某一方面却与以前的军队没有明显的相似之处，而且这一点颇为重要，值得专门提出来讨论。卢瓦对王朝的军队的管理，得到了巡回监察官马蒂内（Martinet）中校的辅助。他的名字后来作为厉行严格纪律的象征被收入英语。这确实是马蒂内所擅长的，也是1668年卢瓦在对他的指示中提出的严格要求：

> ……你应该命令他们（已任命的步兵军官）在每天卫兵换岗时在场；在卫兵散开以前，按兵器手册训练士兵，带领他们向左、向右和向前进行各种动作操练，并教他们步伐整齐地以小单位前进。[7]

当然，卢瓦关心行进的队列整齐与否并不完全是新观念。但在17世纪初以前，欧洲军队的训练史一片模糊。瑞士和西班牙长矛兵按鼓点行进，[8]而且在战场上努力保持密集的队形，不给进攻的骑兵留下可以穿透的空隙。其他步兵行进时也保持队形，这种做法可以一直追溯至古代的苏美尔人。但在执行守卫任务时，终年日复一日地操练，甚至在作战期间还利用空隙时间操练，是以前的军队认为既无必要也无

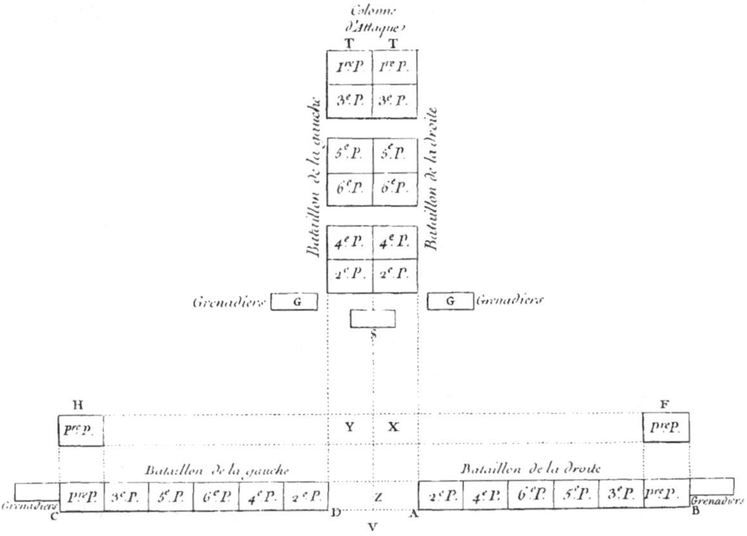

18 世纪盛行的列队行军

要使为数众多的士兵能够快捷有序地行军并迅速形成既定的编队，就必须反复不断地训练。第一幅图显示 1 个团——被划分为 2 个营和 12 个排——如何由纵向列队转为横向进攻列队，第二幅图显示该团在完成机动后准备向敌人发动进攻。这种训练对受训士兵产生了巨大的心理影响，在士兵中间产生团结一致的战斗精神，而当时负责训练的指挥官对此也只有模糊的认识。

资料来源：Denis Diderot, *A Diderot Pictorial Encyclopedia of Trades and Industry,* edited by Charles Coulston Gillispie (New York: Dover Publications, 1959; vol. 1, pl. 67)。由 1763 年巴黎版原件影印复制。

实际意义的做法。鉴于卢瓦和他的代理人马蒂内中校成功使法国军官和部队服从他们的意志，日常操练就成为除站岗士兵之外所有人例行的活动。其原因何在呢？

答案是：到卢瓦的时代，已有两代欧洲的指挥官发现操练使士兵更顺从，战斗力也更强。推行军队现代日常操练的主要人物是拿骚的莫里斯（Maurice of Nassau），即奥兰治亲王（Prince of Orange，1567—1625年）。从1585年到去世他一直担任荷兰和泽兰的总督（captain-general），此外他还曾兼任荷兰其他省军队的都督，任职时间长短不等。莫里斯受过大学教育，专业是数学和古典学。他面临在低地国家和西班牙人作战的难题，就到罗马历史中去寻找样板，并努力从维吉提乌斯（Vegetius）、埃利安（Aelian）[9]以及其他古典作品中汲取军事技术精华。

莫里斯亲王对罗马前人并不盲从，然而他强调了三件在他以前的欧洲军队中不曾普及的东西。一是铁铲。昔日的罗马士兵习惯于用临时修筑的土墙来加固营地。莫里斯也筑土墙，尤其是让士兵在包围敌占城镇或堡垒时挖壕固守。在他那个时代以前，欧洲军队并不重视挖土筑墙。在墙后躲避危险或打洞藏身意味着怯懦。军队通常依靠从附近招募的劳工来完成大部分他们认为必要的掘土挖壕工作。然而，对莫里斯亲王的部队而言，铁铲比刀剑或滑膛枪更有威力。围城部队有计划地挖壕筑墙保卫外围防线，可以防御敌军的解围援兵进袭，同时又不放松围城。莫里斯的军队遵循这一方式围城，受到守城敌军的火力杀伤就比较小。同时，坚持掘进，日益接近守敌的壕沟和城墙，直到可以发起最后的冲击。围城变成了一项工程，即搬移大量土方，挥铲挖土成了围城士兵的日常工作。那样沉重的劳动有一种附带的效果，即几乎扫除了懒散习气和放荡行为，而以前解围要塞据点的军队通常以此作为娱乐消遣。事实上，莫里斯亲王极力反对游手好闲，他的士兵不挖土时，就忙于操练。

在罗马做法的基础上发展的系统操练是莫里斯的第二项，也是最重要的革新。他强制士兵们练习火绳枪的装弹和射击动作，长矛兵则必须练习在行军中和战斗时的持矛位置。这种训练并非前所未有。军队总需训练新兵，但以前的教官们认为，一旦人人学会了使用武器，训练的任务也就完成了。这种想法不无道理。莫里斯和前人的不同之处在于他的做法要系统得多。他将火绳枪相当复杂的装弹和射击动作[10]分解为 42 个单一的连续动作，给每个动作定出名称和发令词。由于士兵们动作的时间相同，节奏一致，每个人都能做好同时发射的准备。这样，齐射既容易又自然，对敌人的队伍造成了一种冲击力。更重要的是，士兵们装填和发射的速度更快，忽略任何重要步骤的可能性也小得多。结果，火绳枪比以往任何时候效率都要高。因此，莫里斯按照长矛的比例相应地增加了枪支的数量。

他还使部队正规化。训练士兵步伐整齐，就可以训练整个单位的士兵按照规定的方式前进、后退、向左、向右，将纵队变成横队，再由横队变成纵队。莫里斯亲王的操练中最重要的动作是反向行进。一排火绳枪手或滑膛枪手在发射完毕之后，从站在他们后面的两列士兵中间走过去，到队伍后重装子弹。同时，下一排枪手进行射击。如果经过练习，并且有适当的排数，那么，当第一排枪手重新装好枪弹，其他各排也都已发射完毕并后退就位时，第一排枪手就能够毫无障碍或毫不耽搁地开始第二次齐射。这样，一个训练有素的单位就能像演出动作经过精心设计的军事芭蕾舞，连续快速地进行一连串的齐射，敌人还没有从第一次火力中清醒过来，另一次齐射就又命中了目标。这里的窍门在于选择时机，同时还要防止士兵们在背向敌人到队列后重新装弹时逃离战场。反复进行训练，使每一个动作都达到半自动化的程度，就能把出现故障的可能性减少到最低限度。大批军官严格地监督普通士兵也是使反向行进实际可行的必要措施。在一切都按照意图进行时，效果就十分惊人了。

莫里斯的第三项改革使操练更加有效，而反复操练反过来又提高了改革的实效。他仿照古罗马军团的支队形式将军队划分成比往常更小的战术单位。一个营为 550 人，营再划分为连和排。划分成这样的小单位，操练起来很方便，一个人的口令就可以控制所有士兵的动作。在这种小单位里也能够建立起从指挥官到刚入伍的新兵之间的个人联系。他们在战场上可以灵活行动，既能独立行动，又互相配合，因为一个明确的指挥链条从指挥整个战役的将军一直延伸到指挥一排一列的军士。至少从原则上讲，指挥系统中的各级指挥官都执行上级的命令，将命令传达给合适的下级，并根据实际情况加以具体说明。

这样，军队就成了有中枢神经系统的、互通声气的有机体，因而能对意外情况做出灵敏的、比较明智的反应。每一个动作在准确性和速度方面都达到了新的水平。各营在战场上的运动乃至士兵在射击和行进时的单个动作都可以加以控制，也可以预期，这是以前未能做到的。一个训练有素的作战单位，每个动作都达到规定的要求，就能够增加战斗中每分钟射向敌人的子弹数量。单个步兵的灵巧身手和坚定意志几乎已不起作用，个人的勇敢和胆量在不可更动的例行常规面前也几乎完全消失。戎马生涯呈现出新的面貌，军队的日常生活发生了深刻的变化。经过莫里斯式训练的部队在战役中自然而然地显示出强大的战斗力。人们认识到这一点以后，甚至在最执拗的军官和绅士中间，昔日非正规的英雄式的军事活动方式也逐渐消亡了。

战斗中的高效率固然重要，但其重要性尚不及训练精良的部队在守卫城池和围城时所表现出来的比以前更高的效率。说到底，士兵几乎全部时间都是在准备和敌人的对抗中度过的。对早期的军队来说，如何使军队在等待时不变得烦躁不安和难以管教始终是一个难题。在越野行军中，这个难题能够迎刃而解，但是当军队在一个地方安营扎寨，连续几天或几个月无所事事，就很可能士气低落、纪律涣散。一天几个小时的操练很容易组织，效果明显，又很容易实施，因此守卫部队的纪律就容易维持。[11]

这种每天重复的操练还有一个重要意义，对此，莫里斯亲王和他的同僚们即使有所理解，恐怕也还是模模糊糊的。当一队人的手臂和腿部肌肉长时间地一致活动时，他们之间就会产生一种原始有力的社会联系。这或许是因为大肌肉一致活动，会引起人类最原始的社会性共鸣。也许在我们那些还没有成为人类的祖先会说话以前，就围绕营火跳舞，来表述他们在狩猎中做过的和下一次将要做的事情。这种有节奏的动作激起强烈的伙伴之情，使武器简陋的早期原始人也能攻击并杀死大型猎物，能够有效地合作战胜强大得多的敌人。我们的祖先凭借舞蹈动作，由声音信号和指令作为补充并最终实现自我控制，从而攀升到食物链的顶端，成为肉食动物中的最强者。

莫里斯和他以后数以千计的欧洲教官们发展起来的军事操练直接利用了这个社会性的原始源泉。尽管操练看起来似乎重复单调，却把往往来自社会最底层的各种人牢牢地结合在一起，形成一个紧密的集体，甚至在生命显然处于危难的紧张时刻也能服从命令。过去狩猎的人群在面临灭顶之灾时就曾依靠服从与合作求得生存。因此，可以推测，无数代的自然选择已经把人类采取这种行为的自然倾向提到了很高的程度。这种自然倾向长久地潜藏在我们的潜意识中，又时而隐现，且迄今如是。

古代希腊和罗马的军队也曾利用这种本能把他们的军民结合在一起。城邦独特的紧张热烈的政治生活在相当大的程度上取决于这种现象。因此，当莫里斯回顾了罗马军团的做法，更改他们的操练方式以适应他那个时代的需要时，其实是将他对军队的管理方法嫁接到古老且久经考验的欧洲传统之上。

所以，新的操练方法是利用文学传统开发人类强烈的感受性（susceptibilities）。军事单位成了一种专门化的集体，其中，新颖的、标准化的、面对面的关系成了传统的社会组合方式的有效替代品，后者伴随非个人化市场关系的日渐扩散而在各地都趋于消失或至少受到了挑战。因此，训练精良的排和连组成的人为社团能够取代，也确实十分迅速地取代了往常那种按武功和地位形成的等级。而在骑士精神盛行的时代，正是这些等级构成了欧洲社会的形态，并赋予其地方性的防御力量。

到路易十四时代，常备军鼓励士兵长期服役或重新服役，士兵之间的社会性联系进一步加强。士兵被分配到一个单位，就有可能在军中服役很多年，和长期相处的战友患难与共。这些战友的消失往往是因为阵亡而不是主动离职。这样，集体精神就牢固地树立起来，小的军事单位被改造成了有效的基层社团。

上面已经提到，14 世纪时，作为军事行动基础的基层社团崩溃，从而令意大利开始采用雇佣军制。两个世纪以后，欧洲的教官们在所有技术熟练的部队里成功建立了人为的基层社团，这是因为几个星期的操练树立了集体感，甚至在过去孤独的个人之间也是如此。通过这种方式，在欧洲军队内部激发起来的感情气氛反过来又缓解了心理上的紧张和压力，而在过去的几个世纪，从一种基层社团过渡到另一种新建的基层社团给军队管理造成了很大的困难。

训练严格的军队通常在相当大的程度上与所处的社会隔绝，从乡村直接招募来的新兵只需很短的心理适应过程即可融入连、排等人为的基层社团。操练迅速而可靠地将约定俗成的敬服改造成规章条文所规定的敬服。因此，军队是很容易更新的，同时，在一个比以往更彻底的城市化、金钱化、商业化和官僚合理化的环境中，保持了“老式的”价值观和态度，即乡村的价值观和态度。

这种对立面的结合，或看似对立面的结合，成为前所未有的最有效的政策工具。遵守上级制定的规章成了常规。这不仅是因为士兵害怕违反纪律会受到严厉处罚，还因为普通士兵从不假思索的盲从和仪式化的日常军事训练中得到了真正的心理满足。对鲜有自豪感的成千上万的军人来说，有一种真实可感的东西成了他们引以为傲的资本——团队精神。那些没有归宿的人找到了一个体面的避难所，可以避开那个买卖盛行，从而令缺少必要的金钱上的克制、狡猾或远见卓识的人难以生存的社会。一个按照官僚组织的方式建立和控制，并以深厚、稳定而强烈的人类感情为依托的人为团体出现了。在政治家、外交家和国王们的手中，它是多么有用的工具啊！

事实上，一旦操练成为欧洲军队的日常经验，其威势定然不同凡响。作为欧洲人的后代，我们很容易把这些人的行动视作理所当然，而不会产生应有的神奇感。然而，设想一下两军摆开阵势对垒，相距几十码互相开枪射击，周围战友们有的阵亡，有的受伤，而射击持续不断，这画面多么令人惊讶啊！无论从本能还是从理智的角度来看，这种行为都是无法理解的。但 18 世纪的欧洲军队在这样做的时候却认为理所当然。

军队各单位以几乎相同的准确性服从看不见的上级的命令，无论上级是在最近的山顶上，还是在半个地球以外。这种情况同样异乎寻常。成千上万的人本来没有明显的个人利害关系需要互相斗争，反而出于明显的个人动机，总希望处于对方的火线之外。然而这些人却遵照命令行事——这对他们而言已成常规。结果是，按官僚方式任命的军官，无论本人才能如何，也无论被派到地球上的哪个地方，几乎都肯定会要求下级自动地服从命令，并且总是能够如愿以偿。

这样一个新利维坦的诞生——虽可能有一半是出于无心——无疑是 17 世纪的主要成就之一，这一成就的显著程度不亚于近代科学的诞生或那个时代的任何其他重大突破。[12]

欧洲其他国家的军事家清楚地看到，操练会提高效率。莫里斯亲王的名声大振，是因为他以突然袭击和毫不放松的围困从西班牙人手中夺回了几十座设防城镇，每次进行袭击和围困，其技术上的精确和行动上的迅捷都是前所未有的。莫里斯的训练方法并不保密。1596 年他的表弟和亲密合作者拿骚的约翰内斯二世（Johannes II of Nassau）委托一位名为雅各布·德·格恩（Jacob de Gheyn）的画家为新式操练中的火绳枪手、滑膛枪手和长矛兵的每一个姿势做出图解。1607 年，这些图解成书出版。每一个姿势的图解都占对开本的一整页，还附有相应的口令。见习教官或普通士兵都可以由此看到应如何操练。[13]

莫里斯于 1619 年组建了训练军官的军事学院，这在欧洲又是一个首创。莫里斯亲王的军事学院的毕业生在瑞典的古斯塔夫·阿道夫麾下服役，并把新的荷兰训练方法带进瑞典军队。新的训练方法——当然也经过各种改进——由瑞典人传给欧洲的所有其他军队，并证明卓有成效。新教国家首先接受这项革新，然后经由他们传给了法国人，最后传给了西班牙人。西班牙人对他们自己的长胜传统自然怀有深厚的感情，但在罗克鲁瓦战役（1643 年）中，法国军队在原野上大败西班牙的步兵团。从此以后，欧洲军界的有识之士便一致认为：新操练法肯定比西班牙的训练方法更优越。

在东面，俄国人很快就注意到了这种情况。1649 年，即新操练法的德文版出版后大约一代人的时间，俄文译本问世了。[14] 罗曼诺夫的军队试图跟上西欧的发展步伐，尽管他们还有明显的差距。然而，奥斯曼土耳其人拒不相信异教徒居然能改进久经考验的穆斯林的训练和部署方法。尽管战场上的一系列失败（1683—1699 年，1714—1718 年）证明他们的看法是错误的，以欧洲方式训练军队的尝试还是很晚才出现，而且这还激起了 1730 年奥斯曼土耳其近卫兵团的成功兵变。几乎又经过了一个世纪的军事惨败，奥斯曼苏丹才于 1825 年最终成功地将近卫步兵军团摧毁，作为训练和战术现代化的前奏。但在那时，奥斯曼帝国的士气和凝聚力已遭到无法弥补的损害。所以，它为赶上欧洲军事方法所做的努力，未能防止进一步的失败和 1918 年帝国的最终解体。[15]

再往东，由于欧洲教官开始招募本地壮丁，创建小型军队以保卫印度洋沿岸的英、法、荷贸易站，训练士兵的新方式就显得很重要。到了 18 世纪，这些军队虽然规模还是很小，但和当地统治者惯于投入战场的稍嫌笨重的军队相比，都表现出明显的优势。这样，欧洲的各大贸易公司就在印度和印度尼西亚越来越广阔的土地上成为地区性的统治者。[16] 直到 1839—1841 年以前，只有亚洲的太平洋沿岸地区仍然和实力增强了的欧洲军队处于隔绝状态。

在更早的年代里，围绕欧洲兵役问题的难题之一就是技术实力（从 14 世纪起，欧洲的步兵在技术实力上就一直独领风骚）和平民社会既成等级之间的脱节。从下层阶级招募来的步兵部队会向贵族统领发起挑战。14 世纪瑞士人曾在本国成功做到了这一点。平均主义在德意志的雇佣兵中间也反复露头。[17]

起初，欧洲的统治者应对这个难题的办法是雇外籍雇佣军来充当步兵，因为外国人不会与雇主管辖的下层阶级团结。在国内具有平均主义思想且实行自治的瑞士人，成了法国王座的支柱，支持贵族-官僚政权对付国内的挑战者，前后有300余年（1479—1789年）之久。[18]来自贫瘠地区的山民和其他居民（这些地区未曾有过地位明确的地主阶级牢固地掌握政权），例如阿尔巴尼亚人、巴斯克人、南斯拉夫边防军人以及来自威尔士、苏格兰和爱尔兰的凯尔特人，在欧洲其他地区也起到了类似的作用。瑞典人参与三十年战争时，也具有类似功能，虽然他们代表的是本国君主的利益，而不是充当外国统治者的雇佣军。[19]

然而，依靠外国人的做法有明显的缺点。在18世纪以前，金钱数额总是远不足以准时支付外籍军人的薪金。长期缺钱的君主不能牢靠地依赖一支仅因欠薪就随时准备退出战场的军队。[20]但从17世纪初开始，欧洲的统治者发现，城市底层和贫苦农民的子弟可以通过反复操练被训练成新的士兵。平均主义思想已不能在这样的人群中引起共鸣，除非有极少数教官接受这种观点，如英国内战期间（1642—1649年）在议会军的某些单位短期曾出现的情况，以及很久以后在法国大革命（1789—1793年）的最初阶段出现的现象。在平时，军队成了循环无穷的训练机构，把新征的人训练得脱胎换骨，一直到他们变为战士。[21]

经过几十年兵传兵的过程，围绕着操练这一中心活动，逐渐形成各种各样相关的行为特征，从而构成了独特的军事生活方式。这其中，有嫖娼、赌博、酗酒，也有自豪感、礼仪细节和勇武精神。简言之，欧洲军队并没有完全脱离旧的方式和惯例，但确实把军事行为的某些传统降至边缘地位，并将破坏性较大的行为局限在业余时间内。

欧洲军队的新心理特点，使平民社会内部尖锐的阶级差异能与国内的和平与秩序共存。士兵们只要能够服从国王按官僚制度任命的军官，手里便握有压倒一切的力量。只要有训练有素的部队保卫王室的特权，那么，无论是贵族向王权的挑战，还是下层阶级对明显的不公平提出抗议，都没有丝毫成功的希望。欧洲开始享受以前无法实现的高度的国内和平，这促进了财富的大幅增长。因此，欧洲大陆的许多地区，有可能依靠税收来供养职业化的常备军队，而无须给国民的经济造成过分沉重的负担。低地国家北部七省（荷兰前身）、法国和奥地利引路，其他欧洲国家紧随其后。

欧洲武装部队的正规化和半稳定化

由于税金收入足以满足军饷所需，而且大体上能够准时支付，14 世纪时战争商业化带给欧洲的严重动乱似乎终于得到了控制。劫掠平民的士兵无须再靠武力来周转国家的动产以维持生存，而是借固定的、可预知的税金达到目的。国家通过税收将金钱从平民手中转移到官吏手中，官吏用税金既养活自己又供养一支具有战斗力的部队。似乎确定无疑的是：只是因为各国间持续不断的竞争，才使得 1650 年之后出现的旧政权的社会及政府模式没有定型为连续数百年的成规。

莫里斯亲王改革的另一必然结果是使欧洲刚刚出现的战争和社会格局趋于稳定化。因为标准化的操练是以标准化的武器为先决条件的。1599 年，莫里斯本人就发现：必须要求自己指挥的军队装备统一的枪支，否则他的新体制无法运转。卢瓦为法国军队做了同样的事情：他让军人统一着装（然而各团的军装互不相同），使军人看上去就像军人的样子，就像我们在 20 世纪所熟知的那样。

这种标准化的短期效果是大大减少了军费开支。只要能保障稳定

11 举枪

12 点火

13 放下枪，靠住叉架

14 取下火绳

15 左指再握枪

16 吹火绳

24 将火药从枪口倒入

25 取出通条

奥兰治的莫里斯设计出的枪械训练法

上述几页版画显示奥兰治的莫里斯设计出的枪械训练法 43 式中的 8 种姿势。填火药、装弹丸、压进火门，然后用火绳点燃并同时举枪瞄准，这一系列动作都要格外精准和小心，要想迅速做好，就必须反复练习。出版这些蚀刻版画是为了帮助教官规范每一个动作，从而加快士兵的射击速度。

资料来源：*Wapenhandelinghe van Roers, Musquetten ende Spiessen, Achtervolgende de Ordre van Syn Excellentie Maurits. Prince van Orangie . . . Figuirlyck rutgebeelt door Jacob de Gheyn*(The Hague, 1607; facsimile edition, New York: McGraw Hill, 1971)。

生产，且无限量地制造同一种产品，那么，甚至手工作坊的供应商也能降低产品价格。一旦战场上只需要一种口径的滑膛枪弹丸，供应就不会出现紧张情况。而且，既然每一个士兵都可以按标准化操练的精确动作进行训练，增援任何减员的部队就变得和替补已消耗的滑膛枪弹丸一样简单。总之，士兵就和他们的武器一样，成了一架巨大的军事机器内可以替补的零件。管理这样的军队比以前容易，而且比以前更可能达到预期的效果。有组织暴力行动的费用按比例地下降了，或者更准确地说，按每一元钱的税金比例计算，这种暴力行动的规模和可控制性极大地提高了。[22]

然而，从稍长远的观点看，成千上万士兵武器的统一造成了军火市场上一种新的僵化现象。一旦整个军队的装备标准化，采用任何改良的设计都要比几十种不同的武器同时并用代价大得多。军火采购者不得不在技术改进和由于丧失了统一性而造成的损失两者之间选择。并非有了这一新的困难处境，一切变化就都停止了，但违背已有武器设计的真正重大变化肯定会打乱操练、训练和供应的既有模式。因此，从 15 世纪到 17 世纪变化十分迅速的步枪，到了大约 1690 年以后，几乎完全停止了发展。当时，由于发明了附环刺刀，就有可能第一次将火力和近距离防御骑兵结合起来，使长矛兵失去了作用。[23]

当然，到那时，欧洲军队使用的步枪，在可靠性、简易性[24]和坚固性方面都已达到令人满意的程度，因此，此时要在设计上稍做改进恐怕要比以前难度更大。使步兵武器在一个特定的水平上停滞不前的原因是任何变化都会遇到阻力，因为要变化就必须在统一的好处与重新装备整个军队的费用这二者之间做出选择。除了这种合理的分析、算计，还有人们对熟悉的武器和常规的喜爱。由于理性和情感的共同作用，1690 年在英国设计的外号为“棕贝丝”（Brown Bess）的滑膛枪，到 1840 年以前一直是英国军队的标准步兵武器，在那段时间里只有一些很小的改变。[25] 其他欧洲军队几乎同样保守。由于这时步兵一直是战斗中的决定性力量，步兵武器的稳定起到了稳定战术、训练和军队生活等方面的作用。

稳定从来都是不完全的，我们可以从下一章看到这一点。但很明显，随着莫里斯亲王的训练和管理模式在整个欧洲盛行，本章和前一章里论述的欧洲在管理有组织暴力行动方面的变化浪潮停歇下来了。

我们可以做如下的小结：12 世纪，随着能够在意大利战场上向骑士的优势提出挑战的步兵部队的兴起，事情开始发生变化。14 世纪，城市民兵让位于职业雇佣军人。15 世纪上半叶，在意大利出现城邦的情况下，对常备军队进行政治管理的模式迅速发展起来，但是 1494 年后，法国和西班牙军队的入侵打乱了这一进程。此后，在欧洲阿尔卑斯山以北的更广阔的地区再一次发生了意大利式的演变，到 17 世纪中叶，形成了一种使人联想起意大利城邦管理的模式。当时，在法国、低地国家北部七省和英国这些国家，税金收入和陆、海军费用之间多多少少形成了稳定的关系。但是北欧人在这两个重要方面对意大利的先例进行了改进：一是开展系统的、经常重复的操练；二是构成从君主本人（通常是国王）延伸到最低级的军士的一条明确的指挥链。在这条指挥链中，嫉妒从未彻底消除过。但是，由于围绕王室要人的那种神圣的气息依然存在，欧洲阿尔卑斯山以北的地区没有必要像以前威尼斯和米兰的行政官那样，依靠“分而治之”的政策管理职业军人。

国内稳定，在国外就显得强劲有力。在战事迭起的西欧，经过改良的现代型军队和对手们激烈地抗衡。这只不过在权力的平衡中引起局部的、暂时性的动乱，完全可以通过外交途径加以控制。然而在接近欧洲行动半径的边缘地区，上述行动就会带来系统性扩张，无论在印度、西伯利亚或美洲都是如此。边境的扩张反过来又支持了贸易网的扩大，使欧洲可征税的财富增加。如果情况不是这样，供养军队的任务就会更加艰巨。总之，欧洲开始进行不断自我强化的循环，在循环过程中，它的军事组织支持了经济和政治的扩张，它本身也受到了经济和政治扩张的支持，而这一切都是靠牺牲其他人民和国家的利益得来的。

近代以来的全球历史记录了上述事实，而这一点在很大程度上又取决于下列事实：在有组织暴力行动的管理方面，截至 17 世纪，欧洲军队已达到某种新的精确度，甚至因此而呈现出僵化的趋向，但却并未永久地停顿下来。与此相反，技术和组织革新还在继续进行，欧洲人越来越明显地超越了地球上的任何其他民族，直到 19 世纪，对欧洲而言，推行全球帝国主义已变得轻而易举，而对亚洲、非洲和大洋洲而言，这无异于一场巨大的灾难。

本书以下各章将对这种变化进行论述。

第五章

欧洲暴力官僚化带来的压力（1700—1789 年）

在整个 18 世纪及 19 世纪相当长的时间里，欧洲君主们卓有成效地使有组织的暴力行动趋向官僚化，并将这一体制深植于市民社会之中，使其成为支配欧洲国家的管理模式。在这一时期，欧洲人在与地球上其他民族的冲突中几乎总是取得胜利，这证明欧洲军事部署的效率非同寻常地高超。这一连串的胜利促使欧洲的海外贸易稳步增长，而海外贸易的增长又使欧洲人能够相对更轻松地支付常备陆海军所需的费用。因此，欧洲的君主们，尤其是那些处于欧洲社会边缘的君主，感觉到了身处中位的幸运和不同寻常：他们不必在大炮和黄油之间进行选择，而是从两边都可以收获更多，而其臣民也能因此富裕起来，至少其中有些人能够富裕起来。

18 世纪前半叶连年丰收和美洲粮食作物（主要是玉米和土豆）传入欧洲，对欧洲的繁荣无疑比任何政府行动的贡献都大。但是，1714 年西班牙王位继承战争结束以后相对和平的几十年中，西起爱尔兰、东至乌克兰平原的整个欧洲的经济增长，肯定也提高了各个旧政权军事–政治模式的接受程度。

可是，18 世纪下半叶，人们已经感觉到当时欧洲政治–军事模式面临的尖锐挑战。发展日益不平衡的一个基本因素是大约 1750 年以后的人口剧增。法国和英国这类国家出现了明显的城乡失衡现象，人们从拥挤的农村流入城市去寻找出路，或横渡大西洋到北美洲去占地定居，虽然后者的人数不是很多。[1] 在大多数容易开垦的土地都已耕种的情况下，如何应付农村人口的增长，成了 18 世纪下半叶整个西北欧的紧迫问题。中欧和东欧各国只是到后来才面临类似的问题。因为当 18 世纪人口激增时，那些地区还有许多未开垦的耕地，且只需要用现有的方法就可以实现耕作，无须实施昂贵的重大改良。相比较而言，在英国、法国、意大利、低地国家和德国易北河以北地区，总的说来，把耕作扩大到新的地区，确实需要事先做一些代价昂贵的特殊准备工作，比如施肥、排水，或将沙子、泥灰等类似物质和原有的泥土掺在一起以改变土壤成分。所以，到 19 世纪中叶以后，在东欧，人口增长非但没造成什么问题，还为众人提供了一个把以前的树林、荒原或劣质牧场改造成耕地的机会，而没有使农村劳动的习惯方式或社会关系发生任何重大的改变。

1750—1830 年间，东欧和西欧之间的不同还可以这样来描述：在东欧，人口虽然增长，人们仍可以简单地重复已经熟悉的农村生活方式。粮食、牲畜、木材或矿产等地方产品的出口数量虽然随着人口的增长而有所增加，但还没有多到足以促成真正新型的社会组织方式。然而，在比东欧压力大得多的西欧，农村只能吸收一部分膨胀的劳动力，需要到城市找工作的人要多得多。由于做到这一点很困难或根本不可能，劳动力就很可能转向掠夺性的活动。掠夺者可能是官方准许的私掠船或应征入伍的士兵，或者是非法拦路抢劫的强盗、土匪或一般的城市窃贼。

在东欧，由于男性人口增多，普鲁士、俄国和奥地利政府招募士兵更容易了。军队规模扩大（尤其是俄国军队），但是和士兵入伍时离开的那些人口数量日益增加的村庄一样，规模扩大了的军队结构并没有变化。然而，在西欧，从七年战争（1756—1763 年）开始的日益激烈的战争，到法国革命和拿破仑时代（1792—1815 年）达到顶峰。战争的日益激化表明了人口增长对旧的社会、经济和政治制度造成的新的压力，而且方式要剧烈得多。凭借神权统治的君主政体衰落了，而且从此一蹶不振。但是旧政权的军事制度却继续控制着 1793 年的法国全民总动员。结果，1815 年拿破仑的失败使得胜的列强得以恢复一个似乎可行的旧政权的模拟物。直到 19 世纪 40 年代，由于新的工业技术开始从根本上对海军和陆军的武器与组织产生强烈的影响，传统的军事制度才开始彻底崩溃。在那以前，尽管法国人有革命抱负，也有建树，尽管英国制造业的技术有很大发展（我们也习惯于称之为革命性的发展），但是，欧洲武装部队的组织和装备基本上仍然是保守的，甚至在军队的指令结构也已被用来实现革命的政治目的时（如 1792 年以后的法国），情况也依然如此。

即使长期的后果可以说是保守的，但如果对 1700—1789 年欧洲军队遭遇的挑战做更仔细的审视，我们就可以看出，甚至在旧制度显然最稳固的时候，对武装部队的管理却一直处于不稳定的状态。这些挑战可分为如下两类：一类是经常出现的挑战，起因是为支持欧洲式的军队而发生的地区性领土扩张，从而改变了欧洲国家间的权力均势；第二类起源于体系内部的技术和组织革新，都是因欧洲某一强国在战争中失败而引起的。这两类挑战都需要进一步的仔细考察，以便展开对法国革命和拿破仑时期欧洲军队的组织与管理问题的讨论。

边境扩张引发的不平衡

人类任何卓有成效的技能技巧总会从起源地向外传播；其他民族

遇到这一新奇事物，发现它优于以前见过或做过的一切，这一新奇事物就会在那些地方扎下根来。最明显的一个例证就是16世纪末产生于荷兰的军队组织形式，它在17世纪末以前传播到瑞典、德意志各邦、法国和英国，甚至传到西班牙（前一章对此做了叙述）。到18世纪，传播的范围就更广泛了，以近似革命的巨大力量改造了彼得大帝（1689—1725年在位）的俄国，作为以英国和法国为主的争夺海外帝国的全球斗争的副产品，还渗入了新大陆和印度，甚至影响了像奥斯曼帝国那样文化上迥异的国家。[2]

在相同的几十年里，市场调节活动的范围（这些活动加强和支持了欧洲式的官僚主义化的武装力量）大幅扩展，将无数亚洲人、非洲人、美洲人和欧洲人的日常生活纳入一个日益紧凑的交换和生产体系中。在18世纪结束以前，甚至连澳大利亚也开始进入以欧洲人为中心的、被欧洲人管理的经济范畴。只有远东仍自成一体，那是因为中国和日本政府的政策有意压制欧洲贸易，将其置于较为边缘的地位，尤其是日本，更是将其限定在经济上微不足道的幅度之内。

如此大规模的扩张给欧洲内部的均势带来了剧烈的变化。处于欧洲边缘的国家——尤其是英国和俄国——能够更快增强其对资源的控制。它们如果处于更拥挤的欧洲中心地带，就不可能做到这一点。居于中心地带的更古老的小政治实体先行创新，而后边缘国家开始跟进并渐次成为主导，这是文明史上最古老且屡屡得到证明的发展规律。[3]因此，18世纪欧洲列强间发生的一切，不过是非常古老的历史进程的一个新例证。当然，这一进程后来又一直延续至19世纪，甚至到了20世纪也尚未达到最终的平衡点。

然而，18世纪欧洲的扩张，发展非常均衡，没有哪个国家对所有其他国家构成压倒性优势。18世纪80年代以前，法国和英国争雄，在分享由海外扩张得来的更多的资源方面，基本上势均力敌。与此同时，在东部，奥地利和普鲁士与俄国争夺在欧洲陆地边界上的有利地位。（随着时间的推移，俄国成功的时候越来越少。）因此，虽然也有一些相当剧烈的骚动，但欧洲政治的多元化格局还是存续下来。多个竞争性国家并存的局面继续存在，使欧洲保持了与亚洲主要文明国家相比所具有的独特性。而在亚洲，16 世纪和 17 世纪建立的火药帝国继续占有优势，有时处于兴旺发达的状态（如在中国），有时则日益走向混乱（如在印度）。

欧洲国家的多样性造成了巨大的政治混乱。外交和军事的组合像万花筒般变化无穷。尽管如此，值得指出的是：1714 年西班牙王位继承战争结束后，这个体系发生了引人注目的变化。这时，为遏制路易十四的军队在欧洲大陆的优势而形成的各国联盟取得了一定成功。在此后相对和平的 40 年里，法国不再在欧洲大地上重新开展大规模的战争，而是将精力转向加勒比海诸岛、北美洲、印度和地中海东部诸国及岛屿的海外事业。商人和种植园主取得了巨大成功。法国海外贸易的实际增长比英国快，但在那个世纪初英国的起点比法国要高，所以法国贸易的绝对数量从未超过英国。[4]

国家间的竞争抗衡无论如何激烈，都可以通过协调彼此在不同港口和地区的贸易垄断得到解决，如在美洲、非洲和印度洋沿岸等地。这种地区性的垄断由地方武装力量——如要塞、驻军、移民——支持；来往的船只向他们提供必需品，从而把双方结合起来，而这些船只几乎总有重炮武装，在紧急的情况下，本国政府还会派出特遣舰队去增援，以加强、保护和扩大帝国在海外的立足点。

不断发展的法国和英国贸易帝国以复杂且不断变化的方式渗入历史更久远的欧洲海外事业。1715 年以后，面对欧洲大国派遣的强大的远征军的进攻，荷兰、西班牙和葡萄牙政府已无力保护它们在海外的殖民地。不过，这些老牌的海外帝国此时尚能勉强维持生存，而且没有蒙受真正重大的领土损失。这主要是因为法国和英国商人（或二者之一）能够合法地，或者经西班牙、葡萄牙及荷兰的帝国行政官员的默许非法地在后者控制的港口经商。这就等于给了18世纪这两大海上强国贸易的实利而两国无须支付当地的行政费用。再者，邻近18世纪末，西班牙在美洲的帝国资源开始增加。美洲印第安人口的锐减曾引起16和17世纪初期的人口急剧减少和劳动力匮乏；大约1650年以后，人口又迅速回升，至少在墨西哥和秘鲁是这样。由于人口增长，地方资源开始得到充分的开发利用，起初速度很慢，后来越来越快。[5]巴西以及北美的英国殖民地也开始繁荣兴旺起来。由于美洲的人力和地方资源充足，地方防御日益得到加强。

在海外扩张的过程中，市场行为起了组织作用。从贸易中获得利润支持了欧洲的海外活动，使其规模年复一年不断扩大。与此同时，随时准备动用武力又确保了利润得以实现。地球上没有其他任何一处能像欧洲国家那样有效地维持着自己的军队。而且除欧洲以外，也没有一个地方的武装部队掌握在同情或十分关心商人盈利的人手中。对比而言，欧洲的君主们从14世纪起就习惯于在商业–金融体系中组织人力的活动。国王和大臣们即使在不情愿和不理解的情况下，也依靠由市场调节的行为来供养和维持军队及政府的指令结构。西班牙的腓力二世和他同时代的大多数君主都与市场的限制进行斗争，而英国在17世纪40年代以后，法国在17世纪60年代，相继停止了这样的斗争。以君主及其官吏为一方，资本主义企业家为另一方的有意识合作成为普遍现象。

法国和英国海外事业的兴起记录并反映了商业思想和政治管理之

间相对和谐的合作，这种合作在这两个国家中逐渐盛行。西欧统治者不像世界上的其他地区的君主们通常所做的那样，把私人资本当作显然可随时没收的诱人的税收目标，而是相信通过给税收规定精确的限度，并稳定地征收指定的数额，就可以使私人财富和税收总收入共同增长。富商和放债人能够在英国和法国政府的管辖下，生活在伦敦、布里斯托尔、波尔多和南特等城市，而无须像前几个世纪那样，在由与他们同类的人管理的独立城市避难。

对商人来说，能够生活在军事力量强大的政府管辖下，好处是显而易见的：和单靠相对弱小的国家允许他们在市场上自由谋利相比，他们能够获得更有效、范围更广泛的军事保护。国王和大臣们允许生气勃勃的资本家阶级在任何有利可图的地方谋取私利。在18世纪，这种做法的好处同样是明显的，因为他们的活动增加了税金的总收入。如此，维持常备的陆军和海军就比较容易，而在17世纪时，供养军队曾经有过财政上的困难。[6]

君主和资本家在国外的合作与在国内的合作同样富有成效。实际上，能以较低代价保护自己和货物，正是18世纪欧洲商业扩张的主要秘密。其中部分原因是欧洲船舶和要塞在技术上占有优势。再则，铁炮数量多，价格也比较低。欧洲商人的保护费用较低，还有一个同样重要的因素，那就是欧洲训练出来的军队、军官和行政官员通常表现出优良的组织性和纪律性，即使驻在地与君主所在地、指挥部、发薪和晋级的地点远隔万里也是如此。但他们的付出最终取决于晋级的机会有多少。

许多因素促成了这种现象。其中之一是反复操练的心理效应，它把士兵变成了一架军事机器中顺从指挥、可以替补的零件。驻扎在海外的欧洲军队，无论在刚从练兵场来的军官看来供给多么差或纪律多么涣散，只要当地一发生冲突，这些部队相比亚洲、非洲或印第安人的军队的优越性就明显表现出来。例如，当法国或英国的军事企业家在印度这片幅员广阔的土地上争夺控制权的斗争爆发后，人数少得可怜的欧洲分遣部队通常起关键性作用，这主要不是因为他们武装精良，而是因为他们在战场上服从且可靠，在面对敌人时容易调动。[7]

一方面是武力超绝，另一方面是几乎不受限制地追逐私利的商业活动，后者亦可谓欧洲人18世纪海外冒险的一大特点，此二者并驾齐驱带来的最重大的一个后果是：欧洲的企业家改造了亚洲、非洲和美洲数十万人的日常生活，及至18世纪末，更是有数百万人的日常生活因此而改变。在地球上几乎一切海路可以到达的地方，由很少的欧洲人管理和控制，由市场调节的活动开始侵蚀和破坏旧的社会结构。被突袭队抓去做奴隶的非洲人，被押送到港口等待装船横渡大西洋，并被交到甘蔗种植园去当劳工。这是一个残酷和极端的例子，说明获取利润的动机能够从根本上改变，而且确实改变了旧的生活方式。印度尼西亚人奉当地小诸侯的命令——小诸侯则听命于荷兰人——在香料种植园劳动，这些人没有完全脱离他们所习惯的日常生活和社会环境。印度生产棉布的工人情况也是如此，他们为东印度公司生产布匹，远销到距离他们的手纺车和织布机几百甚至几千英里的市场。地中海东部沿岸诸国及北美的烟草和棉花种植商虽然也被欧洲的商人和经纪人将其产品带入国际流通市场，但却享有一定程度的个体独立性。但所有这些人的日常生活都逐渐取决于欧洲人掌控的世界性贸易体系。其中，货物供应、信贷和保护影响着人们的生活，而且往往支配着这些人生存的方式，而后者对自己身陷其中的商业网络既无了解，也没有丝毫的控制权。

毫无疑问，欧洲人将大部分利润收集到他们自己的手里，但是生产专业化也意味着财富普遍增长，虽然在不同社会阶层之间，在欧洲的生产组织者和在他们的指令或利诱下从事劳动的人们之间，财富的分配颇不公平。甚至在非洲，尽管掳掠奴隶肯定削弱了许多部落群体，并且毁灭了许多生命，但新的技术和技能——其中最明显的是玉米栽培技术的传播——也增加了非洲的财富；占据战略地位的非洲国家的力量也清楚地呈现增长的趋势，其中部分原因是它们能够得到欧洲商人提供的武器。[8]

在西半球，和东半球一样，交通不便的内陆地区受欧洲企业沿大西洋和印度洋编织的贸易网的影响仍然很小。但世界市场可以延展到很远的地方。例如，在冰天雪地的北方，由于毛皮贵重，欧洲的商人在 18 世纪结束以前就渗入了整个北美洲。他们和当地部落建立关系，用金属工具、毛毯和威士忌换取毛皮。美洲印第安人原来的生活方式因此经历了迅速且不可逆转的变化。俄国的毛皮商人以同样的方式对待西伯利亚的居民，而且事实上早在 1741 年就渡海来到阿拉斯加。与此相对应，在 18 世纪的后几十年中，西班牙和英国对北美太平洋沿岸地区提出的所有权要求得到了满足。这和正在扩张的俄国毛皮贸易帝国发生了冲突，它生动地说明：俄国同样引人注目的向东扩张与欧洲的海外扩张可谓旗鼓相当。

实际上，欧洲的陆上边界在改变欧洲力量均势方面，几乎和 18 世纪初期卓有成效地培育了英、法势力的海外贸易帝国一样重要。西伯利亚广阔的荒原尽管在地图上引人注目，却不如粮农所占有的乌克兰草原及其附近地区重要。在 18 世纪，他们的劳动极大地增加了欧洲的粮食产量，并且为俄国的成长提供了人力和物力基础。

俄国并非农业向东欧平原扩展过程中唯一受益的大国。事实上，17 世纪曾出现多起因争夺西部平原而发生的斗争，比如特兰西瓦尼亚

由于腓特烈在显然力量悬殊的情况下令人惊奇地生存下来，普鲁士军队的声誉达到了顶峰。这在很大程度上对同时代人掩盖了东欧的关键性的现实，即强大的俄国在崛起。同样地，19 世纪和 20 世纪的一些事件使普鲁士（即后来的德国）历史看起来似乎成了整个欧洲历史的主要部分。然而，有充分理由可以说，俄国从腓特烈的侵略性政策中受益最多。（腓特烈曾因入侵哈布斯堡王朝而促成了 1740 年和 1756 年的战争。）1740 年以后，造成奥地利和普鲁士不和的恶感表明，这两个国家之间几乎已不存在合作的可能性。它们之间互不信任，就便利了俄国利用彼得大帝从欧洲学来的做法成功地改造俄国军队，继而对毗邻俄国边界且组织较差的弱国进行扩张。因此，俄国于 1773—1795 年获得了波兰最大最好的一部分领土，1783 年吞并了克里米亚，1792 年在东部向奥斯曼帝国扩展边界，直入高加索，西部延伸至德涅斯特河，还在损害瑞典人利益的情况下进入芬兰（1790 年）。由于乌克兰粮食生产迅速发展，加上乌拉尔和俄国中部工业和商业的扩展，俄帝国的势力达到了前所未有的程度。在叶卡捷琳娜大帝（1762—1795 年在位）执政期间，俄国以前所未有的能力组织人力、原材料和可耕地资源供养军队，使当时俄国的军力接近了西欧各国的陆海军水平。简言之，俄国正在赶上欧洲的组织水平。这时，幅员辽阔的优势就表现出来了。

英国在对法国的七年战争中获胜的部分原因也是动员了从遥远的北美洲、印度和两者之间各地区取得的资源。就俄国的情况而言，动员最终依靠的是农奴的劳动，指挥者是一些权贵和官方批准的私人企业家。英国的动员主要依靠市场刺激，因而强迫成分大大减弱，而市场刺激表现为由众多的个人各自做出选择。不过，强迫奴隶在加勒比海种植园中劳动和强征海军兵员在维持大国势力方面也起了重要作用。

所以，俄国进行的指令式边界动员和英国通过价格刺激进行的动员不过是程度不同而已。但在这里，强迫的程度是关键。俄国人的方法（如强迫奴隶在海岛种植园种甘蔗）往往浪费很多人力，而私营企业则会充分利用全部的生产要素并求得利润最大化，从而有利于经济发展。总之，市场行为能获得强迫劳动难以达到的高效率。

对自由市场的反应灵敏，意味着能对生产做出实质性改进的新技术在英国的经济管理体制中有时能够被接受，而在俄国，发明创造或传播新发明的动力至多只是零星出见。烦恼不堪的行政官员几乎总是认定：执行上司的指示，最好是固守熟悉的工作方法，而要增加生产（如果上司要增加生产的话），就逼着生产者加倍苦干或找更多的工人。至于试用某种新奇的设备，肯定会有损于短期效益，而且可能也得不到良好的长期效果。因此，俄国的行政官员对这样的选择很少予以考虑，只有在某项技术已经在国外证明成功以后，他们才感到值得废弃原来的安排并引进新技术——往往同时请进外国技术人员来向当地工人传授新技术的使用方法。

18世纪初，彼得大帝就是这样逐步增强俄国的军备和俄国军队的。在之后的几十年里，欧洲的军事组织和技术处于稳定状态，这就使俄国行政官员和军官比较容易赶上和超过较小的强国。俄国武装部队在18世纪下半叶的胜利证明了他们有能力做到这一点。[12]

由于市场行为的高度灵活性为技术革新提供了广阔的空间，英国和整个西欧能够将经济和军事实力提高到使俄国和东欧相形见绌的水平，从而悄悄地抢在了俄国人的前面。不过，这种形势一直到1850年以后才开始明朗化。在那以前，从1736年到1853年，只有均势外交和法国革命引起的不寻常的军事爆发才勉强遏止住俄国的野心。

不过，力量均势也同样削弱了英国似乎在1763年就已赢得的海外优势。尤其是法国对加拿大的威胁消失之后，英国和北美殖民地居民之间的关系更加紧张。当国王乔治三世政府试图强迫殖民地居民协助支付战争费用时，不满情绪发展成公开的反抗。法国迅速援助美洲的起义者（1778 年），欧洲其他大国不是站在法国一边，就是以有碍英国利益的“武装中立”来表达它们对英国垄断海外贸易的反感。到 1783 年，英国被迫认输，并承认了美利坚合众国的独立。

就这样，欧洲国家体系部分地抵制了英国和俄国这两个大国的崛起，并在 1700 年至 1793 年欧洲经济–军事组织在地球上更广阔的新的地域引发的大动荡中逐步调整适应。

有意识的重组带来的挑战

欧洲针对领土扩张所做的调整，在一定意义上说是很正常的，是政治领袖们在力量均势方面的深思熟虑产生的近乎半自动化的后果。在别的年代和地点，类似的做法也曾出现过，例如公元前 5 世纪雅典兴起后希腊各城邦的做法，或者 14、15 世纪意大利各公国针对米兰和威尼斯势力崛起所做的反应。另一方面，邻近 18 世纪末开始表现出来的政治、经济和军事管理重组是独特的，倒不是因为其他时代的其他国家没有同样设法通过内部重组来加强军事实力，而是因为欧洲的行政官员和军人能够获得的技术在范围和复杂程度上大大超过了以往的任何年代。理性思虑极大地扩展了有意识的行动的范围。在 18 世纪末以前，各种管理决策开始改变数以百万计的人民的生活。

军事上的人力和物力显然是这一管理改革的首要目标。在 17 世纪，陆军和海军可以说已经发展至艺术品一般完美，军人和军舰、大炮一样，都是根据预先设想好的计划安排的，各有专门的用途。效果自然是非常可观的，有关这一点我们在前一章已经看到了。在 18 世纪初，进一步的变化幅度极小。然而，1750 年之后，由于各处人口的增长开始改变社会现状，专家们开始着手对原来的管理和部署武装部队的方法进行粗略的调整，以避免旧体系固有的局限性。1792 年以前，调整并未见多少显著成果，但在很久之前，军事改革家们的作为早已预示了法国革命带来的大规模群众动员。

到 18 世纪中叶，当时的军事组织模式中有四个局限性已清楚地显露出来。其一是难以控制 5 万人以上的军队的行动。[13] 当战线延伸过长时，用小望远镜就不能分清敌我，即使有骑马奔驰的副官协助，将军也往往弄不清战斗的实况。再说战术控制，即使有军号作为口令的补充，控制范围也不能超过一个营，即 300~600 人的规模。必须采用新的联络方式和准确的地形图才可能有效地指挥规模更大的野战部队。

供给问题是欧洲军队的第二个，也是非常重大的一个制约因素。由于操练得十分完美，欧洲军队在近战和仅几小时的战斗中具有独特的强大战斗力和灵活性。但在距离更远的情况下，部队要对一个新的地点施加压力，只能是通过相对缓慢的、分阶段的方式。如果数以千计的士兵和马匹日复一日地不停行军，既有的运输手段根本不能集中足够的粮草供养他们。例如腓特烈大帝统帅下的普鲁士军队，可谓是那个时代当之无愧的机动性最强、战斗力最强的军队。但他们也至多连续行军 10 天就必须停下来，以便把烤炉运上来，并从后方重新部署补给线。解决马匹的饲料更是困难，因为饲料体积大，不便于长途运输。事实上，腓特烈的士兵有时停下来割草喂马，即便他们手头还有自身营养所需的面包，也只能如此。[14] 一年中有些季节靠当地乡村生活是有可能的，但那样做又存在控制不住士兵的风险。可以想见，士兵们宁可去抢劫手无寸铁的农民，也不愿和敌人对阵作战。出于这个原因，再加上他们也意识到乡村一旦荒芜就不能再纳税，18 世纪的君主们就设法从后方向军队供给物资，因而战略机动性受到极大限制。

武器、火药、军服和其他装备的供给通常不会使军事行动受到限制，这些物品的费用相对而言都比较小。[15] 短缺的往往是食品、饲料、马匹和运输手段。但是，滑膛枪、布匹、鞋类以及诸如此类的物品的手工生产和国家兵工厂里的大炮生产都不容易扩大规模。因此，作战时往往需要使用事先积累的存货。损失严重时（例如七年战争时期普鲁士军队所经历的那样），补给就必须从国外购买，这自然需要钱。主要的国际军火市场仍然以低地国家为中心，最著名的是列日和阿姆斯特丹。[16]

第三个问题是组织和战术的局限性。欧洲的常备军队将其初始状态（即私人招募的雇佣军）的许多痕迹带进了 18 世纪。因此，在征召、任命和晋升等方面，所有权常常与官僚理性相矛盾。靠职业技能和靠赐官买爵晋级这两条道路互相竞争。同时，两者都受制于资历和战场上的勇敢行为这两个因素。任命和晋级往往反映的是国王和陆军大臣个人的选择。

由此产生的不规则和人事管理方面变化多端、反复无常的模式在法国关于战术问题的激烈辩论中表现出来。军官集团各持对立的理论，并以之作为在军事等级体系中争夺地位的工具。但彼此间的各执一词最终只能靠野战演习或火器试射之类的实事来解决。因此，在法国，由于集团竞争而愈加激烈的辩论，竟然促成了新材料的系统试验（尤其是有关野战炮的系统试验）以及有关战术的讨论。鉴于这种压力，甚至在法国革命加速并凸显职业军人之间的对立争斗之前，旧体制僵化的军事惯例已经开始崩溃了。

指挥、供给和组织的局限都与第四个局限相关并因之而持续存在，这里的第四个局限就是战争职业化带来的社会和心理局限。由于少数君主在欧洲垄断了有组织暴力行动并使其管理官僚化，战争和以前已大为不同，已经变成了君王们的游戏。这种游戏的费用要由税金支付，因此，似乎不要打扰从事生产并纳税的阶层更为明智。农民自然要去生产粮食，城镇居民自然要提供金钱供养政府和军事结构。让士兵干扰他们的活动，就等于危害会下金蛋的鹅。然而，将绝大多数人口排除在外，只让他们起被动的纳税人的作用，就限制了战争的规模和激烈程度，这种限制注定要被法国革命打破。

然而，在出现这一突破以前很久，数十位专家和技术人员的发明已经为空前扩大战争规模铺平了道路。每当强国在战争中遭到意外的失败时，就会认真地进行这样的努力。例如，奥地利人首先在与奥斯曼土耳其人的战争（1736—1739 年）中遇挫，而后在奥地利王位继承战争（1740—1748 年）中与普鲁士人和法国人作战又失利。一连串失利促使奥地利政府发展了比以往任何大炮都更机动、更精准的野战炮。[17] 改良后的哈布斯堡大炮在七年战争中使普鲁士人意外地吃尽了苦头。但战后最该醒悟反省的是法国，因为法国人先是败给了普鲁士军队（1757 年的罗斯巴赫战役），后又败给了英国和普鲁士联军（1759 年的明登战役），法国在战场上的传统优势尽遭质疑。因此，毫不奇怪，从 1763 年《巴黎和约》签订到 1789 年革命爆发，法国成了最重要的军事试验和技术改革中心。

奥地利人、法国人或英国人（尤其是英国 1783 年惨败之后）的改革创新，均是在上述战争管理四局限的压力之下启动的。例如，靠粗略的观察和骑兵侦察进行指挥的局限性慢慢地通过绘制准确的地图、改变指挥组织及由经过特殊训练的参谋军官事先准备书面命令等方式得到了克服。1750 年，法国人率先开始绘制经过精确测绘的小比例尺地图，以供参谋人员使用。但是在多年以后才有了小比例尺的欧洲全图，使战地指挥官能够根据地图做出每日行军计划。[18] 尽管如此，早在 1763 年，一位名叫皮埃尔·布尔塞（Pierre Bourçet）的法国将军就领悟到这种可能性，而且在此后的几年里确实为法国边境一带的战役和入侵英国的战役制订了详细的计划。他在 1775 年还编制了一本名为《山地战的原理》（*Les principes de la guerre de montagne*）的手册，在法军内部非公开发行。他在手册内说明指挥官该如何按地图规划部队的每日调动和供给。拿破仑于 1797 年入侵意大利时，据说就用了布尔塞的计划，翻越阿尔卑斯山，出其不意地袭击奥地利人。[19]

依靠地图控制行军就需要有一批会看地图的专家和后勤专家。布尔塞懂得这一点，所以在 1765 年创建了一所学校来培养掌握这门新技术的副官。学校于 1771 年解散，1783 年又重建，1790 年又被压下去。这种建了散、散了又建的做法反映了法国军队内部个人的和学说上的争论，这种争论是七年战争结束至 26 年后大革命爆发这段时期的特点。

在这种气氛下，其他方面也有很多发展。高级指挥部依靠地图和经过特殊训练的参谋军官事先准备好的书面命令，可以控制庞大的军队，其人数也许比之前莫里斯认定的有效指挥的最高限额多两三倍。但是要指挥这么多的军队，将军就必须把部队分成几个部分，因为当时的道路和供给线不可能同时容纳数以万计的人马。这就要求许多自给自足的单位齐头并进，在行进的路途中遭遇敌人时能够自卫。

这一问题由于发明了师的编织而解决了。师是军队的一级单位，其中步兵、骑兵、炮兵和诸如工兵、医务人员、交通联络专家等支援分队的部署可以由一个适当的参谋机构协调，从属于单独的一位指挥官。一个师的官兵可达 12 000 人，能够作为一个独立的作战单位。它本身是一个完整的体系，或者有时可以和其他的师联合起来，按照上级指挥部制订的计划合力进攻一股敌军或一个战略要点。法国军队在这些方面所进行的试验早在奥地利王位继承战争（1740—1748 年）期间就已经开始，但一直到 1787—1788 年才长期按照师的编制安排军队的管理工作。在战场上，到 1796 年才普遍实施师的标准化建制。[20]

到 1788 年，法国由于有了地图、技术熟练的参谋军官、书面命令以及师的建制，就能够超越原有的野战军有效规模的限制。否则，1793 年的全民动员就不会有任何用处。如果在战场上不能做有效的控制，单凭人多势众不可能取得革命军队实际上所取得的胜利。

要消除供给方面的局限性办法比较少。运送货物的车船沿着已有的道路、运河或河流把粮食和饲料从一个地方运到另一个地方，车船所载的量总是有限。改进原有的道路，开掘每一条新运河，都会使货物流通减少难度、提高速度。在 18 世纪，尤其是 18 世纪后半叶，欧洲人在道路和运河方面的投资规模大大超过往年。普鲁士人有意识地将开凿运河和战略规划联系起来。腓特烈大帝时代开凿的运河将奥德河和易北河连成一条单一的内陆水道，目的在于保证粮食和其他物品能够迅速且安全地出入皇家的军事仓库。正如腓特烈本人对他的将领们所说的："然而，切勿忽视航运的好处，没有航运之利，任何军队都不可能得到充足的补给。"[21] 法国和英国似乎并没有把改善交通和便利军事直接联系起来（1745 年叛乱后英国政府修建贯穿苏格兰高地的道路是个例外），而收费道路或运河则往往是私人企业家建造的，目的在于投资谋利。当然，国家的控制和指导在欧洲大陆远较英国普遍，[22] 但即使官方和私人的行动都受相对短期的利润支配，交通运输的改进总是具有促进军事供给的作用。如果没有这种改进，没有建筑技术的进步，法国革命者的那种大规模军事活动就不可能进行。正是因为有了这种技术的进步，建造成本较低廉甚至在潮湿和下雨的天气也能通行车辆的道路才成为可能。[23]

法兰西共和国的军队也继承了法国军队于 1763 年以后在战术和技术方面所取得的进展。七年战争中的失败使法国人的职业自尊心受到了极大的伤害。法国人普遍产生了一种情绪，感到必须设法重新获得法国一度享有的在陆地上领先于普鲁士、在海洋上领先于英国的优势，改革的阻力因而有所削弱。但是，每一位陆军大臣的改革都会引起一批军官的怨恨。每当新的陆军大臣上任，他们就要想法纠正偏差。由于谁都难以维持现状（法国在七年战争中的失败就是维持现状的政策导致的），各个对立的集团就拥护对立的改革措施，引发了战术和军队管理问题的激烈辩论。

在这种情况下，法国很快就发生了意义深远的变化。征兵不再是队长们的职责，国王的征兵人员负责招募士兵。士兵有固定的服役期限、固定的薪金和津贴。卖官鬻爵逐步被废止，晋级的规定日益公开和统一。各团队都遵照相同的组织编制，并且如上所述，军队改组成许多师级单位。换言之，在法国军事管理中，官僚理性在越来越多的方面发挥支配作用，尽管对这一改革的反抗并没有消失。[24]

1778 年各个对立的战术体系在野战对抗演习中受到了检验。尽管各体系的成员对已经证实的情况仍有分歧意见，但还是逐步地在一定程度上取得了一致，使陆军大臣得以在 1791 年发布一本新的更具灵活性的战术手册。在整个革命战争期间，它一直是指导战术的规范。新的规定允许指挥官在战场上按照具体情况和自身的判断，运用纵队、横队和散兵等不同形式作战。腓特烈大帝在七年战争中取得辉煌胜利以后，欧洲其他军队大多改用普鲁士的战术。[25] 结果，在战场上，法国革命军的步兵行动就比墨守腓特烈二世喜爱的那种刻板的横排队形的军队更迅速、更灵活，甚至在地势崎岖不平的地带也能有效地作战。

线性战术需要在旷野才能展开队形。由于种植多种作物需要围地，西欧的地形越来越不利于使用原来的战术。因为篱笆、灌木篱和沟渠太多，两三英里的横向战队无法完成，更无法移动。1778 年法国的野战演习是在诺曼底一个灌木篱和旷野交错的地带举行的。法国人因此考虑到西欧地形的这一变化。而再往东，在柏林和莫斯科周围，宽阔的平原仍然适合使用旧的战术。

小规模战斗最初在欧洲的战争中占有突出地位，这要归功于奥地利军队。在奥地利王位继承战争中，玛丽亚·特蕾西亚（Maria Theresa）将长期守卫奥斯曼土耳其边界防御当地突袭队进攻的民兵并入野战军。事实证明，这些狂野的“克罗地亚人”凌乱地散布在战线前面，使敌人穷于应付。他们骚扰敌人的后方，袭击物资护送队，在参加正规的战斗之前，用零星的狙击打乱敌人的战线部署。因此，1763—1791 年，法军可以任意吸取欧洲其他军队的经验以改进自己的战术。[26]

有时法国的改革遭到失败，之后很快就被放弃了。1768 年后膛装填的滑膛枪试验结果就是如此。[27] 设计者放弃了这种激进的想法以后，1777 年略经修改的枪口装填式滑膛枪被宣布为标准武器，1816 年以前一直都没有改变。然而，老式的设计并不妨碍制造手段的改进。官方的监察员开始坚持要求零件进一步标准化，法国的滑膛枪也许就此变得更加牢固和准确。[28]

事实证明，大炮设计可以有更加显著、更为重大的改变。按照炮弹的重量把大炮分类，在查理五世时代就已经在欧洲所有国家施行。18 世纪早期，让–弗洛朗·德·瓦利埃（Jean-Florent de Vallière,

1667—1759 年）将法国军队使用的大炮的口径减小。但只要每一门炮都需要在独特的、个别的模子里铸造，这种标准化就只能达到近似的水平。要使铸模的型芯和外部成为一条直线几乎是不可能的，因为在浇铸时，中心定位不准确、支撑又不牢固的型芯几乎总是由于滚烫金属的冲击而稍稍离位。因此，根据型芯成型的弹膛和炮管常常和炮身外部不绝对平行，内部一些尺寸不规整的小毛病被看作理所当然。这样造出来的大炮过于笨重，难以跟上行进的军队，所以很少在战场上出现，主要是用于守卫和进攻要塞，也用于舰船装备。

1734 年在里昂受雇于法国人的瑞士工程师兼铸炮匠让·马里茨（Jean Maritz，1680—1743 年）改变了这一状况。他发现，如果将大炮铸成一块实心金属，然后钻出炮管，这样制造出的炮就可能远比旧炮精准一致。制造一架比以往任何旧机器都更大、更稳定且力量大得多的钻孔机花了马里茨许多时间。同时，由于他极力为新方法保密（虽然保住秘密的时间不是很长），关于他成功的确切时间及成功的程度，都没有明确的记载。不过，到 18 世纪 50 年代，他的儿子和继承人——名字也叫让·马里茨（1711—1790 年）——已经进一步完善了那架钻孔机。1755 年，他成了所有铸工和锻工车间的监察主任，奉命在法国所有的皇家兵工厂安装他的钻孔机。[29] 欧洲其他国家很快产生了兴趣，到 18 世纪 60 年代，这项新技术已远传至俄国。[30]1774 年，约翰·威尔金森（John Wilkinson）在英国建起一架类似的机器。[31]

笔直且流畅一致的炮膛有极大的优越性。炮膛始终准确一致，炮手们就无须掌握各门炮的变化莫测的特性，而且可以指望炮弹不断击中目标。炮膛中心定位准确，爆炸点四周的炮铜强度和厚度相同，大炮就更安全。更重要的是，大炮可以造得更轻、更容易操纵，而同时又不减少威力。之所以有这些优点，主要是因为钻出来的炮管里炮弹

钻炮管的机器

上图显示的是用机器钻炮管的原理，机器与让·马里茨发明的装置颇相似。钻炮管的诀窍是要让整个炮身环钻头旋转，钻头由重物、齿轮和轮牙来推进，以确保钻头尖端的压力稳定均匀。这种装置的设计目的就是确保钻头稳定，与此同时大炮自身的重量使其具备充裕的惯性，这样可以防止抖动破坏炮膛的精密度。

资料来源：Gaspard Monge, *Description de l'art de fabriquer les canons,* Imprimée par Ordre du Comité de Salut Public, Paris, An 2 de la Républiquefrançaise, pl. XXXXI。

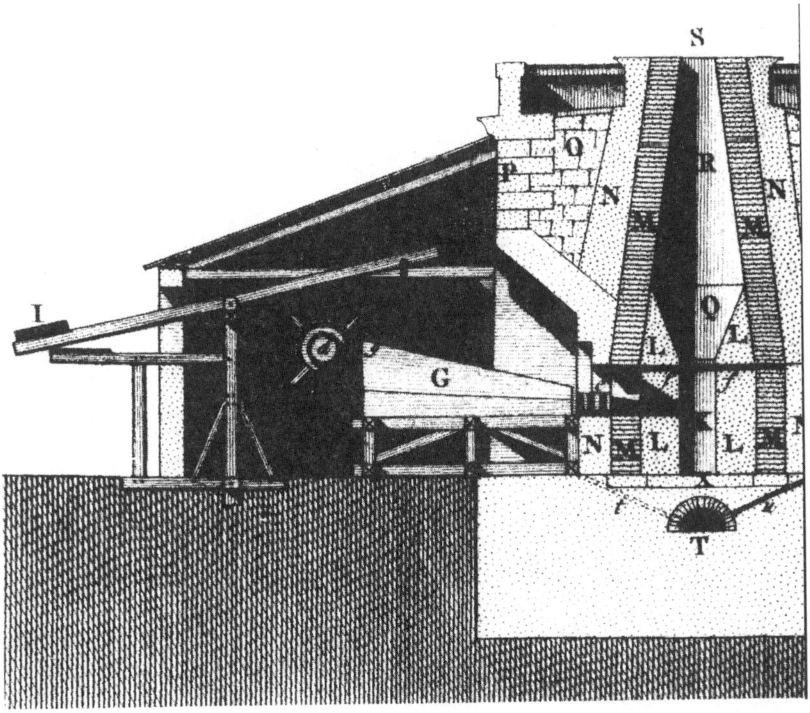

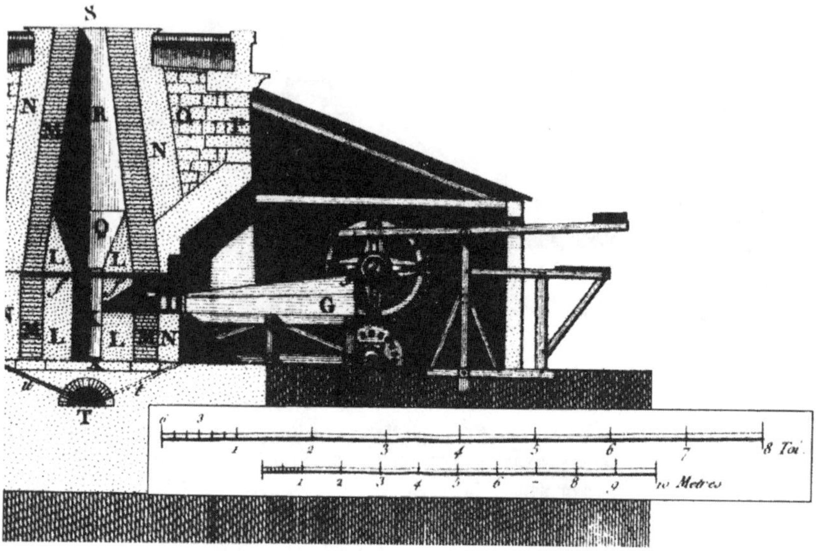

高炉的设计

上图显示的是位于吕埃勒的法国海军炮兵铸造厂的高炉，这是该厂最大的车间，且在18世纪末业已开始改变英国和法国的钢铁冶金工业。这一双体高炉足有10米高，可熔化大量的铁，一次铸造好几门大炮。请注意这里的大功率风箱，由此补充的氧气极大地强化了炉中的火焰。资料来源：*Ibid.*, pl. II。

和炮管的结合紧密得多，而在以前，一般认为那是不安全的，因为铸模的差异造成各门大炮的内壁不规整，这就需要在炮弹和炮管之间留出充裕空间（游隙）以避免灾难性的阻塞。减少了游隙，用少量的火药即可更快地使炮弹加速，而以前则有更多的膨胀气体从炮弹四周逸出。这样，即使在炮筒缩短的情况下，减量的火药仍然可以做等量的功。况且火药减量又可令人安全地减少爆炸发生处——弹膛周围金属的厚度。炮管缩短，炮壁厚度减少，大炮重量就减轻，移动就更容易，产生反冲力后恢复到射击位置也更快。一切都取决于制造的精确程度以及武器样品的测试，以确定炮管可以缩短到什么程度，炮壁厚度可以减少到什么程度，才可以既确保安全，又能达到理想的速度和炮弹的发射力。

这类试验是法国炮手们在让-巴普蒂斯特·瓦凯特·德·格里博瓦尔（Jean Baptiste Vacquette de Gribeauval）指导下于1763—1767年进行的。格里博瓦尔还主持了同样的系统工作来重新设计野战炮所需的所有配件：前车、弹药车、马具、瞄准器等。他的想法既简单又彻底：把理性和试验应用到创立一个新的武器系统这项任务中去。他成功地建立了一个强大的野战炮兵部队，这支部队能够跟上行进的步兵，因而能够在战斗中起主要的作用。

由于充分注意细节，基础改进的效果与日俱增。例如，格里博瓦尔采用了一种准确调整大炮射角的螺丝装置和带有可以调整的十字线的瞄准器。有了这种瞄准器士兵就可以在大炮发射以前准确地估算弹着点。除此以外，将炮弹和火药装成一体，和以前火药同炮弹分别从炮口塞入的做法相比，会使发射的速度大约提高一倍。最后，格里博瓦尔还造出了不同类型的炮弹——实心弹、壳弹、榴霰弹，用于射击不同目标，以确保一炮多用。[32]

格里博瓦尔的新大炮样品在1765年就已制成，但由于那些年弄得法国军队精力分散的争吵和论战不停，直到1776年，新的设计才最终获得批准。在新炮得到认可之后，制造工艺仍很难达到新的精确标准。直到1788年以师的建制重新组织军队的方案确定以前，军队内部反对格里博瓦尔大炮的活动始终没有停下来。因此，直到大革命爆发前夕，军队才真正拥有新的移动式炮兵。在整个拿破仑战争时期，格里博瓦尔大炮始终是标准炮型，直到1829年才被逐步淘汰。这些炮是瓦尔密炮战（Cannonade of Valmy，1792年）以后法军取得节节胜利的一个重要因素，因为格里博瓦尔创造了真正的可移动大炮，炮兵几乎可以和行军的步兵一样及时赶赴战场，而且最远可以轰击大约 1 100 码的目标。

格里博瓦尔改革的第二个方面是组织改革。运送新的野战炮成了炮兵的职责，而按以前的习惯做法，这项工作由平民承包商负责。操作大炮的训练，包括从牵引车上卸下大炮、大炮就位、瞄准、射击等动作练习，达到了早已成为常规的小型武器操练的准确性。格里博瓦尔还建立了炮兵军官学校，教授射击理论以及如何使新炮适应已经批准的步兵和骑兵战术。于是，合理的管理和设计从物质扩展到操纵新武器的人。结果，中世纪遗留下来的手工业行会传统在法国军队中完全消失了，代之而起的，是新的以师为建制的炮兵部队，与步兵、骑兵并立，成为重新组织、重新设计后的指令结构的一个组成部分，体现了理性思想和系统试验的成果。

格里博瓦尔的事业之所以令人感兴趣，不仅在于其本身就有趣以及它对 1792 年后法国的军事胜利有贡献，还在于他和他的同事们的成就标志着欧洲武装力量管理达到了一个极其重要的新水平。这些 18 世纪精通炮术的法国人着手创制一种武器，其性能之优良前所未有，在战争中的效用完全可以预知。总之，对格里博瓦尔和他的同事们而言，由政府当局组织和支持的有计划的发明，已成为明白无疑的事实。也许古希腊时代石弩的迅速发展[33]和 15 世纪铁弹首次采用时工匠在大炮设计上的显著改进具有某种共同点。但是，有关早期情况的资料还很稀少，而且那些为古希腊统治者制造石弩的工匠和利用自己的技术为“大胆的查理”和路易十一铸炮的铸钟匠，事先并不一定想到改进后的石弩和大炮有何用途。这根本无案可查。但是在法国炮兵专家这里，显而易见，格里博瓦尔周围聚集了一批改革家，他们的领导者对于利用准确地钻成的炮管能达到什么效果有明确的想法，而且把技术视为改革军队组织和训练全方位合理化的一个组成部分。

从传统上说，欧洲的军队生活强调等级、服从和个人的勇敢，这些和格里博瓦尔那种理智的考虑和试验很难相容。而且，当技术专家想把同样的方法应用于诸如军队该如何部署等问题，同时打算把炮手的地位提高到与步兵和骑兵不相上下时，其遇到的阻力自然是巨大的。因此，围绕格里博瓦尔的改革出现了政策上的大幅摇摆，反映出法国军队内部乃至整个法国政府内部都存在一种极度紧张的关系，一方面是坚持理性主义，而另一方面又崇尚武功。

使用武器杀死半英里外与自己毫无利害关系的士兵违反了有关军人行为准则根深蒂固的观念。在远处攻击步兵的炮兵没有受到直接报复的危险。在这种情况下，双方的风险就不对称，而这似乎很不公平。转眼之间，一种令人莫名其妙的基于数学计算的技术能力一下子使旧时的勇气和彪悍变得分文不值了。这一转变使人们对军人的定义发生了疑问，尽管与后来19世纪和20世纪的情况相比，18世纪的转变还只是初期的、部分的转变。16世纪和17世纪采用了小型武器后，战斗中直接的交手战和肉搏战的作用已经减弱。在18世纪，只有用刀剑直刺敌人的骑兵才保留了战斗的原始意义。这就使欧洲军队中从骑士时代遗留下来的骑兵的声誉进一步提高。一般说来，贵族和一般保守的军人死守过时的、肉搏的作战定义。而靠无感情的数学作战的炮兵似乎破坏了使军人生涯充满英雄色彩、令人赞叹和富有价值的一切美好事物。

这种内心深处的感情很少被清楚地表达出来。它触动了人性的非理性成分，而且那些对远距离火炮极其反感的人往往不善辞令。掌握新技术的人和他们最激烈的反对者在下面这一点上看法一致：由于官衔出售给了出价最高的人，一些无能之辈当上了军官。为了排除不合格的暴发户，把军职保留在军人家族内，法国陆军部于1781年颁布了一项相应的法令，规定步兵和骑兵的军官候选人必须证明有完全的贵族血统。军队内部唯有野心勃勃的军士们对这一法令感到不满，因为炮兵仍然和以前一样，对具有适当数学才能的平民开放。[34]

腓特烈大帝于1763年以后有计划地把平民排除在普鲁士军官团之外，为这种贵族式的反应树立了样板。他这样做是因为他觉得资产阶级出身的人精于谋算，所以不大可信，而这恰恰是支配和激励格里博瓦尔及其同僚的那种精神特质。事实上，腓特烈对大炮的新发展感到沮丧，因为他看到，在军备技术竞赛中，普鲁士的装备十分简陋，根本无法与俄国强大的钢铁工业相抗衡，甚至连奥地利和法国的水平都赶不上。他的反应是一面贬低炮兵，一面强调纪律和"荣誉"，即一直使普鲁士军官准备为祖国献身的那种品格。因此，腓特烈和他的继承者宁可依靠旧式的军人品质，而对格里博瓦尔的理性试验和技术改革置之不理。1806年，他的这种保守政策的高昂代价愈发明显。在耶拿战役（Battle of Jena）中，普鲁士人的勇气、服从和荣誉感根本不足以与法国人业已完善的新的大规模战争抗衡，而法国人之所以能够做到这一点，也主要是由于法国的指挥官们虽不情愿，但最终还是接受了军事上的理性和试验的方法。[35]

在20世纪，有目标地着手创造超过原有能力的武器系统的指令性技术早已为人所熟知。但在18世纪，这却是崭新的事物。当年积极响应格里博瓦尔的法国炮兵理应被当作今日技术军备竞赛的先驱而受到赞誉。但我们也很容易言过其实。当时的人虽努力做到系统和有效，但其成就却还是零散的、个别的。1690年以后，在燧发枪和刺刀达到持久的、"古典标准"的形式时，野战炮的设计随着格里博瓦尔所取得的成就而进入了一个停滞不前的阶段。法国革命战争开始时，欧洲其他军队的野战炮不同程度地落后于法国。到 1815 年和平恢复时，所有强国大致都赶上了法国人最初使用的武器的水平。直到 1850 年后膛炮出现以后，大炮才再次发生根本性的变化。

很明显，要完成法国炮兵在 1763—1789 年的变革，首先需要有强烈的刺激，才能使常规的军队生活受到彻底的震荡。格里博瓦尔本人经历中的一些细节可能特别重要。1752 年，他被派去学习普鲁士炮兵技术，1756 年又被调到奥地利军队。他在七年战争中战绩卓著：先用攻城炮攻克了西里西亚的一个要塞，接着又成功守住了普鲁士人进攻的另一个城镇，其守城时间之久出乎所有人的预料。1762 年他回到法国时，对奥地利人在大炮方面的改良可谓了如指掌。他在想象中看到了可能出现的景象——运用更加系统的方法创造新型武器，从而深刻地改变战场上的形势。也许由于他接触过外国的做法，这种景象在他的脑海中扎了根。

但是，采取某种激烈行动的决心显然也和法国人的普遍感觉有关。当时法国人已经认识到他们的国家在政府管理，尤其是在陆军和海军的管理方面，存在着问题。当想象中可能出现的事物和对现实安排的普遍不满结合时，格里博瓦尔改革引发的突破就有了实现的可能性。但这种情况是不同寻常的。欧洲军事机构中的常规惯例还未曾受到来自格里博瓦尔领导的那种研发小组的系统干扰。总之，指令性技术仍然是不普遍的，在专业炮兵军官的小圈子以外几乎很少受人注意或被人了解。然而，作为“不过手掌大的一朵云”和新事物出现的征兆，格里博瓦尔中将和他的大炮设计者们所取得的突出成就理应受到更多的重视。[36]

虽然高效野战炮的发展对以后的欧洲战争无疑具有重大意义，但是攻城炮、要塞炮和海军炮仍然比新奇且尚未经过充分考验的野战炮所消耗的金属要多得多，而且数量也要多得多。[37]然而，在大革命前夕，法国人在这方面的探索也开始碰到当时既有技术的极限。在法国人看来，问题在于18世纪80年代英国采用了先进的炼铁新方法。其关键性的变化是1783年亨利·科特（Henry Cort）发明的“搅炼”（puddling）技术。这项技术提出有可能在烧焦炭的反射炉里熔化生铁。热从反射炉的炉顶反射下来，铁无须和炉底的燃料直接接触。搅动炉内的熔铁，各种杂质就可以汽化而从铁内排除。英国的冶铁师发现，熔化的金属冷却到赤热的黏滞状态时，可以将它在沉重的滚筒中间碾压。这样，一方面可以通过调节滚筒之间的距离将金属加工到所需要的任何厚度，另一方面还可以利用机械力进一步将杂质挤压出去。这样制成的成品是成本低廉、成型方便的熟铁，适用于制造大炮以及众多其他用途。但是经过20年左右的反复试验（即一直到19世纪的头10年），人们才最终克服所有困难，设计制造出合适的炼铁炉并排除有害杂质。[38]

在这之前很久，法国企业家和官员们就认识到：新的炼铁方法对生产具有潜在的价值。使用比较便宜且资源丰富的焦炭做燃料，可以大幅降低成本；使用滚筒可以锻造数量更多的铁，且无须采用以前必须使用的昂贵的锤击方法。因此，法国的企业推动者酝酿了一个宏大的计划，准备在法国东部的勒克鲁佐（Le Creusot）建造一个冶炼厂，在那里可以使用烧焦炭的最新英国技术。这家工厂将通过运河和可航行的河道同位于卢瓦尔河河口的安德尔（Indret）岛海军铸造厂相连。计划推动者希望，此举会使法国海军廉价制备大量火炮，以用于舰船和港口的防务。一位名叫威廉·威尔金森（William Wilkinson）的英国技师兼企业家和法国工业巨头弗朗索瓦·伊格纳斯·德·温德尔男爵（Baron François Ignace de Wendel）及巴黎的金融家协力推动这项计划。法国政府的无息贷款帮助解决了初期费用，路易十六本人就认购了4 000股股份中的333股。有了如此强大的后盾，勒克鲁佐于1785年开始生产，但在技术上遭遇了严重而持久的困境，在那些年里，英国的冶铁师也为此烦恼不堪。事实上，这家大企业于1787—1788年间破产，在多年不理想的生产后，于1807年放弃了该项计划，因为勒克鲁佐生产的铁质量太差，造出了大量劣质大炮。[39]

尽管这项宏大的计划最终归于失败，但它清楚地预示了行将出现的为大规模武器生产而实施的全国性动员，虽然这种动员直到20世纪才真正具有重要地位。这种计划并非是完全没有先例的。17世纪时，科尔贝就曾聘请大批列日的军火制造者到法国的皇家兵工厂任职。[40]甚至还有比这更早的例子。俄国人曾经从国外引进技术，并将其大规模应用于武器生产，使俄国得以超越它的对手和邻国。1632年俄国在图拉建立了由荷兰人管理的武器工厂。随后，彼得大帝成功地在乌拉尔建起了铁类金属冶炼业。[41]17世纪初佛兰德人的冶铁技术传至瑞典具有十分相近的性质。[42]普鲁士人从列日请来熟练的技术人员（1772年）在柏林附近建立武器工业的尝试，虽然规模较小，[43]却同样需要18世纪80年代法国的那种战略规划。

勒克鲁佐-安德尔计划（Le Creusot-Indret plan）的不同之处在于：德·温德尔和他的同事们是在探索一种新型的大规模工业化武器生产方法的潜在可能性。在这方面，他们预示了19世纪下半叶的发展，那时候，私人企业家成功将大炮和其他武器出售给欧洲及世界各国政府。德·温德尔和政府的关系比19世纪私人武器制造商与政府的关系更密切。在法国，政府当局和私人企业家之间在武器制造方面的密切合作起源于科尔贝时代。而像德·温德尔男爵尝试的那种大规模工业生产基础上的合作直到1885年以后才得以实现并持续发展。

根据18世纪80年代的实际情况，如果法国的企业家想要赶上英国人在铁类金属冶炼方面的进步，其生产规模就得大幅增加，而此时唯一显而易见的主顾是海军。向法国移植设施昂贵的新技术，必须保证产品的销路。否则，明智的投资者甚至不会考虑这个主意，因为法国有内部关税且陆上运输成本又很高昂，所以国内市场的发展受阻。相反，英国在18世纪80年代已经出现了一个全国性的民间市场，为威尔士（不久后又向苏格兰）的炼铁师提供了多种销路。然而，甚至在英国，亨利·科特为他的“搅炼”技术申请专利权时，提出的理由也是他可以由此为海军降低大炮的价格。[44] 在1794—1805年起步的关键几年中，英国政府购买了铁器制造商大约五分之一的产品，几乎全部用于军备。[45]

以向法国海军提供价格便宜、数量充足的重炮为目的的勒克鲁佐-安德尔计划规模宏大，但最终却归于失败，这充分表现出17世纪和18世纪法国海军发展的特点。困难就在于当时陆军优先的政策。只是在个别情况下，法国才把主要力量用于建设强大的海军。1662—1683年，科尔贝为打败荷兰人就曾这样做过。他取得了极大的成功，甚至在1689年英国与荷兰协同对法作战，法国海军在初期仍然胜过联合起来的英荷舰队。但战争开始时，法国海军已用尽一切资源，因此，在交战过程中不可能再认真扩大海军的规模。而英国既有财力也有决心在海军建设上超过法国人。1692年以后，当15艘法国战舰在拉霍格海战（Battle of La Hogue）中被击毁时，英荷海军对法国海军的优势已经不容置疑了。

两年后，法国人转而采用一种能为政府省钱的战争方式，即私掠巡航。这是一项重大决策。英国人实际上走的是一条相反的道路，他们于 1694 年建立了英格兰银行，从而发明了资助战争的有效的中央信贷机制。恰恰在这时，在农业歉收引发的财政危机的压力下，法国政府将为海军事业筹措资金的任务交给了私人投资者（即私掠船船长）。看来国家已无力连续为海军支付经费了。结果，在整个 18 世纪初期，大英帝国相当轻松地获得了海军优势。这使英国能够在七年战争中几乎将法国的海上贸易一扫而空。英国的胜利又使法国国内可以用来资助私掠活动的资金锐减。而在英国，商业利益在议会内取得重要战略地位，反对向海军拨款的势力被强有力地挫败了。[46]

七年战争惨败以后，法国大臣们得出了结论：他们需要一支和英国势均力敌，甚至超过英国的海军，以推翻 1763 年战败的判决。但是法国海军的缔造者们不像格里博瓦尔那样幸运，因为他们得不到能把英国人甩在后面的重大技术改进。钻孔大炮确实改进了海军火力，但英国人很快跟上了这一变化。况且，在颠簸不定的船上用重炮瞄准非常困难，而对野战炮至关重要的精确瞄准技术到了船上就难以发挥作用。法国的战舰几乎总是比英国战舰造得好，但在 18 世纪的后几十年里，英国皇家海军最早实现了两项重大的技术改进——用铜覆盖船底并使用炮筒短、口径大的卡隆炮（carronades）。[47]

在整个 18 世纪，橡木木材的形状和强度限定了战舰的体积。实践证明，切实可行的设计改进——如使用舵轮为舵手提供机械便利，使用收帆索根据风力强弱调整风帆面积，使用铜板包船底防止腐烂，等等——的累积效应对改善重型战舰的操纵性能起了很大作用，但始终不像格里博瓦尔的野战炮那样，能够突破旧有模式并达到全新的性能水平。[48]

因此，数量成了重要因素。在 1763—1778 年，法国造出了足够多的新战舰，能够和英国人旗鼓相当地在海上抗衡。事实上，当战争再度爆发，西班牙和法国结成联盟，法、西联合舰队在短时间内就控制了英吉利海峡。然而，战争后期，英国人又恢复了传统的海上优势，而且到 1783 年和平到来时，美国虽获得独立，英国的海军优势却并未被压倒。

有两个因素持续地阻碍了法国海军的努力。一是在法国战略规划中，陆战占有优先地位。和英国作战（如同以前同荷兰作战一样）总的计划是用陆军发动进攻，海军的作用是护送登陆部队横渡英吉利海峡或者到爱尔兰或苏格兰的海岸，而不是独立行动。由于合作上的困难，拟订的进攻计划一再落空。事实上，在 18 世纪，参谋工作和技术都还达不到要求，不能支持部队在设防的海岸顺利登陆。英国曾几次试图在法国海岸登陆均未成功，就充分证明了这一点。但是当进攻英格兰或爱尔兰的计划因野心过大而失败时，法国的决策者几乎不得不得出这样的结论：将经费用于海军是浪费，应该大幅度缩减。[49] 尤其当私掠已经成为一种既便宜又流行的可选方式，根本无须政府出钱即可骚扰敌人的商业活动时，这种政策就具有加倍的吸引力。

突然断绝海军经费的冲动由于法国海军面临的第二个始终存在的弱点而得到加强：财政来源不足。1720 年约翰·劳（John Law）的计划失败，意味着 18 世纪余下的几十年中，法国缺乏中央银行以及类似英格兰银行那样的信贷来源。建造、装备战舰和配备舰上人员都颇为耗资，而仅靠供应商和承包商的短期信贷，海军开支若出现任何大幅增加，便立即会造成严重的财政问题，比如遭遇情况突变而不得不采取应对措施（如风暴或战斗后需要修理），把战舰从后备役编入现役，将一个海军中队从布雷斯特调至土伦或再调回。

指令性动员的效能是有限的。强迫海员操纵军舰是可能的。法国和英国经常使用强制手段来充实海军队伍。然而，用强迫方式对待食品供应商和木材商人则几乎全然无效。不付款就会立刻使价格上涨、供应断绝。[50] 18 世纪早期，由于政府能够通过英格兰银行获得贷款，英国海军行政当局付账很有规律，因而英国在这方面对法国的优势显得很突出。由于容易得到贷款，每当出现战争这类紧急情况，需要英国海军相当迅速地扩大作战规模时，海军就能够采取这种行动。法国行政官员缺乏类似的贷款来源，完全比不上英国那种明显的灵活性，而正是这种灵活性使英国海军在 18 世纪成为政府特别灵活有效地执行政策的工具。[51]

值得指出的是，供应英国海军战舰和官兵的数以千计的物品的合同有利于加强和扩大英伦诸岛以及远离本土的新英格兰和加拿大沿海诸省等地区财力物力的市场动员。在这些地区，从很早的时候起，制造舰船桅杆所需的巨大木料就不是很好找。向皇家海军供应肉类、啤酒和饼干的食品供应商则必须从内陆购买食品，运往沿海的海军仓库，来供养 1 万 ~ 6 万人。在爱尔兰和英国的其他边远地区，海军的食品供应商在刺激商品农业的兴起方面起了很大作用。同时，在英国，市场关系扩散到新的地区和社会阶层，又反过来维持了税收和信贷体系，使海军大体上能准时付账。[52]

法国海军从未在法国建立这样一个整体的反馈回路。在主要的军港及其周围地区，当地的供应商和承包商无疑从海军的消费中得到了好处。但是，由于没有集中的信贷来源，海军的消费不能产生全国性推动力，而在英国，这种推动力早在 1694 年就已经具备了。科尔贝时代以及 1763—1789 年的高层政策也许认定需要加强海军实力，但是在法国人中间，这种计划所需的巨额消费往往得不到普遍支持。[53] 而在英国，每当出现危机，都可以指望议会批准可能需要的额外税收，以偿还海军部在海战中欠下的债务。

这一差异反映了，也证实了法国的商业利益在政治上仍然受到政府指令性结构的压抑甚至束缚。由于缺少全国性的凝聚力，法国商人倾向于支持对海上武装力量实行分散的资金筹措和管理（私掠），其实这样做的原因就是可以把此类活动的规模和发生的频率掌握在自己手里。但私掠战总是尽可能设法捕获敌船以及船上的货物，而避免与敌方战舰交锋，因此也不会服从任何战略指引。每位船长和每艘船上的水手都只根据自己的利益行事。因此在战时，法国的海外贸易帝国只能听凭英国海军的摆布，而英国海军的舰船却能按照政府规定的时间、地点和方式行动。[54]

也许有人会觉得，难道向法国陆军供应面包及其他日用品的业务就不能照样为海军提供吗？当然，在 18 世纪的法国，供给军队是一笔大生意。私人承包商不只供给滑膛枪，[55] 士兵所需的一切几乎全部由他们供给。但是这些物品中的大部分必须在比较近的距离采购，因为体积大，陆上运输费用昂贵。面包和饲料在军队必需品中远比其他一切用品重要，但即使面包承包商住在巴黎，粮食也几乎总是在当地购买，因为当时的法国还没有类似英国的全国性商业网络，后者是受海军合同的刺激和英格兰银行贷款的支持才出现的。或者更准确地说，当时法国全国性的市场还很弱小，且很不牢靠、很不规律，所以仍需要类似勒克鲁佐–安德尔计划那样的规划。[56]

鉴于这些结构性弱点，法国从未赶上英国皇家海军，尽管 18 世纪下半叶法国军舰的设计往往优于英国军舰，而且法国政府仍然期望达到海军均势，甚至获得某种优势。

而英国在 1776—1783 年败北之后，设法改进了皇家海军的财政、行政和供给组织。[57] 虽然并不成功，但在美国独立战争期间，英国政府在海外仍然保持了差不多 9 万人的驻军，其中大多数完全靠大英帝国提供衣食给养，就行政管理而言，这的确是了不起的成就。实际上，海军对英国战时经济需求已经很大，而此时又增加了陆军需求的供给。在激烈的行政摩擦之后，海军部于 1779 年承担了将陆军的给养运往美洲的任务。虽然通信联络很不稳定，延误了很长时间，物资送达的时间拖后更久，严重妨碍了纽约和伦敦制订的所有战略行动的实施，但自 1779 年以后，海军在缺少船舶的情况下，仍然一直设法使陆军免受食品及其他必需品的匮乏之苦。

18 世纪早些时候，英国海外派遣的军队能够在当地解决食品、马匹和运输问题，无论战事发生在美洲、印度或欧洲大陆都是如此。但在 1775 年之后，美洲的爱国者使英国人偶尔才能得到当地的供给。这使伦敦当局大为吃惊。但是他们有效率颇高的海军采办系统，必要时还可以扩大规模以满足数以千计的士兵的需求。这使英国士兵免遭灭顶之灾，虽然有时也很勉强。比如 1779 年 1 月，供给船队到达纽约时，英国军队的配给食品仅能维持 4 天。[58]

但不管怎么说，当时的负担还是很重的。在 18 世纪早些时候，战争似乎在经济上对英国有利。由于政府加速购货，市场兴旺；金属行业的技术发展步伐加快；长期失业减少。付给外国政府的补贴很容易从海外的商品出口中得到补偿。1776—1783 年的战争带来了经济上的倒退：英国丧失了与反叛的殖民地的贸易，国内投资也收缩了。[59] 换言之，由于美国的独立战争，大英帝国到了历时 90 年的反馈模式的极限，在这一模式中，海军力量和消费强化了商业扩张，同时又减少了政府承担海军经费的困难。

18 世纪 80 年代，法国政府也到了财源的极限。事实证明，美洲战争的费用使当时的政府信贷和税金收入承受着无法应对的重负。众所周知，为解决由此引起的财政亏空所做的努力导致 1789 年 5 月三级会议的召开，并进一步导致法国大革命的爆发。大革命造成的政治和社会剧变很快就释放出前所未有的巨大军事能量。与此同时，在英国，一种不同的革命——技术与工业革命——使军事以及非军事方面可能达到的极限提高到人类先前做梦也想不到的地步。欧洲的其他国家和世界其他地区由于法国和英国在 1789—1815 年惊人的变革而落后了。事实上，全人类至今仍然能够感受到 18 世纪后几十年出人意料地爆发的民主和工业革命的巨大影响。因此，我们必须在下一章探讨人类社会组织的这两重突变。

第六章

法国政治革命和英国工业革命对军事的影响（1789—1840 年）

在法国大革命中，愤怒而激昂的群众居然能够一次次地推翻似乎稳固而神圣不可侵犯的政府及其他当局，令同代人不胜惊异。工业革命在当时并未引起很大注意，但却使现代历史学家感到惊奇，他们要了解工业革命是如何发生的，以及为何会发生。在法国大革命和英国工业革命中，思想、愿望、私利、饥饿和恐惧都起了作用，集团、阶级和民族感情同样也起了作用。本章将集中讨论这两场革命对军事的冲击。不过这样做并不意味着——并且我也不相信——起重要作用的只限于有组织的力量。

相反，18 世纪末，在英、法两国扰乱旧体制的基本因素恐怕是人口增长。无论是在中国还是在欧洲，人口增长似乎主要与致命传染病发病率的变化有关。[1] 无论是出于什么原因，在 18 世纪后期，人口无疑增长了。这表现在英、法两国许多地区农村就业不足，城市人口不断增长，尤其是在两国的首都。伦敦 1750 年人口约为 57.5 万人，而到 1801 年已增至不少于 90 万人。1789 年巴黎人口达到 60 万 ~70 万人，其中流动人口达到 10 万人。这些流动人口未能在城市扎根，因此在该年的官方人口统计中未被计算在内。[2]

在城市里安置这么多新来的市民，困难确实很多。城市就业机会和食物供给不会自然增长，从而满足新来者的需求。由繁荣到萧条的经济周期，使城市工人和依附他人生活的人陷入困境。这是因为随着城市人口的增长及其在市内的流动性的增加，过去常由教区组织的社会管理和济贫办法已完全不适用了。[3] 以法国东北部城市斯特拉斯堡为例，官方统计的人口数 1697 年为 26 481 人，到 1789 年，人口已增加到 49 948 人，其中贫民至少占 20%。城市内人口与生活供给之间的平衡一向是靠不住的，而此时更是陷入了失去平衡的严重局面。[4]

这些情况为法国大革命初期起决定性作用的群众行动提供了可能性。伦敦也发生了类似事件，爆发了戈登暴动（1780 年）。在这一系列事件中，伦敦的群众支持了反动的行动，即反对天主教解放，而没有支持变革现有的法律秩序，虽然这样做可能是偶然的，而不是故意的。1789 年巴黎所发生的情形就是这样的，后来在几个月内便发展成为针对贵族和其他人民公敌的声势浩大的袭击。[5]

在巴黎群众的行动变成革命的行动时，伦敦群众依然采取了反动的行动。造成这一结果的原因虽可能相当微弱，但这一分歧最终表明：法、英两国对于因人口增长和城市膨胀而产生的新问题所做的反应，在很长一段时间内是相当不同的。简单地说，法国输出的是军队，在欧洲广大地区建立了一个帝国，而英国输出的是商品和人员（有武装的，也有非武装的），并设法建立一个用市场来支持的权力体系，这一体系比法国的任何成就都持久，尽管法国取得了许多胜利。法、英两国的这种差异，乃是在十分紧急的情况下仓促采取的冒险行动造成的，而不是人为设计的。

不过，这也是由于英国将其经济与军事力量建立在市场基础上，反映了与伊丽莎白或更早时代显然不同的做法。至于法国人，他们的指令性动员的革命手段从来都是不彻底的，不论 1793 年的宣言如何言之凿凿。历届法国革命政府，既应用强迫手段，也依靠或多或少自由的市场，来动员资源为国家所用。这实际上是相当忠实地沿用了过去法国王室的政策：路易十四以及更早的法国国王在位时，遇到对外战争和国内危机，都采取与上述做法相似的两手并用的政策。英、法两国的差异无疑具有地理上的根源，并反映了岛国和大陆国家间反复出现的差异，这种差异甚至可以追溯到远至公元前第二个千年。[6] 不过到了 18 世纪后期，两国的差异变得特别显著，这可能是由于积累起来的技术和不断增长的人口为两国都创造了新的可能性。

法国缓解人口压力的常规措施

法国对于解决人力过剩和就业不足等问题，直到 1794 年才有了明确的革命措施，到拿破仑上台以后才完全确定下来。从 1789 年 6 月皇室权力开始受到挑战（国民议会脱离三级会议自立）到 1793—1794 年法国军队胜利进军比利时和德国莱茵河西部这段时期，继承自旧政权的陆军和海军发生了多次重大变革。

第一次变革对于革命的成功起了十分关键的作用，因为它使军队不愿为保卫旧政体而战。[7] 法国军队的士兵，尤其是驻扎在巴黎市区和附近的士兵，受到了在首都居民中突然爆发的革命运动的影响。至于他们是怎样受影响的，基本上无从追溯。

由于前一章提到旧政权的军队与社会（指平民的一部分而不是全体）是隔绝的，因此，法国军队内部变革之风如何兴起就需要特别加以解释。有两种情况显然有利于促进新思想渗透到士兵队伍中。第一，在正常驻扎情况下，法国军官，包括下级军官，很少同士兵在一起，日常训练和例行公务都交由军士掌管。也就是说，掌握日常实际指挥权的人，是倾向于反对贵族的革命的，因为贵族的特权使这些军士失去了晋升为军官的希望。在早期，中士有时还能晋升为军官，尽管很少能晋升到中尉以上。[8] 1781 年军队规定，军官必须由贵族担任。因此，到了 1789 年，旧恨新仇一起涌上了军士们的心头。

再者，许多心怀不满的军士都是有一定文化的。1787 年政府曾颁布法令，设立学校教下士和中士读书写字。这是因为书面的命令和文字记录日益重要，因此要求最低一级的指挥人员也必须由识字的人担任。[9] 这样一来，报刊作者散发的革命宣传品就可能而且的确影响了一般士兵指挥者的思想。等团级军官发现这种情况，想要逆转士兵的舆论倾向时，已经太迟了，想把士兵与平民（特别是巴黎市区内和周围的百姓）隔绝起来，已无法奏效。

1789 年 7 月 14 日巴黎群众攻打巴士底狱时，军队内部同情革命的倾向十分生动地表现出来。在这著名的一天，攻打巴士底狱的群众要想获得成功，必须得到驻扎在巴黎的大约 7 000 名士兵的默许，这些是保卫王宫和为国王执行其他任务的士兵。法国禁卫军的一些支队实际上参加了群众的行动，并且提供大炮，在攻克巴士底狱的战斗中起了重要作用。[10] 后来，路易十六答应将士兵从巴黎和凡尔赛撤走，以平息关于可能发生武装反革命行动的忧虑。国王的决定（也可以说是优柔寡断，因为他在私下经常摇摆不定）使军官和其他贵族企图利用王室军队武力镇压革命的计划受挫。随着时间的推移，这一计划日益成为泡影，因为导致法国禁卫军支持革命的多方举措迅速瓦解了法国其他地区普通士兵对旧政权的忠诚。在军官和大臣们真正注意到正在发生的变化以前，军士们已经一步步地、几乎无法觉察地使军队走向革命，从根本上动摇了旧政权生存的基础。

促使军队与民众的见解融为一体的第二种情况是：军队通常不住在远离民众的兵营，而是驻扎在城镇，下班后就住在贫穷市民中间，有时还从事手工业，以增加收入。大多数士兵入伍时都是城里人，[11]军队生活的经历和纪律不足以切断他们同城市平民——他们本身就是其中的一分子——的一般接触。与之相比，依赖农民兵源的军队（如普鲁士和俄国的军队）则能有效地切断农村士兵与农村的联系。

在野外，法国士兵能像旧政权的军队那样成为自成体系的自治社会，同家乡的市民只有很少的联系。1794 年以后的情况就是这样的，因此使拿破仑实现了他的事业。但 1789—1792 年的情况就不同了，士兵与城市革命群众之间的距离缩小到几乎等于零，结果给路易十六的君主政体以致命的打击。

巴黎国民卫队（Paris National Guard）是革命者的第一支自己创建的军队。志愿兵来自巴黎的各家各户，他们一定要有足够的财力购置自己的军装和武器。但巴黎国民卫队从建立之初就有领饷的 60 个职业连队作为核心，征募了许多以前王室禁卫军的成员以及战斗部队的退伍军人和开小差的士兵。国民卫队每一个连的军官都由驻地市区选民选举产生，这种军队管理办法与旧制度有根本的不同。但实际上，在巴黎国民卫队建立之初，拉法耶特侯爵（Marquis de Lafayette）就当选为司令，而且在决定谁当选的问题上他起了很大的作用，尽管每当民众情绪激昂达到狂热时，就有人对他担任卫队司令提出异议。[12]

王室军队的退伍军人成为新的志愿兵部队的教官。这些教官在国民卫队的建设中起了重要作用，使其成为巴黎的重要军事力量。卫队有时也在巴黎城区范围之外采取行动，如 1789 年 10 月 5 日和 6 日，卫队与其他愤怒的巴黎人一起开赴凡尔赛，将国王押回，作为革命的人质。革命的理想和民众的造反精神无疑瓦解了巴黎的旧军事体制。

但国民卫队中领军饷的核心部队以及在志愿营任职的教官保持了新旧机构之间真正的连续性。卫队领导中有几个人，如拉法耶特（他在1789年曾在王室禁卫军中担任少将），由于他们原先的地位而使这些重大而迅速的变革带有某种表面上的合法性。

在巴黎之外，类似的变革遍及整个法国军队。在外地，连续性比首都更强，因为只有少数旧政权的部队（主要是外籍军团）受到镇压。1789—1791年，随着革命思想和同情心渗入各省驻军，官兵之间的关系紧张起来。各省部队接受革命思想的时间不同，热心程度也不同，这一方面取决于军队驻扎的城镇的政治气候，另一方面也取决于每支部队本身的军官、军士和普通士兵的内部动态。起初，士兵以开小差的方式（往往设法投奔巴黎的国民卫队）来表示他们同军官持不同立场。这种做法被禁止后，公开不服从的行动开始增多。

1791年6月以后，一个重大的转折时刻到来了。当时，国王企图从巴黎逃走，结果以在瓦雷讷被捕获的羞辱下场告终。这一事件使贵族们的希望受到打击，他们本来希望能将军队团结在国王周围以反击巴黎的革命者。由于士兵同情革命的迹象日益明显，越来越多的法国军官弃职逃往国外。到1791年底，流亡的法国军官已超过一半。他们的职位由一些被提拔为军官的中士和下士接替。因此，在1792年，不服从的事情已很少发生，军队的凝聚力远超过去三年。[13]

新上任的军官胜任职位且富有经验。他们人数众多、意志坚强，足以把军队的传统灌输给1792年和1793年大量涌入军队的新兵。此时，国内外的敌人也开始威胁到革命事业。不过，这样的结果不是马上就看得清的。1791年，在对奥地利和普鲁士的战争爆发前，立法议会颁令建立新的志愿军队，最初规定征募的新兵只服役6个月。1792年政府再次征募志愿兵，这次服役期限为1年。由于招兵数额是分配到每个省的，志愿的原则又增加了义务的成分。这样做的结果是第一次招募了大批的农民子弟进入革命队伍。

在革命的最初几个阶段，新建武装部队的作战对象是国内敌人。但 1792 年 4 月之后，当奥地利人和普鲁士人支持国内敌人时，法国武装部队的作用和性质又经历了一次迅速的变化。一方面，招募资产阶级志愿兵参加国民卫队的做法不得不让位，转而遵从广泛武装民众的政策。随着革命的领导人更多地依靠巴黎较低阶层的民众，这种政策似乎只是保证他们继续当权的审慎的办法。另一方面，动员全民族反对外来的敌人，似乎也是必要的。当面对外来的而不是国内的敌人时，再来区分正规军（从旧政权继承过来的）和另外建立的志愿革命军队已变得毫无意义。因此，1793 年 2 月国民议会颁布法令，将正规军和志愿军合并。军队合并后仍保留着与革命理想一致的某些姿态，[14]但是，公平地说，居于支配地位的仍是原来的正规军，主要原因并非人数，而是因为战场上的新兵亲身体会到，旧军队的作战知识和经验是有用的、有意义的，而革命理想的自由和平均主义因素却没有什么实际表现的机会。[15]

这样，旧军队和革命军队的基本连续性就得到了保证。军队还经受住了著名的 1793 年全民总动员的考验。这一年 8 月，国民议会颁布法令：

> ……现长期征召全体法国人为军队服役：年轻人要上战场；已婚男子要制造武器，运送弹药；妇女要制造帐篷，缝制衣服，并在医院服务；儿童要用旧亚麻布织物制作绷带材料；老年人要到广场去鼓舞士气，向士兵们宣传共和国的团结和对国王的仇恨。[16]

如此强调人人为国家尽军事义务的革命原则，这种情况是少有的。高调的法令执行起来虽然常常出现混乱，但也积极有力，取得了显著的成功。[17]

政治理想肯定起了作用，征兵的法律形式也起了作用。但是，全民总动员之所以如此成功，乃是由于农业歉收、毁灭性的通货膨胀和普遍的经济困难造成了市民社会的穷困和解体。失业很普遍，一旦政府号召青年参军，最穷困的青年是很愿意应征的。参军提供了脱离无所事事的困境的机会，并能获得由他人供养其生活的合法权利。新建立的军队只是有时由官方机构提供军需品，军队必须靠自己的力量去寻找食物和其他必需品。这样做的结果，往往加剧了已普遍存在的经济混乱，因为军队强征物品，毫不顾及其他方面的需求（例如对巴黎和其他城市的供给）。

只要军队留在法国领土上，这种行为就会使城镇民众的生活不安定，反过来又促使青年纷纷参军。[18]这种反馈使 1793 年 8 月国民议会颁布的法令在随后的几个月中成为活生生的现实，并使革命军队能够得到所需的人数和热情，足以平息法国境内所有负隅顽抗的反革命行动。这个目标在 1793 年底就实现了，从而使法国有可能集中优势兵力同国外的敌人战斗。首战得胜之后，军队就开赴外国领土。此后，供养军队的负担就转移到法国境外的居民身上，从而使国内经济复苏再次成为可能，过去实行的将食物供应城市的市场体制也得以恢复。

至 1794 年，局势大致就是如此。[19]由于人们看到了恢复比较正常的秩序已有可能，人群中间生发起一种对危机高潮时期普遍发生的革命恐怖、价格管制和武装侵犯产权等行为的强烈的抵制情绪。同时，城市民众的热情和积极性消失了，甚至在巴黎也是如此，因为大多数青年和失业男子已经参军且远在他乡。因此，当窘迫不堪的政治家试图再次号召民众行动起来，以击败他们的敌人时，却发现这一法宝已经不灵验了，昔日的力量和热情早已一去不返。罗伯斯庇尔的朋友们于 1794 年 7 月曾号召巴黎部分民众去解救他，但毫无效果。大约一年之后，在 1795 年 6 月 3 日，愤怒的民众试图像往日那样再次恐吓国民议会，结果招致政府动用军队前往圣安托万区（Faubourg St. Antoine）进行镇压，而这些民众就是从该区来的。乔治·勒费弗尔（Georges Lefebvre）说："这一天应被看作是大革命结束的日子。"[20] 这样说是有道理的。

对掀起革命运动曾起过很大作用的城市动荡和穷困虽然尚未消失，但在 1794 年之后，那种能够使群众的愤怒产生效果的战斗力在街道上不见了，这样一来就比较容易镇压。1792—1799 年，法国士兵阵亡人数约为 60 万人，[21] 幸存者大多驻扎在国外，以掠夺和强迫比利时、德国和意大利"被解放"的人民交纳军税为生。如果这些还不够，这些部队也可能由法国国内补充给养，因为 1794 年以后，法国迅速恢复了由市场调节的经济活动。随着购买取代了强征，法国出现了一批发战争财的人，他们因经营部队给养而致富。法国国内的军队管理又重新按照旧政权的方式运行，尽管全民总动员使军队的人数大增。

法国的胜利曾使同时代的人感到诧异。但回顾起来，法国在建立庞大的军队方面所获得的成功似乎相对简单和直接，因为人口的不断增长和经济混乱状态提供了助力，而法国人既从中获益，也受其伤害。与此并行的任务是生产足够的武器，这样才能使庞大的法国军队在战场上发挥作用。总的来说，武器生产方面所取得的成绩更大，更引人注目。这是因为在美国独立战争期间，法国向美国军队提供了大量武器，[22] 等到法国革命战争开始时，王室军械库已告空虚。从美国独立战争胜利到法国大革命爆发的 6 年间，法国政府财政十分困难，根本无力大量生产武器充实库存。因此，革命者发现，武器库几乎空空如也，[23]而既有的武器生产根本不足以装备1791年以及随后几年总动员所招募的数十万新兵。

新的革命军队建立之初，有秩序的管理制度已被普遍打破，而当时流行的做法是由当地自行解决军需，因此已不可能找到当时武器生产数量的可靠数字。当“革命处于危险中”的惊呼声达到白热化的时候，巴黎和其他城市都临时建立了兵工厂。[24]像全民总动员所设想的那种计划，至少暂时得到了实现。法令规定，已婚男子“制造武器，运送弹药”。显然并非所有已婚男子都去制造武器，如果都这样做的话也未必都能制造出真正能用的滑膛枪。但是，的确有许多人制造武器，而且在临时建立的车间制造出滑膛枪。这些车间往往设在先前的修道院和其他的教会建筑物内。

法国的主要王室兵工厂位于远离巴黎的其他地区，而这些地区的革命热情并非都很高。这种情况增加了武器供应的困难。例如，1793年秋在里昂附近爆发了强烈的反巴黎的叛乱，使附近的圣艾蒂安（St. Etienne）的武器生产中断，而此处是法国最大的军械库所在地。不过，等新来的金属材料运送到圣艾蒂安的枪炮工匠手中时，武器生产又迅速恢复了，而且不久就超过了原来的最高产量。在旧政权统治下，圣艾蒂安枪支年产量时高时低，最低10 000支，最高26 000支。1792—1793年的产量直线下降，但因无记录可查，确切情况如何不得而知。1794—1796年的产量超过了战前水平，平均年产量达到56 600支。后来产量降低，各年不同，视需求而定。1810年的产量达到最高峰，这一年拿破仑的军官们从圣艾蒂安的工匠们那里获得的枪支不下97 000支。[25]其他在旧政权时代建立的兵工厂，如靠近比利时边境的沙勒维尔（Charleville）兵工厂，则在1792—1793年的危机高潮中被入侵的敌军占领，只是在法国人击退了敌人后，这些兵工厂才开始为革命服务。

因此，从 1793 年 8 月至 1794 年 7 月革命最危急的时刻，采取临时措施和依靠没有经验的工人是经常的事。在那几个月里，指令经济原理以惊人的方式同自愿和半自愿的行动结合起来。凡是军队急需的物品，特派代表、军方人员及其他政府官员就会倾尽全力设法找来。例如，路易·安托万·德·圣朱斯特（Louis Antoine de St. Just）要求斯特拉斯堡市民帮忙解决军队急需的物品，就这样他收集到两万双鞋。当然，他的紧急要求背后隐含着一种威胁：谁要是不捐献，就有被认作人民的敌人的危险，从而有可能被逮捕和处决。然而，对许多（也许是大多数）法国人来说，他们觉得这项事业是正确的，所做的牺牲，无论是个人的财物，还是时间和精力，都是可以忍受的。

这段时期，一些新技术被发明出来或首次得到大规模应用。例如，有两位化学家研究出制造硝酸钾的方法，这样就无须再从马厩和公共厕所的墙上去刮取这种制造火药的关键成分了。[26] 此项发明使法国无须再依赖进口，这一点颇为重要，因为当时英国海军控制着海洋。其他的新技术发明还包括气球侦察队，可以用来从空中侦察敌军部署情况；另外还有信号装置，可以用来保持巴黎与前线的联系。[27]

新建军队所面临的主要问题，正像昔日规模小得多的军队一样，乃是保障粮草充足。对于一个在很大程度上依靠巴黎民众支持的政府来说，第二个至关重要的问题是向首都和其他城市供应粮食，以免穷苦民众挨饿。革命政权解决这个问题的办法是颁布《最高限价法》（Law of the Maximum），对粮食及其他日用消费品规定限价。由于法定最高限价远远低于市场投机商索要的价格，生产者和经销商往往囤积商品，拒绝按规定价格出售。这就需要由政府人员（往往有武装人员陪同）去查出囤积居奇者，征用所查出的货物，供公众使用。如果付款的话，最多按法定最高限价偿付。

在这些问题上，地方上的积极行动具有决定意义，因为从巴黎或任何其他单一的中心进行实际有效的控制是不可能的。至于类似有计划地动员全国范围资源的数额，目前还缺少相关统计数字。实际上完成的任务，乃是无数个人和地方团体所采取的行动的累加，而他们对人民的意志和革命的利益各有各的解释。但无论如何，政府通过劝告、强制和限定价格相结合的办法，使数以百万计的男女为国防做出了贡献。用普通的经济尺度来衡量，这类工作有许多无疑是效率不高的。尽管如此，任务还是完成了，而且规模很大。男子参军了，维持军队所需的粮食和供应也筹集到了。即使到 1793 年 7 月军队人数猛增至 65 万人时，军需问题也解决了。这个数字比路易十四在任何时期所能扩充的军队都要多一倍以上。军队扩大一倍（1789 年的人口只比 1700 年的人口多 30%）这个情况，大致说明了法国大革命期间战争动员的强化程度。[28]

1793 年和 1794 年的革命战争就像滩头浪，涌得很高，但不能持久。一旦罗伯斯庇尔被推翻，恐怖政策有所缓和，再想用威吓手段向民众强索供应就会遇到越来越大的阻力。《最高限价法》被废止，政府（心甘情愿地）依靠私人承包商供应所需物资。这些承包商须出高价收购军队和政府使用的商品，同时自己也获得了可观利润。五人执政团掌权时期（1795—1799 年）的特点就是通货膨胀的失控和一大批暴发户的出现。

但是，当政府依靠市场来管理法国经济时，实际上是将紧急时期的指令性经济输出到邻国，如比利时、莱茵兰，1797 年以后还有意大利。当然，这样做首先需要取得对共和国敌人的胜利。1792 年 9 月政府在瓦尔密取得了第一个胜利。40 门格里博瓦尔大炮进行远距离轰击，普鲁士人被击溃，不得不撤出法国领土。[29]

在以后的历次战役中，革命热情和人数所起的显著作用超过任何技术优势。不过，在这些战役中，革命军队的作战方式大体上也是符合 1763 年以后在法国军队中发展起来的新战术思想的。例如，在翁斯科特战役（Battle of Hondschoote，1793 年 9 月）中，散兵从灌木篱后面向敌人射击，对迫使英德联军撤退起了重要作用。又如，在瓦蒂尼战役（Battle of Wattignies，1793 年 10 月）中，法国士兵完全依靠革命热情和行军中所能找到的东西来维持，但是他们却能以比通常快一倍的速度做横贯法国的行军。这样他们就能在战场上集中优势兵力，包围奥地利军队，对敌人前后左右夹击来对抗职业军队的优势火力。

取得决定性胜利的革命措施如此清晰，这还是第一次。“胜利的组织者”拉扎尔·卡诺（Lazare Carnot）在瓦蒂尼战场上指挥，他是公共安全委员会的最高权力代表。积极主动、大胆进击的战略战术是要冒风险的，而敢于冒这种风险或许主要是卡诺的功绩。但是，如果法国士兵当时拒绝做出最大努力做接近敌人的急行军，或者士气在战斗中动摇，那么，其结果必然是失败。不过，实际情况是：士兵们对革命的力量充满了信心，因而也影响了大多数法国军官。[30]

自此以后，高速行军、战略集中以及在战场上采取积极主动的战术就成为法军的特色。法军灵活地利用散兵战术，可以在复杂地形和森林地带攻击敌人，在这种地方，旧式的战线是无法形成的，而纪律较差的军队也是无法运用这种战术的。[31] 这样一来，敌人就不能像腓特烈大帝时代那样依靠难以通过的地形来保护步兵战线的两翼。因此，在整个拿破仑时期，军队人数和大炮门数具有决定意义。

胜利使得法军能进攻比利时和莱茵兰，并在这些富饶且人口众多的地区推行指令性经济的原则，虽然这些原则因恐怖时代的结束在法国国内行将消失。军队每天需要的粮草数量太大，远途运输十分不便。反正打胜仗的法国人已不想用他们少得可怜的库存供应军队，在新占领的土地上采用强征豪夺的手段已能解决问题。

通过用这种简单而有效的办法，法国政府大大缓解了法国社会的不安定性，而这种不安定曾是引发革命的首要因素。在五人执政团的领导下，革命前未能找到满意工作的大批青年人，如今在国内顺利地找到了工作，或者当了兵，靠邻国人民供养，要不然就是光荣牺牲，获得不同程度的荣誉。[32]

直到 1800 年，对人口和经济危机所采取的革命性解决措施——它对于推翻路易十六的统治曾起过重要作用——依然是靠不住的。1799 年拿破仑当政，再次大败敌军，于是法国政府便能对公民推行有效的税收制度。其后，通货膨胀得到了控制，拿破仑采取更加公平的政策，让国民分摊维持军队所需的费用，这是革命政权在此以前从未做到的。1804—1805 年间，拿破仑将法国精锐部队聚集在布洛涅，准备进攻英国，此时维持军队的重担又主要落在法国本土上，尽管邻国在或多或少被迫的情况下继续对法国的战争提供可观的支援。[33]

法国军队招募新兵的制度略早一些便已经正规化了。1793—1794 年总动员期间招募的士兵在军队的服役时间并无定期，随后的招募办法也是不规则的、局部的——往往只在法国新兼并的领土上施行。直到 1798 年，五人执政团通过一项法律，要求所有 20~25 岁的男子向陆军部登记。他们按照出生年份分类，每年由议会决定招募新兵的人数，然后由陆军部向各省分配名额，并由地方当局选择愿意服役的人，从最年轻的符合参军年龄的人开始。后来，标准的办法是抽签决定入伍。但是 1789 年以后，这种革命的平等办法有所改变，找别人代替入伍合法化，只需要被征者付给代替入伍者一笔钱，数目由双方商议决定。

这种征兵方式是靠市场来调节的，允许富有者逃避个人参军服役的劳苦和风险。这种制度在法国一直实行到 1871 年以后，不过在 1815 年以后的大多数年份里，政府招募的人数很少，或者根本没有招募，因此这种征兵方法只影响了小部分适龄男丁。

当然不会有人认为每年征兵是一种将过剩的法国年轻人输出国外以缓解人口迅速增长引起的社会摩擦的办法。不过在整个拿破仑政府时期，实际效果就是如此。从另一个方面来说，征兵能否成功又取决于每年是否有足够的青年成长起来，既可满足征兵之需，又可完成国内的主要工作。到 1841 年，人力趋于紧张，为了满足兵员之需，拿破仑已在“刮桶底”了。但是在 1812 年之前，拿破仑对兵员的不断需求并未对法国的市民生活产生十分明显的不利影响。18 世纪中叶之后的 20 年，法国人口稳步增长，源源不断地提供青壮年男子，满足了军事和社会对人力的需求。

就法国本土而言，征兵对人口的影响因征兵地域范围的扩大而减小了。由于法国通过兼并而扩大了领土，“法国人”的数目几乎增加了一倍，从 1789 年的 2 500 万增加到 1810 年的 4 400 万。在拿破仑的管辖下，这些新公民对拿破仑在 1800—1812 年征募的 130 万名新兵也尽了提供兵源的一分力量。此外，法国还说服或迫使其盟国向 1812 年的拿破仑大军提供兵源。1812 年拿破仑大军侵入俄国时，他的军队中真正讲法语的士兵只占少数。[34]

因此，实际上，拿破仑将消除因人口迅速增长而引起的社会紧张的革命措施应用于西欧所有人口密度较大的地区，这些地区很难用扩大耕地面积的办法来解决人口过剩问题。在奥地利和俄国境内，哈布斯堡和罗曼诺夫政权也各自扩充了军队，并用大量征募农民的办法来补充损失的兵员。这两个国家的情况与西欧不同，在这里，增长的劳动力完全可以从事农业而得到经济效益，而在西欧人口密度比较大的地区则很难这样做，或者根本做不到。换言之，东欧军队的扩充乃是基于政治、外交和军事上的考虑，并无内部社会动力作用，人口的增长只是使征兵者比较容易靠农村来完成征兵定额。

普鲁士是个例外，因为1808年拿破仑强迫腓特烈·威廉三世接受的条约将普鲁士军队的人数限定为42 000人。但这种强迫遣散以及法国连年占领和征用所造成的经济困难却为1813年的解放战争（Befreiungskrieg）准备了人员和心理条件，当时普鲁士大规模征兵得到了积极响应。

因此，在欧洲大陆，革命对旧政权人口危机所做的反应大体上确实有效，至少在1810年以前是有效的。拿破仑多次战胜奥地利（1797年、1800年、1805年、1809年），并于1806年给普鲁士以沉重打击，使各处的旧政权惊慌失措、蒙受耻辱，只有英国除外。英国民众倾向于对法国人持强硬态度，而拥护贵族寡头政治的领导者；在整个战争过程中，英国统治者对经济和国家的管理颇为成功，这些我们稍后还会谈到。俄国的精英们对革命浪潮持矛盾的态度，既赞赏又惧怕。由于这种犹豫不决的心理状态，几乎所有人都满足于追随在位的专制君主变化无常的个人癖性，当时在位的君主首先是暴躁古怪的保罗一世（1795—1801年在位），然后是受内疚折磨的空想家亚历山大一世（1801—1825年在位）。[35]

无论是由英国领导的全欧商业一体化还是由法国占统治地位的西欧军事大联合，都不是真正符合俄罗斯东正教的情感，也不符合俄国的国家利益。但是，由于英、法势力的突然崛起，沙皇和俄国统治集团所面对的实际上就是这样的选择。这种左右为难的局面，比起俄国以西的统治者所面对的困难局面，还不算特别严重，因为俄国的农民和城市下层对席卷西欧的强劲的变革之风几乎还没有任何察觉。因此沙皇仍能自由地在英国联盟和法国联盟之间摇摆，而对任何一个都不真正满意。奥地利哈布斯堡王朝的统治者也是如此，尽管在 1810 年经梅特涅（Klemens von Metternich）安排，拿破仑与奥皇弗朗西斯二世（Francis II）的女儿结婚，表面上看来似乎已按照王朝联盟的古老方式实现了永久性的和解。新近刚发迹的法国皇帝愿意与号称基督教世界领袖的皇室联姻以提高自己的合法地位，而对哈布斯堡皇帝来说，有了拿破仑做女婿便可保证自己免于再次蒙受打败仗之苦。

因此，到 1810 年，从军事和外交的观点来看，法国在西欧的霸主地位无疑是稳固的。随着法国征服而来的是深远的法律变革。在法国国境内外，新政权的特权阶级迅速出现，并逐年发展壮大。

不管怎么说，英国的敌对势力依然可畏。法国为使英国陷于困境，总试图将英国与欧洲大陆的贸易全部切断。这是拿破仑 1806 年发布的政策，而这一政策使法国与欧洲相当大的一部分居民的利益发生了冲突，因为对这些居民来说，廉价的棉布和英国的其他制成品以及只有通过英国货物集散地才能获得的殖民地商品一直非常重要。如果法国能由其境内的工厂提供相应的商品，大陆封锁政策肯定能奏效。但实际情况却并非如此。1789—1800 年，法国的制造业遭受了严重损害。虽然在拿破仑执政时制造业有了恢复，1811 年的产值比革命前增长了 40%，[36] 但这个增长率还远落后于英国，因而法国产品很难在数量和价格上与英国产品竞争。[37] 更重要的是，在欧洲大陆范围内无法找到茶叶、咖啡、糖、原棉以及来自海外的类似商品的满意替代品，至少在短期内找不到。[38]

法国的基本弱点是依赖昂贵的陆上运输。社会商品的运输是如此，更重要的是，军事供应的运输也是如此。拿破仑的军队在西班牙和俄国遭遇灾难的原因是，在这两个战区，敌军都能利用水路运送军队给养，而法军则凡是在沿途农村抢不到的物资都主要靠陆路运输。在富足的农村，如意大利和德意志的农村，以及在夏季的几个星期，法军在行军沿途抢不到的物资靠陆路运输还能行得通，拿破仑初期的胜利就证明了这一点。但是，如果一年的军事行动不能解决问题（如在西班牙），如果军队所在地区非常穷困，以至于难以供养军队，那么自1793年以来法军所遵循的胜仗公式就不灵了。靠掠夺来补足供应只能加剧当地居民的敌对态度，无论是在东普鲁士、西班牙还是俄国都是如此，而要增加来自遥远后方的陆路运输量，则又缺乏足够的运输工具。

相比之下，英国在葡萄牙和西班牙的远征军（1808—1812年）大部分依靠由海路从英国运来的给养。这种运输的行政措施，早在美国独立战争时期就发展起来了，而1808—1812年的海上军事运输并未对英国国内资源造成过大的压力。而且，在贫苦的伊比利亚半岛地区，英国人需要当地居民提供的物品和劳务（特别是陆路运输）都是按议价付酬的。也就是说，当敌对两军互相迫近时，英国人能优先获得西班牙和葡萄牙农民所能提供的物品和劳务。因此，在英法两军于1810年和1811年在里斯本城外的托里什韦德拉什（Torres Vedras）对峙的关键时刻，法军在挨饿，英军则得到了比较充足的给养。在西班牙，法军在数量上的优势（达到250 000人）于事无补，反而增加了困难。

简言之，从多重意义上说，西班牙依然是一个旧政体的国家。西班牙开阔的麦田和牧场很适合旧式的英国队列战术，而西班牙的穷困，却使得威灵顿公爵率领的一支相对人数不算多的西班牙军队训练有素，能够与人数众多的法国大军匹敌，甚至还有富余。[39]

1812年拿破仑进攻俄国所遇到的困难与此几乎完全相同。早在

1807 年和 1808 年在东普鲁士和波兰与俄国人作战时，法国人已经体会到在一个沼泽地和森林面积远超耕地面积的国家作战是多么困难。因此拿破仑做了不寻常的精心准备，从后方为大军运送给养。但用大车经陆路运输既慢且贵，限制了行军速度，使俄军很容易达到同样的行军速度。再者，从莫斯科撤退期间，整个运输给养系统崩溃，结果随拿破仑进攻俄国的法军，除少数人以外，不是牺牲就是被俘。[40]

拿破仑靠大车为军队运送给养，这实际上是以陆路运输来与水上运输较量。沙皇控制了俄国的河流和运河系统，沙皇军队夏天可用各种船只运送粮食及其他必需品，冬天则用雪橇运输。利用河流长途运送大量物资比较容易，而大车能运输的物资比较少，而且费事得多，因此俄国士兵的给养要比法国人充足。[41]

英国的不同情况

在论述拿破仑在俄国败北所产生的后果之前，似乎应该将注意力转移到海峡的这边，看一看在革命年代英国政府究竟是如何组织其对法战争的。英国在动员人力、物力和财力进行战争的过程中，并未触发突然的决裂或国内暴乱，尽管从长远来看，英国社会变化的革命性并不亚于法国，我们平时常所说的“工业革命”就证明了这一点。

试图解释英国这个岛国如何以及何以成为工业革命发源地的历史学家熟知的一个论点是：人口增长是打破英国旧有经济平衡的重要因素，也可能是主要因素。[42] 当时英国一方面拥有大量劳动力，另一方面国内市场不断扩大，因此有条件利用新发明的机器达到规模经济效益，无论其所使用的机器是纺纱机还是炼铁高炉。廉价的水上运输对整个经济的发展十分重要，无论是对于从海外运进棉花之类的原料，

海上的旧政权

这里描绘的船只展示了欧洲从 17 世纪到 19 世纪军舰设计的变化。上面的船是 1626 年在荷兰建造的，下面的船是 1847 年在法国建造的。在这段时间里，船上携带的火炮数量增加了一倍多，但在坚固的船舷上架设一排排重炮的基本思想却未改变。

资料来源：E. Van Konijnenburg, *Shipbuilding from Its Beginnings* (Brussels: Permanent International Association of Congresses of Navigation, n.d.), figs. 146, 173。

还是对于英国本土和海外的商品分配和再分配，都是如此。布里奇沃特公爵运河（Bridgewater's canal，1761 年开放）为曼彻斯特的新兴棉纺厂送来了煤，使该市繁荣起来，而运河本身的可观财政收入又在英国触发了兴修运河的热潮，一直延续到 18 世纪 90 年代。再加上对原有河道的疏浚改善，结果英国建立起了有效的内地水道系统，几乎使每个地方的陆路运输都减小到最多几英里，大大降低了运送大量物资的费用。[43]

然而，和在法国一样，在英国，人口、食物供应和有利的就业机会之间的关系并不能确保令人满意，而且某些地区的农村应该十分贫困，任何工商业都发展不起来。在爱尔兰和苏格兰高地，情况显然就是如此。甚至在伦敦，虽然工商业蓬勃发展，但市内仍有大量动荡不定、贫困潦倒的居民，有些人即使在好年景也要靠乞讨和行窃为生。伦敦发生群众暴乱的潜在可能性并不亚于法国，而像约翰·威尔克斯（John Wilkes，1725—1797 年）这样的领头人又大有人在，可以为觉醒的群众提供政治目标和理想，因而伦敦很可能发生像 1789—1794 年在巴黎出现的那种惊心动魄的情景。

在大革命的最初日子里，法国的自由呼声响彻海峡对岸以及其他近邻国家。然而，即使在这种情况下，英国的贵族-寡头统治者在国内也未遇到严重的挑战。[44] 原因之一是，一旦与法国交战，反对现政府就很难与叛国区分。同时，英国政府采取有效措施来对付人口迅速增长的局势，从而使民众的不满未能发展到爆发的程度，不至于出现路易十六在巴黎所遇到的局面。

和法国一样，英国的陆军和海军征兵起了重要作用。1814 年到达动员的高峰时，陆、海军征募的新兵达到 50 万人左右，[45] 占英国在职劳动力总数的将近 4%。陆军从贫困的苏格兰高地招募的新兵占了相当大的比例。海军则从海港城镇大量征兵，征兵队只要遇到无固定住所、无一定职业的壮丁就抓去当兵。因而，在这两个从 18 世纪的档案记录看来特别容易受政治不满情绪影响的地区，失业和就业不足的青年人就都被征去当兵了，就像 1794—1795 年法国巴黎及其他地区的情况一样。

长期以来，英国社会和政治上的另一个弊害深重之地就是爱尔兰。在那里，农村贫困和人口增长带来的反应沿着两条不同的道路发展。在北爱尔兰的阿尔斯特省，自 1717 年和 1718 年发生饥荒以后，苏格兰和爱尔兰新教徒移民美洲已形成风气；在美国独立战争期间移民曾一度中断，1775—1783 年又陆续有少数人从爱尔兰移居美国；1812—1814 年又因美洲爆发战争而中断。[46] 此项移民每年平均大约有 2 000~3 000 人。这一数字已足以使阿尔斯特省的局势有所不同，为不列颠群岛这一地区的社会不满情绪提供了有效而安全的出路。在爱尔兰南部，另一种形式的人口流动暂时缓解了爱尔兰天主教徒长期遭受的农业人口过剩之苦。当时爱尔兰东部的伦斯特省和西南部的芒斯特省的地主们发现，将土地用于放牧（1793 年以前一向如此）不如用来种小麦或燕麦有利，因为粮价不断上涨。这样就需要人力来耕种和收割；只要给贫苦的爱尔兰人每人 1 英亩地让他们种马铃薯养家，便可找到所需的劳动力。结果，在战争年代，康诺特（1650 年克伦威尔当政时规定这里是天主教贫民居留地）部分地区的人都搬走了，因而在 10 年左右的时间里，爱尔兰南部接近于充分就业。

这样，在不列颠群岛上，农村人口增长问题最严重的每个地区都找到了相当有效的解决办法：苏格兰高地用征兵的办法，阿尔斯特省是部分劳动力移居海外，爱尔兰南部则将放牧改为耕作。就英格兰本身而言，商业化农业和所谓的“集约农业”（high farming）要发达得多，这里对人口增长最重要的反应就是修改济贫法。1795 年以后，越来越多的教区实行院外救济办法，救济款的数额根据申请救济人的工资收入、家庭人口以及（这一点很重要）面包价格来确定。救济办法因地而异。这种所谓的“斯宾汉姆兰”（Speenhamland）制度[47]可以保证人人都能维持最低生活水平。这样，即使年景不好，部分地区歉收使面包价格猛涨，穷人也不至于饿死。如果没有济贫法，在农村佣工遇到饥荒以及农闲季节无工可做时就不得不逃往城市，抱着一线希望在城里找工作，或者靠慈善机构的救济活命，因为在十分贫困的农村没有此类救济。1788—1789 年，就是因为农业歉收，大量走投无路的人涌进了巴黎。1795 年以后，在英格兰发生此种情况的可能性就很小了。新的济贫法使农村劳动力在饥荒季节可以在原地活下来，什么地方都不用去。因此，实行院外救济的斯宾汉姆兰制度，对于稳定英国社会起了重要作用。

之后，英格兰内部的人口流动就取决于人们对经济机会和工资差别的反应，而这种人口流动又有助于英国社会在 18 世纪晚期对人口增长实行其特有且至为根本的自我调节措施，即扩大工商业中对发展经济有利的就业机会。新技术使商品价格下降，从而扩大了市场，也就扩大了生产规模，这样就需要更多的工厂工人、运输工人以及各种服务人员，以使市场经济灵活运转。这种发展并非有人来计划安排，而且战争年代的几次严重危机曾动摇了整个体制。但是，在每次危机中，英国政府以及英国业主和经理们都恢复了活力，度过了危机。特别是有三次靠全国的镇定态度和巧妙安排相结合，英国克服了刚刚露出苗头的灾难。国民在 1797 年接受了没有黄金储备做后盾的纸币，在 1799 年接受了所得税法。1806 年以后，英国商品在欧洲大陆的销售受到严格的限制，而出口商在拉丁美洲和地中海东部沿岸各国找到了新的市场。

研究工业革命的大多数历史学家不大注意战争的因素。而那些注意战争因素的历史学家又往往认为战争阻碍而不是促进了英国工业的发展，或者认为战争发生与否并无多大区别。[48] 这种说法是有问题的。这一时期政府支出大量增加，几乎都用于战争目的，增加的支出必然要影响英国经济中每一种商品的供应与需求。[49] 只有假定当时有另外一种刺激因素可以使全部劳动力就业，并能使以前就业不足的那一部分英国民众所具有的有效购买力等于英国陆军和海军的购买力，才能说如果没有战争英国工业化的步伐也会等于或超过当时。从国外来说，英国政府的支出也为英国的出口铺平了道路。对盟国政府的补助总计达到 6 580 万英镑，[50] 使大陆的官员能够在英国采购物资来装备军队，而在俄国、奥地利和或普鲁士境内所花费的那部分补助，使柏林、圣彼得堡和维也纳获得了可用于伦敦的外汇。这样，这些国家的民众就能购买来自殖民地的货物和其他商品，这些商品大部分都要经过英国或从英国起运。如果没有英国政府向大陆盟国提供的补助，如果没有将有效的购买力转移给本来贫苦不堪、就业不足而后来被招募进陆军和海军的 50 万人，我们无法相信英国工业的增长会如此迅速。[51]

不止如此，政府的干预也改变了英国不断扩大的工业生产的组合，这主要是由于政府特别奖励铁的生产。贫穷和就业不足的人们不会购买大炮及其他昂贵的工业产品，但把成千上万的穷人招募进陆、海军，然后供应他们新行业所需的工具，有效需求就会从个人消费品转向庞大的组织所需要的器材，这些组织首先是陆军和海军，随后还有工厂、铁路和其他类似的企业。再者，那些在威尔士和苏格兰先前荒芜的地区建造用焦炭做燃料的鼓风炉的人，如果没有可靠的大炮市场，就不会冒风险做巨大的投资。无论如何，他们最初的市场主要是由军队提供的。[52]

这样，从 1793—1815 年，英国工厂和锻铁厂的绝对生产量和产品组合，都受到英国政府战争支出的深刻影响。特别是政府的需求促进了铁工业的异常发展，其生产能力超出和平时期的需求，1816—1820 年战后的萧条就说明了这一点。它也为未来的发展创造了条件，鼓励英国的冶铁师为新式大型鼓风炉生产的廉价产品寻找新用途。因此，军事对英国经济的种种需求对随后工业革命各阶段的发展具有深远影响，促进了蒸汽机的改进，[53] 以及铁路和铁船的极为重要的革新。在那个时代条件下，若是没有战争对制铁业生产的推动，这些进步是不可能的。将英国经济史的这个特点视为"反常"[54] 无疑是很多人的偏见，而在经济史学家中间，这种偏见似乎是相当普遍的。

此外，在 19 世纪头 15 年里，英国的圈地运动达到了高潮，当时的粮食价格对集约农业有利。国会不惜牺牲贫困农民阶级的利益而通过圈地法是众所周知的。但是，如果不是战时条件为失去土地的人提供适当的出路，使他们能够参军，获得救济，到因战时需求的刺激而蓬勃发展的社会经济部门去就业，即使是一个由地主和商人组成的国会，恐怕也不会不慎重考虑圈地可能带来的社会后果就通过那样多的圈地法。如果圈地法在城市中新增加大量失业和就业不足的愤怒人群，它的实行情况肯定会大不相同，英国经济史也会走上不同的道路，就像法国在 19 世纪那样。

违反事实的历史只能用来刺激想象力。本书的一个重要论点是：英国政府对市场的大规模干预 [55] 促进了英国的工业革命，并有助于确定其前进的道路，这种效果当时并没有被完全认识到，而且也不是完全有意的。由于政府的大量支出，在战争年代，繁荣和就业是占主导地位的，尽管联合王国的人口从 1791 年的 1 450 万猛增至 1811 年的 1 810 万。[56]

在法国，政府为处理失业和就业不足问题所执行的政策同样成功，但具体内容不同。法国年轻人参军所占比例比较大，而工商业的增长却比较慢，虽然肯定还是有所增长。这其中的部分原因是，随着法国统治的领土扩大，更多的工业区就归巴黎政府管辖，因此，列日和都灵以及法国本土较老的大兵工厂开始为法国的战争做出贡献。同样地，新建的棉纺厂及其他新工业主要集中在原来的法国边境上，即今天的比利时和阿尔萨斯境内。

由于法、英两国政府政策的不同，就业不足的年轻人参军和进入工商业界这两种机会的比例关系在法、英两国是不同的，而这一点具有十分重要的长远后果。1792—1815 年，法国在战争中损失的兵员总计在 130~150 万之间。[57] 与此同时，从 19 世纪开始，法国的出生率显著下降。也就是说，随着波旁王室的复辟，人口迅速增长的问题在法国领土上永远消失了。而英国和爱尔兰以及德国和欧洲大陆其他国家在整个 19 世纪的人口出生率一直比法国高得多。[58]

这样，法国人学会了控制生育，英国人则学会了如何使不断增长的人口进入工商业就业。这基本上是法、英两国政府在 1792—1815 年所采取的行动的无意识的副产品。英国在技术方面捷足先登，其优势延续了半个世纪左右。法国人走向工业化和城市化的步伐要慢得多，在人口中，农民保持很大的比例，直到 1914 年以后才有所改变。

总的来说，我们应该承认，对于 18 世纪晚期因缺乏未开发土地而人口又以空前的速度增长而引发的危机，英、法两国都解决得很成功。在 1789—1815 年的动乱年代里，法国和英国都将国家财富和力量提升到新的高度。而东欧则落后了，尽管以任何其他标准来衡量，俄国和奥地利经济和军事力量的增长都是可观的。但是，在欧洲有些地区，林地和荒地可以变成田地，使新增的劳动力就业比较容易。在那里，人口的增长和军队的扩大，无须实行新型的人际合作关系和管理制度。

对政府而言，这种形式的广泛发展不如法、英两国更为集约的开发形式那么有价值。后者产生大规模的总体合作，在法国主要靠指令，在英国则基本上通过市场来实现。法、英两国之所以这样做是因为，开荒移民很快就会受到收益递减率的制约。给移民耕种的土地，肥力越来越差，因此种植者能上交政府或城市当局的剩余农产品越来越少。1815 年以后爱尔兰的情况就是如此，与英国持续的城市和工业发展形成明显的对照。像 19 世纪后期的东欧人那样，爱尔兰人不得不采取移民国外的办法来逃避农村的贫困化，前提是当时饥荒尚未真正肆虐。

1792—1812 年，法国政策所取得的惊人却不牢靠的成功掩盖了一个弱点，拿破仑在俄国败北后，这一弱点就更为明显了。这是因为，虽然英国的金融和商业优势不受欧洲大陆各国人民的欢迎，但是法国的军事优势和经济剥削在那些被迫供养和服从法国占领军的大陆人民中间引起的反感却要强烈得多。因此，到了 1813 年，当装备不足的普鲁士、俄国和奥地利军队得到英国的援助和武器供应时，推翻拿破仑的物质手段和决心就都具备了。这两方面结合产生的力量的确是巨大的。拿破仑的地方行政官员非常出色地建立了一支新军来迎战敌人，而拿破仑迎战进攻法国的联军所采取的战略战术也赢得了军事史学家的赞赏。但是法国的物力、财力不足，而且革命初期法国军队和民众的锐气到如今也已荡然无存。因此，一旦拿破仑倒台，便有了通过谈判谋求和平解决的可能性，即恢复传统的均势为主导的局面，而法国也得以在很短的时间内重新加入欧洲的协同安排。

战后协议（1815—1840 年）

然而，要从欧洲的面貌上消除革命的痕迹是不可能的，甚至最反动的复辟政权也不大想这样做。在军事方面孕育着的未来变化主要集中在普鲁士。英国和俄国的军队尽管在战争年代扩大了规模，却依然是地地道道的旧体制下的军队。在其他地方，传统的社会等级以及贵族和平民、富人和穷人、统治者和被统治者之间残存的互不信任，使统治者和贵族号召平民拿起武器抵抗法国人的动员工作大受影响。奥地利不能毫无顾忌地对法国采取行动，因为拿破仑毕竟是奥皇的女婿，而且，在1812年以后，哈布斯堡皇室对外政策的设计师梅特涅认为，如果法国作为一个军事强国被淘汰，那么俄国沙皇就能支配整个欧洲大陆，使哈布斯堡皇室在罗马天主教国家中至高无上的地位受到影响，并能通过给予普鲁士一些小恩小惠而破坏奥地利在日耳曼国家中的领导地位。因此，梅特涅的外交策略和作战方式，正像英国和俄国的军队一样，完全符合旧体制的标准。

但是，在普鲁士，1806年完全出乎意料的彻底军事失败，开辟了大力改革的道路。改革不仅涉及军队，还涉及社会和政府。汉诺威省的一名新贵格哈德·冯·沙恩霍斯特（Gerhard Johann David von Scharnhorst，1755—1813年）在军事改革派中颇为得势，这要归功于他本人的素质和腓特烈·威廉三世对他半心半意的支持。这位普鲁士国王觉得他被无能甚至胆小的贵族官员出卖了。因此，在耶拿战役失败后，他转而重用沙恩霍斯特以及同他一道主张改革的人。但是，腓特烈·威廉三世是抱着无可奈何的心情这样做的，因为他不相信改革派的信念：通过与人民合作来恢复普鲁士的辉煌业绩。沙恩霍斯特认为，统治者和被统治者之间建立积极的同盟是法国取得成功的真正秘诀。普通的法国人一再表现出，他们心甘情愿为自己的国家和国家的统治者而英勇作战。德意志人也能为普鲁士国王这样做，但是必须在一定程度上让他们与国家共命运。腓特烈·威廉三世勉强接受了这种看法，因为他记得，当初路易十六想违背人民的意愿时遭遇到了什么下场。这位普鲁士国王愿意批准的社会和政治改革只限于废除农奴制和建立有限的地方自治政府。

但是在纯军事方面，沙恩霍斯特的意见得到了比较圆满的成功。1813年以前，法国的政策显然无法实现将人民武装起来这一理想。但与此同时，军事效率、技能和训练水平的提高却是可以达到的。因此，沙恩霍斯特认为，军官的任命与提升必须以实际表现出来的能力为依据。这一见解在1808年以王室公告的形式正式颁布执行：

> 此后，凡军官之任命与提升，在和平时期，必须以知识和学历为准；在战争时期，则以英勇出众及能迅速认清形势为据。因此，在全国，一切个人，凡具备此等素质者，皆有资格要求担任军事机关之最高职务。军事机关内现存一切社会特权应立即废止。今后不论出身如何，人人皆有同等义务及同等权利。[59]

为了执行此公告，普鲁士建立了军事学校，学员毕业后可任军官；在职军官经过学习可以晋升。炮兵训练在所有欧洲陆军中已有很久的历史，这是因为炮兵技术复杂，需要经过学校训练。[60]但是，要求所有军官都必须经过学校学习，并规定在确定军官的任命或晋升是否够格之前必须就所学科目进行考试，这样的措施则是新的。[61]1790年，法国军队曾在短时间内试行过类似的制度。但是，在热火朝天的革命浪潮中，军衔只授予有学识的人，阶级特权的味道未免太浓。因此，1791年，法国废除了用书面考试确定知识水平的制度，任命和提拔军官靠资历和选拔。[62]拿破仑继续执行这一政策，致使法国的军官团变成了一群久经沙场的老兵，不重视书本知识和流行的各种思潮。俄国、英国和奥地利军队几乎同样反对理论知识，因为这些军队往往把思想和意识形态与法国大革命等同起来。

在普鲁士军官团中间，反对理论知识的情绪也并没有因为实行军官入学和通过考试的新条例而消失。实际上，在1819年以后，1808年法令的精神已经被改变了，并且军队往往并不遵照执行，而是给予贵族担任军官的特权。但改革派理想的一些残存影响却得以保留下来。1808年以后，一些普鲁士军官因学业优秀而得到任命或提拔。这些军官相互鼓励，遇到新出现的问题和可能性，就运用头脑去研究专门的问题，颇有格里博瓦尔将军的作风与气概。

普鲁士在1803—1809年成立了总参谋部，这样就在普鲁士军队内部为那些运用头脑的有识军官提供了一个强有力的组织。只有在培养高级军官的高等军官学校获得了优异成绩的军官方能到总参谋部任职。总参谋部负责在和平时期设计未来可能发生的战役，这个任务第一次被提出来时，人们感到这种做法与过去根本不同，不一定符合道义。为了完成这项任务，总参谋部必须收集有关地形及其他方面的情报，研究过去战役中战术运用的优缺点，并评论和平时期模拟演习所体现的战略战术。这样，总参谋部的军官们就成为普鲁士军队的智囊团，对军队管理和行动的各个方面进行系统的研究和设计。为了保证与正规部队及指挥官的联系，总参谋部将其成员派驻各个总司令部，在那里他们运用对技术和后勤问题的专门知识，对指挥官如何最有效地执行自己的意图提供建议。

训练有素的专家同果断的指挥官合作的好处，在1813—1815年得到了充分体现。格布哈特·莱贝雷希特·冯·布吕歇尔将军（General Gebhard Leberecht von Blücher, 1742—1819年）是一位普鲁士老派军人，他的参谋长是沙恩霍斯特（直到1813年因受伤而死去为止），后来是沙恩霍斯特的密切合作者奥古斯特·奈哈特·冯·格奈森瑙（August Count Niethardt von Gneisenau，1760—1831 年）。将军发现这两位参谋长能根据他的意图制订详尽的作战命令，预见并防止了许多不利因素，否则命令的准确执行是不可能的。通过地图预先了解到当地的地形，有能力的参谋人员就能够根据过去的经验和总结出来的规律，计算出辎重队、炮队或步兵部队能以何种速度通过指定地区。这样他就可以预计完成既定运输或行军任务所需的时间。参谋对每支部队出发的时间和行军的路线都可以十分准确地加以确定，从而使前线指挥官真正能掌握部队，这比没有参谋工作要强得多。

对于这一点，布吕歇尔比大多数其他普鲁士指挥官认识得都清楚，他非常尊重和依靠周围的专家，这是拿破仑以及那个时代的其他将军做不到的。布吕歇尔同沙恩霍斯特和格奈森瑙的关系对 1815 年以后的普鲁士军事实践继续发生影响，尽管参谋人员的威望还不是很稳固。到 19 世纪中叶以后，赫尔穆特·冯·毛奇（Helmut von Moltke，1800—1891 年）及其参谋人员在 1866 年奥普战争中的表现确切说明：总参谋部诸位参谋事先对各方面情况的精确计算，完全可以加速并掌控大部队的战略部署。直到此时，参谋人员的威望才得以真正确立。

普鲁士人将全民皆兵的理想带进了和平时期。这部分是由于 1813—1814 年的情绪仍在发生作用。当时，在仓促建立起来的军队中，穿军装的平民远远超过经过正规训练的士兵。这样的军队参加了对法作战的联军，取得了很大的胜利。[63] 但是支撑着全民皆兵这一理想的还不仅仅是情绪。战后的普鲁士财政困难，不可能像奥地利、俄国和法国那样保持庞大的常备军。要成为一个大国，即使就潜力而言，普鲁士也必须依靠其预备役（Landwehr）。这支平民军队是 1813 年抵抗拿破仑时仓促建立起来的。后来，在和平时期，这支军队又补充了在军队中服役满三年的士兵。预备役军官从大学生中招募，他们只要自愿在常备军中服役一年，即有资格担任预备役中尉。

因此，普鲁士军队即使在其最反动的时刻，也能在和平时期保持当初在1813—1814年显示出的革命特色。1819年以后，虽然相当强烈的贵族偏见又在普鲁士军官中占主导地位，但是军官们，尤其是参谋人员，在专业能力方面提高了，而且改革时期依靠平民后备力量的思想仍有影响。当初进行改革时，国工和人民间的合作曾一度成为现实，普鲁士的国力也再次可以同欧洲最强大的国家相比，在腓特烈大帝在位时的那些光辉岁月里，情况便是如此。[64]

在欧洲其他各国的军队中，旧体制原则的重新得势要彻底得多。各国都愿意保持长期服役的专业军队。法国、奥地利和俄国都保持着几十万人的军队，执行正规的卫戍任务。这些国家的军队不提倡教育和学习，也不大重视参谋工作。作为技术兵种的炮兵和工兵，仍然只要求具备较低的文化水平。各国在战争年代曾付出巨大的军事开支，战后到处都实行经济紧缩政策，因而没有人会应用工业技术制造与过去根本不同的新式武器，从而根本改变陆、海军生活的传统规例和模式。而且也没有人欢迎这种革命性的突变，等到1840年以后这种突变来临之时，几乎所有的职业军官都反对而不是支持改革。

总的来说，尽管在1792—1815年的革命理想主义以及自由、平等政策的实施给法国人带来了新的因素，但是欧洲的统治者和军人显然特别想保持老一套体制。因此，旧体制的陆军和海军的传统和模式，在经历了革命年代的暴风雨之后，基本上依然如故。武器没有多少变化，对于种种很有希望的革新，思想保守的指挥官很少给予考虑。就这样，拿破仑解散了1793年在法国陆军中新建的气球侦察团，威灵顿也直截了当地拒绝采用新制作的“康格里夫”火箭（“Congreve” rockets）。它的飞行虽然不易准确控制，但对于攻击城镇和要塞之类的大目标还是相当有效的。[65]

对于 1815 年以后欧洲统治者和他们的军事顾问团来说，最保险的政策似乎是“经过试验确实可行”的那一套。某些战争年代的产物保留了下来，如师和特种部队的编制，这在 18 世纪 90 年代还是新事物，到了 1815 年已变成常规了。更加注重利用地图和依靠参谋工作也差不多成为理所当然了，因为 1792—1815 年，军队的规模扩大了许多，而战争停止后各国并没有进行复员的工作。比如，俄国在战后基本没有人复员，对法战争结束后仍保持着 60 万人左右的军队。[66] 野战炮兵部队的技术得到改进，而且成为欧洲国家陆军的标配。

但是，1815 年以后，掌握政府政策的人看得很清楚，1793—1795 年入伍的法国士兵能量巨大，1813—1814 年某些德国平民兵的民族主义热情也颇为高涨，这种力量既足以挑战原有的政府，又可以巩固和加强它。就像康格里夫火箭的弹头一样，武装起来的民众，其意志是难以控制的。任何不谨慎的向社会深层寻求帮助的统治者，都可能遭到武装起来的人民的反对。就像 1810 年在威灵顿面前举行的一次康格里夫火箭试验一样，操作人员险些遇难，致使这位公爵从此永远否定了这种新式武器。

不无道理的是，欧洲的统治者们一致认为，再进行军事试验是不明智的。他们所需要以及所得到的，就是按照旧体制的模式管理和装备陆、海军。就这一点来说，如果他们不愿意利用革命年代显露出来的国民深层力量，又有何妨呢？只要胜利者能达成一致并使革命动乱无法再出现就可以了。

因此，在 1815 年以后四分之一个世纪的时间里，旧体制的军事管理在经历了曾引发法国大革命的群体暴乱和政治上的理想主义不恰当的结合之后，仍然保留了下来。无疑，复辟的波旁国王们曾亲眼看见法国士兵不时流露出的政治不满。在拿破仑时代，有才能的军人对前途与发展怀着热切和希望，而如今取而代之的是单调刻板的生活和微薄的薪俸。但 1830 年开始的阿尔及利亚战役为此种不满打开了一个安全阀。其后，共和国和拿破仑时代的光辉时日很快就被人淡忘了。19 世纪 40 年代在法国的土地上形成了一支不过问政治的军队，不管政府是保皇的、共和的还是拿破仑式的，一概服从。由于发生了这种变化，最后仅存的一点革命军事传统就被完全埋葬了。[67] 其他欧洲国家的军队已成为保守主义的支柱，而且整个 19 世纪都是如此。唯一能起重要作用的海军，亦即英国海军，情况也是如此。

这样，政治革命真正被逆转了，而工业革命尚不能改变军事规例和传统——这种改变要到 19 世纪 40 年代才会发生。此后几章的主题正是欧洲战争方式从此发生的转变。

第七章

最初的战争工业化进程（1840—1884 年）

19 世纪 40 年代，普鲁士陆军和法、英两国的海军纷纷抛弃曾效力于欧洲各国旧政权的武器生产模式。这种变革成为战争工业化的前奏，但武器生产的真正更新直到 10 年后的克里米亚战争（1854—1856 年）方步入高潮，这场战争表明了传统武器供给的诸多弊端，英、法两国的发明家遂将大量的民用技术用于解决各种各样的军事问题。武器生产以及军事管理的变革由此加快，到 19 世纪 80 年代，军工技术的发达程度远远超过了民用技术，30 年前二者的主从关系俨然发生了逆转。

新式武器改变了战争进行的方式，但在战争工业化的最初阶段，这种武器上的更新无法与运输补给上的变革相比。化石燃料的使用解决了长期困扰人类的军需品供给和军队调配部署问题。轮船和铁路使大规模的人员调配、武器输送与供给成为可能。这就意味着欧洲各国的全体男性公民都可接受军事培训并及时被输送到战场上。全民皆兵，这一远古蛮族社会才有的现象，现在借助先进的技术手段，在地球上的各个国家再次由理想转变为现实。因此，各国的军队渐次达到上百万的规模。

几乎同时，廉价的运输费用和日渐完善的通信手段使欧洲人统一了全世界，把贫弱的亚非各国纳入一个以欧洲为中心的市场管理体系之中。欧洲人只用少许的军事胁迫手段，便打开了中国、日本、亚洲内陆及非洲通往欧洲（尤其是英国）的贸易之门。欧洲人曾因无法抵御热带疾病而使其扩张的脚步有所收敛，尤其是在非洲内陆。但1850年欧洲人发明了预防疟疾的有效手段，所以即使这道先前难以逾越的樊篱在世界市场的扩张面前也悄然倒地。

到19世纪70年代中期，一个以伦敦为中心的世界市场业已建立起来。不过，1873年的经济萧条却标志着这一发展轨迹出现新的转折点。凭借保护性关税政策，一些国家向英国的工业主导地位发起挑战。紧接着经济发展方面行政管理手段的有效实施，一大堆各式各样的政策措施纷纷出台，以干预市场的供求关系。经济干预的先驱者们有时只是出于一己私利，[1]有时借口保障穷人的福利，还有时是为了提高战争的效率。上述三种追求往往并行不悖，越来越强烈地影响着人类的行为。

对社会组织而言，这是一种巨大的变革。回顾过去，我们不难看出，19世纪40年代看似在不经意间开启的战争工业化进程却主导了后来经济管理上的巨大转型。但当时的人却无法预见这一结局。其原因在于，19世纪80年代以前，技术变革的先导总把持在私人发明家手中，通常这些人只是为了赚钱而游说当局，要求改革现行武器装备或生产手段。许多想入非非的怪人、骗子夹杂在有真正创新科技的发明家中，他们与其说是竞争，倒不如说是起哄。迟至19世纪80年代，军队中主管技术审批的官员对这些热心推销自己所谓创新技术的小商人还报以极端的怀疑态度。

商业组织与国家军备的竞争关系

军队组织历经数个世纪的发展，形成一种抵制任何创新的行业惯例。除非民用技术明显超过现役军事装备，否则几乎不可能触动这种官方的惰性和保守。19 世纪中叶就曾出现海运技术明显超出军事装备水平的事例。19 世纪 30 年代，私人业主积极致力于建造横跨大西洋的轮船。利益的驱使和业界优势地位的争夺，使得工商业主们慷慨解囊，投身建造更大、更坚固、更快、更美观的轮船，轮船制造业得以迅速发展；各国政府对邮政事业的补贴——英国于 1839 年最先投入——填补了新式渡轮设计制造的部分支出，但在更新海军的技术装备上却表现得不尽用心。[2]

海运技术的发展速度确实惊人。1807 年，罗伯特·富尔顿（Robert Fulton）首次发明了在哈得孙河上航行的汽船，而仅仅 30 年后，“天狼星号”（Sirius）明轮汽船只用 18 天的时间便横渡了大西洋（当然汽船上面还挂有帆）。两年之后，时间又缩短至 14 天 8 小时。19 世纪 40 年代，螺旋推进器取代了汽船上的明轮，同一时期，大型远洋舰船纷纷改用钢铁做船体，代替了原来的木板结构。1837 年，横渡大西洋的“天狼星号”明轮汽船引擎还只有 320 马力，而仅在 21 年之后，装载大宗货物（680 英尺）的“东方号”（Great Eastern）巨轮引擎就达到了 1 600 马力。[3]

不过，汽船热火朝天的大发展并未立即改变海军的装备。汽船工业技术最重要的大本营坐落在英国。然而，在特拉法尔加角海战（1805 年）获得绝对的海上优势之后，英国海军依赖帆船远航的状况和海战技术自 17 世纪 70 年代以来从未有过根本的改变。在当时的情况下，英国海军的顽固保守是有充分理由的。木材供应、军港及战舰维修设施、炮舰装配技术及食品搭载器具，总之，所有这一切令英国海军称雄海上的条件依然牢不可破。为什么还要尝试尚难预料的新技术呢？真的是没有必要！英国海军部对未来的瞻望虽然从根本上说是错误的，但其1828年的备忘录却表明，海军部官员对当时的现实状况有完全理性的把握。现摘录如下：

> 军方认为其职责在于，必须极力打消装备汽动舰艇的念头，因为汽动舰艇的引进对帝国海军的至上优势将构成致命打击。[4]

然而皇家海军的保守做法却使英国的对手看到了发展的机会，后者就可以选择建造技术更为先进的现代军舰。法国人很快就看到了这种机会。例如，早在1822年，法国的亨利·J.佩克桑（Henri J. Paixhans）将军就已出版了《新式海军》（*Nouvelle force maritime*）一书，认为装备大口径火炮的装甲舰完全有可能击毁木制军舰而自身毫发无损。在本书的撰写过程中，佩克桑将军还主持建造了上述战舰所需的火炮。1824年针对一艘老式废船的反复试验，完全证实了他的说法，法国海军遂于1837年正式装备佩克桑式火炮。次年，英国皇家海军紧随其后，欧洲其他各国亦如法炮制。由此，世人纷纷认识到，木制舰船在新式舰载火炮的攻击下会遭灭顶之灾。[5] 1853年，在黑海的锡诺普（Sinope）海战中，俄国炮舰转眼之间便击溃了奥斯曼土耳其舰队，便是一个明证。俄国人的胜利使英国人迅速做出投入克里米亚战争的决定，因为在后者看来君士坦丁堡俨然将落入俄国人的势力范围，所以英国（及法国）军舰务须驶入黑海予以阻止。

克里米亚战争中的经历使法英两国海军的设计师们开始了新的竞赛，随着舰载火炮威力的不断加大，他们要设计出能够应对火炮攻击的更坚固的舰船。而要驱动这种日渐庞大的海上堡垒则需要更为强劲的蒸汽发动机。

蒸汽发动机在海军舰艇上的应用早在十几年前便已开始。在

1839—1841 年的近东危机中，法国人支持埃及的迈赫莫特·阿里（Mehmet Ali）反对奥斯曼苏丹，但仅仅英国皇家海军的一个中队便使得法国海军无功而返，这种屈辱迫使法国人开始了技术上的冒险。法国海军中的强势派力主采纳新的技术手段，以抗击英国人的海上优势。给军舰装备蒸汽发动机就可以随时穿越英吉利海峡而不在乎风向的顺逆，法国人对此极为热衷。法国海军装备蒸汽发动机的做法立即在英国引发了入侵的恐慌，皇家海军不得已也开始在军舰上装备辅助的蒸汽发动机。[6]

在之后的 20 年里，重要的技术进步依然发端于法国一方。法国的工程师和政治家们总在幻想通过某种划时代的军舰设计创新超过英国，打破其海上霸权。有两次他们确实做到了：一次是在 1850 年，法舰"拿破仑号"建成，其 950 马力的发动机使其航速提高到 13 节；另一次是在 1858 年，"荣光号"（La Gloire）军舰 4.5 英寸的装甲甲板令当时的任何火炮都无法攻破。[7]

法国海军的每一次创新都会立即引发英国海军的反应，英国人便开始呼吁加大海军的投入，声称法国人跨越英吉利海峡入侵英国将会带来不堪设想的灾难。伴随法国人的每一次技术创新，英国强大的工业基础总会使皇家海军轻松赶上甚至大大超过法国人的海上实力。

在欧洲自由主义的全盛期，财政上的制约总显得至关紧要。18 世纪时，英国的民意总能欣然支持维持海军的强势地位。而在法国则正相反，如同先前一样，法国海军的投入总是一会儿扩张，一会儿又紧缩，一遇饥荒年景，法国政府就觉得要超越英国的海上实力非常不现实，于是紧缩海军的拨款。[8]

法国海军军费的波动起伏部分反映了路易·拿破仑的观点，在他看来，其叔父犯下的最大错误就在于与英国为敌。因此，自 1851 年继承法国皇位起，路易·拿破仑便开始了他的新思路，一方面要在战场上获胜并颠覆1815年的《决议》——这也是拿破仑家族的伟大传统——另一方面则要与英国合作，或者至少要避免公开的冲突。19世纪50—60年代拿破仑三世统治法国期间，法英两国的摩擦和敌对并未完全停止。事实远非如此。但哪怕是法英两国短暂抑或是不太融洽的合作也足以打破1815年《决议》中所规定的欧洲范围内的权力平衡。[9]

这一点在克里米亚战争期间表现得再明显不过了。1815年俄国崛起，成为欧洲大陆上最大的军事强国，其陆军总人数在此后及未来的数年中在欧洲都是首屈一指的。俄军的效能在此后一系列不同地区、不同地域的战争或军事行动中屡试不爽，其中包括在中亚（1839—1843年及1847—1853年）、高加索地区（1829—1864年）、对波斯和奥斯曼土耳其的战争（1826—1829年）、镇压波兰（1830—1831年）及匈牙利人反叛（1849年）的军事行动。

技术上的变革不大，但当时欧洲其他国家的军队也基本维持着拿破仑战争期间得到完善的武器装备和军事组织原则。俄国海军实力居世界第三，其技术装备仅次于英法，但差距不大，1853年俄国海军在锡诺普海战中摧毁奥斯曼土耳其舰队一役即为明证。

与俄国这样一个庞然大物在克里米亚对垒并最终取胜对法英两国的远征军而言的确是一个军事壮举。后者取胜的原因在于其运输补给上的优势。俄军要把弹药及军需品运到塞瓦斯托波尔防线面临极大困难。海上运输线被英法联军切断，而俄国人几乎不可能穿越克里米亚海军基地以北一望无际的空旷的高原。俄国尽管最初征用了12.5万辆农用马车实施补给，但补给的数量却远不令人满意。马匹需要草料，但沿途的草料不久就被吃光了，而要同时负载足够的草料以供牲畜之需则意味着这些车辆的有效载荷几乎降至零。相比之下，法英两国的

海上工业革命

这里的图片记录了军舰设计制造步入蒸汽钢铁时代的开始。第一幅图英国舰队“圣乔治号”的层层风帆之间有一根烟囱清晰可见，船体内虽装备了蒸汽发动机，但整体设计上却依然如旧。到 1861 年法国“荣光号”问世（第二幅图），这种新旧融合的妥协便失去了必要。“荣光号”能够抵御当时已有的各式舰船火炮的攻击，但它却未能成为至高无上、坚不可摧的海上霸主，随着越来越多更新型、火力更猛的舰载火炮的出炉和更加厚重、坚固的铁甲舰的问世，“荣光号”遂成为陈迹。

资料来源：*Illustrated London News* 38（January-June, 1861）：78，227。

远征军凭借海上舰船享受着源源不绝的充足补给。确切地说，法英两国最初的进展并不顺利，组织工作也有失当，过了一段时间补给才告畅通。在战争的最后阶段，法英两军仅在一天之内就向塞瓦斯托波尔阵地发射了 5.2 万发炮弹，而被困的俄军却因弹药不足陷入定量配给的境地。[10]

换句话说，克里米亚战争扭转了 1812 年战争的补给形势，当时的俄军享有充足的水路补给，而入侵者只得通过陆路车辆运输实现补给。结果，俄军尽管有巨大的舰炮设施和娴熟的掩体炮战技术，最终却无力抗衡法英联军的补给优势。俄军经过英勇抵抗，最终还是撤出了塞瓦斯托波尔，结束了主动出击的大好形势，而法英两国军队也无力再行追击。不过，占领塞瓦斯托波尔并摧毁俄国的黑海舰队，法英军队事实上已经实现其战略意图，即保障君士坦丁堡，使其免遭来自北部的侵袭。

塞瓦斯托波尔的围困可谓是“一战”期间西线战事的模拟演练。壕沟体系、战地堡垒及密集的炮火成为制胜的决定性因素。只是当时还没有机关枪。另一方面，使俄军陷于困守塞瓦斯托波尔境地的最初三场战役，即阿尔马战役、巴拉克拉法战役和因克尔曼战役，亦不失为普鲁士战胜奥地利的克尼格雷茨（Kôniggràtz，1866 年）战役的几次演练，其间法英陆军装备了新式步枪，为其战胜依然装备老式滑膛枪的俄军提供了至关紧要的助力。两种枪械的差异在于：新式步枪的有效射程在 1 000 码左右，而旧式滑膛枪的有效射程只有 200 码！

欧洲的枪械师早在 15 世纪末就已经认识到，线膛步枪能够令子弹旋转，从而确保子弹在空气中的平稳飞行，而平稳飞行则会提高射程和准确性。但线膛步枪的造价高且每次射击所需的时间也较长，因为要成功发射必须确保撞针击打的软铅恰到好处，子弹也必须从枪膛前端嵌入。这既需时间又需细心，极不适合在战场的混乱之中操作。自 16 世纪起，欧洲各国军队总是训练并装备少数神射手，主要用于小范围的袭击。由于战争的胜负往往取决于射击的速度，大规模的步兵作战还无法仰赖线膛步枪的射程优势。

这一长久未得解决的技术落后问题终于在 1849 年得到改进。这一年，法国军官克劳德·埃蒂昂·米尼（Claude Etienne Minié）上尉注册了一种长体子弹的专利，子弹的基底空心，可从枪膛前端置入（数世纪以来球形弹头就是这样嵌入的），枪体内火药爆炸产生的强大气流将业已膨胀的弹头从枪膛射出。米尼子弹沿枪膛置入时弹头须朝上。除了这一改进之外，其他所有装药、射击的步骤与老式滑膛枪完全相同。但正是因为这种改进的幅度不大，才造成其方便可行。法国立即着手实施改进，至 1857 年该子弹在克里米亚战争中大显神威之后又将其标准化。英国 1851 年购得专利，并用于装备其克里米亚军团，使其在面对狂妄自大的俄国军队时能够确保优势。[11]

欧洲其他各国也由此获得了经验。普鲁士人从 1840 年起便开始秘密生产大批尾部装弹的步枪，并刻意在 1854—1856 年将老式滑膛枪改造成米尼体系，[12] 而远在大西洋彼岸的美国也于 1855 年实现了米尼子弹体系的改装。

由此可见，从 19 世纪 50 年代中期开始，自 16 世纪即已成型的稳定的海陆军装备体系渐次崩溃，海陆军的将军们及各国政要必须面对新的武器装备形势，而对这种新型武器装备他们从没有过任何直接体验。那些富有想象力的睿智的海陆军军官从中获益不浅，而那些狂妄自大、不肯接受任何新思维的守旧派则遭到惩罚。武器装备的改进对陆战的影响最大。先前受过最严格的军事训练、近乎不假思索便能准确完成标准动作的军队，亦可谓欧洲最好的军队，在新技术的挑战面前却受害最深。相反，自 19 世纪 60 年代起，先前各大国中最弱的普鲁士却由此一跃成为具有压倒优势的军事强国。

我们先不谈普鲁士人如何取得陆上的军事优势，且先看一看克里米亚战争中先进武器带来的两个副产品。首先是大规模生产技术在枪械贸易中的引进。其起因在于克里米亚战争的突然爆发造成对枪械的大量需求，而伯明翰与伦敦的军工生产则表现出明显的不适应。生产手枪早已成为一门专门的技艺，又细分为多个工种。个体的匠人只能作为次级承包商，总承包商与政府签订合同，负责规定数量的枪械生产。政府派出巡检员确保每道工序符合规定的要求；有时候所有部件被运到伍尔维奇（Woolwich）兵工厂进行独立的组装。这一体制成功应对了拿破仑战争期间的枪械需求，但之后英法两国的枪械生产厂家用了 20 年时间才达到满足战争需要的枪械产量。

1854—1856 年，没有人会甘愿等上数十年的时间，以期工匠们提高产量，并最终满足新的需求。英国的问题尤为突出，因为枪械生产厂家还在忙着适应米尼枪弹设计的要求。适合生产“棕贝丝”（从马尔伯勒时代以来几乎毫无改进）的旧式铁器制造习惯和方法很难达到新式步枪的精度要求。巡检员看到枪械零部件不合要求便大发雷霆并拒绝接收，遂与工匠发生了激烈争执。克里米亚战争爆发突然产生的大规模需求，对这些手艺人而言是千载难逢的赚钱良机，于是他们要求增加工资。结果，伴随着传统惯例和要求的急剧变化，枪械生产业反倒在生产过程的每一阶段都出现停顿的现象。本指望能够根据需求生产出更多更好的枪支，实际产量反而在国家最需要的时刻呈下降之势。

政府内外一片怨声载道。这时候，极富责任心的领导人认识到，要加速并改进枪械生产，必须采取大胆果断的措施。事实上，伍尔维奇兵工厂的官员们早已熟知另外一种生产模式。他们称之为“美国生产体系”，因为这种模式最早是美国马萨诸塞州斯普林菲尔德兵工厂及位于康涅狄格河谷的轻武器私营生产厂家于 1820—1850 年发展起来的。其主要原理是运用自动或半自动打磨机床加工指定形状的配件。[13]这种机器生产的配件可以互换使用，因此枪械装配根本不需要传统工匠才具备的高超手艺。当然，打磨机床本身的造价很高，且比传统锤锉加工的生产方式更废料，其产生的机械碎屑远比后者为多，但自动化大规模生产的效益是手工生产的许多倍。

英国人是在 1851 年的万国博览会上了解到美国的枪械生产方式的。博览会上，塞缪尔・柯尔特（Samuel Colt）展示了他自己设计的自动手枪及其零部件的可替换性能。他把一支手枪的部件换到其他手枪上，手枪依然运转自如。

克里米亚战争初期，英国的枪械生产出现了瓶颈且劳资双方摩擦不断，然而这时却有相当多的英国人了解到美国枪械生产的成就，遂成立一个“轻武器专门委员会”（Committee on Small Arms），提出在恩菲尔德建立一个新型兵工厂并采纳美国的模式从事武器生产。该计划于 1855 年开始实施，但由于要从美国进口大量机床设备，该厂直到 1859 年才最终竣工——这时候克里米亚战争已经结束了 3 年之久。[14]

进口美国机床是为了生产标准化步枪，但自动化进程并未因此而裹足不前。例如，英国伍尔维奇兵工厂就研发出专门的机床，其日产量高达 25 万发米尼子弹；另有一种机床亦能每天生产 20 万发子弹，将子弹和炸药封装到一起。[15]规模生产也并非政府兵工厂一劳永逸的专利。私营枪械厂紧随其后，也采取了规模生产。为负担新型机床昂贵的造价，先前独立的承包商于 1861 年联合成立了伯明翰枪械公司，另有一系列的联合运营为 6 年后伦敦枪械公司的成立奠定了基础。此后，政府的枪械采购合同即在恩菲尔德和另外两家新型现代化私营枪械生产厂家中间按比例分配，分配的份额部分取决于政治游说，部分取决于政府官员的想法：一旦战争突然爆发，英国必须有能力迅速生产出足够量的步枪。两家私营枪械公司本身主要面向英国国内及海外的私人生产、销售运动用枪，同时还承接外国政府的采购合同。[16]

差不多同时，欧洲其他国家也认识到采用机床大规模生产枪械的便利与快捷。1870 年，俄国、西班牙、奥斯曼土耳其、瑞典、丹麦和埃及都纷纷效仿英国，开始从美国进口用于枪械生产的打磨机床。[17]在比利时，列日的枪械制造商成立了一家新公司，专事从美国进口机床。1854 年，正值英国国内枪械生产低迷之际，英国政府订购了 15 万支步枪，进口美国机床似乎成了唯一能够满足需求的方式。[18]

上述运作的结果极大地改变了欧洲的枪械贸易格局。传统工匠作坊式的做法淡出历史，政府的兵工企业纷纷采用机床大规模生产模式，数个世纪以来一直保有轻武器国际贸易中心美名的列日渐趋无足轻重。[19]

此外还有另一重后果。19 世纪 50 年代以前，任何一种轻武器都可能有数十万士兵在使用，改变其原有的设计往往要经历极漫长的时间，且非常不便。滑膛枪在欧洲能够盛行近 150 年之久，其原因正在于此。随着自动化机床的引入，一旦新夹具做出来，一年便可出产数十万支全新设计的枪支。只要军人熟悉了这种新式武器，整个部队就可以重新装备。轻武器设计改进的大门由此洞开，其代价是现行的战略战术规则及步兵训练程序被不断打乱。

在枪械生产尚处于手工作坊阶段试图改变轻武器的设计可谓困难重重。这一点普鲁士人深有体会。1840 年，腓特烈 · 威廉国王决定采用后装步枪装备他的军队。最初的订单是 6 万支，7 年后，也就是 1847 年，后装步枪的发明者约翰 · 尼古拉斯 · 冯 · 德雷塞（Johann

Nicholas von Dreyse）才在他的手工作坊里生产出1万支步枪，且因生产规模过大，无法保障产品的质量。当时的普鲁士军队加上后备役人员总共有32万人，按照上述生产速度，要实现从滑膛枪到后装步枪的整体换装大约需要30多年的时间。难怪普鲁士人1854年突然做出决定：重新校定现有滑膛枪的口径，将其改造成能够射击米尼子弹的步枪——这种改造只需两年便可完工！

普鲁士国王及其军事顾问都认识到了后装步枪的巨大优越性，所以能够不遗余力地发展后装步枪。他们把三所国家兵工厂改造成新式步枪生产厂，从而使步枪年产量提高到2.2万支。结果，到1866年德雷塞的“撞针枪”（needle gun）首次经历普奥战争那场壮观的考验之时，这种新式武器已经装备到普鲁士的每一个军团。从前膛枪到新式步枪的彻底转变经历了26年的时间。有鉴于此，普鲁士政府自17世纪以来对短枪的设计——除了某些细微之处外——未做任何根本性改变这一点就毫不奇怪了。[20] 相比之下，1863年，也就是经历4年的生产之后，恩菲尔德兵工厂在外无紧要战事的情况下产出100 370支步枪；[21] 法国（1866年）和普鲁士（1869年）从决定用新式步枪重新装备其现役部队到最终完成都耗时不过4年，这当中还包括持续数月的设计和安装。[22]

欧洲的轻武器在1855—1870年投入规模生产，这一点是克里米亚战争的直接结果。新式机床大部分被应用于兵工厂的围墙之内，相对更为安全。若论轻武器的设计与生产，现行的管理的确要比手工作坊阶段精确和有效得多，因为那时候只有巡检员粗糙地检验一下。然而在火炮生产方面，情况却正好相反。部分原因在于正在崛起的英国火炮生产厂家彼此之间的激烈竞争。但就在这种竞争变得不亦乐乎之时，新情况发生了：钢材——作为一种新兴的制炮金属——出现了，其生产所需的材料在各国兵工企业的控制之外！正是这一新因素使得先前竞争与分歧的局面固着下来。

和轻武器生产一样，火炮生产的决定性动力也来自克里米亚战争。战争期间，两国的报纸对英法军队在克里米亚战场上的困境做了史无前例的报道。战地记者把战场上的军事行动细节发回到巴黎和伦敦，遂在民众当中激起一股战争般的发明热潮。[23] 只有极少数新式武器的设计方案能付诸实施。这些付诸实施的方案往往也最终破产，比如重达 42 吨的迫击炮在战争结束一年之后最终铸成，后来成了伍尔维奇兵工厂大门的守护神，虽然笨拙，倒也恰切，它表明兵工企业在 19 世纪火炮设计和生产中的作用是多么笨拙与迟缓。[24]

但其中也有一些观念和创新对后世产生了普遍而深远的影响。其中最重要的要数当时出现的"贝塞麦炼钢法"（Bessemer process）。亨利·贝塞麦是英国著名的发明家，通过火炮设计制造方面的实验，他发明了一种鼓风转炉精炼制钢法。这种制钢法使规模生产钢材成为可能，且可精确控制钢材中的化学成分及其结构。贝塞麦于 1857 年获得专利，从此开启了一个冶金生产的新时代。此后 20 年间，旧有的铸炮法被逐渐抛弃，虽有兵工企业固守旧法不放，但传统的制炮工艺还是于 1890 年最终沦为陈迹。[25]

19 世纪 50—60 年代，人们还不能充分了解钢的分子结构，所以不可能生产出整齐划一、毫无瑕疵的火炮。德国埃森的阿尔弗雷德·克虏伯（Alfred Krupp）首度尝试便数遭重挫，直到 1870—1871 年的普法战争最终证明了他所生产的钢材质量高超。此前，欧洲最了不起的私营火炮生产商是纽卡斯尔的威廉·阿姆斯特朗（William Armstrong）。克里米亚战争以前，他本来经营水力机械，其涉入军工企业之偶然丝毫不亚于贝塞麦发现新炼钢法。

有一天，阿姆斯特朗在伦敦一家俱乐部读报，了解到英国军队如何在因克尔曼战役期间费尽九牛二虎之力才把两门笨重的大炮组装入位，他当时就说道："早该把军工生产提高到现有的工艺水平了。"[26] 于是，他立即着手设计后装火炮，很快生产出一门火炮样品。[27]1857 年的试验表明，由他设计制造的火炮性能明显超出前装火炮。

克里米亚战争结束，印度民族大起义（1857—1858 年）引发英国公众的极大关注，军工技术改进的紧迫感有增无减。阿姆斯特朗设计制造的火炮因此很快得到上级主管部门的首肯。根据 1959 年的协议，他把生产专利交给政府，政府则委任他为"枪械制造工程师"，年薪 2000 英镑，并授予其爵士头衔。有了官方头衔，阿姆斯特朗遂着手在纽卡斯尔附近组建埃尔斯韦克军械公司（Elswick Ordnance Company）。其后，这家私营公司与英国战争部签订了合同，同意阿姆斯特朗设计制造的枪械只向政府出售。截至 1861 年，埃尔斯韦克军械公司已产出 1600 门大小不一的火炮。但炮尾装弹的部位总出毛病，出现卡壳现象，若遇重型火炮，装弹非常费力，非一般壮汉所能操纵。

有人批评威廉爵士，说他滥用职权使埃尔斯韦克公司独享政府的采购合同，并阻止其他的设计方案公平竞争。当时的争论异常激烈。约瑟夫·惠特沃思（Joseph Whitworth）是与埃尔斯韦克竞争的一个曼彻斯特制造商，他将矛头对准阿姆斯特朗，声称由他设计制造的前装火炮无论就准确度还是穿甲力而言都优于阿姆斯特朗的后装火炮，情况也确实如此。[28] 另外还有一二十个发明家积极兜售自己的设计方案，但他们都不具备阿姆斯特朗和惠特沃思的生产能力，除非政府投资，根本无力制造出可供试验的样品。

英国海军不喜欢阿姆斯特朗的火炮，这就加重了私人批评的分量。1859 年，法国推出了"荣光号"军舰，其甲板的坚固程度非英军任何舰载火炮所能奈何。当时的英国火炮厂商迫切需要生产出能够摧毁“荣光号”甲板的火炮。阿姆斯特朗设计制造的最大的后装火炮对此无能为力。1863—1864年，经过官方的反复试验，当时的责任委员会得出结论：与后装火炮相比，前装火炮既安全又操作简易，且有良好的穿甲力。惠特沃思的火炮对炮弹和炮管口径的要求很高，所以生产起来困难重重，非当时的生产工艺所能企及。[29]政府对唯利是图的私营枪械生产厂家本来就存有戒心，而当下又出现彼此攻击的局面，于是该委员会建议中止与埃尔斯韦克的采购合同，重新开始从伍尔维奇兵工厂实施采购，这样便回到了1859年以前的状况。政府敦促伍尔维奇兵工厂综合现有各种火炮之长，研发制造新式火炮。[30]

结果，伍尔维奇的专家们最终决定采纳一位法国人的设计方案，该方案试图融合新式步枪与前装火炮的优点，一方面在炮弹表层加些突纹，另一方面在炮管壁上划出螺纹线。如同米尼式步枪一样，这一设计的最大好处就是无须对现有火炮及操练规则做过大的改变。只要在火炮的内壁划上几道线，使其与炮弹表层的突纹吻合，一门旧式的滑膛炮就被改造成为新式的来复炮。因此，在普鲁士炮兵开始使用克虏伯后装钢炮之后，法英军队继续使用前装炮有长达10年的历史。此外，这两个西方大国还致力于建造更大、更强的舰载火炮。英法两国对枪械生产实施的国家垄断政策并未导致重武器设计制造方面的稳定。此乃两国在海上的争霸、火炮与舰船甲板上的拉锯战使然。

法国在1885年明令禁止私造火炮出口，[31]但在英国，阿姆斯特朗于1863年从官场卸任以后，和惠特沃思一样，对埃尔斯韦克枪械公司制造的产品有完全的自主权，谁有钱就卖给谁。德国的克虏伯继其后装钢炮1851年在由伦敦举办的万国博览会炫然亮相之后，便开始与上述两家英国枪械生产商明争暗斗。克虏伯的首批钢炮于1855年卖给了埃及人。1858 年，普鲁士的作战部向克虏伯订购了 300 门后装钢炮，但其大赚特赚还要等到 1863 年大批的俄国订单纷至沓来。与此同时，阿姆斯特朗和惠特沃思向正处于内战之中的美国人出售枪炮，因而也赚了不少钱。联邦政府不久就取得了胜利，但这并未阻断其发财之路。欧洲其他的一些国家，还有远在他乡的异国政府，比如远东的日本和中国、南美的智利与阿根廷，都很有钱且愿意从这些私营厂家购买重型武器，其后不久又开始购买战列舰。

于是，军工产业的全球化在 19 世纪 60 年代开始出现。这一全球化趋势使得 15 世纪以来只局限于低地国家的跨国枪械贸易黯然失色。即使军工技术先进的法国、英国和普鲁士也经常需要面对来自私营生产厂家的挑战，当然后者经常会吹嘘自己生产的武器如何优于政府督办的武器库。商业竞争进一步加剧了民族国家间的对立，多方都在全力改进火炮的性能。

最先感受到上述影响的是舰载火炮，且感受至深。甲板越来越厚，火炮也相应地越来越大，原有的船侧置炮的办法变得越来越不切实际。新型重炮如此庞大、厚重，只有装在舰船的正中才能确保船体平衡。火炮装到了正中，原有的桅杆和风帆就必须撤走，不然无法保证火炮自由射击的路径。于是人们开始对蒸汽机进行大幅改进，以提高其性能和功率，上述问题最终于 19 世纪 80 年代得到解决。同理，要防止舰船被敌人的炮火击毁，就必须建造钢铁炮塔，且必须保证炮塔能够自由旋转，因为只有这样才能瞄准目标。为此船上又装载了沉重的水力机械，水力机械的装载又意味着必须加大蒸汽机的功率。这还不够。1868 年电打火的引入昭示着舰载火炮的安置及操作又需要重新调整。不过，从那个时代欧洲唯一的一场海战——1866 年在意大利和奥地利之间爆发，地点是亚得里亚海——来看，舰载火炮并非制胜的决定因素。有一艘军舰还是被撞沉了。在此后的一代舰船指挥官心目中，撞船直逼火炮，成了克敌制胜的决定因素。大家都觉得未来的海战依然还会像纳尔逊时代的海战一样，采取近身搏斗的打法。因此，舰船设计者特别注意船体是否具有强大的穿甲力。[32]

普鲁士战法：战争的新范式

19 世纪火炮制造方法的瞬息万变最初没有影响到陆军作战，原因很简单：任何先进的火炮，一旦超出了马拉的负荷限度，在野战中便会成为一堆废物。但在 1870—1871 年普法战争之后，陆军也被卷入到飞速发展的火炮技术变革之中。战争中，普鲁士军队的后装钢炮战胜了法军装备的青铜制前装火炮。因此，1871 年以后，欧洲各国军队纷纷采用新式钢炮装备。更重要的是，普鲁士军队的管理及动员模式一时间成为各国军队的规范。只有地处边陲的英国置身局外。要理解这一过程何以发生，我们需要先回顾一下 19 世纪后期欧美各国陆军作战的具体经历。

此时规模最大的陆战就是美国内战，不过这场内战对大西洋彼岸的欧洲影响甚微。欧洲各国军队对美国军队动员的幅度及深入程度颇为不屑。从表面上看，美国的内战显得散乱而无秩序，缺乏职业化味道。这里根本没有整洁和闪亮的仪容。战斗拖沓混乱，战役不时陷于停滞，缺乏有效的管理阶层，即使是南部邦联也莫不如此，虽然欧洲人对南部邦联反倒有更多的好感。基于上述原因，再加上欧洲军方往往觉得自身技艺高人一头，他们对美国的战争经历不屑一顾。后来直到 20 世纪 20 年代，才有人认识到美国内战实乃第一次世界大战的前兆。美国内战遂成为进入工业化时代以来第一次完整意义上的战争，战争动用了机械制造的新式武器，实施了新型的防御策略，铁路赶上水路运输与后者一起作为主力为数百万军人提供补给。

起初，联邦军队遭遇了一系列挫折，因为无法攻破南部邦联构筑的轻武器防御体系，双方进入消耗战。战场上的主动权取决于哪一方能够切断敌方的补给线。要想最终获胜，联邦军队必须打破南部邦联赖以维持的后方交通线及管理体系。

仅在 10 年前，在塞瓦斯托波尔遭到围困之际，马车载着军需品曾试图与轮船构筑的水上补给线展开竞赛。相比之下，联邦军队与南部邦联都可以利用铁路运输。所以，战争双方处于势均力敌的状态，这一点丝毫不令人奇怪。战争的优势最终转向联邦军队，其原因在于南部邦联在海路及内河运输上存在缺陷。联邦海军封锁了南部各州的水上交通线，南部邦联便无法仰赖从欧洲进口的枪械和给养以弥补自身生产的不足。另外，沿海及内河航道的战略调度在联邦军队的数次战役中也起到了某种关键作用。水路交通对交战双方都至关重要。由蒸汽机驱动的铁甲舰的使用，比如 1862 年“梅里马克号”（Merrimac）与“蒙尼特号”（Monitor）那场著名的遭遇战，为内战赋予了与以往迥异的现代特征，它表明了唯有工业化方可产出的巨型战争机器的重要作用。

铁路可谓现代战争更为重要的一道奇景。火车头凭借强大的机械力量极大地超越了传统陆路运输的种种界限。火车跑上 100 英里，飞奔的马车也不过走 10 英里，而一列火车装载的货物抵得上数千辆马车的总负荷。铁路还实现了上万军队的迅速转移，他们可以在异地长年累月地作战，火车从数千英里以外为其提供源源不断的给养。在铁路问世之前，此类壮举根本无法想象，这再次说明了工业能力对发动一场新型战争所起的至关重要的作用。

1865年，美国总统，恰如200年前的克伦威尔一样，突然发现自己的手里掌管着一支有着不可思议的巨大力量的军队。但与克伦威尔不同的是，美国政府没有试图维持这支庞大的军事力量，却开始解散现行的军事组织，事实上把刚刚过去的战争看作是有失常态的举动。这一做法更加深了欧洲对美国旧有的看法：发生在北弗吉尼亚、维克斯堡和查塔努加的军事围困并非顺应技术发展的明智之举，美国人虽在笨拙地朝战争管理的职业化方向努力，但最终失败了。

支撑上述判断的是1859—1870年欧洲大陆爆发的一系列高效和快节奏的战事（且不说其他为数众多的殖民战役）。欧陆和平的主要破坏者是拿破仑三世，他视恢复法国旧日的荣光为己任，极力支持民族主义对自由的渴望与追求。克里米亚战争的胜利更刺激了他的胃口，于是他非常主动地帮助意大利把奥地利人赶出其领土，满心指望意大利人会对自己感恩戴德，视法国为自己的恩主。结果是1859年一场短促激战的爆发。法军经过两次战役打败了奥地利人，但自身也损失惨重。在随后的政治重组中，除了威尼斯地区与教皇国以外，所有意大利余部与皮埃蒙特区联合组建了意大利王国。

1859年战争本身并不重要，重要的是参战各方从中获取的经验教训。奥地利的一部分军队已经重新装备了新式的前膛枪，但法军组成了方队并冲破了奥地利防线。这似乎证明：训练有素的军队完全可以冲破步枪火力的封锁，就像拿破仑一世时代一样一步步走向胜利。[33]接连打败了俄国人和奥地利人，法军自以为拿破仑时代再现，又成了欧洲第一大军事强国。这支法军坚守拿破仑时代的风范，相信取胜的关键在于士兵的锐气和勇气，并不在乎管理和谋略。法军中普通士兵提升的机会远大于欧洲其他各国的军队，因此法国的军官团往往具有一种顽强不屈的职业化特征，这在其他各国极富贵族倾向的军队里是罕见的。[34] 至于普通士兵，他们主要来自法国社会的下层。法国的法律规定，凡自认为抓取的征召彩票号码不吉利的人都可以花钱雇人代替服役。那些服役期满的老兵自然是最为理想的替代人选。征兵制并不禁止经验老到的士兵长期服役，因此，法国士兵的职业素质并不亚于军官团的素质。

米尼步枪与前装野战炮曾引得拿破仑三世频频关注，由此足见法国军队并非对物质装备的改进毫不在意。1859 年法意铁路通车进一步表现出法国在技术设备上的良苦用心。但法军在阿尔及利亚、墨西哥和亚洲地区只需面对装备极端落后的对手，这种经历，再加上拿破仑式战争的光荣传统，使其极端热衷战略战术而置新式武器的强大威力于不顾。与此同时，欧洲其他国家的军队都开始用新式武器装备自己。但不管怎么说，法军的战略战术还是帮它战胜了奥地利人。法国人号称代表民族主义、自由主义和进步的新思潮，奥地利人反对之，但政治意志不太坚定罢了。

拿破仑三世强有力的“进步主义”意识形态，加上一支职业化的军队和富于创新的战争技术，使法军显得异常强大。正是基于这些理由，1860 年的法国成为欧洲大陆上最强大的国家，至少在他们自己和外国专家考察团的眼中是这样。[35]

奥地利人从失败中得到的教训是，要学习法国的陆军战法，并在野战炮上加大投入。奥地利的野战炮在 1866 年的普奥战争中确实为其赢得了明显优势，[36] 但他们列队冲击的做法却让他们输掉了柯尼格拉茨战役。

普鲁士人获胜的原因在于他们选择了与对手迥然相异的另一条技术改造道路。如前所述，他们选择后装步枪作为陆军作战的主要武器。后装步枪的最大好处是，士兵无论蹲踞还是趴着都可以射击，需要隐蔽时就隐蔽起来。这一战术使士兵不至无端成为敌人的靶子。相比之下，前装步枪的使用者则必须站起来装弹药。后装步枪的第二大好处是射击的频率要快得多。[37]

不过，普鲁士军队及其装备也存在严重缺陷，这使得欧陆其他国家的军队对此不以为然。德雷塞步枪的后装膛不甚牢靠，撞针有时会绷断。同米尼步枪相比，其射程不远，射击精度也不高。这些技术上的缺陷还伴随着军队控制与战术机动性方面的各种问题，看起来，军队在脱离（围绕从枪口装填步兵武器弹药的动作建立的）古老训练模式的过程中都会暗含此类问题。士兵列队并根据指令装弹、瞄准、射击的传统做法自奥兰治的莫里斯时代便证明了自身的价值。装备后装步枪以后，如何防止异常兴奋或受到过度惊吓的士兵毫无目的地胡乱射击、浪费子弹呢？士兵遭敌人火力压制卧倒以后又如何令他们站起身来勇敢地冲杀呢？

上述问题应用到普鲁士军队就显得更为尖锐。普鲁士现役士兵大都是短期招募而来，若把普鲁士当作一个军事大国，必须拿大量的预备役人员来充数，后者充其量不过是穿上军装的平民罢了。只接受短期培训的预备役人员无论如何敌不过长期服役的职业军人，比如法国、奥地利和俄国的职业化军队。

另外，19 世纪 40—50 年代的普鲁士军队与公民社会的关系极不融洽。军官团的成员主要来自跨厄尔巴（trans-Elban）地区的贵族，他们在政治上很反动。这些人极端厌恶且不信任中产阶级的业主，正是后者把莱茵兰地区及柏林和汉堡等城市变成了机械制造和技术创新的中心。1848 年革命亦曾留下痛苦的沉淀。平民百姓最初居然成功占领柏林，这件事曾令普鲁士军官团的成员们感到恼怒和羞耻。政府迟迟不愿抓住机会实现德国的统一也疏远了主张民族统一的志士，他们曾满心以为民族统一是助德国冲出困境的灵丹妙药。普鲁士军官们惧怕革命再度爆发，遂依照自身生活的等级社会原则组建军队，他们坚信，普鲁士的伟大之处就在其森严的等级制度。而在政治改革家们看来，普鲁士军队宁愿镇压国内的革命，也不会去建设他们梦想的德意志国家。

有关1813—1814年解放战争的回忆令双方都感到心神不宁。德国的爱国者还清楚地记得，他们的父辈和祖父辈是如何团结在普鲁士国王的旗下，以人民军的名义反抗法国侵略者。普鲁士的军官们也意识到，若要在战场上发挥强国的作用，就必须有强有力的公民预备役做保障。

1858年，由于哥哥威廉四世发疯，威廉一世成为摄政王，开启了德国历史上的一个新时代。次年，意大利的统一在德意志各地激起更加强烈的民族主义情绪。作为回应，威廉一世（此时已经即位，统治期为1861—1888年）要求提高军队的拨款，但州议会的议员们拒不批准相关法律。双方都援引英国17世纪的先例作为法律依据，因为此间的形势同斯图亚特王朝与议会间的斗争如出一辙。但在普鲁士，结果却大不一样。1862年，威廉一世任命奥托・冯・俾斯麦为首相。作为一个政治家，俾斯麦对权力有一种强烈的痴求与渴望。凭借高超的政治手腕和为实现既定政策不惜发动战争的决心，俾斯麦没用多久就把所有对手远远甩在了后面。

首先，俾斯麦与威廉一世继续实行军队改革，税款照收不误。作为对革命狂潮的一种解决方式，州议会早在1848年就已经国王恩准获得批准政府财政支出的权力，并且被写进了宪法。但国王既然有权恩准，就有权收回该项权力，至少在许多普鲁士人看来是这样；服从的习惯如此根深蒂固，拒绝服从简直不可想象，即使那些强烈反对俾斯麦和国王的人士也不例外。

除了斥巨资继续生产足够装备全军的撞针枪以外，政府又从阿尔弗雷德·克虏伯那里购买了300门后装钢炮。但威廉国王军事改革的重点却在于增加军队的数量，从各个阶层招募适龄青年参军。他还试图提高预备役的作战效率，令战时的准预备役接受正规部队军官的指挥。[38]

1864年，军事改革经受了新考验。当年，俾斯麦联合奥地利对丹麦宣战。起初在对丹麦人的作战中，奥地利军队比普鲁士军队表现更佳，因为毕竟普鲁士士兵自1815年以来从未与任何外国军队作战。但在1865年4月，普鲁士军队却成功地袭击了位于杜佩尔（Düppel）的一个敌军据点，这也是此次战争中意义最重大的一次军事行动，此战的胜利在德意志各邦掀起了一股爱国主义热潮。也正因为如此，丹麦人屈膝求和，把石勒苏益格与荷尔斯泰因两地割让给战胜国。这使得俾斯麦在如何分赃的问题上又找到了与奥地利人反目的口实，进而重组德意志国家。

与丹麦人作战的另外一个重要收获是总参谋长赫尔穆特·冯·毛奇将军的威信和权力得到了极大的提升。要知道，总参谋部这一军事机构是在1806年普鲁士军队溃败之后由沙恩霍斯特将军作为军事改革的一个组成部分建立起来的。自此，参谋人员的专业培训在普鲁士军队中延续了下来，每支部队总有少数几个参谋人员悉心筹划影响部队调度的所有相关事项，其水平之高超远非他国军队可比。但普鲁士将军是否听从随军参谋的建议，这就要看彼此的个性了，情况因人因事因地而异。比如在柏林，参谋人员往往地位不高。参谋部甚至不向作战部长直接汇报，而只是从属于陆军部的一个部门。

威廉一世成为摄政王之后不久，就对军事表现出浓厚的兴趣，并指令毛奇为总参谋长。毛奇的威望在与丹麦人的战争中得到牢固确立。当时他被从柏林诏到王储腓特烈王子的营中作为高级参谋。指挥进攻杜佩尔之时，王子对毛奇的谋略言听计从，完全仰仗毛奇的智慧最终取胜。其后，威廉一世擢升毛奇加入自己的军事顾问团。普奥战争爆发之际，威廉一世一反常态，未把作战的指挥权交给陆军司令，而是效仿腓特烈大帝，亲临战场指挥。之所以能够如此，是因为国王能够仰赖总参谋部的出谋划策。为确保毛奇的权威真实有效，国王下令，总参谋长有权发布作战命令而无须向作战部或其他任何中介机构报告。因此，在军事上，威廉一世把王室的权威几乎都交到毛奇的手里。当然，适逢重大的军事行动，毛奇也有责任与国王商讨，待批准之后方可发令执行。

有效的集中指挥有赖于新式的交通和通信手段。19世纪40年代发明的电报能够令前方的指挥员与遥远的后方指挥部时刻保持联系，只需花上一点儿电缆钱。这样，毛奇与国王就能随时监控每一次大规模的战略调度与部署。只要下属总部处于电报通信所及的范围，战斗指令就可以随时发布。当然，在当时只有极少数人懂得电报的原理的情况下，要保证通信线路在数英里的范围内时时畅通并不是一件轻松的事儿。周期性的线路故障以及意想不到的延迟一直都存在。[39]但原则上，事实上也是这样，当时的电报通信系统相当有效，能够确保毛奇与威廉一世每日甚至每时每刻都能了解并掌控普鲁士军队的战情。

总参谋部的另一大操控工具是铁路。通过铁路运输实现部队的大规模转移或调度并不是什么新鲜事儿。但类似1866年入侵波希米亚那样的精心筹划、细致安排却亘古未见：毛奇及其属下事前详尽地安排了每一支部队的调动，准确测算了每节车厢的容量、总共需要多少节车厢，这样既充分利用了火车的运力，又节省了时间，提高了规模效益。[40]

尽管如此，普鲁士的1866年战役还是危机重重、险象环生。但结果却是普鲁士获胜。利用和平的大好形势，普鲁士旋即开始了对德意志各邦的政治重组。俾斯麦、毛奇与威廉一世一起分享胜利的喜悦，而失败的奥地利人却在抱怨是撞针枪毁了他们，还同时指责指挥官的无能，这种指责实在是有些不公平。

上述果敢决断、速战速决的战役与美国内战那种迟疑不决、旷日持久的军事行动形成了鲜明对比，似乎也令人信服地证明欧洲人——至少是普鲁士人——战法的高超。不过，静心回顾一下，我们会发现：1866 年普鲁士人的胜利，和 1859 年法国人的胜利一样，其秘诀在于哈布斯堡帝国的政治传统，正是这一传统使得奥地利政府输了一两次战役便决定和平解决争端。哈布斯堡王朝通过战败求和一次次逃过包括拿破仑在内的众多征服者的铁蹄，以便可以来日再战。战争，作为王者和职业军人的运动，最好是这样进行。1848 年之后，奥地利之所以遭受一连串的不幸，原因在于哈布斯堡王朝及其政治传统变得异常陈旧，根本无法撬动促使人们行动的内心力量和激情，其他众多民众政府则可以做到。

当然，普鲁士人在 1866 年德意志各邦的政治重组中表现出的民族自豪感及其对伟大群体的渴望根本不同于哈布斯堡的政治传统。不过，俾斯麦还是娴熟地把德国塑造成一个国家与民众的联合体，恰如 19 世纪早期的沙恩霍斯特所梦寐以求的那样。事实上，凭借高超的政治戏法，俾斯麦在普鲁士的政治框架之内，把反动与革命紧密地联结在一起，这一点，再加上毛奇精湛的职业特长，对普鲁士的最终获胜至关重要。

实际上，普鲁士军队挺进波希米亚之后，其后勤补给系统马上就陷入一团混乱之中。铁路的运力保障了货源的充足，但要从军需站将食品和弹药运到部队驻扎的营点还需要四轮马车和公路运输，而后者的运力明显不足。毛奇虽尽了最大努力，运输道路上还是混乱不堪。

靠着连人带马狂奔不止，把军需列车远远地抛在后面，忍受严重的粮草短缺，普鲁士的士兵总算度过了柯尼格拉茨的难关。当然，奥地利人也面临同样的困难，只不过他们的行进速度稍慢一点儿。假如战争持续的时间再长一些，假如哈布斯堡政府不是那样初遭小挫就乐于求和，补给的困境足以使勇往直前的普鲁士军队停顿下来，足以使其一路高奏的凯歌戛然而止。[41]

1870—1871年普法战争的最初阶段，普鲁士军队一路高歌猛进，锐不可当，不存在上述补给的限制，其辉煌的战绩比1866年更胜一筹。加之1870年普鲁士军队战胜的是当时公认的欧洲第一劲旅，对手闻听普鲁士军队1866年的战绩，便立即着手用性能明显高于普鲁士撞针枪的后装步枪重新装备军队。拿破仑三世亲自过问，督促新式步枪的生产。这种新式步枪依据1858年一名法国中尉的设计改造而成，以其设计者的名字被命名为“夏塞波”（chassepot，意为后膛快枪）。法国人对其拥有的“机关枪”（mitrailleuse）也寄予厚望。不过，到1870年战争爆发时，法国军队也只有144支这样的秘密武器，[42]而且法军士兵也不知道如何很好地使用。法军的指挥官觉得根本没有必要改变战略战术。机关枪被当作火炮使用，效果自然不好。如同1859年一样，他们还指望着战斗进入高潮以后，列队的士兵会上前去拼刺刀。

就补给和部署的速度而言，法军明显落后于普军——这一点确是无可挽回。普鲁士人的妙算打败了法国人的锐气，由普通公民组成的军队轻松战胜欧洲最好的职业军人，这简直令世人震惊！所有人——甚至包括毛奇本人——都以为法军会采取主动，战场也肯定是在德国领土上，但事实正相反：法军被逼无奈，临时拼凑了一道防御战线，以期阻挡普鲁士人的进攻。拿破仑三世及整个法军旋即被包围在色当城。眼看着法军遭受普军重炮的轰炸，法国皇帝投降，仅在开战6个星期之后！8 个星期之后，法国陆军主力在梅斯被围，也投降了。

普鲁士人出奇制胜的重要原因之一是，它的参谋人员从对奥地利人的战争中习得了经验教训。例如，1866 年普鲁士人的野战炮根本敌不过奥地利人的野战炮。要设计、生产新式野战炮需要很长的时间，实际上这方面的工作在 1870 年以前没有什么改进。尽管如此，普军火炮的部署还是可以改变的。正是由于这种改变，才造成法军的战略战术受到极大干扰：法军还在列队布阵，不料普军的炮火从远端袭来。列队的法军正好成为普军炮火的靶子，而普军散落的进攻令法军列队的射手无从瞄准射击。另外，普军的枪支较法军的枪支射程远，致使法军死伤惨重却无还手之力。

普军善于从过去的不足中吸取教训，这是它取得一连串胜利的关键所在。战争需动用理性与智慧，这一认识在 19 世纪的欧洲一点也不新鲜，但要在具体实践中系统地运用，却鲜有人能胜过普鲁士参谋人员：他们既有权威，又有思想，所以能够毫不迟疑地将计划付诸实施。毛奇及总参谋部在 1865 年获得的崇高威望，威廉一世 1866 年赋予总参部的极大权威，使普鲁士人能够在战争中迅速及时、充满理性、果敢彻底地应对各种情况，这是欧洲任何其他国家的军队都无法企及的。

还有一个事例可以说明这一点。从普鲁士军队装备后装撞针步枪起，参谋部官员就认识到，武器的改变必须经历新式的培训，而培训必须针对战场上直接指挥作战的士官及其助手。这是一项浩大的工程。为此，军方设立了一个为期 6 个月的培训项目，传授新战法。每个团必须选派一定数量的士官接受培训，受训者毕业后负责培训本团士兵。此项培训的效果非常显著。其他军队经常遇到的两大问题——既要节省弹药，又需在敌方火力封锁面前保持机动灵活，士兵可以自由地选择隐蔽并匍匐射击——由此得到完满解决。事实上，极度理性贯穿军事指挥的所有环节，这对普军取得胜利而言丝毫不亚于毛奇、俾斯麦及普鲁士国王借助电报指挥作战，通过铁路运输实施补给。

不过，提前筹划与理性管理也是有限度的。下述事例可用来说明这一点。就在法国政府军投降，普军占领色当和梅斯的时候，法国民众的抵抗也开始了。拿破仑三世投降的消息传到巴黎，就有一个叛乱政府宣告成立。该组织试图调动法国人在1793年时表现出的那种战斗精神，采取游击战术，不断袭击普军日渐加长的交通线，搞得入侵者焦头烂额。1871年1月，在巴黎被困宣布投降10天后，德意志第二帝国在凡尔赛宫的镜厅宣告成立。5月签订的和约把阿尔萨斯及洛林大部割让给德国。但此后不久，巴黎就爆发了新政府与巴黎公社之间的流血冲突。法兰西第三帝国选择在此时成立，真可谓是再好不过的良机了。[43]

截至1871年，普鲁士人已经两次证明了如何通过速战速决就可战胜当时的军事大国。他们先是用3个星期就打败了奥地利，后又用6个星期俘虏了拿破仑三世。比起美国内战那种旷日持久的拉锯战或者塞瓦斯托波尔成年累月的胶着状态，人们不能不更欣赏普鲁士模式。普军的威望也因之青云直上。从欧洲大国不屑一顾的弱旅，德国的新主人一跃成为世界军事的领头人。

显然，毛奇的成功在于其大规模的军事动员。他往往能够令普鲁士军队在对手还没做好准备的情况下先发制人。速度、规模与态势又有赖于铁路运输的巧妙运用，以此实现合理的排兵布阵和补给供应。要想在战时有足够的兵源，就必须有充足的预备役。因为临时招募的士兵薪资较低，所以军队的招募制成为当时欧洲各国政府唯一能够担负得起的选择，以此保障战时有足够的兵源。与此同时，轻武器的规模生产使装备这样庞大的军队成为可能。在随后的数十年，欧陆各国的军队建设无不效法普鲁士。这时候，只有英国特立独行。

自 19 世纪 70 年代起发展起来的战争模式与拿破仑式及旧有的侠义或英雄观念不谋而合。预备役人员平日里做自己的工作，一遇战时可能有几个星期或几个月的时间从事激动人心的战争，冒险，经受苦难，检验自己的勇武精神，同时赢得胜利，在自己民族的历史上书写光辉的一页，以期下一代会高声颂扬他们的爱国主义事迹。回顾起来，1866 年和 1870—1871 年战争对差不多所有参战的普鲁士人而言的确是一件“鲜见乐为”的好事。因此，战争为这些人的后代，尤其是德国人，留下了极端险恶的影响。

普鲁士军队 1866 年和 1870—1871 年的胜利使德国及其他欧陆国家的军官们变成类似坚纽斯门神（Janus）一样的双面人。一方面，这些通常出身农场主家庭的军官继承了古代农奴制的遗风，习惯于对耕田的农夫发号施令。另一方面，这些身着军装的地主又懂得，要想在战争中取胜就必须有最先进的工业机械。在此后四十几年里，这两种相互对立的特征在他们身上尚可和谐共生。在中东欧——某种程度上也包括法国——军旅中的链条式管理扩展到民间，形成了对上司绝对服从的民风，而现实是，随着市场关系的日渐推广，人们有越来越多的选择就业和购买物品的自由，从城市到乡镇，从乡镇到农村，在整个欧洲范围内，上述习气都在迅速消亡，化为陈迹。甚至俄国在 1861 年也废除了农奴制！

军队身上沾染了一种古老的遗风。尤其是普鲁士的军事领头人，因为这些军官们继承了东方容克贵族的传统，甚至在德国大多数地区业已摆脱农村社会的那种两极对立格局的情况下，在他们当中古老的主仆观念依然绵延不绝。然而，欧洲军队，尤其是德国军队，之所以能够在战争中表现出高效率，却恰恰在于这种古老的体制。个体涉身军旅，便发现自己处于一种比日常生活关系简单得多的社会之中。士兵失去了全部自我的责任感，惯例、习俗掌管着他们饮食起居的每一个细节。在这里只需严格守时并服从命令，与平日里左顾右盼、难做决断的焦虑相比，这无疑是一种解脱——农村社会经常造就毫无节制的焦虑，针锋相对的头人、互不妥协的从属关系、现实的各种出路，所有这一切都要在做决断时认真加以考虑。听起来好像有些矛盾，但逃离自由的确是一种解脱，尤其是对处于动荡不安的社会环境之中、尚未承担成人角色的年轻人而言就更是如此。

大致从 19 世纪中叶起，欧洲多数军队里的军官阶层——哪怕是出身资产阶级——都刻意模仿传统的贵族习气，而服役的普通士兵则乐于服从命令，因为这种简单的服从关系可以帮助其摆脱飞速发展的城市化进程带来的种种困顿。这种从心烦意乱、不知所措中的逃离，加之近乎返祖般的狩猎团体成员之间的友善——同龄人在一起操练更强化了这种感觉——使 1870 年以后的欧陆军队具有一种非常突出的独特个性。他们明显不同于长期服役的士兵所表现出来的那种精神气质，后者曾长期主导欧洲战场，直到德国的市民战士在职业军官的领导下将其掀翻在地。[44]

说来也怪，军旅之中这种简化了的主仆关系与工业社会技术发展瞬息万变且日益复杂化的趋势倒很吻合。简单的军旅生活要求标准化的武器与程序化的操练。即使 1864—1871 年为普鲁士带来诸多荣耀的总参谋部，在战胜法国军队之后也表现出技术上的僵化倾向。其他大陆国家同德国一样拒斥技术变革，英国更是有过之而无不及。尽管私营的武器制造商用尽浑身解数兜售其重型火炮和机枪，各国军方总是迟迟不做反应。武器过重，马拉不动，有什么用？机枪每分钟发射数百发子弹，到战场上怎么会有那么多敌人排在那里供你扫射？更何况从军需站转运来的弹药补给本来就不充分，普法战争的弹药短缺即是一例。这样的浪费简直毫无道理。所以军方总是群体阻拒武器销售商，觉得他们花言巧语，总是喜欢推销更新、更贵的武器。

在欧洲各国，私营武器制造商与其官方客户之间彼此都非常厌恶。但在 1870 年之后，双方之间却谁都离不开谁：官办的兵工厂无力生产钢炮，而在兵工厂装配钢炮生产线的成本在政治上无法被接受。因此，即使在武器生产技术最先进的国家，钢制武器也只得从私营武器商那里购买。法国人曾依赖官办兵工厂生产铜炮，但在 1870 年却为此付出了代价。英国人也曾在伍尔维奇兵工厂生产重型前装炮，但这种火炮在性能上远逊于克虏伯和阿姆斯特朗的后装炮。至 19 世纪 80 年代，这种官私厂商之间的技术差距变得十分显著，英国的皇家海军终于摆脱了“兵工发展委员会”的控制，开始从私营武器制造商那里购买武器，这种官私之间的密切合作关系在当时欧洲其他国家的海陆军中还不可想象。但在具体探讨军队与工商业界之间的相互依赖关系之前，我们先巡视一下 1880 年前后欧洲的军工发展水平，看看它对世界范围的战争有何影响。

全球性影响

当我们把目光从欧洲转到 1840—1880 年的非洲和亚洲，我们会立即觉察到不同地域、不同人群之间军事经历上存在的巨大差异。整个欧洲大陆出现了越来越庞大的军队，实行的是短期兵役制，服役之后还要在预备役服务一段时间。亚洲和非洲的统治者无力通过兵役制创建庞大的军队：他们缺少必要的行政构架，更不用提军官团、武器补给了；那里没有一个公民阶层——统治者往往觉得民众不可信任，后者一旦有机会就会向统治者发动进攻。欧洲的兵役制模式只有在日本才被证实是可行的，不过在此期间，兵役制的实行在日本还是引发了 1877 年那场短暂却残酷的内战。

相反地，欧洲各国政府却很难把短期兵役制下的军队移植到海外作战，因为光是运送现役人员往返战场就占用了其法定的服役期。要在遥远的异地作战，欧洲军队需要长期服役的士兵。英国的长期服役军团最迟在印度驻扎到 1947 年，而事实上，英国 19 世纪在印度的军事行动多是雇用印度军队所为。[45] 当时其他的西方帝国，比如法、俄，就缺少英国人才有的战争工具——印籍雇佣军。法国 1889 年开始实施短期服役招募制，其后主要靠志愿人员维持其在亚非的殖民地，其中包括著名的外籍军团。

在世界历史上有一个令人称奇的事实：19 世纪，哪怕只是一小股装备了欧洲先进武器的军队，也足以轻松战胜非洲和亚洲的国家。有了汽船和铁路补充动物驮运，任何自然地理和距离上的阻隔都变得无足轻重。欧洲的陆海军有能力把军需物资输送到先前根本无法渗透的边远地区。这样，欧洲与世界其他区域在军事组织和实力上的差距在一个又一个地方变得日益显著。

欧洲在军事上的巨大优势 1839—1842 年在中国的东南沿海得到了充分展现：英国的小股先遣部队在鸦片战争中击败了中华帝国的军队。在维多利亚女王（1837—1901 年）的整个统治时期，英军接连不断地卷入各式各样、大大小小的战役——有些战役甚至连英国公众也搞不清楚。[46] 结果，英帝国迅速不断地扩张，有些殖民地正式并入英帝国，还有些属于非正式的联盟。与此同时，法、俄也时断时续地在亚非各地成功地实施了各种军事行动。

上述三大帝国逐渐发现，在各自帝国的边缘地带实施军事行动花费甚微。比如对中国和日本近乎致命的鸦片战争，从1839年11月持续到1842年8月，而英帝国的军事拨款在1841年却出现了下降的趋势，净拨款低于战前水平，如下表所示：[47]

表7-1 鸦片战争前后英帝国的军事拨款（单位：百万英镑）

年份	陆军与枪械	海军	合计
1838	8.0	4.8	12.8
1839	8.2	4.4	12.6
1840	8.5	5.3	13.8
1841	8.5	3.9	12.3
1842	8.2	6.2	14.4
1843	8.2	6.2	14.4

其原因在于：小股陆海军编队投入战斗时并不比驻守营盘多花费什么。军饷的总额不变，只是小股部队作战也不会导致补给费用的大幅上涨。弹药支出也没有多大改变，原因是弹药的储藏期往往只有几年，不投入使用也会因化学毁损而废弃。死伤几个欧洲士兵也无足轻重，一是当时的人口增长很快，二是公民社会的成员还难得找到表现自己英雄气概的机会。因此，自19世纪40年代起，欧洲人在战略通信和交通运输方面近乎垄断般的优势，加上武器方面的遥遥领先，令世界其他地域的人们根本无法企及，所有这一切使得帝国的扩张几乎锱铢未损。难怪会有下面的说法，大意是：英国一不小心就获得了一个帝国。这是戏谈，但绝不荒诞。[48]

与此同时，欧洲的军事实力也受到了实实在在的制约。美国人旗帜鲜明的反战政策及其强大的军事潜力——内战期间及内战接近结束时均有突出表现——使欧洲列强不敢到新世界进行军事冒险。法国人于 1867 年撤出了墨西哥；英国人在一系列涉及美国利益的事件中——如对亚拉巴马的领土要求（1872 年）、委内瑞拉（1895—1899 年）及阿拉斯加（1903 年）的边界纠纷——表现出的恭顺和尊重，都表明了这一基本事实。美国人不需要常设欧洲规模的陆海军，却依然能够阻止欧洲各帝国在加勒比海和拉美地区的扩张。同样，待日本人成功组建了欧式的陆海军之后，便可以划定一块属于自己的势力范围，连欧洲人也奈何不得。不过，后面这个制约欧洲军事优势的力量还需等到 19 世纪末，即日本在 1904—1905 年的日俄战争中真正显示出其强大的军事实力之后，方为欧洲列强认可。

从某种意义上说，俄国人在经历了克里米亚战争的失败之后转而把目光投向其自身辽阔的疆域，这无异于建立起另一个独立的欧洲强势工业及军事力量难以企及的世界。事实上，俄国人向西方发展不利，却在中亚地区得到充分补偿，在那里，俄国的远征军轻松征服了伊斯兰部落和国家。沙皇的士兵们在战役中展现了旧式的英雄主义，恰如法国的殖民军同时代在非洲和印度支那的所作所为。二者的成功同时也掩盖了这样一个事实：俄、法在军事组织与战略筹划上均未能跟上德国人的步伐。

但不管怎样说，俄国人还是对克里米亚之耻耿耿于怀。俄国人一想到法英的远征军跑到家门口把自己打败，难以下咽的苦痛登时化作摆脱落后、改造社会的力量，以期重塑俄国在 1815—1853 年的军事大国地位。不过，俄国的社会改造并未触及其军队赖以为基础的农民阶层。俄国的实力异常强大，政府花费极大的力气用最新式的武器装备沙皇的陆海军，当然，这些武器要从国外的克虏伯或阿姆斯特朗等私营武器厂商那里去购买。事实上，自 19 世纪 60 年代以来，俄国一直是上述两家厂商的最大客户之一。[49]

在俄国内部，虽然强制兵役制在18—19世纪（贵族在18世纪，平民在1861年）已通过法律予以正式废除，但旧有的指令性社会结构的残渣还多有遗留。在日本，迟至20世纪初，还残留着“封建”社会关系的众多遗迹。俄、日的这些传统陋习与英、法在19世纪业已广泛深入的自由主义和个人主义思想及市场调节规范格格不入。不过，到了“二战”之后，英法的上述传统却转而成为阻碍社会发展的障碍而非助力，且迟早要走向衰退直至最终消失。实际上，英法两国取得的巨大成功和自信已使得两国的自由主义大旗在全欧洲乃至世界范围广为传播、魅力强劲，直至1873年以后突现的经济萧条才使国家干预经济的思想和做法日渐普遍起来。

18世纪末，法英两国的人口都出现了迅速增长的势头，而此时的农村经济已经发展到了极限。两国分别采取不同的措施解决了各自面对的问题。法国的做法是降低生育率，同时把新增人口吸引到稳步发展的新兴工商业提供的各种就业机会当中去。英国的做法正好相反，其高生育率一直维持到19世纪末，但从19世纪50年代起，英国总能为那些在国内找不到适合工作的人口提供海外发展的机会。[50]德国基本上遵循英国处理人口增长思路，实施快速工业化辅以对外移民，总的来说也很有效。19世纪80年代，东欧的大多数国家也开始以类似的方法解决农村人口过剩问题。[51]

仅就西欧而言，约至1850年，100年来一直困扰各国旧政体的老问题终于得到圆满解决。法国大革命的疾风暴雨以及工业革命初期的动荡不安渐次成为过去。在之后的几十年里，和平、繁荣、自由贸易、私有财产等自由主义观念获得了空前绝后的认同。

一个多世纪过去了。我们不难发现19世纪盛行于英、法、德、美等国的自由主义有其狭隘之处和种族中心主义的偏颇。然而，即使19

世纪以来的社会变革倾向于集体主义，强调人类事务中的指令性原则，我们依然不容忽视英法两国 1840—1880 年在主导世界发展进程中所做的卓越贡献。机械加工使产品变得廉价，机器制造兵器使欧洲获得了巨大的军事优势，这两种产品都用来出口。结果，整个世界被联结成一个前所未有的互动的整体。尽管美、俄设置了高关税，非洲和亚洲亦因自然环境的阻隔而令人无法深入内地，这些对经济全球化的发展构成一定的障碍，世界范围的大市场还是跨越了所有现行的政治边界。

可以说，到 19 世纪 70 年代，跨大陆范围的人力整合是世界历史上的一个里程碑，足以与约 900 年前发生在中国宋代的商业整合相比。如本书第二章所述，中国人在 11 世纪时取得的巨大成就为全球市场关系的建立发挥了关键作用，19 世纪的全球贸易格局则是这种关系的顶峰。中国宋代商业发展的多样化使更多的人口得以谋生，其生产力发展水平也是前所未有的。同样，19 世纪全球化的人力市场调节亦通过极大提高生产力养活了飞速增长的世界人口。100 多年之后，虽有各种障碍阻隔着商品与服务的自由流动，我们依然得益于这一成就。阻碍流动主要是出于社会福利和战争方面的忧虑，这种忧虑自世界市场体系成型之日起就始终绵延不绝。

第八章

加剧的军工互动（1884—1914 年）

战争工业化的开端可以追溯到 19 世纪 40 年代：铁路开通，半自动化及规模生产引入，普鲁士人开始生产后装枪，法国人用蒸汽机驱动舰船挑战英国的海上优势，所有这一切都极大地改变了军工生产及军队的组织装备。同理，欧洲军事与工业之间加剧的互动也可以追溯到 1884 年的英国"海军恐慌"。这一"海军恐慌"是聪明的记者 W. T. 斯特德（W. T. Stead）和雄心勃勃的海军军官约翰·阿巴诺斯特·费希尔（John Arbuthnot Fisher）杜撰出来的。当然，除了这两位主人公，肯定还有其他人参与了对英国民意的背后操纵。

英国战略地位的下降

上述"海军恐慌"的始作俑者之所以大获成功，其原因在于，自 19 世纪 70 年代始，英国的战略安全体系便每况愈下。而根源又在于工业技术向大不列颠群岛之外的扩散。这一扩散过程约在 1850 年便开始加速进行；与此同时，德、美开始了与英国的竞争，甚至在某些生产线的技术工艺上超过了英国。仅就海军军备而言，英国的海上优势亦因尖端技术出口变得岌岌可危。私营造船厂和军备生产商在此间的作用尤为明显。1864年英国政府决定军方火炮的生产统统交与伍尔维奇兵工厂，阿姆斯特朗及英国其他武器生产商只得靠向外国出售武器为生。1882年，阿姆斯特朗公司为智利建造了一艘巡洋舰，其航速超过了现有所有的主力舰，火炮装备亦优于所有其他舰只，至此，英国海军的安全问题便提上了议事日程：凡出钱购买便可获得最先进的技术究竟妥否？[1]

快速巡洋舰对英国的威胁极大，因为当时英国的食品主要依靠跨大西洋的航运进口。自19世纪70年代中期起，廉价的航运使得从北美平原（其后不久亦包括阿根廷和澳大利亚）进口小麦等食品至利物浦和伦敦比在英国本土生产还有利可图。结果，由于英国政府没有其他欧洲国家惯用的高关税制度保护其农业生产，英国的农业收成遂大幅下滑。[2]不管廉价的面包对城市的工人有多么大的好处，它预示着英国经济开始变得越来越脆弱。19世纪80年代，英国的粮食有65%需从海外进口；如果这时有敌方的巡洋舰实施拦截，那么不出几个月英国人便有面临饥荒的危险。

正是这种新的可能的危险使得法国政客和海军军官们开始重新酝酿与英国海军一争高下。一些“青年学院派”（jeune école）的海军理论家称，只要法国海军装备一种用于海岸炮击的炮艇，加上几艘快速巡洋舰及高速鱼雷艇，就完全可以铲平英国的海上优势地位。这种舰艇最为诱人之处就在于廉价。一艘装甲舰的价格是鱼雷艇的60倍，而鱼雷艇只需发射的一枚鱼雷击中装甲舰吃水线以下的部位便可将其击沉。法国在经历1870—1871年的惨败之后，便开始下大力优先装备其陆军。因此，在此时提出既可降低海军投入又能拒英舰于地中海之外且肃清英军在法属大西洋沿岸势力的计划，自然有着不可抗拒的诱惑力。法国下院遂于1881年通过了建造70艘鱼雷艇的拨款，并就此停止建造装甲舰。5年之后，“青年学院派”理论的首倡者H. L. T. 奥布（H. L. T. Aube）做了海军部长（1886—1887年），他又劝说下院通过了一项建造14艘巡洋舰和100艘鱼雷艇的计划，前者主要用于袭击商业运输船。虽然力主战列舰作战的海军上将在法国依然存在且于1887年又重新得势，上述步骤却表明：及至19世纪80年代，英国的老对手法国把希望寄托在一种旨在近距离作战的完全新型的武器体系上了，其战法则年代久远，即远距离发炮袭击商队。[3]

这一战略确实极具威胁。英国少数深谙此技的军官对此非常清楚。他们从1866年英国移民罗伯特·怀特海（Robert Whitehead）在南斯拉夫的阜姆（Fiume）发明自驱动快速反应鱼雷艇以来一直跟踪其发展态势。[4]法国正在筹资兴建的这种小型鱼雷艇非常灵活快捷，1881年的主力舰对其根本无可奈何。英国军舰装备了许多重型前装炮，总重量高达80吨，如果向近距离的静物开火，往往能够达到毁灭性效果，当初的设计理念也正在于此，即认定未来的海战将一如纳尔逊时代的船舷对船舷的搏斗。但其射击的速度较慢，且远距离射击的准确性欠佳，这就意味着小型快速反应的鱼雷艇尽可穿梭自如，投射鱼雷，然后扬长而去，英国皇家海军的火炮根本来不及瞄准发射。总之，歌利亚巨人又一次遭遇大卫——只不过这次是在海上。

从500~600码距离向装甲舰发射，鱼雷本身即已致命。更为糟糕的是，火炮本身的不断进化更使皇家海军行动迟缓的前装炮显得无可救药。其中最突出的变革是火炮的推进燃料。弹芯内填充颗粒状火药，但不完全填满，留有一定的空隙，这样火药的燃烧会变得非常充分，内外推进，其速度丝毫不亚于化学反应。美国陆军军官托马斯·J. 罗德曼（Thomas J. Rodman）在约1871年发明的这项改进，再加上19世纪80年代发明的新式硝化纤维素炸药（法国人率先使用），促成了一种更为强劲有力的无烟推进燃料。

火药爆炸方式调整得好，就可以产生更为持久的推力，从而极大地提高弹头出膛时的速度。同时炮管也有必要再加长，因为爆炸气体产生的冲力会有更长的时间加速弹头的飞行速度；原有的火炮只是火药爆炸那一瞬间弹出弹头，火药就此燃烧殆尽，燃烧的面积小，所以降低了推进的速度。炮管的加长也使前装炮的设计变得不切实际。1879 年，英国官方正式做出决定，此后的海军一律装备后装炮。不过，最终说服英国海军部的还是克虏伯那壮观的火炮试验。克虏伯在梅彭（Meppen）特别设立了一个发射场（见第 250 页图 b），并邀请德国及其他国家的要员前往观摩，借此展示其最新长管后装钢炮的威力是如何的出众。[5]

英国决定废止自 1864 年即已装备皇家海军的前装炮，这给伍尔维奇兵工厂带来了难以应对的巨大危机。改用后装炮本已耗资费力，而要把铸造火炮的主要原料由铸铁改为钢材则意味着巨额的追加投资。这就需要完全不同于伍尔维奇兵工厂现有设施的一套厂房设备。不管其改制有多么迅速及时，海军肯定没耐心等待兵工厂及兵工发展委员会的官员们一步步地照章行事。

陆海军之间长久蓄积的摩擦这时开始发作了。兵工发展委员会一直受陆军部操纵，对来自海军的需求和倡议自然反应迟迟、不愿理会。至少在海军部火炮司的官员们看来是这样。尤其令他们感到义愤的是，该委员会 1881—1887 年只拨给海军所需总额仅 1/3 的款项用以改装舰船上的后装炮。[6] 这种改造的速度，且不管其理念多么先进，对维持皇家海军的实力和威望根本无济于事。与此同时，法国、德国甚至英国的私人武器制造商都已经推出了自制的钢炮。相比之下，皇家海军的装备则日渐老化、毫无希望。

图 a

图 b

图 c

图 d

钢铁制造技术与大规模军备生产

这四幅图片展示了克虏伯公司如何在技术上先声夺人，自 19 世纪 90 年代起即开始了大规模的军备生产。外景的两幅图片展现炼钢的高炉（a）和梅彭的试验发射场（b）。内景展示的是炮架装配车间（c）及炮管加工车间（d）。这些图片是 1892 年克虏伯公司促销宣传的一部分。芝加哥大学图书馆授权复制。

陆军部的军官爱钱如命、胡搅蛮缠，兵工厂的领导铁石心肠、毫无同情之心，在这种亟须进行技术改造的关键时刻，上述反应极端失当。海军上校约翰·费希尔把这种情况偷偷泄露给了记者 W. T. 斯特德，并声言要在《蓓尔美街报》(*Pall Mall Gazette*)上发表一系列极富刺激性的报道。首篇报道于 1884 年见诸报端，题为《海军的真相》，署名为“一知情者”。文章引起了公众的广泛关注。文中引用了大量的细节，试图说明，“海军的真相就是，目前我们正在丧失海上的优势”。[7] 此后，一篇接一篇的报道出炉，直至最终的高潮：“海军应该做些什么？”最后一篇报道刊载在 9 月 13 日的报纸上，此前不久英国重新召集了的议会，其后两周之内，英国政府即对举国上下的群情激奋做出了反应。政府提议追加海军拨款 550 万英镑，分 5 年拨付。1883 年英国海军的常规拨款总额为 1 003 万英镑，对那位“知情者”来说可能还远远不够，[8] 但对那些故意耸人听闻者而言确是一场重大胜利。

通过公之于众的手段，哪怕是偷偷摸摸地进行，费希尔最终迫使自由党掌控的政府及其军方上司做出不情愿的决定。当时的海军大臣阿斯特利·库珀·凯（Astley Cooper Key）爵士并不赞同采取这样的手段。事实上，他很厌恶煽动群众的做法，也不欣赏这样得来的追加拨款，在他看来，这样的做法只能刺激他国加大海军投入，以至于加速而不是减缓英国海军海上实力的丧失。[9] 作为皇家海军的高级将领，他觉得自己的职责是在政府拨款的范畴之内竭尽所能，维持英国海军的优势地位。海军军纪明令禁止干涉政治决策，虽然军费拨款完全由政治决策所控。但费希尔却甘愿违纪，部分出于个人的野心，部分出于对技术落后的焦虑。许多海军军官只埋头于军事公文，不懂得费希尔心头的焦虑。

英国军工联合体的出现

不用说，费希尔不是一个人干的。1884 年是令人压抑的一年。造船厂闲着无事可干，记者们直截了当地指出："当今的情况政府完全可以取得一石二鸟之效——既为造船厂工人找到工作，又可以通过启动私营造船厂填补官方造船厂的不足。"[10] 在 10 月 25 日召开的议会上，就有人提出如何解决当时普遍存在的失业问题，与此同时，政府正着手估算有关海军建设的拨款数额。海军大臣向上院提出了自己有关海军建设的补充计划，指出"考虑到当前本国造船企业的凋敝状况，如果追加海军拨款……最好的方式是与私营造船厂家订立购销合同"。[11]

若是在前几十年，议会代表业主和纳税人提出议案，那么贸易的萧条只会导致政府投资的削减。而 1884 年仅在议会修订海军建设拨款的前两周，格莱斯顿（William E. Gladstone）的自由党政府却提出议案，要求大幅扩大公民选举权的范围。自此以后，收入所得税只会影响到极少数的选民。[12] 而另一方面，议会很难长久抵制来自失业选民的压力，尤其考虑到其背后还有企业主的支持，当然后者主要关心的是从政府那里拿到订货合同。

新的选举形势改变了各种政治力量的运作。贸易的萧条不仅不会导致议会拒绝批准高额的海军拨款，反倒使追加海军经费比繁荣时期显得更为紧要和得体。政府与私营武器商签订订购合同不只会让工人拿到工资、业主获得利润，更重要的是，这样做还可以同时提升英国的国际地位。纳税人不愿承担这笔费用对政治而言已经不再重要，因为越来越多的选举人坚信那些富人有能力也有义务担负这笔费用。[13]

这种模糊、笼统而又富有决定意义的政治经济利益重组使英国海军的发展有了长足的进步，一大批精通技术的海军军官与私营武器生产商开始了密切的合作。费希尔上校在这一转变过程中发挥了关键作用。1883 年，费希尔当上了朴次茅斯舰炮学校校长，并于 1884 年跻身上层政治圈。作为舰炮改进的总负责人，费希尔竭力寻找每一种可行的重炮模型，包括所有私营制造商的产品设计。他笃信竞争的价值，他在 1884 年大力宣扬这种观念就是为了在伍尔维奇兵工厂与私营武器制造商之间挑起竞争的局面，以确保英国海军获得最优成果。

不过，事实上，费希尔的理想未能实现。伍尔维奇兵工厂最终未能建立起独立的厂房与私营武器制造商进行平等的竞争。不无讽刺的是，正是费希尔自身的行为导致了上述结果。陆军军官在他与兵工厂之间作梗，而他对这种官僚的敷衍塞责动辄火冒三丈。最终的情形是：1886 年，费希尔当上了海军枪械总监，便提出要求并被准许从私营武器制造商那里购买任何官办兵工厂无力迅速或廉价提供的武器装备。当时没有人认识到这一决定的潜在影响，但正是这一决定很快令私营武器制造商获得了舰炮装备生产的垄断地位。原因很简单。当时的军舰要装备重型钢炮、炮塔及其他复杂器械，而伍尔维奇兵工厂从未获得足够的资金投入到上述武器的生产当中。相比之下，阿姆斯特朗公司在克虏伯 1878 年和 1879 年的武器展示中即已认识到，要在未来的竞争中立足，必须立即装配重型后装钢炮的生产线。面对克虏伯试图侵入阿姆斯特朗公司曾一度享有至高无上地位的领域——海岸及舰船用重型火炮的生产，威廉爵士的反应是：立即投资兴建全新的炼钢及造船厂。[14] 结果，1886 年，当伍尔维奇兵工厂刚刚转向后装火炮的生产之时，阿姆斯特朗公司已经非常荣幸地将皇家海军加入其一连串大名鼎鼎的外国客户名单上了。

在之后的 30 年中，由于经济规模的增大，私营与官办武器制造商之间的鸿沟已经变得无法弥合。若要大型武器制造设备不停地——或近乎不停地——运转，产品必须能够销往国外，这一点已经成为业内长久以来的共识。因为只有这样才能大幅降低生产成本，列日枪械制造公司在15—19世纪这么长的时间里能够统领欧洲枪械贸易的原因正在于此。不过，18世纪，欧洲各主要国家都在本国内建立起了官办的兵工厂，但厂内的武器生产设备大多数时间归于闲置。只有这样，这些国家才能确保其在国内火炮生产上的主权。19世纪中叶，普鲁士（大国中最穷的一个）和俄国（工业化国家中程度最低的一个）都在国内进行武器生产的同时从克虏伯公司购买武器。但在法国和英国（除了阿姆斯特朗公司获得官方认可的1859—1863年），国有兵工厂迟至19世纪80年代依然保有武器生产的垄断地位。从19世纪60年代起，伍尔维奇兵工厂就不断投资新设备，为皇家海军生产型号越来越大的铸铁火炮。但由铸铁转向钢制武器一下子使投资的费用陡增，以至于上级主管部门也迟迟不愿为伍尔维奇兵工厂再行投资。

即使伍尔维奇兵工厂得到了巨额投资，其昂贵的生产设备依然会大部分闲置，因为仅仅依靠皇家海军的需求远不会令其充分运转。要想让这种大型设备充分运转起来，只能靠出口，就像克虏伯和阿姆斯特朗公司所做的那样。伍尔维奇兵工厂的大型设备即使运转起来，只要它只服务于英国政府，其生产成本肯定还会高于私营武器制造商。

因此，1866年认可的规则实际上使阿姆斯特朗公司——1888年以后又加上维克斯（Vickers）公司——系统地削弱了官办兵工厂的发展底气。伍尔维奇毫无竞争力。事实上，面对1884—1914年盛行的新的海军-工业合作形式及其催生的技术的迅猛发展，兵工厂的主管官员从来没有做过，甚至从来没有想过要购置借以奋起直追的大型设备和厂房。

伍尔维奇兵工厂和皇家海军造船厂（Royal Naval Dockyards）依然

为海军生产、加工不少产品，[15]但它们却不事创新，这一点好像已经发展成为一种惯例。有时候，某些新式兵器在异地完成初步设计之后也会拿到伍尔维奇兵工厂来生产。比如自驱动鱼雷就是伍尔维奇 1871 年以后生产的。这种鱼雷的发明者罗伯特·怀特海先是把专利卖给了海军部，海军部又交由伍尔维奇生产，遂有此事。[16]不过，一旦发明者提议设立新厂，比如海勒姆·马克沁（Hiram Maxim）在 1884 年就另设工厂生产他发明的机枪，法律便不容许伍尔维奇从事生产，否则便构成侵权。

当然，在英国，陆军而非海军才是马克沁机枪的最大客户。不过，当时的现实是，1884 年之后真正新颖有效的设计只能从私营生产商那里获得，可能正是这一现实强化了业界对这一新式武器的怀疑。不管怎么说，陆军部只购买了很少量的马克沁机枪，尽管这种武器在殖民地战役中数次尽显其致命的杀伤力。[17]布尔战争（1899—1902 年）之前，英国陆军对官办兵工厂的武器产品还大致满意，所以原则上避免同私营武器制造商发生合同关系。陆军装备的技术相对变化不大，这一点也使上述做法得以继续下去。[18]当时的人还流传着这样不言而喻的假定，即武器一定要轻，轻到马能够拖得动。当时内燃机（19 世纪 80 年代发明，主要用于私人汽车）的潜能还未能得到开发。这种技术上的保守很容易令士兵们保持旧有的传统，对战马情有独钟，而对唯利是图的商人及发明家不屑一顾。这种状况在欧洲大陆和大不列颠都是一样。德国人从 1871 年以后就一直从克虏伯那里购买野战炮，但即使如此，他们对私营商的唯利是图和贪婪也总是怀有一种拒斥心理，从克虏伯那里得到好处的一小撮军官经常陷于孤立，不时成为同僚怀疑的对象。[19]反过来看，19 世纪 80 年代之后，正是欧洲各国陆军的这种保守态度造成了陆战技术进展如蜗牛般缓慢，而与此同时，海战技术却经历了飞速发展。

海军建设的异常复杂令海军不得不萌生与此截然不同的态度，英国皇家海军旋即开始从私营武器制造商那里购买火炮及其他各种重型装备。负责购置军备设施的海军军官与私营武器制造商之间的私人关系不可避免地密切起来。例如，威廉·怀特（William White）先是在阿姆斯特朗公司供职两年，之后在 1885 年便一跃成为皇家海军武器装备的总设计师。此后，他成了皇家海军与私营企业之间联络的主要纽带。[20] 安德鲁·诺布尔（Andrew Noble）则正好相反。他放弃了海军军官的职位来到阿姆斯特朗公司供职，并于 1900 年公司的创立者去世之后当上了公司总裁。这种军工之间的联结有时也发生在更高层，比如海军上将阿斯特利·库珀·凯爵士 1886 年成了新成立的军备公司诺登菲尔德特枪械弹药公司（Nordenfeldt Gun and Ammunition Company）的董事长。20 世纪的第一个 10 年，甚至出现了海军上将珀西·斯科特（Percy Scott）爵士获得特许权，与维克斯公司签订合同，生产其在任内“兼职”发明的专利产品的事例。[21]

金钱至上在海军部门和在陆军部门一样不受人尊敬。斯科特只是过于贪婪了，而不像是在做买卖。但不管怎样，军工之间的这种广泛交易以及在技术、财务问题上的反复磋商确实有助于打破传统上海军军官与私企商人之间的彼此猜疑。

自然，二者之间的摩擦与欺诈从未彻底消失过。不过，他们的关系也不外乎自古已然的买卖之间的那种模棱两可。虽然不时会有一方控告另一方的失信行为，但双方在众多问题上的合作还是指向设计、生产更新更好的军舰。事实上，在这个过程中形成的一伙技术官僚成了弥合海军与工商业界之间裂缝的桥梁。这样做的结果，是为民主和议会政治理想提供了实现的手段，并由此生发了一代又一代新式武器，其威力更大、价格更高、对国民经济而言也越发重要。

海军与武器生产企业之间的桥梁还不甚牢固，从 1884 年追加海军建设拨款项目实施至 1889 年项目最终完成，这期间的交易量也不大。这时政府又及时推出了《海防法案》(Naval Defence Act)，所需拨款额度为 2 150 万英镑，差不多是 1884 年追加拨款的 4 倍；计划建造 70 艘各类舰船，其中有一半交由私营造船厂建造。该项计划的规模由官方公布的“双强标准”正式确立。也就是说，英国的海军力量不能低于其他两个次强国的海军力量之和。据说，只有这样，才能在任何情况下确保英国的安全。[22]

1889 年计划的一个出人意料之处是，它大大超出了海军部所要求的拨款数额。个人的心思和目标不再左右事态的发展，取而代之的是有组织的群体互动，这个过程更为复杂，远非单个参与者所能完全理解。但其发展方向却是单一的，即加大政府的军备投入。

和 1884 年一样，英吉利海峡的对岸早已是人心惶惶。法国人也配合得非常到位：一方面，法国人于 1888 年开始了大规模海军建设，且早已不限于鱼雷艇和巡洋舰；另一方面，法国升腾起一股强硬的沙文主义热潮，其中心人物是那位滑稽的布朗热将军（General Boulanger）。法国的沙文主义表演激起了英国人的反应。英国最受人尊敬的老兵沃尔斯利勋爵（Lord Wolseley）在上院讲道：“要是我们的海军一如现在这般疲弱，女王陛下的军队……甚至无法保障我们现在立足的首都的安全。”[23] 英国首相索尔兹伯里（Lord Salisbury）也声称“有迹象表明法国欲入侵英国”。[24]

经济上处于繁荣时期，但钢铁和造船工业依然陷入困顿，这又为惶惶不安的公众情绪火上浇油。但对政府思维产生最大影响的却莫过于如下的战略推算：法、俄两国的舰队如果采取联合行动，将足以把皇家海军驱逐出地中海。此外，保守主义政客，如 1889 年身为海军大臣的乔治·汉密尔顿（George Hamilton）勋爵，也已经认识到为海军拨款深得民心，有望为政党赢得更多的选票。[25]

党派倾向、国家利益和民意热情一致支持私营武器制造商及钢铁、造船企业，1889 年海军部拿到其意想不到的高额购舰拨款也就不足为怪了。显然，英国社会上下同心，就是要确认并强化英国的既得利益，持续不断地扩大海军拨款份额。[26]

1889 年开启的五年计划接近尾声时，这一点变得更加明显。1893 年，整体的贸易萧条来袭。格莱斯顿重登首相之位，竭力反对在经济滑坡之时便增加税收以支付海军军费的做法。但时值经济困难时期，内阁中竟无一人支持他的观点。经过数周激烈的辩论，格莱斯顿宁可辞职也不愿在海军大臣斯宾塞伯爵草拟的海军建设计划书上签字。格莱斯顿辞职以后，该项耗资 2 120 万英镑的计划轻松通过议会表决。公共媒体轻快娴熟地怂恿民意支持该项计划。事实上，这种诉诸公共媒体的做法在 1894 年海军联盟（Navy League）成立以后简直成了惯例。

新的危机接踵而至。19 世纪 90 年代，包括美、德等工业大国在内的其他国家亦加入海军建设的热潮。美国海军军官艾尔弗雷德·塞耶·马汉（Alfred Thayer Mahan）于 1890 年和 1892 年发表了著名的多卷本《海权对历史的影响》，试图说服美国人建设一支现代化的新式海军有多么重要。该书的出版在国内外获得了巨大成功，尤其是在德国，其影响甚大。结果，进入新世纪，英国的“双强标准”已经显得不切实际，布尔战争更凸显了当时英国的孤立处境。此前，英国人没有料到战争持续的时间会那么长、那么艰苦，消耗的陆海军投入更是前所未有，所以直到 1905 年新一届自由党政府上台，英国才再次实现对军费的严格控制。

这时的费希尔上将已成为英国海军大臣，从1904—1910年在位。面对削减军费的呼声，费希尔首先改革了人事政策，继而关掉了驻扎在海外的海军兵站，并把残损不用的军舰彻底退役。[27]与此同时，费希尔集中精力设计建造了一艘新型超级战舰“无畏号”（H. M. S. Dreadnought）。这艘1906年下水的巨舰令其对手——尤其是德国海军——纷纷暂停造船计划，直至堪与“无畏号”战舰比肩的设计方案出台。自由党的政客们相信，这样就可以减缓海军军备竞赛的速度，也只有这样才能够最终实现军费削减的设想。

但这一政策意味着许多人会失去工作，处处依赖海军建设项目的造船厂及承包商现在也无事可干了。削减军费得罪哈利法克斯、新斯科舍或巴哈马群岛等海外军事基地的一批人倒也无所谓，因为他们在国会毕竟没有表决权，而要得罪英国选区选民的利益，情况就完全不同了。[28]保守党抓住这个机会大造声势，呼吁要建造更多——而不是更少——的战列舰。1908年，德国人发起了一项新的更大规模的造舰计划，从而决定性地打破了英国国内政治力量的平衡。结果，自由党政府1909年本来只提议建造4艘无畏舰，最后却不得不批准建造8艘。用丘吉尔的话说：“最后的解决方案非常奇怪，却很有代表性。海军部提出要6艘，经济学家们（丘吉尔也在其中）建议4艘，最后的妥协方案却是8艘。”[29]

技术革命的重大胜利，各国之间的彼此敌对，加上英国国内政治业已改变的运作框架，使得旷日持久的一系列政治决策都倒向了提高海军军费一边。这样就形成了一个反馈回路：先是出现倾向于加大公共支出的经济利益集团，这些集团敦促议会提高海军军备拨款，从而引发技术的迅速更新。每一个海军建设项目都会开启技术创新之门，旧的舰船随之遭到废弃，进而需要更高数额的拨款启动新一轮的军备建设。

技术创新作为一个独立的元素在这一不断上升的军备竞赛中究竟有多重的分量，对此我们无法具体估算。不过，我们还是可以发现这一轮创新独有的特点。19 世纪 80 年代以前，科技发明差不多总是单独的个体所为，有时会有一些辅助的技师及熟练的技工，后者帮助发明者制造出产品模型，或辅佐发明者将其设计思想付诸实践。阿姆斯特朗和惠特沃思都是这样走出来的，他们依靠各自公司的资源、根据自身的见识发明出新式武器或其他生产机械。这一过程中的花费都要自己掏腰包，要回收资金或盈利则完全仰赖是否能够把产品向充满疑虑的买主推销出去，不管是民间的私人用户还是军方的要员。投资军械有极大的风险。诚如惠特沃思在 1863—1864 年所见，哪怕是品质绝对超众的产品也未必被既抠门、技术上又保守的军方所接受。

在这种情况下，自然不会有许多人热衷投资武器的研发。但即使如此，正如我们在前一章所看到的那样，还是有这样一批发明家——阿姆斯特朗、德雷塞、克虏伯等——通过把军事技术提升到民间工艺的水平从而革新了武器装备。但 19 世纪中叶的这种私人发明模式却绝不足以将海军装备技艺提升到 1884—1914 年那样的高度。即使经营业绩颇佳的大公司，如克虏伯和阿姆斯特朗，若非提前拿到订单，也绝对担负不起高昂的研发费用。

自 19 世纪 80 年代起，海军部总是按照私营武器制造商的要求做出保险的承诺。来自海军的技师会就预想的武器、发动机或舰船性能作详细说明，实际等于给负责设计的工程师出难题。因此，发明变成了一种刻意追求某种特定性能的过程。在划定的范围之内，有关战略战术的筹划开始主导战舰的格局，而不是相反。最重要的是，现在的海军部官员不再像过去那样充当法官般的角色，对业内技师提出的新颖设计说东道西，动辄否决。相反，技术精湛的海军军官们都围绕在费希尔上将周围，共同砥砺创新。新世纪伊始，海军部甚至拿出一部分资金，作为对极富潜能的技术创新的前期投入，而在此前，前期投入问题总是令发明家感到忐忑不安。

这种“指令性技术”（command technology）发明模式的首批成果之一是速射炮的诞生。1881 年，来自鱼雷艇的威胁再度成为世人的关注点，海军部便提出了一种速射火炮的特性说明。根据海军部的要求，这种速射炮必须至少每分钟能够射出 12 发炮弹，必须有能力在 600 码以外击毁前来袭击的鱼雷艇，因为 600 码是自驱动鱼雷的有效射程。[30]

1886 年，费希尔上将最终取得从私营武器生产商购买武器的授权，这时官办的兵工厂还迟迟拿不出方案，而另有两个设计方案已经达到海军部 1881 年提出的要求。实际上，最终选定的方案是由瑞典工程师诺登菲尔德设计的。设计者立即成立了一家新公司，并邀请前海军大臣阿斯特利·库珀·凯作为董事长，生产速射炮。与此同时，阿姆斯特朗公司研发出一种大口径速射炮，其性能远远超过 1881 年海军部的指令。其中最大的一枚速射炮采用液压制退系统，每发射一枚炮弹之后，火炮即自动退回到发射状态。这一技术，加上对后装设置的极大改进和点火时封闭燃弹膛的简单器械——后两者都是借自法国的火炮设计——给阿姆斯特朗公司 1887 年改装的速射炮带来了革命性的变化。后来生产的速射炮基本承袭了这些特点，每分钟能够数次发炮，且能在每次发射之后迅速回复原位。这种新型回复装置的主要设计者名叫约瑟夫·瓦瓦瑟（Joseph Vavasseur）。他与费希尔上将除了职业上的关系之外还是莫逆之交，但他膝下无子，所以把大笔的个人财富交由费希尔的儿子继承。[31]

上述指令性技术传统当然不是 1881 年才问世的。我们在第四章已经看到，发布指令的官员与发明家早在 18 世纪即已时断时续地表现出类似的关系，甚至可能还要早些。但从 19 世纪 60 年代起，随着战列舰设计的迅速变革，海军部已非常习惯规定新战舰应具备的各种特征——速度、吨位、装甲的厚度、火炮的装备等。有时候规定还特别详细，比如有关战舰上的炮台，必须要保证能够随时全方位发射。[32]

1884 年以后指令性技术发展的特点是，不再刻意追求设计上的绝对新颖，而更注重诸如航程、船体宽度等随时都可以改变的细节。[33] 事实上，在 1884—1914 年这 30 年中，这一传统逐渐发展成为世界经济机体上的恶性肿瘤，而此前在世人眼里，这一体制将流芳百世、战无不胜。

哪怕只是草草地回顾一下 1884—1914 年海军军事技术上的重要变革，我们都不难发现指令性技术传统在多大程度上已经渗透到技术发展的每一个角落。速射炮之后——只是体积越来越大、射速略微下降一点儿[34]——便是舰船速度的攀升。起初的想法只是要设计一种新的“套管锅炉”（tube boiler），发起人是一个名叫阿尔弗雷德·亚罗（Alfred Yarrow）的船厂技师。他与海军部签订了合同，要建造一种新型“鱼雷艇驱逐舰”，不久简称为“驱逐舰”。其任务是拦截鱼雷艇，使其不得靠近主力舰。这就要求驱逐舰的速度必须超过鱼雷艇，且要有良好的航海性能。这本是非常苛刻的要求，但 1893 年下水的首艘驱逐舰速度就高达 26 节——比当时的鱼雷艇高出 2~3 节。4 年之后，当亚罗的套管锅炉与蒸汽涡轮（1884 年查尔斯·帕森斯注册专利）连接到一起时，驱逐舰的速度更是提高到 36 节——超过 10 年前快速战列舰航速两倍多。[35]

1898 年及 1905 年在远洋中的海战给舰船设计者们带来了新的启示，使他们认识到该如何提高新式战列舰的作战性能。1898 年的美西战争表明，技术落后必遭惩罚，陈旧老化的西班牙军舰根本敌不过美国的新式战舰。不过，美国海军在马尼拉湾（当时风平浪静）及圣地亚哥湾（风浪很大）的炮击却令人难堪地不准确。[36]后来的舰船设计者对火炮的瞄准系统进行了改造并获得巨大成功，这一点从日俄对马海战（1905 年）中可见一斑。俄国军舰在退却，日舰竟能从 1 300 码以外准确发炮轰击。与美国那难堪的一幕相比，这只不过是 7 年以后的事情，而射击的距离也是美舰射击目标的两倍！[37]

“无畏号”实际上是英国皇家海军对上述发展做出的回应。其设计充分考虑到远程炮击的要求，速度高、火力猛，超过当时所有的战列舰。其速度达到 21 节，比当时航速最快的战列舰高出 2~3 节；舷侧配备 10 门 12 英寸口径的火炮，大大超过旧式战舰所能承载的发射重量。其燃油载量和超大型的涡轮发动机使其航程远非其他舰船可比。“无畏号”的装甲相对较薄，但其速度足以令舰长轻松选择交战的地点和距离，只要能够远距离准确击中目标，这一点似乎无关紧要。[38]

不过，1906 年又出现了新问题：皇家海军的战舰如何能够在高速行驶中击中移动的目标？战舰本身上下颠簸，且在与敌舰对峙中有可能随时要调转方向。于是，官方花大力气解决这一问题，同时涉及火炮的有效射程问题。但及至 1914 年“一战”爆发，大多数英国军舰还没有来得及装备改进了的测距仪及中央火炮控制系统。再者，英国的测距仪比不上德国的测距系统，根本无法使舰载的新式火炮发挥其应有的威力。例如，1912 年，从阿姆斯特朗公司订购的 15 英寸口径火炮，其射程是 35 000 码（20 英里），但皇家海军的测距仪在 16 000 码以外就派不上用场了。[39]

不过在同一时期，鱼雷的射程也有了突飞猛进的发展，[40]且以改进的潜艇搭载，所以它对皇家海军的威胁比 19 世纪 80 年代要大得多。

同以前一样，法国在这方面处于领先地位。1887 年，法国人古斯塔夫·泽代（Gustave Zédé）设计出了第一艘实用远洋潜艇。1903 年，装备了潜望镜的潜艇就好像长了眼睛，可以在水下潜伏状态瞄准并发射鱼雷。这为法国人试图找到一种新式武器并摧毁英国海上霸权的梦想又增添了新内容。但法英之间的海军军备竞赛，除了 1898 年法绍达冲突期间有所加剧以外，很快便默默无闻了。1904 年的外交协定依然声称法国将建造潜艇以对付英国，但那不过是空话而已。法国的大部分资源都被集中起来用于对付其地中海沿岸的对手——意大利、奥地利以及奥斯曼土耳其，新一轮军备竞赛由此展开。[41]

英、德之间的军备竞赛只在 1898 年之后才变得激烈起来，且集中在主力舰的比拼上。德国的蒂尔皮茨（Tirpitz）上将及其同僚牢记马汉的教导，在他看来，潜艇不过是战舰的附属品，只有战舰才能够统治海洋。有了这种全身心的投入，在“无畏号”1906 年下水之后仅 10 年，巨型战列舰的设计已趋于合金钢的性能极限，因为战列舰的发动机、火炮和甲板都要用到这种金属。

海军军备竞赛的任何初始稳定状态都注定要被空中力量打破，这一点在 1914 年以前已为世人预见到了。例如，皇家海军在 1913 年就曾成功进行了机载鱼雷的试验，但后来战争爆发，而鱼雷入水后的飞行路径问题还没能得到解决。[42]

截至 1914 年，英国海军部尚未找到办法，以解决来自空中和水下的对巨型战列舰的巨大威胁。1884 年出现的那种“海军恐慌”再次上演，英国民众普遍热情支持皇家海军的技术现代化，好在这时的技术根基更为牢靠一些。像《穿衣镜像》（*Through the Looking Glass*）中的红色女王一样，英国及其他海上强国要保持原地不动，就必须加速奔跑。由于德国海军军备计划的实施，1898 年以后的皇家海军面临自 18

技术决定一切

本页页中图就是以航速高和火力猛著称的“无畏号”战舰。它在 1906 年的问世曾一度改变了英、德之间海上竞争的基础。本页上两图是“无畏号”船头及船尾的图示。但不管武器装备有多好、装甲有多厚，此时的潜艇对海上的各类舰只已经构成了极大的威胁，这一点可从艺术家的绘画（下页上）中得知。请注意图中 3 年前才问世的潜望镜。与此同时，飞机的发展也异常迅速。这里是 1906 年一名法国飞行员的照片（下页下），他驾驶着一架需要人力跑步起动（push-prop）的飞机，看上去好像正在向后飞。

资料来源：*Illustrated London News*, 1906, pp.548（20 Oct.）, 301（1 Sept.）, and 841（8 Dec.）。

14bis

世纪 70 年代以来最大的挑战。前海军大臣阿斯特利·库珀·凯将军曾不无先见地指出，费希尔在 1884 年的举动定会招致严重后果。历史证明，他的预言是对的。但在详细讨论这一点之前，我们还是先看一看军备竞赛在“一战”前的数十年对英国社会造成的影响，因为这一阶段见证了现代军工联合体的突然成熟，它萌生于欧洲自由主义的堡垒之中，却表现出反复无常、令人难以捉摸的个性。

海军军备与经济的政治化

首先，海军的大规模建设、各种各样用以装备战舰的新式武器的生产业已成为巨大的商机。在 1855 年阿姆斯特朗感慨“早该把军工生产提高到现有的工艺水平了”之时，军工技术还远远落后于民间工艺，但此后不久，军工技术在英国（及全世界）却成为现代工程技术发展当之无愧的先驱。[43] 据估算，1897 年，大约有 25 万名英国人（占当时英国男性劳动力的 2.5%）受雇于皇家海军或海军直属的承包商。[44] 及至 1913 年海军拨款翻番之际，估计全英国有 1/6 的劳动力仰赖海军的订货合同得以就业。[45]

福利与战争因共同扶持海军军备竞赛而被联结到一起，这一演变过程当中存在着不小的阴暗面。行贿受贿、贪污腐败还不算，更为严重的是真假莫辨的报告和从容谨慎的欺骗充斥着整个英国社会。商人为得到合同便求助于当地的议会议员，后者会劝说海军部向这些商人倾斜；议员候选人绝不愁竞选费用，因为他们常会莫名其妙地收到重礼，有些是酬谢，有些是巴结。只需找到肯合作的记者，盛情款待一番，席间半遮半掩地透露自己想要公开的内幕，便可以在报纸上制造耸人听闻的新闻或发布所谓的内部消息。

海军军官们正是利用这种手段彼此之间大肆攻伐，或严肃认真或故作天真地向媒体泄露所谓的内情，媒体记者则极尽投机造谣之能事，不时加剧本已混乱不堪的局面。尤其是有关费希尔上将与查尔斯·贝雷斯福德（Charles Beresford）上将之间的个人恩怨，经过媒体的炒作和议会的传播，几乎牵涉到海军部大大小小的每一件事。海军部的官员频频走访媒体，收受重金，如同后来的电影明星一般，有时还表现出某种孩子气。

其中的游戏规则不甚了了。媒体揭露黑幕的现象可追溯到克里米亚战争时代，但凡是通过新闻媒体操控公共事务的人都需面对一种令人难堪的来自两方面的压力，一是个人利益，一是公众利益。记者如若散布虚假新闻，则个体的道德良知会受到谴责；生产商贿赂政客赢得海军的合同，同样会感到忐忑不安，而通过媒体批评上司或故意泄露机密以求左右公共政策的海军军官，其职业操守也往往遭到怀疑，毕竟其内心报效祖国的“崇高职责”与长久以来形成的服从、纪律观念水火不容。然而，个人的职业生涯就这样如棋局般遭人摆布，约翰·费希尔上将的经历即为一显例。

社会的重大变革往往会导致道德准则及行为模式的混乱。1884 年开启的新式资源利用方法本身即包含着道德含混的一面，但也许这种方法不过昭示了新型警世途径的重要性而已。

这种警世途径的重要作用由表 8-1 的数据即可一目了然。我们会发现，陆军的经费上涨还不足一倍，而同期的海军军费在 30 年间则达到最初数额的近 5 倍，须知这一时期的物价水平总体保持平稳。显然，通过开发新技术并从私营武器制造商那里采购军备物资，皇家海军成功地获得了更多的公共款项；相比之下，陆军则固守传统的管理模式，武器生产与设计完全依赖官办兵工厂，所以大大地落后了。

表 8-1　政府拨款支出（单位：百万英镑）

年份	陆军及枪械	海军
1884	16.1	10.7
1889	16.0	13.0
1894	17.9	15.5
1899	20.0	24.1
1904	36.7	35.5
1909	26.8	32.3
1914	28.3	48.8

资料来源：*Abstracts of British Statistics* (Cambridge, 1971), pp. 397-98。

海军与工商业之间增加的互动为公共管理的另外两个领域带来了新压力，其一为财政，其二为技术。

财政问题变得异常突出，原因在于成本的不可预测性。造成这种不可预测性的原因又在于新器械、新程序的不断引入。经常出现的情况是：一种新观念或新设计，起初的预算并不高，在实施过程中却溢出了许多，如果中途停止或拒绝尝试新的设计方案（待其可行性得到充分证实后再行实施），则意味着技术领导权的旁落。

皇家海军的消费自然不能超过议会拨款的数额。但从塞缪尔·佩皮斯（Samuel Pepys）时代甚至更早的时代起，海军部已经养成了借钱的习惯，一旦议会的拨款不够支出，便从伦敦的银行家那里拆借。只要舰船和火炮的变化不大，成本基本是可以预见的。因此，如遇紧急情况，海军部会审慎地借一部分资金，议会自然不会等到债台高筑之时便拨款予以偿还。议会拨款的数额与海军部拆借的部分大致相当，这样海军部在自身的操作管理上就具有了一定的灵活性。

但 1880 年之后，技术变革的速度加快，预测支出的限额遂变得不可能。通过举债来化解超出的额度已变得势不可当。不借钱就意味着停止新式军舰的建造，或者让德国人在技术上超过皇家海军。然而举债的数额过大，仅利息一项就有可能严重侵蚀当年的军费拨款。海军部在技术上的孤注一掷必然导致与其相关的私营公司最终走向破产，即使议会拨款的数额不断上升也无济于事。

在这种情况下，议会对海军支出的控制开始失去作用。普通议员对海军部举债之事毫不知情，他们和普通民众一样天真地以为，年度的军费拨款控制着海军军费的支出。到 1909 年，失控的数额已经变得异常巨大，以至于议会不得不寻找新的税务途径解决欠债问题，同时还要支出庞大的年度军费拨款。劳合·乔治（Lloyd George）政府 1909 年提出了著名的预算，包括“累进税法”（soak-the-rich）和社会福利条款，以期解决上述问题。这清楚表明，全面的军备竞赛若要进行下去，必有政府采取断然措施干预现行的社会经济关系。尤其是累进所得税和累进继承税的征收，实际上造成了社会财富的重新分配，因为只有这样才能够调动如此规模的社会公共资源。上院试图阻挠新税法的实施，而劳合·乔治政府一心要制服这些贵族，使其否决归于无效，其气势不亚于一场革命，这对 19 世纪英国社会和自由主义政体的解体可谓至关重要，至“一战”期间达到运动最高潮。

财政的失衡与管理体制的混乱不仅仅限于海军部与财政部。新的军事技术使私营武器制造商也遭遇了管理上的极端困境。私营部门通常的情形是两极分化。有些私营公司获利丰厚（如维克斯公司 20 世纪头 10 年的资本净红利达到年均 13.3%），[46] 而其他众多的私营公司则走向破产。海军部实行的是合同授予制，本身即在金钱收益与政治平衡之间摇摆，很多时候，这一政策就决定了哪些私营公司受益，哪些公司破产。

通常的市场行为在这样的环境中很少有发挥作用的余地。与政府采购官员或熟谙技术创新的军官搞好关系远比熟悉市场行情更有利于获得生产购销合同。不过这种专家间关系至上的局面也经常会受到外界政治压力的干扰，因为有些地区或私营公司实在无以为继，政府也不得不出面干预。

常规的成本核算根本不足以管理私营武器生产商的财务。比如要生产一种世间从未有过的机器，通常要投入的资金数额就比较大。但在这一合同完结之后，该新式机器是继续使用，还是因同期出现性能更优良的新机器或新设计使前者变得过时而不得不放弃，这一点谁也说不准。那么，完成这一项合同的成本究竟应该是多少？公司能否指望仅通过这一项合同就回收全部资本成本？如果答案是肯定的，那么其价格一定非常高，且后继资本运营商肯定会记入那笔溢出的利润，而后来的武器生产商则大呼冤枉！但如果对资本成本采取分期清偿的办法，时间是拉长了，可谁能够担保这项合同完结之后还会有更多的后续合同而不至人去楼空、厂房闲置呢？对于这些问题，海军部的官员及私营业主都无力做出准确的答复，毕竟技术发展的步伐太快了。结果，这一行不可避免地充满了风险。

对私营武器制造商而言，将产品销往国外自然不会有上述问题，但条件是：海军部对向外方出让技术秘密不做严格限制，因为许多产品的研发最初是公款支持的，至少部分是这样。[47] 私营公司彼此串通共同投标显然更有利于降低风险。海军部的反措施是令更多的新公司加入武器贸易竞争，扩大供应，压低价格，预防垄断的萌生。维克斯公司就是这样进入武器贸易的：1888 年，海军部敦请维克斯参加装甲板合同的竞标。但维克斯公司决定进入武器贸易也反映了民用市场无力匹敌美、德钢材价格的困境。通过从事武器贸易，维克斯公司把自己从激烈的市场竞争中隔离开来，因为海军部对从国外购买武器从不感兴趣。[48]

私营公司与公共机构两方的成本核算都变得如此难以预测，竞争和公开招标也因此日渐减少。新型公司如维克斯很快就学会了与阿姆斯特朗等武器制造商友好相处。诚然，新专利的出台很容易使别家公司也加入武器贸易当中，但这种公司在第一批合同完成之后却经常陷入资金短缺的危机，因为新的订货通常不会滚滚而来，很难保证生产的连续不断。在这种情况下，普遍的做法是与旧有的武器生产厂家联合组成集团公司，这样就可以根据海军部（及国外销售）的需求实现资金与技术资源、人员与设备的组合调配，分散风险。

这种大集团公司一旦达到一定规模，便会形成许多政府官僚机构才有的特点。由于具备生产复杂武器装备的能力，这种大公司逐渐获得了某种类似垄断、至少是准垄断的地位，故而能够与海军部的采购官员大致平起平坐地讨价还价，后者慢慢地也发现，要购买高度专业化的（通常还是秘密的）武器设备，除了与这些人打交道之外别无他途。换句话说，私营武器制造商越来越像官办的伍尔维奇兵工厂，唯一不同的是，海军与其私营武器供货商都很乐于接受非常新颖的技术创新，而陆军与官办兵工厂则不然。

英国私营武器制造商合并的速度由马克沁枪械公司的发展历史可略见一斑。马克沁枪械公司创立于1884年，专门从事机枪的生产。仅在4年之后，该公司就与诺登菲尔德合并。1897年，马克沁-诺登菲尔德公司被维克斯公司收购。阿姆斯特朗公司也经历了一系列的兼并，其中最重要的恐怕要数1897年兼并的惠特沃思公司，即多年以来的竞争对手。至1900年，维克斯与阿姆斯特朗公司在英国的重武器生产领域占据绝对的统治地位。双方以准官方的地位与海军部合作。具体而言，海军部在决策时的一个重要考虑是如何在两家大公司与其他小公司之间按比例分配产销合同，这一点往往具有重大的政治经济影响，有时候会压倒金钱方面的考虑。[49]

在国外销售方面，随着1885年以后英国公司与德国的克虏伯和法国的主要武器生产商施耐德-克鲁索（Schneider-Creusot）之间竞争的日趋激烈，向技术程度较低的国家出售武器或军舰往往要考虑如下几个因素：该国家在世界上的地位、是否有外交结盟以及赤裸裸的行贿。信用支付往往由驻该国的外交官委托私营银行代为办理，这一过程非常关键，因为购买武器的国家很少会带着现金来购买武器。

一旦巩固了在英国国内的地位，维克斯与阿姆斯特朗两家公司便觉得不宜在国外市场上再摆出竞争的架势。实际上，到1906年，两家公司已就全球的武器销售方面达成了市场分配协议。此外，两家公司与克虏伯公司还达成了专利及专利费方面的协定，两家英国公司有权采用克虏伯公司合成金属方面的某些新发明，而克虏伯公司也有权享用英国的某些专利。它们与法国的施耐德公司也有类似的协定。这样就形成了一个全球范围的武器生产销售网，这一网络在“一战”之后备受世人诟病。大公司之间的合作及串通投标往往仅出于金钱方面的考虑。而另一方面，政治上的对立与民族自尊心也会导致你死我活的激烈竞争，有时甚至因此会把价格压到根本不盈利的程度。不过具体情况会因时因地而有所不同。

自从19世纪50年代出现技术分离（technological breakaway），私营武器制造商就成功跻身国外市场，这一方面可以增加收入，另一方面还可以平抑国内市场因需求起伏动荡而造成的损失。只要研发产品的费用全部由私营制造商承担，对国外市场的产品销售就不会产生突出的道义问题。但在19世纪80年代以后，由于每一项重大发明和改进均是由海军军官与私营企业工程师及生产专家合作研发而成，对外销售便出现了一系列的问题，比如哪些产品可以销售、谁有权销售以及销售给谁，等等。对民族国家的效忠会令人推掉有利可图的买卖，不把武器卖给潜在的敌国。只与那些有同盟或结盟关系的国家打交道可以避开上述困境，条件是各国的外交关系保持不变。但英国武器制造商与克虏伯公司签订的专利分享合同——有些在"一战"期间都没有撤销——却提出了这样的问题：究竟哪个更重要？是国家还是私营公司？是公众利益还是个体盈利？[50]

总之，有一点是清楚的，伴随武器生产企业成为新技术的先导——钢铁冶金、化学工业、电力机械、无线通信、涡轮机、柴油机、光学器件、计算器（用于火控）、水力设施等——这种企业很快便具备了准公共机构的官僚体制。大公司在技术和财务上的决定开始产生公共影响。武器生产的实际质量对交恶诸国及欧洲的各军兵种都至关重要。1866—1870 年，人们都已认识到，某种新获得的技术优势往往决定战争的胜负。武器设计上的每一个选项都会产生重要的政治、军事影响，所以在做每一个决定时必须同时着眼于国家利益和生产企业的财务前景。

因此，海军部的财务及管理决策与企业的财务、管理决定之间业已形成快速的反馈回路，虽然后者显然还不过是私营企业。公共政策与私人决策已经无可避免地纠缠到一起。20 世纪 20—30 年代的自由主义批评家及 20 世纪 50 年代的马克思主义或准马克思主义历史学家们声称，上述混合体中的主导力量在私企。据称，对利润的追求构成了驱动力。所有其他的东西不过是由此派生出来的，都是由某些机智、贪婪的人在背后操纵，而他们的目的就是要致富，为自己，也为股东。

不过，对于人类的动机和行为而言，这似乎是一种歪曲的偏见。

爱国与获利恰好重合，无疑是令人兴奋的，私营军工企业的老板们通常就视此为己任。但主导人类行为的却还有应对问题并试图接受挑战、解决问题的那种冲动，武器贸易在“一战”前夕的那段时间里吸引了那么多富于创新的技术人才，不过是因为那里的工业研究充满活力、非其他地方可比。[51] 创新家吸引创新家，从而发生连锁反应。

此外，对技术效率的追求、涉身公共服务的观念、做出明智选择以求事业的发展，所有这些显然主导着海军军官的心思，使其在整个事件的发展过程中发挥了巨大作用。对职位提升的渴望是一股巨大的力量，因此他们能够集中精力于自己喜爱的事业，能够不遗余力，这一点但凡现代陆海军服役人员都可以佐证。自然，升迁会带来经济上的好处，但真正重要的却是职位升迁带来的那份受人尊重、处处优先的气派。如果真的只是受利益驱动，那么 1887 年费希尔上将就不会拒绝到惠特沃思公司任职的机会，海军设计师威廉·怀特也不会从阿姆斯特朗公司再回到海军部，因为他在海军部的工资只有阿姆斯特朗公司的 1/3。

对公共事业的热情——在海军部的等级制氛围中亦沾染了某种追求名利的色彩——加上来自内阁和议会的巨大政治压力，对技术变革的整体发展可能产生了比一己私利更大的影响。但若说只有一种动机主宰着整个决策过程是不符合历史的。重要的是在这里我们一定要认清，公众利益与私人动机是紧紧纠缠在一起的。1914 年以前，市场与金钱方面的考虑并非只是服从于政治指令；此后，政治与军事决策也并非完全屈从于私企老板利润最大化的追求。[52]

在 1914 年以前的欧洲，政治决策渐次成为经济创新的重要基础，这一点在实力较弱、工业化程度较低的国家尤为明显。在日本，这一点则是毫无疑问的。但英国和德国在 19 世纪 80 年代以后也朝着这一方向迅速迈进。决策的政治化已成大势所趋，如同在尖端技术领域一样，从事武器制造的大企业集团远远领先于其他工业部门。武器生产商以及与其打交道的军方因而成为 20 世纪的两个标志性过程——战争的工业化和经济的政治化——的主要塑造者。

理性设计与管理的限度

1884 年以后英国海军遭遇的纷至沓来的新技术也为社会道德、金融服务及管理组织带来了压力。同时，新技术的发展开始呈现失控状态。第一次世界大战前夕，武器控制程序已经变得异常复杂，面对两种截然不同的设计方案，负责武器方案审批的将军们简直无所适从。大量的数学原理和复杂的火控机械连动装置令当时本已焦头烂额的官员头晕目眩，根本无力把握。因此，最终决议常常是糊里糊涂地做出的，经常只是出于金钱、私人关系抑或政治方面的考虑。

同样，钢铁冶金的过程极其复杂，主管的海军将军们大概根本不懂得为枪炮和装甲带来革命性影响的种种新合金背后的化学原理。但武器与装甲的试验结果还是非常明显的，试验之后，凡人都知道哪种武器或哪种装甲的性能更优越一些。[53] 不过到了火控装置试验却依然采取上述步骤恐怕就不行了。试验的条件不同，其结果可能就会迥然相异：同是舰船试验，平行的路线与曲折的路线结果就完全不同，高速行驶与低速前进的效果也不同，有时天气还会造成差异。另外，要把军舰上的火炮一一拉到试验机械装置上并瞄准射击也是件很费力的事。必须有专家设计这种装置，而要做到这一点，专家必须对军舰上哪怕是最机密的原理都了如指掌。

也许最根本的问题是如何界定火控装置的性能指标体系。而这又取决于对未来海战的设想。如果德国人前来并采用纳尔逊时代近身搏斗的作战方式，那么设计能在两万码以外借着朦胧的月色陷敌于火海的火炮就显得不甚紧要。但如果真的能够设计出这种性能的火炮，那什么样的海军还可以夸口安然无恙呢？

有一天，真的有个名叫 A. J. H. 波伦的聪明市民声称能够解决远距离移动舰船准确击中目标的数学与技术问题，这下可着实令英国海军进退两难。1906 年当波伦拿着设计图来到海军部时，费希尔上将欣喜若狂，并表示海军将不惜一切代价购得此项发明专利。一个月之内，波伦与海军部签订了一项价值 10 万英镑的专利合同，一旦试验成功将及时兑现，此外还有数目可观的专利权费，主要取决于该产品的未来销售。凭着一纸合同，波伦成立了一家公司，专门生产他设计的产品。但不久波伦就陷入了资金困境，通常实际模型的建造总免不了遇到这样的问题。与此同时，海军部也经费吃紧。这时，一名熟悉技术的军官提出，自己完全能够设计出波伦那样的武器装置，于是海军部就此食言，省下了那 10 万英镑。海军的自行设计整整花了 4 年才见雏形，当然其中不少是剽窃了波伦 1911 年的设计方案。[54] 但不管怎么说，1913 年，身为海军大臣的温斯顿·丘吉尔对此在议会上还是有所交代的：

> 海军部不打算采纳波伦的设计方案，而选择了海军部专家设计的更为妥帖的方案……我只听海军同事的汇报，并接受专家的建议，海军部必须照专家说的去做。[55]

但“海军部专家设计的”武器装置在军舰直线行驶时方能见效，而不像波伦的装置能够根据航向进行调节。1913 年以后装备的英国军舰在火控系统上还存在其他一些缺陷。尤为突出的是，皇家海军的光学测距仪根本不准确，在日德兰海战中远比不上德国海军的测距系统。海军部从未进行过试验，以确认波伦体系的优越性能，因为这样做花费很大，而且一旦成功就必须付给波伦 10 万英镑，海军部一大批有影响的专家也会觉得很没面子。[56]

可能有人会说，一部机器能够在有限的条件下运转且耗资较少当然比更为昂贵的个体设计——恰如丘吉尔在议会上所言——“更为妥帖”。当时的海军部本来已经经费吃紧，明智的人自然要做出上述决定。更何况传统上军舰就是在列队前行中发炮的。既要指挥整个舰队，又要保证最强大的炮火，舰队司令还能够怎样做呢？在一个动荡混乱的世界中还能够怎样保持海军的传统呢？相比之下，列队前行更容易实现准确测距，而曲线前行的设计只是为了照顾炮口的转移，究竟孰轻孰重？英国的海军上将们更倾向于纳尔逊海战模式，每逢海战总是以最快的速度逼近敌舰并最终取胜。为了一个除发明家自己之外谁也不懂的机器装置而舍弃舰队传统的管理体系和战略战术，这简直太过分了。

显然，就此展开的争论让愤怒和误解掩盖了技术问题的本质。很少有人真正懂得其背后的危险所在。整个问题自始至终都被遮遮掩掩，只有少数几个内部人士知道详情。负责决定的官员本身不懂技术，所以只靠别人的道听途说。在这种情况下，波伦作为一个普通公民，难免染上贪婪的恶习，[57] 所以同技术水平虽然欠佳的“海军部专家”相比，前者的推销有术反倒被作为贪婪的证据。1912 年一位海军上将愤怒地写道：

> 我们把波伦先生吹捧成一个大发明家，说他有我们的火控系

> 统所需的复杂装置设计，于是波伦先生就为那点儿答应我们单独享用的信息不断地向我们索要大笔钱财。每次我们给他付钱（垄断权）他的秘密就越多……这就像一条锁在我们脖子上的锁链，越动就越难以挣脱。[58]

英国海军似乎正在谋求远程轰炸的战略，从这一点来看，上述低质火控系统的采用就显得太不合时宜了。当时所谓的战列巡洋舰（1905—1910 年投入建造）装备了大型火炮，速度极快，但装甲却很简陋。[59] 如遇敌舰，只好靠迅速驶离才能避免被撞沉，同时在敌舰射程之外发炮将其击沉。在费希尔看来，这种超级战舰简直就像军舰设计上的第二次革命，堪与其初入海军部之时设计的“无畏号”相比。但没有精良的火控设施，这种战列巡洋舰卓越的射程优势就无从发挥，变成极危险的猎物。

但奇怪的是，对此无人在意，甚至当初热情推介波伦的新发明的费希尔上将，当被属下告知其廉价的器械亦可实现同样的目的时，也表现得平静异常。费希尔有关战列巡洋舰的战略构想甚至从未发展成一种理论。相反，1913 年接管战列巡洋舰编队的比蒂（Beatty）上将好像把这些军舰看成了海上骑兵，其速度正好可用作侦察和海战中的先锋。较为传统的海军军官可能已经觉察出这种战法有些不对头，不符合纳尔逊式战法的要求：为什么一方面要盘旋于敌舰的射程之外，而另一方面又要在极远的距离发炮呢？当时海军的火控体系根本做不到这一点。因此，9 000 码以内发炮——对这种装甲脆弱的战舰而言无异于自杀——的官方规定再次得到重申。不管官僚的惰性有多么的不理性，这一次却又占了上风。[60]

回顾当初，至少有一点是清楚的：派系争斗，不懂技术，再加上小家子气（付给波伦 10 万英镑与一艘战列巡洋舰的造价又怎么能比？）使得当时的形势可谓是一团糟。在日德兰海战中，皇家海军为此付出了代价：既有远距离的炮击，又有遭遇之后航向的调转，英国人胜算的条件一点点丧失殆尽了。[61]

我们似乎可以得出这样的结论：第一次世界大战的前夜，技术问题已经变得失控，也就是说，传统的技术控制手段已经无法保证官方做出理性的或实际可行的决策。秘密阻碍了智慧，同样阻碍智慧的还有派系集团的争斗以及对损公肥私的怀疑。最为严重的是，技术问题涉及复杂的数学计算——这种复杂显然令当时熟悉技术的官员们都觉得无法理解——使决策过程失去了最后一点理性的残渣。

很难设想，1884 年仓促释放出来的技术革命会有一个更讽刺的结局。如同 20 世纪初海军军备竞赛的其他诸多方面一样，这只不过是未来状况的一个先兆，使我们提前瞻望到一个技术失控时代的到来，我们现在还处于这个失控的时代里。不容否认这样的事实：我们人类曾付出极大的努力试图实现管理的理性化，而且在每一方面都取得了巨大的、令人瞩目的成就，[62] 可结果依然是整个社会体系的失控，这不能不说是一个巨大的悖论。局部变得理性化，也变得易于管理和具有可预测性，但皇家海军及其对手身处其中的人类大环境却变得日渐混乱，日渐难以掌控。[63]

国际反响

这一悖论在国际方面表现得最明显，因为众所周知，军工联合体业已从英国迅速传播到其他工业国家和地区。到 19 世纪 90 年代，法国俨然成为英国必须面对的唯一海上对手。但法国的纳税人却继续抵制增加海军拨款，所以法国未能形成类似英国1884年之后凸显的反馈回路。1875年，法国人发明了一种生产方法，能够提供海军建设所需的标准可靠的合金钢材，[64]然而即使这种令人称道的技术突破也未能使法国海军发展成为国内冶金业可靠的市场。相反，如上文所述，法国下院在1881—1888年这7年间把建造主力战舰的议案完全搁置起来。

这一时期恰逢法国与德国钢铁生产商的价格战日趋激烈的阶段。法国政府的反应是在1881年实施保护关税政策，后又于1885年解禁对外武器销售，以便法国武器生产商同克虏伯、阿姆斯特朗和维克斯等国际武器销售商展开竞争。法国武器生产商闻风而动。[65]仅在19世纪90年代，法国顶级武器制造商施耐德-克鲁索公司即把克虏伯公司挤出了俄国市场。法国的野战炮的确性能更优越一些，[66]但法国包揽俄国武器市场的真正原因在于1891—1894年的法俄同盟，法国一下子成了俄国对付德国人的同盟。法国银行在奥赛码头（法国外交部）的暗示下向沙皇政府提供了大量贷款，使后者有能力支付从法国进口的战略物资。用作修筑铁路的钢材其重要性不亚于武器，尤其对法国的钢铁生产企业来说，借助这个新的外国市场，它们终于建成了生产规模大、技术设备先进、管理一流的现代化盈利企业。结果，仅在“一战”爆发前的20年间，法国黑色金属冶金业的增长率就远远超过了德国。[67]法国人高超的技术效率，再加上法国银行不计后果（甚至给信誉不好的政府贷款）的放贷方式，使法国很快侵占了德国的武器及铁路市场，其地域波及中国、意大利、巴尔干半岛、拉美以及俄国。

法国在出口武器和铁轨的同时还向国外输出技术人员。法英两国的武器制造商非常卖力，尤其是在1906年以后，帮助俄国人建立起了大批新式武器工厂，扩建旧工厂。不久，一个重新武装起来的拥有现代化技术的俄国如同幽灵一般开始令德国的总参谋部心惊胆寒，俄国人的铁路网使大范围的人口动员变得异常迅速。法俄两国在资金和技术上的紧密联系，加上英国人的帮助，使德国人真的开始担心腹背受敌的危险。[68]

法国入侵外国武器市场引起了克虏伯和德国政府的密切关注，这既有经济原因又有军事战略上的考虑。克虏伯一直以来就仰赖出口维持其机械制造和武器生产。比如 1890—1891 年，也即在法国人介入竞争之前，克虏伯有不少于 86.4% 的武器产品销往国外，德国政府购买的份额只占 13.6%。[69] 之后，克虏伯公开发布的外销数字大幅下滑，可以肯定地说，这是法国（及英国）的武器外销所致。结果，截至 1914 年，克虏伯的武器外销量缩减到不足其产量的一半。而同期法国施耐德公司约有一半的武器产品出口，英国的维克斯公司的出口不足 1/3。[70]

克虏伯的强势在价格战，但价格战正让位于政治经济学。这一点有众多的事例可以说明。1903 年以后，克虏伯再无法通过劝说法国银行为俄国及其他穷国贷款来支撑其对外武器销售了。此前这样的事情也有可能发生，主要是因为投资资本传统上都追求利润的最大化，而不计政治边界或联盟一类的因素。但在 1904 年之后，法国的借贷商要求借方必须购买法国武器或其他商品，并严格执行。[71] 正如施耐德-克鲁索公司一位发言人几年以后透露的：“我们视自身为政府的合作者，对于那些未经政府同意的业务，没有任何谈判的余地，我们不会与之发生商务关系。”[72] 这种合作关系使法国的武器出口在不到 20 年的时间里几乎翻了一番，从 1895—1904 年的年均 660 万法郎猛增到 1905—1913 年的年均 1 280 万法郎。[73] 很明显，克虏伯的国外市场肯定会出现萎缩，它急需一个有政治保障的替代销售渠道。众所周知，克虏伯在德国的海军建设项目中找到了解答，该项目发起于 1898 年，之后阶段性地更新且规模不断增大，直至 1914 年。

起初，德国的海军建设只不过是挑战英国海上霸权的事例之一。日本海军在远东的崛起似乎更为紧迫，因为这将改变中国海周边的军力平衡。英国的反应是 1902 年与日本结盟。另外，美国海军在 1898 年击败西班牙之后也呈崛起之势，[74] 使其在加勒比海及太平洋地区享有一定的势力范围。1901 年，英国海军大臣告知海军部阁员，据“双强标准”将美国视为潜在敌人将是英国力所不能及的。[75] 之后英美双方马上开始了互示友好的行动，随后皇家海军几乎全部撤出美国海域，英国在新斯科舍、英属哥伦比亚及加勒比海地区的海军军事基地也大幅削减，甚至关闭。由此省下来的钱被费希尔上将用来建造“无畏号”，同时，与日本的结盟使皇家海军能够专心致志于英国海域。接着，1904 年后，与法国——法国的潜艇对英国海军造成很大威胁——的对抗最终让位于和解；1904—1905 年，日本击败俄国，俄国海军的式微使其不再对实力平衡构成威胁。至此，德国成了英国唯一的对手。

不过，蒂尔皮茨上将及其同僚们确实是难缠的对手。蒂尔皮茨可谓是马汉理论的忠实信徒，坚信海军政策的最终目的就是获取决定性胜利，所以集中力量建造主力战舰。其矛头无疑指向的是英国。但德国政府却不愿公开声明，其建立新式海军就是要与英国一争高下。相反，蒂尔皮茨提出了所谓的“风险理论”（risk theory）：一旦德国海军足够强大，真正对英国的霸主地位构成了一定威胁，英国便会承认德国的世界大国地位。到那时，也只有到那时，德国的商人和战略家才不用担心英国人的海上封锁使德国失去海外的销售和原材料市场。[76]

1898 年，蒂尔皮茨在德国国会争取选票时却遇到了困难，他不得不向国会保证，海军建设项目不需要增加新税种。到 1906 年费希尔的“无畏号”下水，原来的计划都被打乱了，因为德国要保证不落伍就必须建造比以前耗资更大的军舰。此外，原有的基尔运河（Kiel Canal，1885 年人工开凿）也必须加宽，以保证德国军舰在波罗的海和北海之间能够自由行动，同时疏浚连通德国北部的威廉港及其他北海港口的通道。

向国会申请征收新税必将打破保守的农业资本利益集团与城市工商资本家之间的势力平衡，而蒂尔皮茨的计划主要依靠后者的支持。即使有高关税的保护，普鲁士的庄园主们——普鲁士的陆军军官大多从这个阶层而来——还是感到难以为继，所以坚决反对以任何形式提高税收。这些农业资本家念念不忘，建造 3 艘主力战舰的花费完全可以维持 5 个陆军军团。德国公众则对蒂尔皮茨等人提出的海军建设计划表示大力支持。所以任何人的反对，哪怕是普鲁士传统统治阶级代表的反对，都无济于事。[77]

德国的海军部在设计建造与英国匹敌的庞大舰队之初，蒂尔皮茨就深知，要做到这一点必须争取一切可能的支持力量。其后的动员工作可谓既系统又彻底。各大报纸及记者、产业资本家、大学教授、政治家和神职人员，凡有能力影响德国政坛的力量或人士，无一遗漏。其宣传攻势的成功可由海军联盟的发展经历得到说明。该组织由克虏伯公司赞助于 1898 年成立，仅仅过了一年，其会员就达到 25 万之众，[78] 大大超过 3 年前在英国成立的同类组织。

英国的“无畏号”打乱了蒂尔皮茨的原定计划，但 1908 年他又提出一个新的更大的海军计划并获得国会通过。英国随即加快了海军军备的步伐，并于 1909 年决定每年建造 8 艘无畏舰。

扩大的海军建设议案通过了，但究竟对哪些物品征税？对什么人征税？有关这些问题在国会上争论不休，总理冯·比洛（von Bülow）

虽强力支持但最终却无能为力，并因此于 1909 年离职。当年的英国正为劳合·乔治的预算案而喋喋不休，同样起因于扩大的海军军备投入问题。显然，在资金投入上，两国都感到难以消化竞争的成本。然而叫停的努力却失败了，虽然两国政府于 1912 年真的表示过有意共同停止军备竞赛。

造舰虽然还在继续，但在 1909 年以后，蒂尔皮茨上将有关打造足以战胜英国皇家海军的北海舰队的计划却再一次陷入混乱。他最初的假定被证实是错误的。英国不但未受其与法、俄冲突的影响，反倒与德国的这两个敌人达成了协约。另外，在 1910 年，英国政府表现出极大的勇气，实施累进税法补助海军建设之需，同时引入社会福利计划，而这一点德国政府无论如何是做不到的。

不只如此，1912 年，蒂尔皮茨及其德国舰队在国内也遇到了强劲的对手——来自陆军的挑战。自 1848 年以来，普鲁士的军官们就一直担心会再次发生革命。甚至在 1870—1871 年普法战争取得胜利之后，有产的特权阶级依旧担心由民众组成的军队很不可靠，而陆军军官们之所以默许这一制度，是因为他们发现，随着人口的增长，适龄服役的青年比例反倒呈下降之势。国会里的一群小气鬼总是把军队的规模限定在一个他们认为适当的范围内，这样就可以保证军官的职位基本上由贵族把持，从而避免社会主义者求之不得的革命。

然而，到 20 世纪第一个 10 年行将结束时，主要由法国资助的俄国人加速的扩军备战使德国人开始怀疑上述政策的恰切性。而当德国的保护国奥斯曼土耳其在第一次巴尔干战争（1912 年）中迅速败北之后，德国人被包围的感觉进一步加深。德国皇帝的军事顾问得出结论说，虽然革命的风险依然存在，但目前的形势迫使德国每年必须吸收更大比例的适龄青年入伍接受军事培训。同时还决定为陆军装备重型野战炮。这一计划耗资巨大，并且与海军建设投资发生了直接冲突。事实上，新上任的财政大臣特奥巴尔德·冯·贝特曼-霍尔韦格（Theobald von Bethman-Hollweg）极力支持陆军扩军计划，并以此钳制蒂尔皮茨上将的拨款要求。[79]

俄国经历 1905—1906 年的军事失败，又有其后风起云涌的革命浪潮，现在似乎完全恢复了往日的实力，这一点也让德国人开始对施里芬计划的可行性产生怀疑。一旦俄国人建起了便捷的铁路交通网，实现人力资源的快速动员，德国将不会有充足的时间战胜法国，因为来自身后的大批俄国人将把德国打得一败涂地，而这在德国人看来是根本无法接受的。不过自 1893 年起，在德国的总参谋部（1871 年由普鲁士总参谋部重新改组而成）似乎已经形成这样一种信念，即在两线作战的情况下，唯一的办法是在俄国尚处动员阶段穿越比利时先取法国。这就是 1891—1894 年德国总参谋长阿尔弗雷德·冯·施里芬（Alfred von Schlieffen，1891—1905 年在任）在充分研究法俄亲善关系之后得出的结论。

此后的每一年，施里芬计划都要根据军事情报部门提供的最新的有关德国及其敌对国的资源状况重新修订。从 1893 年最初修订到 1914 年付诸实施，该计划的基本思路从未改变。比利时的中立有经普鲁士 1893 年签字的国际条约的保护，这在德国的筹划者看来无关紧要。它的作用是确保英国参战，因为长久以来英国就一直支持比利时的独立（以反对法国）。但在法英达成协约（1904）之后不久，俄国也加入进来（1907），德国人遂觉得，一旦发生战争，英国人迟早——如果不是从一开始的话——会加入德国敌人的阵营。所以，突然发起攻击侵入比利时而后战胜法国还是值得一试的，但必须确保能够迅速打败法国。[80]

德国在1893—1914年精心筹划的进攻计划的一个更为严重的后果是，一旦动员令发布，便不可能再收回。一切计划都必须像钟表那样精确地运行。一经干扰，整个计划都将被打乱，结果只能是人力、物资调度的重大混乱。早在1866年和1870—1871年，俾斯麦便觉得很难协调军事行动并使之服从于政治目标，[81]而在此时这一点已经变得完全不可能了。类似的情况同样出现在法国、俄国和奥地利，这些国家由于军队的威望相对较低，即便处于危机之中也存在一点儿政治干涉的可能性。

理性、专业的谋划反倒催生出非理性的结局，这一点再明显不过了。1914年8月，欧洲各国迈着离奇的、梦游般的脚步投入战争，非常贴切地标示了我们这个时代的中心困境：内部元素的组织日趋和谐、高效，整体却因此变得更加不和谐，甚至恶化。

第九章

20 世纪的世界大战

1914 年 8 月，来自欧洲城市化程度较高地区的男人们热情高涨地走向了战场。大家都觉得，只需要几个星期的时间，仗就打完了。所以人们期待着参加决定性战役，整个德国、法国及英国的民众战斗热情高涨，近乎疯狂。由此可以想见，幻灭感到来的时候也会同样沉重，不过在那漫长乏味的 4 年里，虽有大规模的死伤及西线的僵局，人们参战的渴望却始终不减。

究竟是什么原因使人们的行为变得如此怪异？对此我们只能猜测。对英雄主义的崇拜有可能导致这样的行为，整个教育体系都在高声颂扬爱国主义，号召人们学习古典作品，从而使英雄主义变得经久不衰。在第一次世界大战前的 10 年间，欧洲各主要国家都存在严重的内部或邻里冲突。而有了对外国人的憎恨和恐惧就可避免邻里间的憎恨和恐惧。对于社会主义者和无产者及有产阶级而言，这样的安排同样令人安心。也许还有农村向城市生活方式的转变，这总需要多重的心理调整，造成相当大的心理压力，而 1914 年的爱国主义和尚武精神为此提供了发泄渠道。东欧诸国对此表现出的冷淡似乎也能支撑这一观点，因为那里的城市化过程只影响到一小部分人口，大多数农民依然过着传统的生活。但无论我们如何努力地给予解释，[1] 围绕第一次世界大战总是有更多的谜团。

曾经参加过战争的人们无力把战争的经过纳入此前的某种经历框架当中去。最初对荣誉的幻想和渴望仅在数月之后便凝结成一种莫名的恐惧，仿佛陷入无望的屠杀陷阱之中。1917 年威尔逊和列宁主义的言辞的植入不过使这场斗争显得更加独特和史无前例。末世的意象挥之不去，战争刚一结束，人们旋即把与战争有关的一切都说成一无是处。战争的幸存者多数认为，1914—1918 年的全部经历是背离文明标准的异常的返祖现象。

即使我们认同上述时代的人对“一战”所做的价值判断，把它看成是“世界末日的善恶大决战”，极为突然地终结了欧洲及世界历史。随着时间的推移，到现在，我们也应该能够看清，那场战争同时开启了一个世界事务的新时代，一个时至 20 世纪 80 年代我们依然在其中挣扎的时代。因此，把第一次世界大战看作终结历史发展的、空前的大灾难已经变得不切实际。至少，第二次世界大战的爆发就充分证明了“一战”并非独一无二，而现在有关“二战”的记忆也慢慢从人们的脑际退却，我们应该有可能从更为持久的视角审视 20 世纪这两场规模宏大的战争。

两次世界大战中的均势与人口因素

有三种研究思路特别值得我们玩味。第一种思路是把战争看作一种民族国家间政治权力的较量。当然，从本质上看，两次世界大战中盟国反对德国的方式与欧洲历史上的先例并无不同：一是 1567—1609 年及 1618—1648 年反抗哈布斯堡王朝的两场战争，二是间隔较远但均为制衡法国过度优势的 1689—1714 年和 1793—1815 年战争。上述事例和发生在 1914—1918 年及 1939—1945 年的两次世界大战一样，都是几个国家联合起来反对行将成为欧洲霸主的统治者；在每个事例中，都出现了同盟各国之间的彼此误解、相互猜疑及意识形态上的巨大差异，但所有这些又都无法阻止其最终获胜，得意扬扬之余继续激烈争吵。[2]

旧日的士兵和臣民根本无缘介入政治家为均衡权力而进行的精心筹划，但在 20 世纪的两次世界大战中，交战双方都教导其公民和士兵相信战争是一种有目的的行为，明确否定政治家有关权力均衡的精心策划，代之以对公共事务令人满意的指导。出生入死只是为了维持权力均衡，或者说权力均衡造成了战争，这对参战的士兵而言根本无法接受。而各国的政治家们，无论是出于意识形态还是其他考虑，也以各自不同的方式反复拒斥权力政治原则。[3]

尽管政治家、公民和士兵都表白并相信权力均衡政治充满了邪恶，也不足以揭示战争的本质，各国政府的行为以及公众观念的转移依然无可避免地严格遵守权力的几何学原理。大致看来，只要主权国家还在，但凡其中的一个国家变得异常强大，以至危及其他国家的生存，那么凡有助于激发对霸权国家的仇视与敌意的观念和行为都很容易被遭受欺压的国家接受。在这种情况下，民众的情绪、民心的向背确实会发生迅速转变，联盟的结合或解散往往在数周或数月之内便告完成。只有在缺少严重的外来威胁引发权力均衡行为之时，才会盛行相反的意愿和相互对立的追求。举例来说，德国在两次世界大战之间异常疲弱，所以才有苏、美两国刻意超越权力政治的行为，双方各自都退回到自己的边界之内，保卫自身认为更纯正的政治信仰。

但不管怎么说，权力均衡理论并不足以解释两次世界大战的全部内涵。大战进行中所表现出的惨烈和残忍，战争突然导致的影响深远的各种变革，使整个人类社会都改变了。战争的目标和政治的意识形态可能误导了所有的当事人。但在苦痛的争斗背后，我们可以清晰地发现人口统计因素的影响，它就像敌对国之间的权力几何学一样无可避免。

这一洞见为理解两次大战提供了第二个思路。前面第六章曾经提到，民主与工业革命首先是对18世纪末期西欧社会人口压力的一种反应。20世纪的军事冲突同样可以由此得到解释，即战争是对人口增长与传统农业生活模式的局限之间发生冲突的一种反应，尤其是在中东部欧洲，在更为广大的亚洲地区则呈多样化形态。无疑，当大批的农民子弟长大成人，娶妻生子的时候，发现他们没有足够的土地可以继承，无法像他们世世代代的前辈那样去生活，这时现存的一切社会关系都会发生根本性的改变。在这种情况下，农村生活中的传统习俗将遭遇无法承受的压力，家庭职责、道德诫命统统无法践行。余下的问题就是何种形式的革命理想会吸引这些饱受挫折的年轻人。

从18世纪中叶起，欧洲与世界的人口就一直失衡。死亡率的下降使更多的儿童有机会长大成人，而人口出生率并不会因此而自动调整。与此相反，出生率往往还会上升，因为随着致命疾病不断减少，会有更多夫妇的寿命超过育龄期。[4]

在整个中东部欧洲一个多世纪的时间里，人口数量的增长就意味着更多的财富。劳动力增加，农耕便得到了改善，新开垦的土地也在增加，农业生产力得到了多方的提高。但这种增长是有限度的。到19世纪80年代，土地回报率在整个欧洲——从莱茵河到顿河——都呈现锐减的势头。两个大的变革可视作这一形势出现的信号。第一，1880—1914年，移民人口的数量大幅增加，分别有数百万人跨越大西洋来到美洲或向东扩散到西伯利亚地区。第二，同期在中东欧地区的农村和市镇，各式各样的不满情绪开始在人群中爆发。

农村习俗与传统社会规范所面临的压力不断积聚，直至 1914 年第一次世界大战爆发，为这种压力找到了新的发泄渠道。战争造成了中东欧数百万人丧生，从而在一定程度上缓解了农村人口过剩的压力。但是直到第二次世界大战造成更大规模的杀戮、更大规模的人口流散甚至整个民族的迁徙之后，中东欧地区的居民方才学会像法国在 19 世纪初所做的那样根据经济发展预期规划人口出生率，这其实也不过是对历史剧变的一种反应。结果，1950 年以后，人口增长不再对西欧社会的发展构成难以克服的压力。[5]

人口增长问题有多种多样的解决方式，这一思路可以很好地解释第一次世界大战前夕欧洲列强的态度和行为。前面第六章讲过，至 19 世纪中叶，法英两国各自以截然不同的方式很好地解决了 1780—1850 年农村人口迅速增长所带来的内部压力。[6] 19 世纪 50 年代以后实际工资收入的增长便是一个证据。法国有意识地把人口增长与经济发展的现状和预期联系起来，实行节制生育的政策。而在英国，凡在国内找不到理想工作的人都可以谋求海外发展，欧洲海外定居点的就业出路还是蛮多的。[7]

俄国的情况与英国很相似，也就是说，在本乡本土生活无以为继的剩余人口总可以移民到人烟稀少的边疆地区，这在政治上也是完全可行的。1880—1914 年，约有 600 多万俄国人移民到西伯利亚地区，另有约 400 万人来到高加索地区定居。与此同时，在俄国最西部的省份，也有大约 250 万人移居海外，这些人大多是波兰人和犹太人，而非正统俄罗斯人。[8] 除了上述的安全阀以外，俄国的城市就业出路也在不断拓宽，这主要是由于铁路网的畅通使陆路交通的费用大为降低，同时促进了工商业的迅猛发展。不过即使如此，20 世纪头 10 年在俄国的广大农村仍潜伏着一种强烈的不满情绪，所以才会有 1905—1906

年革命的突然爆发。

用人口统计模式进行解释，最大的困难在于19世纪末20世纪初中欧的情形，即法英以东、俄国以西的地区。比如，德国1900—1910年的年均净增人口是86.6万，但德国工商业的发展创造了远远高于这个数字的就业机会，以至不得不从波兰输入劳动力耕种德国东部的庄园。[9] 快速的城市化进程对旧有生活方式造成的压力是巨大的。德国的统治精英大多出自农村和小城镇，所以经常感到迅猛发展的城市会危及自身。马克思主义革命理论在工人当中的广泛传播尤其令他们恐惧。同时，许多德国人觉得东部的斯拉夫人不久即将如潮水般涌入德国。结果，他们产生了一种强烈的被围困的感觉。于是，在1914年夏，德国人坚定地、不顾一切地表示支持奥匈帝国，这一点现在看来确实显得有失明智。[10]

反思一下德、法两国历史发展的差异，便令人觉察到其中的讽刺意味。若是德国的旧政权在19世纪处理人口飞速增长的措施不那么成功，那种诱人的、具有普世主义意识形态的革命运动就有可能在德国站稳脚跟，且像法国革命志士在18世纪所做的那样成为欧洲各国人民的理想。但事实正相反，德国赢得欧洲霸权的斗争高举的是狭隘排他主义的、民族主义和种族主义的旗帜，要排斥而不是吸引他人。换句话说，德国工业化的迅速成功使德国赢得20世纪战争胜利的希望变得更加渺茫，德国也不可能成为“革命的社会主义”（revolutionary socialism）的大本营，马克思主义者对未来的设想也因此无法实现。也许是出于命运的捉弄，1917年以后，俄国人反倒把马克思主义奉为官方的意识形态，这种形势可能会令死去的卡尔·马克思惊愕不已。

然而在1917年以前，这种令人震惊的角色反转确实无法想象。在德国东、南面的欧洲广大地区，工业的发展完全跟不上人口增长的速度。[11] 所以，政治上的诸多不幸往往只出现在哈布斯堡王朝和前奥斯曼帝国境内。（俄属波兰各省份也属于这一范畴。）虽有面向海外的大规模移民，[12] 但这不足以解决人口过剩问题。接受了高中教育并希望获得白领工作的青年遂成为向更为不幸的农村青年传布革命政治理想的最佳人选。他们做得非常成功，从 19 世纪 70 年代的保加利亚和塞尔维亚开始，[13] 直到后来东欧的其他地区。巴尔干地区因此成为欧洲的火药桶。加夫里洛・普林西普（Gavrilo Princip）虽然读完了高中，却未能因此步入理想的成人生活，相反，短暂的成人经历使他内心涌荡着一种强烈的民族主义革命热忱。第一次世界大战居然由这样一名青年触发，想来确实不无道理。[14]

第一次世界大战在一定程度上缓解了中东欧地区的农村人口压力。数百万农民子弟投身战场，约有 1 050 万人在"一战"中丧生。[15] 不过，哈布斯堡帝国的民族主义革命（1918—1919 年）和俄国的社会主义革命（1917 年）最终均未能成功解决农村人口的过剩问题。除了匈牙利之外，上述两场革命的确曾剥夺了战前有产阶级的土地。但是为本已穷困至极的农民重新分配土地却很难提高生产力。实际上，上述措施往往适得其反，因为分得土地的农民既无资金又不懂技术，很难让土地多产出粮食。因此，战后的解决方案并未改善为数众多的农民的处境，后者只是想恢复传统的农村生活方式。对此，苏联人的反应是在 1928—1932 年实施国家工业投资计划，强迫实行农业集体化。在东欧的其他地区，20 世纪 30 年代陷入萧条之际，农民的困顿在犹太人身上找到了替罪羊，犹太人中间商财力丰厚且为数众多，农民们便控告他们贱买贵卖，坑害了他们。

因此，直到第二次世界大战给东欧地区带来极大规模的人口消亡——总数可能高达 4 700 万 [16]——过剩人口在有限土地上的生存问题才得到残酷却持久的解决。只有到“二战”期间以及之后，东欧的居民才开始节制生育。人口出生率陡降至远低于从前的水平，甚至低到某些国家不得不靠外国移民保障人口更新。[17]

生育水平与经济发展预期在整个欧洲范围内建立起了系统的关联，[18]困扰中东欧地区达70年之久的危机时代（1880—1950年）由此告一段落。家庭格局与性习惯、农村生活的道德习俗都发生了改变，导致两次世界大战的人口体系业已不再。

当然，在世界其他地区，人口激增趋势有不同的表现。比如在中国，人口增长与土地不足的矛盾早在1850年就变得异常尖锐，表现为声势浩大的太平天国运动（1850—1864年）。[19]由此至第一次世界大战结束，亚洲的农民却从未再次大规模响应宏大革命的理想。穆罕达斯·甘地（1869—1948年）首次成功调动印度的农民阶层是在20世纪20年代初，而毛泽东（1893—1976年）动员中国的农民阶级支持其马克思主义运动则始于1927年。在其后的几十年里，一度盛行于欧洲的人口过剩与农民投身政治革命之间的密切关联在亚洲的大部分地区，[20]甚至在非洲的某些地区，被一再复制。但具体的情况却因地域而有所不同，在许多热带地区疾病盛行的国家，疾病本身便有效地遏制了人口的过度增长，且这种状况一直持续到第二次世界大战之后。

日本在20世纪的侵略行为恰值其人口的暴涨期，虽然日本人口增长的顶峰发生在“二战”以后，但其增长率的峰值却出现在早些时候。[21]第二次世界大战为日本的农村生活带来了决定性的变革，战后，其人口出生率开始下降，大约与中东欧同时。显然，同大多数欧洲国家一样，日本也是在第二次世界大战期间度过其现代人口危机的。[22]

一旦土地不足以令青年一代维持其父辈的生活方式，便会在广大的农村地区诱发压抑感，而这种压抑往往要求革命性的表达，这种发展模式目前依然在发挥作用。在拉美、非洲部分地区甚至东南亚，革命还会不时爆发。但对于两次世界大战来说，我们只需关注日本的人口增长以及长期困扰中东欧的人口危机。这些地区的人口模式既然已经发生转变，就不太可能再次成为大规模军事–政治动乱的焦点。

人口统计学及古老的农民生活方式的痛苦解体，对于我们理解两次世界大战的血腥本质很有帮助，但对阐明发达工业国家异乎寻常的重组及重新引入业已成为当代世界鲜明特征的计划经济体制而言，几乎毫无价值。这就是我们要谈到的理解两次世界大战的第三个思路，也是最有希望的一个思路，因为我们已经看到，20 世纪见证了计划经济的回归，成为优于市场经济的组织大规模人力资源的手段。有鉴于此，我在这里拟详细探讨两次世界大战何以会带来管理观念上的转变，我相信，这是两次大战为人类留下的最主要也是最持久的结果。

第一次世界大战中管理观念的转变：第一阶段（1914—1916 年）

没有哪一个国家预料到第一次世界大战竟然会持续那么长的时间，故此，战争的长期性迫使每一个交战国不断重组自己的后方以提高效率并扩大战争投入的幅度和力度。结果，旧式管理格局发生了影响深远的变革。尤为突出的是，先前市场关系背景下大大小小基本上各自为政的官僚机构渐渐融合成唯一的国家战争部门。工商业公司可谓是其中最重要的，但工会、政府部委及陆海军管理机构同时也在国家事务的新式运作中发挥重要作用。

厚重的传统习俗和历史悠久的体制到了技术精英们的手里变得轻

柔可塑，他们把数以百万计的公民塑造成士兵，同时把其他数百万人改造成战时的工人。家庭生活、产权、消费品的享用、邻里和阶级关系——所有这一切都发生了巨大变化。总体而言，人们日常行为的种种改变造成了整个社会的转变，其神奇（可能也很自然）程度丝毫不亚于昆虫的蜕变。

这一切究竟是如何发生的呢？

起初，大家都觉得战争用不了几周便会结束。在欧洲大陆，竞争对手的动员计划都近乎完美，所以一旦战争爆发，日常生活便立即停止了。只有在英国，人们才可以享受一段“一如往日”[23]的生活。在法国，工厂、农场里的所有强壮男子都被一扫而空。在其他国家，战争的震荡好像不那么剧烈，毕竟不是所有的男人都接受过军事训练。在所有交战国，政治论争“在整个战争期间”都销声匿迹。除了极少数理论家之外，社会主义分子也纷纷背叛其往日的革命豪言，停止了阶级斗争，以把共同的敌人赶出国门。

在最初36天的时间里，人们对战争将很快结束的预感似乎即将变成现实。在德国，施里芬计划正如总参部设想的那样一步步展开。德国分别在洛林和东普鲁士击退了法军和俄国的先头部队，而其主力在战胜英国及比利时军队之后跨过荷、比、卢三个低地国家，对法国形成包围之势。但连日的行军征战致使人困马乏，似乎到达了身体的极限；这时候法国军队突然停止进攻，抽调力量发起了在马恩河的一次大反攻（1914年9月6—12日）。德军遂于9月9日开始撤退。3天之后，劳累不堪的双方军队陷入僵持局面，躲在各自仓促挖掘的堑壕里。双方弹药都出现了严重短缺，其他的补给也跟不上。更糟糕的是，在此后的数周里，本是暂时的战术僵持竟然演变成战争的总体特征，双方都反复试图从侧翼包抄对方，结果堑壕越挖越长，一直从法瑞边界线延伸到比利时北部的一个小角落，横跨整个法国。此后双方虽都曾努力打破僵局，但整个西线几乎就是这样一动不动地持续了令人乏味的4 年。

这一不幸结局使交战各国都需要面对许多预想不到的问题。要打下去非常困难，而要放弃又是不可能的。所以，交战各方不得不临时想办法使军队能够维持下去，挨过一月又一月，士兵们要吃饭，补充装备和补给，训练，疗伤，直至掩埋数以百万计的尸体。这样的事情历史上从未发生过。不用问，一切的传统和旧俗在这里迅速消亡，而代之以新的方法、新的准则。

在主要的交战国中，法国在战争最初的几周受害最深。一方面，军队伤亡惨重；[24] 另一方面，整个经济几乎陷于停顿。更为不幸的是，战线稳定之后，主要的煤、钢产地都落在了德占区，而煤炭和钢材是武器生产不可或缺的资源。[25] 在法国安全区内的武器生产厂家还严重缺乏人手，因为身体强壮的劳力都去参军打仗了。[26] 战争期间需要用大量的火炮不断轰击敌军的壕沟阵地，[27] 法国政府很早就认清了这一点，早在 1914 年 9 月 20 日，法国战争部长便做出决定：必须从部队复员一部分士兵去生产急需的军火。最初场面一片混乱。工厂主被授权从铁路车站及其他任何可能的地方搜罗熟练的技术工人。[28]

从战争一开始，法国政府就已经看出，必须做好临时应变的准备，因为战前大批的冶金工厂都落到了敌人手里。因此，政府呼吁全国各类厂家生产战争物资，各式各样的新生产线纷纷上马，原有的机器设备改作他用，不同地区根据当地的条件及可能性创造新的生产方法。当时的人们还清晰地记得 1793 年法国人的显赫和辉煌，加上当年的巴黎尚有大量的生产车间，使得大规模的临时改造工作进展顺利。政府官员很爽快地把技术细节交由基层的工业管理委员会全权处理，后者根据军方的总体要求分配合同和生产任务，双方在相关内阁部长的协调下经常开会沟通、协商。[29]

在最初几周的喧嚣声中，生产成本根本不在话下。全国约有 2.5 万个次承包商开始生产各种各样的军需物资，差不多每一部机器都派上了用场。后来，生产成本过高的企业渐次被排挤出去，采取的手段主要是不再为其分配原材料和燃料。完全新兴的大型武器生产厂家采用装配线作业，随着时间的推移，这些厂家的重要性变得越来越明显。不过，截至 1918 年战争结束，哪怕是规模最大的、最雄心勃勃的厂家也没来得及装备流水线。[30]

在上述情况下，大型工商企业如鱼得水。业界人士操控当地的管委会，而后者负责分配当时稀缺的各种资源——生产原料、燃料和劳力。为使处于边缘的小公司也能维持下去，大型公司的定价必须偏高一些，所以利润极大。对那些政治上有门路、资金充裕而又富于创新的企业而言，规模生产非常划算。比如路易斯·雷诺（Louis Renault）就是在战争期间建立起其工业帝国的。截至 1918 年，在其公司注册的就达 22 500 名员工，其产品计有炮弹、卡车、拖拉机、坦克、飞机、武器配件等。身为巴黎地区工业管理委员会主席，他对竞标的内情了如指掌。同时，他放手让一批年轻的工程师施展才华，设计出非常有效的企业生产新模式，从而为自己和公司都带来了丰厚的报酬。[31]

法国企业成功改组的另一个因素在于其劳动力构成。大型工矿企业 1914 年在法国还很少见，而且大多数都落入了德占区。因此，对法国战时开设的武器生产企业来说，根本就不存在传统的就业模式。在岗的工人中间，妇女、儿童、外国人、战俘及伤残复员军人的数量远远超过普通男性工人的数量。[32] 这样一支劳动力队伍有极强的适应能力，而不像德、英的工人中间有各式各样的社会主义传统、历史悠久的行业规范及传统技术，后者反倒阻碍劳动程序的大规模改造，而法国在这一方面得天独厚。

此外还有两个因素。从政治方面讲，首任军需部长艾伯特·托马斯（Albert Thomas）是一位社会主义政治家，毕业于巴黎高等师范学院。他大量任用师院毕业的校友，这些人既是技术权威又有社会主义倾向，所以很容易使企业家和工人就范，而不像那些趾高气扬的军官，后者的作用堪与德国军官相比。[33]

最重要的是，法国的战时经济不完全依赖自身的资源。由于煤铁产地大都落入了敌占区，法国必须从英国进口大量的煤炭和金属资源。其他的重要短缺原料也可以从英国或美国买到，至少一开始是这样。后来，先是英国（1915年），后是美国（1917年），都出现了订单过多的现象，故而订货不能按期交付的情况越来越多。这时就有了盟国内部协调军需生产的必要。企业的重组最终导致了劳动力的国际分工，这种分工先由盟国间的联席会议商议确定，后交国际行政机构予以实施，其中最重要的机构就是盟国海上运输理事会（Allied Maritime Transport Council）。

法国在燃料、原材料，后来甚至越来越多地在食品方面[34]仰赖英美的进口，背上了巨额战争债务，这对战后的国际关系产生了很不好的影响。但在战争期间，法国从国外大量进口商品使其能够集中资源致力于军需生产和前线的战争。例如，法国在1915年已基本实现75毫米炮弹的自给，其最高日产量甚至达到20万发——是平时产量的20倍。后来生产的新式武器——155毫米口径重炮、飞机、坦克等——也变得异常重要。法国的武器生产量等于甚至超过了其他几个武器大国的生产能力之和，以致后来美国的远征军抵法时，根据约定，所有的重型武器都由法国的兵工厂提供。[35]在武器生产方面，法国超过了英国，更远胜于美国，成了第一次世界大战期间民主事业的兵工厂。[36]

德国面对的是性质完全不同的问题。其工业资源远胜于法国，及至 1914 年，德国男性劳动力差不多有一半根本未受军事动员的影响，也没有接受任何形式的军事训练。[37] 因此，在由现有人力及资源决定的绝对生产限度与日渐攀升的对炮弹的需求之间有一个巨大的缓冲，而这种需求在 1914 年 10 月政府武器库最初的库存渐趋枯竭之时便立即开始显现出来。结果，德国战争部的官员只得向民用经济伸手订货，而且在数月间，订货量持续上升，但却不用像法国那样从一开始便只能临时拼凑并重新分配劳动力。

另一方面，德国在 1914 年以前便从国外进口了一批战争必需品。铜是从智利进口的，主要用来生产弹壳和电力设备；也许是出于巧合，用于生产火药和化肥的硝酸钾也是从智利进口的。战争一开始，英国皇家海军便封锁了德国的海岸，使后者的海外补给日趋困难。[38] 很显然，德国如果找不到可替代的弹壳生产原料，火药供应突然中断，就必须精打细算地使用现存的铜与硝酸钾储备。战争开始仅几天，德国通用电气公司的法定继承人瓦尔特·拉特瑙（Walther Rathenau）就意识到了这个问题。1914 年 8 月 8 日，拉特瑙和战争部长谈到这一问题，一周后便接受委任，全权监管铜与硝酸钾及其他军工必需的稀有资源的分配和使用。由此诞生了战争部原材料特遣队（Raw Materials Detachment），3 年后该部门已变成德国经济军事管理的一个全权机构。[39]

拉特瑙确实是个出色的企业家，为实现重要原料的合理分配，他特别成立了专门的机构。事实上，这种专门的机构就是国家卡特尔（national cartel），或称国家企业联合体，它负责在用户之间分配所有稀缺资源。如同在法国一样，这种卡特尔由业界主管负责，在宏观政策方面接受战争部官员的指导。从此，英、德之间一场猫捉老鼠的经济贸易战游戏开始了。不管在哪儿发现了必需的原材料，德国人总试图把它买下来并通过中立公司和港口输送到德国，而英国则试图拦截所有与德国有贸易往来的公司并把它们都列入黑名单。渐渐地，英国的拦截网越收越紧，德国的海外进口则越来越少，几近于无。

不过英国的拦截作用在当时以及后来都被严重夸大了。事实上，许多原料都可以找到替代品。例如，制造弹壳就可以用其他金属而不用铜。当铜无法被替代时，通过合金及电镀等降低成色的办法也可制造为数不少的原料。此外，工业惯例上也可以做出无数调整，既节省原料又保证生产的持续进行。但火药制作中使用的硝酸钾却无可替代。虽然化学家们早就具备了从空气中提炼硝酸钾的技术，但由于造价昂贵，从未被应用到大规模生产之中。德国在 1914 年 10 月便用尽了库存的火药，但能通过新建厂矿维持硝酸钾的供应和战争之需。如果不是凭借这种自给的供应，战争可能很快就结束了，由于英国的严密封锁，从智利进口硝酸钾几乎是不可能的。

因此之故，德国的战争部在交战的最初两年根据每月的火药供应对作战计划和战争规模进行了严格调控。1914 年，工厂每月最多能够生产 1 000 吨火药，而要满足战场上随意发炮的需求则每月必须有 7 000 吨火药。1914 年秋，战争部最初把火药产量定为每月 3 500 吨，到了 12 月份，眼看速胜的希望破灭，遂又将每月的产量提高到 4 500 吨。1915 年 2 月，目标产量再次攀升到每月 6 000 吨。火药生产的实际产量要低于这些目标，但也差不了多少，因为 1915 年 7 月的实际产量的确达到了 6 000 吨。德国战争部及其军工企业完全有理由为这一成果而感到自豪，虽然这一产量还是赶不上日渐上升的火药需求。[40]

德国的工业生产同时还大致满足了军方对其他众多物品的需求。

工业上一旦出现短缺，政府便依据客户的轻重缓急进行合理安排，同时寻找替代品。德国虽然要不断从民间招募新兵以补充前方兵力的损失，但此时人力资源还尚未到达使用的极限。糟糕的是食品不断发生短缺，为此政府于 1916 年 5 月成立了专门的食品委员会。该委员会由民间人士充任，不负责军方的食品采购，从未制定出真正有效的食品供给体系。

只要前方的战事喜报不断，后方出现一点儿问题也算不了什么。虽然火药短缺，但在 1915 年整个战局还是有利于德国一方。东线的胜利使俄国人无法靠近德国边界；德国还侵占了塞尔维亚，土耳其人也在达达尼尔海峡成功击退了敌人的水陆两栖进攻。与此同时，国内的火药产量逐步提高，使德军的炮火变得更加猛烈。

德军 1916 年的战略方针是，凭借其优势的重炮火力拿下凡尔登。1914 年德军在马恩河受挫后上任的总参谋长埃里克·冯·法尔肯海因（Erich von Falkenhayn）决心重创法军，在英国的援军进入阵地之前迫使法国的共和政府投降求和。但凡尔登战役从 1915 年 2 月持续到 6 月，却始终未能实现其既定的战略目标，双方的死伤非常惨重。

这一失利，再加上其后遭受的两次打击，使德国人渐渐失去了自信。英法联军在索姆河的大举反攻（1916 年 7—9 月）表明，英国在战争资源的投入上确实不遗余力了。而在东线的反攻中，俄军大胜奥地利军队，这一胜利还令罗马尼亚加入盟军一方。原本犹疑不定的巴尔干国家罗马尼亚选择加入盟军，至少在罗马尼亚人看来，战争将以盟军的胜利而告终。[41] 为阻止这一结局的出现，显然德国国内需要更为强有力的军事动员。德国遂加大了战争的赌注，在战争动员上要赶上甚至超过英法。陆军元帅保罗·冯·兴登堡（Paul von Hindenburg）及军需总长埃里克·鲁登道夫（Erich Ludendorff）于 1916 年 8 月 28 日的就任标志着一个新阶段的开始。但在详细讨论这一新阶段之前，我们先简要回顾一下英、美、俄在战争之初的反应。

与其他的参战国不同，英国从一开始就进行了长时间的准备工作。若不是公众舆论的强烈反对，英国即使参战也不过是小股部队的卷入罢了，如 1914 年最初参战的英军不过 4 个师。但公众不满足英国只发挥边缘作用。新上任的军事大臣基奇纳勋爵（Lord Kitchener）在招募志愿者时便得到英国公众的热烈响应。整个管理工作乱作一团，主管当局如同例行公事一般，根本没有考虑到此次战争的规模。大量的订单投向私营武器生产商及伍尔维奇兵工厂，但与此同时，各个武器生产商还接受了法国、俄国的订单，以及来自海军的订单。结果工厂一下子便超出了负荷。交货变得异常迟缓，而公众舆论却心急如焚地号召人人参战，不论是否有技术，从事何种行业，是否是平民。大约有 20% 的军需工人苦于工作压力应征入伍，结果反倒延误了本来就严重短缺的枪支弹药补给的生产。[42]

毫不奇怪，时隔不久已经身在法国的英国远征军很快便遭受了弹药短缺之苦。以至于 1915 年 5 月，前线指挥约翰·弗伦奇（John French）爵士竟然向公众发出呼吁，要其上司的项上人头。这一丑闻曾经引发内阁危机，并促成军需部的成立，由劳合·乔治亲任部长。劳合·乔治立即着手动员，态度强硬地要求整个英国的工业资源为战争服务。他亲自制定生产指标，其数额大大超过战争部以往设定的指标，高到以前连想都不敢想的程度。[43] 军需部工作的特点就是志愿加强迫。例如，其中的一项措施是向军需部所了解的每一个厂家发放问卷，清点其机器设备的情况，并要求企业主动申报能够生产何种军需品。同样本着志愿精神，工会组织同意暂停传统的劳动规则并保证不再组织罢工。这是一个重大让步，和法国一样，各式各样的新机器旋即组成了为数众多的生产线，不懂技术的人开始从事此前只有熟练技术工人才能做的工作。另一方面则通过法律规定，利润一律不准超过战前均值的 20%，尖厉刺耳的战争宣传发出反对“偷懒儿”的号召，被招募的志愿服务人员哪敢不从，“基奇纳的军需大军”（Kitchener army）1916 年一度达到 246.6 万人。

劳合·乔治的军需部有一大批充满活力的官员，他们主要来自商业界和专业领域。其松散的自由主义偏见和成见完全不同于法国军需部所特有的社会主义技术权威的情调，与德国的军事企业管理模式相比更是大相径庭。不过军需部在各国的实际表现却大同小异。例如，英国的炮弹产量在第一年就提高了 10 多倍，基本上缓解了军需部成立之前弹药短缺的状况。1916 年 7 月，志愿大军整装出发，把一门门威猛的大炮运抵索姆河战场，其火力令德军震撼、胆寒，后者不得不中止凡尔登的德法战役，转过头来对付英国人。但这却是英军在索姆河战役中唯一的一次成功。大量的伤亡，[44] 如同法国在战争之初的大量损伤一样，使战争的光环在英国公众的想象中渐渐退却。随着堑壕战永无休止地延长，英国内阁不再情愿向法国派遣军队，深恐会有更多的将士白白牺牲。

而此时大西洋彼岸的美国却因战争产生的大量需求赚得盆满钵满。原来由英法两国公司主导的出口市场现在却向美国人频频招手，尤其是拉美各国。美国因此在出口方面出现了异常繁荣的局面。在战争初期，美国对德国的出口几乎陷于零。虽然在战争开始时，国际法对远距离的封锁不予认可，但美国还是不愿置英国的封锁措施于不顾。不管怎样，只要盟国从美国购买足够的产品，使其农场、工厂和采矿业能够饱和运转，美国便无僭越英国贸易规则的动力。

因此，随着时间的推移，美国越来越多地卷入到盟国的军事补给供应之中。起初，英国尚有能力正常付款，虽然有时不得不向美方出售其在美国的资本投资。后来现金用完了，美国的银行便采取向盟国赊账的方式继续维持其出口的繁荣。恰如美国的人民党后来指出的那样，这种举措使纽约的银行家在 1917 年便把大量的资本赌注压在了盟军的最终胜利上，美国的经济资源也越来越多地跟英法的战争付出连在了一起。

美国以外的世界市场也同样对英法开放。事实上，这两国由于在非洲、亚洲和大洋洲都有着长久的帝国根基，很容易率先开发全球资源以济自己的战争之需。也就是说，其国内的生产计划和需求并不需要完全持平，不足的部分完全可以从国外购买。拖延交货确实令人恼火，但在德国潜艇 1917 年危及协约国的生命线之前还可以容忍。在此之前，国内实行的指令性经济与老式的海外市场动员，再加上美国银行的贷款支持，一切都运转自如。

德国也从邻国购买一些产品作为对国内资源的补充，比如瑞典、荷兰、瑞士等。德国的占领区如比利时、法国北部和俄国的波兰各省也被迫提供诸如食品、煤炭之类的战争必需品。但被占领土的人民不情愿与德国军方合作，而中立国对德的贸易输出亦因英国的海上封锁而非常有限。[45] 因此，德国主要依靠本土的资源，同时辅之以哈布斯堡王朝的属地或保加利亚、土耳其及德占区所出产的资源。在这样一个区域里，由于陆路运输的费用高昂，德国从本土以外获得的资源实在有限。在农民占人口绝大多数的地区只能实施松散的行政管理，这一点也降低了德国的资源利用率。另外，德国没有大量的外汇能够助其从盟友以及被占区人口那里购得食品和其他军需补给。相反，随着战争的继续，德国的霸权行为进一步加剧，渐渐失信于哈布斯堡王朝、保加利亚和土耳其等盟友，后者也慢慢地不愿再与德国人合作。

沉重的压力最终使德国的行政管理趋于崩溃。在没有大量外在辅助工具的情况下，要实现对整个国民经济的管理，这简直是不可想象的。重要的统计数据——比如对未来食品生产和消费的可靠预测——根本就没有，即使有，德国军方也毫不在意，一有争执，总是这些人说了算。

随着战争压力的不断加剧，俄国国内的管理也出现了越来越多的麻烦。为沙皇庞大的军队提供食品和补给不是一件容易的事。但俄国统治者坚定地把扶助战争作为第一要务，所以在产量上可谓创造了奇迹，丝毫不亚于同期的德国、法国和英国。俄国的产量甚至超过了哈布斯堡王朝历史记录上的最好水平，后者国内的民族冲突不断，在那里负责管理的“糊涂虫”只会因循守旧，稍有偏离便横加阻碍。[46]

如同法、德一样，俄国人也是把军需合同的分配交给业界委员会办理。他们成功地把炮弹的月产量由 1915 年初的 45 万发提高到 1916 年 9 月的 450 万发；其他军需品的产量也有大致相当的增加。[47] 但与此同时，利润比生产增长的还要快，1916 年便发生了通货膨胀的失控，这表明战争驱动的国民经济业已超出负荷。1916 年 1—12 月，俄国的整体物价水平几乎翻了两番，工资收入严重滞后于物价的上涨。最具灾难性的是，农民们不愿再把粮食拿到市场上去卖，因为消费品变得极为稀缺，几乎买不到。

在这种情况下，几乎不足以维持生计的农村生活格局再次出现。1917 年俄国农业歉收，且只有 15% 的农产品运抵市场，而 1913 年的相应比例还能达到 25%。军方优先抢购了上市的粮食，城镇则面临灾难性的饥荒。结果，1917 年的工业产量锐减，军队的士气也骤然低落。[48] 前线军需品的短缺也产生了很大的负面作用，但无视军纪乱开火、炮兵与步兵缺乏协同造成的弹药的巨大浪费可能是俄军武库短缺更主要的原因，只不过当时的军方不愿承认罢了。[49]

仅仅对付哈布斯堡王朝的军队，俄国军队还能够取胜，1916 年的加利西亚战役即是一例。但德军 1914—1915 年在东线一系列战役中的连续获胜表明，俄军光凭人数众多还不足以抵御德国人的先进技术。但在 1916 年，当德军转向西线进攻凡尔登，在索姆河躲避盟军的炮击之时，俄国人又恢复了进攻。显然，若要避免这种不利局面出现，德军必须学会同时在两线作战。1916 年 8 月，兴登堡升任德军主帅，他想做的正是两线出击。

第一次世界大战中管理观念的转变：第二阶段（1916—1918 年）

如上文所述，德国加大了战争动员的力度，从而开启了战争的一个新阶段。不过，在详细考察之前，我们还是要停下来思考一下战争投入的某些总体特征，这些特征极大地改变了欧洲社会的传统格局，甚至在战争最后两年进入高潮阶段之前就已经产生了影响。

在工业方面，最重要的总体变革是规模化生产方法被用于生产炮弹及各种步兵装备。较大型的产品还不易投入规模生产，但在战争结束之际，汽车、卡车及飞机引擎的生产线已经实现标准化作业，尤其是在法国和美国，因为在这两个国家工人对这种工业技术上的重大革新的抗拒要比德国或英国小。[50] 本书第七章曾讲到，美国在 1812 年战争后即开始轻武器的规模生产，紧接着克里米亚战争之后，此类机器便被出口到欧洲。19 世纪后半叶，美国企业界面临熟练技术工人短缺的困境，便把类似的技术应用到其他产品的生产之中，特别是缝纫机和打字机的规模生产。但在第一次世界大战突然爆发之前，欧洲的动静却很小，而战争需要大量同等型号的军用设施的生产。因此，小到夹钩、斧锯，大到自动机械、生产线，各种标准化的生产器械很快应运而生。

这种大规模生产方法的引进使得制成品的生产成本大幅下降。军事需求再一次为新技术的发展开辟了道路，从炮弹引信到电话，从堑壕里使用的迫击炮到手表，可谓应用广泛。此后，全世界的工业及生活史都因第一次世界大战突然开启的大规模生产技术的持续广泛应用而变得异常精彩。仔细看一下现代家庭里的各种器械，我们便不难发现20世纪后期的生活在多大程度上得益于那个近乎疯狂的时代。那时候，越来越多的炮弹、火药和机枪一下子成为主权国家得以保全的代价。

同等重要的是，那种精心计划的发明被广泛应用到新式武器和新式机器的设计之中。前一章我们讲过，1914年之前，刻意的发明往往由当时世界上最强大的海军资助，这主要是因为造舰的支出规模巨大，其武器装备也异常复杂。第一次世界大战的爆发使这种刻意发明开始应用于各种武器的更新和改造。德国人在传统武器的改造方面胜过其对手，可能是因为德国稀有资源的储量不多，所以在火炮及各式步兵装备的设计上必须审慎详尽、精益求精。同时，无论在德国还是在协约国方面，类似潜艇和飞机等器械的设计都几经更新。亲历战争的人会对各式武器的性能提出改进意见，而工程师、设计师负责将这些想法变成现实，以满足使用者的需求。由此可见，指令性技术创新已经变得非常普遍，已被广泛应用到各种军事硬件的生产和设计当中。

坦克的发展可谓上述模式的一个极突出的例证。战争初期便有一些人提出，使用有履带和装甲的车辆就可以冲破对方的堑壕而毫发无损。如果再装备适当的武器，这种战车还可摧毁敌人的机枪，从而实现总体的突破。英法两国政府当即采纳了这个建议并着手试验。在英国一方，海军设计署（Bureau of Naval Design）直接督办“陆地巡洋舰”（land cruiser）的早期研制，当时的坦克就叫“陆地巡洋舰”。

索姆河战役的最后几周（1916 年 8 月），英国研制的坦克首次投入战斗，但因机械故障不断、步兵与炮兵的配合不利等原因，并未发挥出应有的效能。不久，法国研制的坦克也遇到了同样的麻烦。但是，一些懂技术的军官毫不气馁，于 1917 年改进了设计（和训练）并取得了一定的成功。1918 年 6 月协约国军队进入最后的大反攻时，新一代的坦克辅助步兵一路冲杀。事实上，英国最高指挥部甚至通过了一项暂行计划，要在 1919 年实施拟议中的闪电战，如若成功实施，这将比德国首次在波兰采用坦克编队深入敌后、切断指挥和补给的闪电战早 20 年。[51]

英国“1919 年计划”的卓越之处在于，在计划制定之际，其赖以实施的新式武器尚未问世。拟议中的新式坦克速度快、机动性强且行驶距离远，需大胆地冲杀到敌军的背后。由此可以看出，“1919 年计划”已不像过去的军事计划制定者那样满足于现有的武器性能，而要刻意改造现行技术以塑造未来的战法，使之与计划的要求吻合。当然，该计划从未付诸实施，使用改造后的装甲战车投入大规模战斗也需等到 1939 年方才出现。但及至 1918 年，我们已能清楚地看到，指令性技术创新正在开始改变陆战的思路，正如它战前改变海战的思路和体例一样。

1914 年以前，世界各大国的陆军都不约而同地强力抵制技术的飞速发展及其对系统稳定的破坏作用。只要军需站以外的运输还未摆脱马拉肩扛的模式，肌肉的力量就为陆军装备的规格及复杂程度设定了一个限度。“一战”期间内燃机的使用把这个限度提升了一些，法国

指令性技术创新的广泛应用

第一次世界大战期间就有人预见到，燃油驱动的新式武器系统必将超越当时马拉肩扛的陆战模式。不过这一设想在 1914—1918 年只是略见成效，虽然坦克和飞机在最后的反攻中还是发挥了不小的作用。下页上图是“一战”中最成功的坦克，即英式马克 -V 型坦克（British Mark V）。下页下图为轻型坦克马克 -A 型（Mark A. 1918），其时速达到 12.5 千米，一次加油可行驶 100 千米，最初的设计是采用坦克编队冲破德军的前沿阵地，夺取其司令部，切断指挥和补给，以及在前线部队中间制造恐慌。可惜还没有等到 1919 年试验，战争便结束了。不过 20 年之后，德国陆军先在波兰后在法国实现了上述设想，同时辅以地空配合作战。上图是 20 世纪 30 年代德军在演习闪电战。

资料来源：Heinz Guderian, *Die Panzewaffe*(Stuttgart: Union Deutsche Verlagsgesellschaft, 1943), Abbildungen 7, 12, and 41。

运兵车载着士兵参加了 1914 年首度马恩河战役。两年以后，虽然铁路交通中断，但沿着“凡尔登大道”（voie sacrée）而来的补给卡车使法军依然能够固守凡尔登。1918 年，传统上由骑兵执行的侦察与追击任务也被飞机和坦克接了过来。

先前的战争工业化的发展限度因此被冲破。但要真正挖掘指令性技术创新的各种潜能却只能待到将来。第一次世界大战不过只是打开了一道门，以便陆军能够像当初的海军那样踏入一处技术创新的无人之境。但就在一群热心坦克创新的幻想家刚刚想好下一步怎么办时，1918 年战争的结束也为技术创新按下了暂停键，而这一停就是 15 年。

与技术变革相比，社会组织与日常行为习惯上的刻意改变也蔚为壮观。数以百万计的平民参军入伍，去经历崭新的生活条件——甚至死亡。还有数百万人步入工厂、政府机构，或从事此前从不熟悉的战争工作。人力资源的有效组织旋即成为各国备战的一个重要组成部分，此外还需考虑工人和士兵的福利问题，因为营养不良或士气不高的队伍很难取得最佳的成绩。工厂的食堂变得越发重要，因为食物出现了短缺。幼儿园为儿童提供全方位的照料，以便年轻的妈妈也能腾出时间和精力服务于战争。有时候工厂还为从事战争服务的人员搭建专门的住房，或分配给他们临时居住。作为额外福利，个别工厂还组建了自己的体育俱乐部，以鼓舞士气。[52]

在工厂老板们发起各种福利措施的同时，工会组织的作用也不断加大。在英国和德国，1914 年以前就有较稳定的工会组织存在，所以政府官员经常需要与工会合作组织参战的人员。一旦工会与雇主之间发生矛盾，政府代表通常偏袒工会一方，即使在官方对待工会代表及雇主发言人的态度非常不明朗的德国，情况也大致如此。[53] 在法国、美国及俄国，由于工会组织成立得晚所以还相对较弱，且常有某种革命的或准革命的意识形态，政府、工会和企业雇主三方官僚联盟对普通人生活的控制和管理就没有那么有效。[54] 企业雇主——无论是以“一年只挣一元钱”的政府雇员自我标榜，还是以私人名义争取政府合同——在左右法、美、俄（截至 1917 年）三国战时经济方面则享有更大的自由度。

健康也成为政府管理的内容。政府在军队中注射免疫疫苗并采取其他系统的预防措施使传染病得到了有效的控制，正因为如此，漫长的堑壕战才有可能让人坚持下来。在此之前，因传染病蔓延致死的士兵人数往往远高于作战阵亡的人数。在东欧，1915 年以后公共卫生管理体系陷于瘫痪，因而斑疹伤寒症及其他疾病造成了大量士兵和平民死亡。而相比之下，虽然 1918 年的流感席卷全球并造成超过第一次世界大战全部阵亡将士总和的人遇难，但在西线悲惨的堑壕之中的广大官兵却因有军医和公共卫生官员的有效预防而相安无事。[55] 不过这时的预防医学措施还未能普及到民间——要等到“二战”期间才开始实施。

及至 1916 年，食品及其他消费品定量配给制的实行改变了人们往日里习以为常的社会分配不公现象。在随后的几年里，配给的日趋严格让金钱收入失去了在和平时期的多数意义。在不同国家，课税与通货膨胀更加剧了这种状况。财产权变得不再重要，由个人在管理等级中的位置决定的社会地位——无论军方还是民间——渐渐地压过了由祖上继承的爵位，虽然二者在现实中常有重合。虽然也有部分来自过去的影响，但理想的国家社会主义——如果不是希特勒抢先占用了这个名字的话——可以说是发端于军营及欧洲各国军队的军需补给部门，借助于来自大企业、工会、学术界及政府的精英结合体，这种制度竟然在如此短的时间内改变了整个欧洲社会。

战争能够如此动员的奥妙之一是，在开战时大家都觉得战争不过几个月就会结束。人们都抱着必胜的信心，而且认为战争结束之后生活又将恢复常态，所以牺牲一点儿日常闲暇和物质享受也算不得什么。正是这种心态不止一次地打消了保守主义者的疑虑。另外，前方战士浴血奋战使得后方平民的任何要求都相形见绌，变得无足轻重，一旦有人顽固坚持享受自身的权益或特权，新上任的管理人员便会觉得这是妨碍战备。

不过整个事件从本质上就显得有些反常且含糊不清。要人接受统治者与被统治者、牧羊人与羔羊、作战参谋与炮灰之间的差异区分，有赖于一个共同的信念，那就是战争必须进行到底，不管付出多大代价。建立在这一信念之上的绝对服从此时竟荒谬地成为自由的一种表现。一旦这种信念发生动摇，甚至彻底消失，由战争催生出的新一代统治精英就会突然变成嗜血成性的暴君，他们会用锁链对付所有人，只不过出于自身的邪念。换句话说，一旦人们不再相信不惜一切代价赢得战争胜利的恰切性，则自由和正义就彼此交换了位置。不论何时何地，只要出现世界观的反转，那么为实现国内有效动员而架构的公共权力就会崩溃，其速度之快，丝毫不亚于其当初聚敛之时，其他的出路——举凡内战、无政府状态、溃败、民族屈辱，抑或一新式的充满正义的社会——则不过是出于信仰或畏惧，而非先见之明。

战争投入的这些维度到了 1917 年便显得格外醒目。这一年 3 月，沙皇政府的倒台似乎把俄国带入了议会与民主的阵营。但新政权却未能巩固其合法地位，且根本无力解决困扰俄国多个城市的食品危机。到了 1917 年 11 月，该政权的腐败无能便达到了顶点，无力再发动战争。与此同时，列宁夺得了政权，公开宣布还和平于人民，还土地于农户，还食品于城市的工人。

战争由此蒙上了一层新的意识形态色彩。列宁非常明确且直截了当地否定欧洲各国政府及整个旧世界的合法性。在马列主义者看来，正是垄断资本主义把人类拖入了战争，而要治愈这场灾难则必须把国家间的斗争转变为阶级斗争，这一理论并非置之不理就能令人忘却。各国的社会主义者及工会领导人必须做出决断，列宁要他们起来革命是不是正确的道路，而面对列宁理论在各国国内搅动起来的不满和怨愤，统治精英们一时也惊呆了。

德国人的反应是继续强化军备。1916 年 8 月接受军队最高指挥权的兴登堡和鲁登道夫已经开始了全面的军事动员。他们彻底摆脱了原战争部的管理模式，即以每月可能的火药产量为基准，分轻重缓急安排各项计划。相反，他们先制定具体的军事目标，根据下一季战役的物资需求向民用厂商分配订单，这些订单往往是根本“无法”实现的目标，若有必要则大幅削减其他形式的经济活动。整个德国因此变成了一个军营，原则上如此，而事实上也基本如此，一切都服务于总司令部设定的下一年的战略需求。

1916 年的“兴登堡计划”（Hindenburg Plan）原是模仿英国 1915 年劳合·乔治为扩大军需品生产而发起的热闹的军备运动。该计划制定的目标往往只是主观臆断，根本不考虑其实现的可能性。“计划”在某种意义上不过就是为了宣传，当年英国的军备运动也是如此。但在德国，夸大的、急功近利的生产目标却造成了比英国更为严重的后果。经济很快便显现出超负荷的迹象。煤炭、钢铁产量及交通运输都开始萎缩。紧接着，食品短缺几乎到了无法承受的地步。不同于英法两国，德国无法通过从国外购买的方式来纠正官方所犯的错误，无法像英法那样在计划失当及国内资源使用过度之时仰仗从海外市场采购的惯用体制而使缺点得到克服。英国海军的封锁使德国无力效仿。结果，虽然德国1916年以后在提高军需品的产量上成绩显著，但与此同时出现的整个国民经济的严重失调却在很大程度上抵消了前者。

“兴登堡计划”最初公布之时，没有人认识到人力资源、食品和燃料对战争的最终调节作用。1916—1917年，主管官员还以为同战争初年一样，只需提高要求并严明法纪便总能令民用经济有更多的产出。而且这些人一心一意、不折不扣地执行。来自同僚的反对意见被视为散布失败主义，而来自民间的批评则干脆成了叛国罪。时任军需总长的埃里克·鲁登道夫是最高指挥部的灵魂所在。他坚信，胜利就取决于国民有坚强的意志和足够的自我牺牲精神。其他的变量均维系于意志力。既然如此，剩下的唯一的危险就是软弱的公民——尤其是软弱的政治家——可能在战争最紧要的关头从背后给德国戳上一刀。

上述理论深深地植根于普鲁士的历史。普鲁士的历代统治者，从当年的大选帝侯到腓特烈大帝，身处危急关头无一不勒令国民这般奉献，将自身的利益完全屈从于集体的、军事的斗争。这是普鲁士强大的秘诀所在。虽然到了20世纪，负责军队补给的工业生产在程度上复杂了许多，但这却未能改变上述总的原则，主管的将军们只要求立即无条件地服从命令，一旦有人提出财务交割问题便全无耐心、大发雷霆。伴随短缺的加剧，这些将军们变得更倾向依赖大工会组织和大企业以求重塑满足军需的经济模式。各方大致各得所需：将军们有了更充裕的军需品，企业家获取了更多的利润，[56]工会主管的威信也因此得到巩固。

上述安排唯独没有考虑到农村的发展，那里的农用牲畜、人力资源和化肥都出现了严重短缺。1916年的恶劣天气又造成了粮食歉收。试图平抑农产品价格的努力未能收到实效，故此黑市猖獗，严重破坏了食品配给的法律制度。[57]德国经济的军事化管理过于偏重军需生产，因而在 1918 年把整个国家拖到了饥荒的边缘。[58]

要一切都服从军队的紧急需求，寄希望于最后一役便可最终获胜，这一点并没有什么不理性之嫌。虽有美国人的干预，但在 1918 年，胜利真的离德国人很近了。若真的是德国人取胜，兴登堡、鲁登道夫等人一定会成为成功的典范和大英雄。他们的努力确实换来了更多的军需品。火药生产最初制约了德国人的战争实力，而到了 1918 年 10 月，火药产量达到了 14 315 吨的顶峰，在战争的最后阶段，德国军队从未遭遇军需品的短缺。[59] 还有各种新式武器，比如反坦克火炮，从生产线上滚滚而来。即使到了 1918 年 11 月，当人力、食品和燃料同时出现短缺的瓶颈严重制约德国军队之时，通过仓促的资源重新分配还是能解一时的燃眉之急。

在战场上，加大的军事动员也发挥了预期的效果。1917 年，俄国战败并割让领土；1918 年 3 月，新的渗透战术冲破了法国的壕沟封锁线。虽然此时的德军由于缺乏必要的交通器械而无法向前开进，但若无美国远征军在道义和资源上的支持——截至 1918 年 11 月竟有 200 万人之众——疲惫不堪的英法联军几乎不可能顶得住德军的春季攻势。直到战争的最后几周，胜利一直盘旋在德国人的指尖。诚如威灵顿将军在回顾滑铁卢战役时所说，第一次世界大战的胜利在很多人看来都是“很悬的”（a near run thing）。

战争在 1918 年 6 月以后突然发生了逆转，令德国人来不及调整心态来面对这突如其来的失败。在德国军队内部，这种感觉尤为强烈，军方的领导人早就对平民抱着一种“准对抗”（quasi-agonistic）的猜疑心理。这种猜疑在战争行将结束的那一两年更是有增无减，尤其是在国内的频繁暴动及 1917 年国会通过的《和平决议》暴露了某些公民的反战态度之后，因为在军方看来，这些人本该支持德国的战争的。

1918 年最终的溃败发生时，有多个事件都强化了这种心理。当时还有德军驻守在法国，驻军的领导人也能令人信服地证明，德国军队从未在战场上遭到失败，他们输掉了战争只是由于后方的社会民主党及其他革命分子的出卖。纳粹运动就发端于这一神话；希特勒 1918 年的日记里曾言，军方对民间的忠诚和坚定深表怀疑，正是这一点支配了第二次世界大战第一阶段德国的国内政策。

德国 1916 年 8 月以后加紧战备所取得的多项成功给协约国军队制造了极大的困难，尤其是 1917 年开始的无限制潜艇战几乎使英军丧失了战斗力。当然，反潜艇武器也有研发和改进，比如深水炸弹，但协约国军队为避免船只被击沉所采取的最重要手段是用驱逐舰或战列舰为商船护航。尽管协约国军队尽了极大努力，在一年多的时间里被击沉的船只吨位还是超过了新造船只的吨位。这就意味着从海外运抵英、法、意等国的补给不断下降。这回便轮到协约国军队精打细算地度日了。随着运抵吨位的不断下降，盟军不得不加强进口货物的管理和分配。

对法国而言，这意味着以埃迪恩·克莱门泰尔（Etienne Clémentel）为首的商务部取代军需部协调军备生产。为实现法、意、英三国之间战时经济合作的体制化并在和平时期遏制德国在工业生产上的优势，克莱门泰尔提出了一套新思路和新方法。但这种新举措很快就引起了美国人的怀疑，因为这一新经济集团不只是针对德国，还把竞争的矛头对准了美国工业。结果在美国进一步主动卷入战争之后，克莱门泰尔有关法国与英国和意大利之间长期经济合作的计划和构想便只能暂时搁置起来，威尔逊关于民族自决的言论此时不绝于耳，故此有关跨国合作的理想在不知不觉中烟消云散。[60]

在战争的最后一年，负责筹划法英经济合作的主要机构是 1917

年12月成立的协约国海上运输理事会。两国先是单独核算重要产品进口所需的具体吨位，然后把核算结果汇总到该理事会。理事会在货运吨位不足的情况下权衡轻重缓急做出最后的决定。[61]1918年4月以后，新下水的船只吨位开始大大超过被德国潜艇击沉的吨位，这一进展更是加强了理事会运筹帷幄的重要地位。不过，该理事会对货运船位申请的批准或撤销，对各国经济的发展都有重要影响。

协约国的海外市场先前只是弥补由缺乏远见造成的物资短缺的一个战时经济缓冲垫，由于上述措施，现在连这一铺垫层也被纳入了刻意管理的范畴。但无论怎样，类似的管理工作总是必要的。由于美国的积极参战，为装备美国军队而出现的大量订单很快便超出了美国工业的负担能力。要保障法英两国获得在美国本土都很紧缺的商品就有必要进行政治协商。这种情况本来可能迫使欧洲人在海外采购方面预先做个计划。货运紧张更使这一问题变得异常突出且无法避免，海上运输理事会对货运吨位的分配遂成为解决这一问题的简单有效的手段，它迫使协约国最高决策机构在海外进口物资的需求和使用上加强管理。

就法国而言，上述举措意味着在战争初年全权负责整个国家军事动员的工业管理委员会现在不得不遵守商务部的要求并接受其指令，即使有时发现这些新规则不甚合口味或对自己不利也无可奈何。战争初年具有社会主义倾向的军需部长艾伯特·托马斯不能够、也不愿意建立的国家社会主义和技术权威体制在右翼的埃迪恩·克莱门泰尔指导下在法国建立起来。

英国也越来越多地采取了强制性规定的做法，比如在食品及其他消费品方面的定额配给。但与大陆各国相比，英国的体制中更多一些个人意愿的内容。1916年开始实施的强迫兵役制在英国从未像德国那样延伸到民间，虽然有些英国人也主张这样做。同样，在货运短缺危及食品供给之际，英国政府发起了一场旨在提高农业生产的紧急动员并成功使750万英亩的草场返归农田。不过，当地的民委会还是有权决定哪些土地适于耕种，之后由国营的拖拉机组负责垦荒。后来，20世纪30年代的苏联在发起农业集体化运动时也采用了成立拖拉机站由拖拉机组集体耕种的做法。1918年，这种集体强制加个人意愿的励耕措施使英国的小麦和土豆产量比战前的平均产量提高了至少40%，其食品进口也因此下降了1/3以上。[62]

如果我们拿英法的战备举措同德国进行比较，则很难避免如下的结论，即协约国做的要好于其对手。尤其是英国，通过限定利润的政策并提高定额配给制的效率，[63]英国实现了战争费用的公平均摊，在这一点上比大陆国家和美国都公平。这一点差异基于18世纪以来的英国政治传统，有产的富人已经习惯战时多纳税。此外还有一个因素，那就是英国经济中进出口的份额相当大，实施管理也因此相对更容易。进出港口的货物很难逃过政府当局的审查，而在德国等内陆国家自给自足的经济体制中，就没有类似简便易行的审查渠道。实现精确的数字统计和稀有产品的公平分配在内陆国家都很难做到。与英法相比，德国在食品及农业管理上的种种不足恐怕与这种地域和形势上的差别有关。[64]

协约国的战时经济计划整合还没有走多远，战争就结束了。确切地说，有200万美军士兵被成功运送到法国，而且为了节省时间和运输空间，其大型装备主要由法国提供。发端于战争初期的其他形式的零零散散的互补一直持续到战争结束，但刻意的管理却经常加剧彼此间的利益冲突，不过后一点往往被自由浮动价格主导的市场部分掩盖。因此，在1917年4月，当货运危机正处于顶峰之际，英国却决定撤出一半此前专门为法国提供补给的货船，并声言如果法国不加强其进口管理，将在 6 月撤出另外一半的货船。数月之间，这一补给的中断造成了法国工业产量甚至包括军需品在内的生产出现大幅回落。[65]

军事指挥在协约国之间也出现了某种程度的整合，但却经常不完备且只在最后阶段才有发生。1918 年 3 月，德军最后突破堑壕防线之际，协约国军队在法国决议统一接受法国陆军元帅费迪南·福煦（Ferdinand Foch）的指挥。不过该决议从未完全生效。福煦虽名义上是协约国军队总司令，但却须先摸清其英美同僚的真实意图方可向后者的军队发布命令。在战争的最后几周，平时的外交素养与专业磋商的习惯帮助指挥官练就了协调指挥的能力，同时并不妨碍法、英、美、比等国军队各自调整部署以实现有效的反攻。

协约国军队对 1917—1918 年危机做出的反应昭示了跨国管理的可能性。当然，要充分实现这一点还需等到第二次世界大战。不过在各自的国界以内，无论是在德国还是在英法，对人力和物资的调动至战争结束时几乎达到了当时的极限。实现管理的原理已经非常清楚。专家们能够精确推算每一次战役所需的人员及军需物资。及至 1918 年，各项管理技术也已足够成熟，管理人员组织一国的资源形同经营一家军备公司，它能够提供军队的全部所需。

官僚体制在私营企业、政府机关和陆海空三军都已经存在，这些来源不同的官僚体制走到一起便使上述整合成为可能。其中的管理原则——使战争各要素的合理流动畅通无阻——与 19 世纪 80 年代以来大公司内部形成的协调商品生产与分配的原则完全一样。有人觉得私营企业更注重金钱利润，所有的物质环节都要服从于成本核算，而在战争中，更重要的在于物质因素的生产或毁灭。但事实上，每一个交战国都实施了财务管理，无论是在民族国家层面，还是在政府和私营企业、公司层面都如此。

无论在和平年代还是身处战争之中，成本的财务核算与人力、食品、燃料、交通及原材料等要素的量化管理之间都有着频繁的相互影响。其中之一出现失控都会引发灾难性的后果，第一次世界大战期间已有先例。1917 年俄国的通货膨胀造成了经济混乱，1918 年德国出现了食品及人力资源的短缺，因此两国都走向了失败，这从不同方面说明了两国刻意管理的限度。要维持有效的战备必须将物资生产与财务计划结合，且须符合实际。“一战”主要交战国的管理者们基本上成功做到了这一点，而在此之前几乎没有人能相信这是可能的。考虑到 20 世纪后期管理经济体制在全球范围的广泛传播，我们是否可以说这是第一次世界大战的主要历史意义所在呢？

两次大战之间的反动与第二次世界大战期间向管理经济体制的回归

在当代的幸存者们看来，这样一种判断肯定会显得荒唐。战争刚一结束，当年紧急成立的负责军备管理的官僚机构就解散了（即便在苏联也是如此），战争期间约束个体行为的种种法律条文也取消了。直到 1923 年前后，革命与对革命的恐惧一直在主导着中东欧地区的社会生活。在美国，虽有人曾提出“回归正常生活”这种煽情的政治口号，却从未有人严肃地施行。第一次世界大战期间人们已经瞥见了大规模生产和城市生活的可能性，这种耀眼夺目的生活方式随着和平的到来便被抛弃真是太可惜了。[66] 但不论如何界定，个人追求幸福生活的权利却是理所当然的。美国在 20 世纪 20 年代便开始大规模生产汽车和其他消费品，其热情之高简直无人可比。

苏联则正好相反，内战和革命使苏联变得异常贫穷，而在意识形态上执着于社会主义，有必要的话哪怕只在一个国家实行也可以。但在那里，反动的事例还是时有发现。1921—1928 年推出的新经济政策明确了市场激励在农业管理中的作用，在生产方面则依靠技术工人。在欧洲其他地区，战争的残余慢慢退却，东欧各国边界的变动及重新划分、法国战后的重建、德国灾难性的通货膨胀、战争赔款问题的解决，所有这一切都延长了经济混乱的局面。1924 年美国为德国提供的贷款使后者的工业生产呈现出短暂的繁荣，但 1929 年开始的经济大萧条却引发了新的危机。各国对此反应不一，但有一点是毫无疑问的，那就是俄国、德国和美国在 20 世纪 30 年代中期又退回到“一战”开启的政治管理格局。1932 年以后，日本开始在远东构筑自己的战争经济。20 世纪 30 年代末“二战”爆发，其持续时间之久足以令管理经济模式在所有工业化国家演变为常态。

战时动员与在应对 20 世纪 30 年代的经济危机的过程中萌生的政府管理模式之间无疑存在着某种亲缘关系，现在时间又过了半个世纪，对这一点我们应该能够看得更清楚。但与此同时，却很少有人认识到或根本不愿承认这种亲缘关系。例如，苏联 1928—1932 年第一个五年计划的实施被奉为社会主义事业的里程碑，但其中刻不容缓的军事目标却被系统地掩盖起来。[67] 在 1932—1937 年的第二个五年计划期间，苏联武器产量的迅速提高使苏式经济计划与战争动员之间的亲缘关系变得更加明显。自然从一开始，苏联的经济计划中就充满了军事性质的言辞。苏联的劳动英雄们在农业和工业两条战线都取得了生产战役的伟大胜利。媒体宣传把上述一切努力都融入意识形态的巨大热情之中，为的是把党与人民、统治者与被统治者、经理与雇员联结成一个相互协作的整体。战时宣传的目标与此完全相同，使用的手段也别无二致。[68]

尽管存在不少的浪费现象，且与广大农民不时发生严重冲突，但苏联在加速工业化进程中所取得的成就却是巨大的，这从苏联在第二次世界大战中的表现就可以看得出来。苏联有着迅速增长的人口优势、丰富的自然资源和政治上的集权传统，其中最后一点令苏联人比欧洲其他地方的人更容易接受上级的命令。同时，他们寄希望于未来，马克思主义天启般的承诺为当前必须承受的苦难提供了合理的解释。这种准军事化的行政管理与革命的、自由意志主义的意识形态的看似矛盾的结合被证实确实有效。

日本对经济萧条的反应是重启亚洲大陆的侵略扩张之门。在由日本军队支持建立的伪满洲国傀儡政权的框架内，日本的国有公司实现了工业的迅速发展。其煤铁产量猛增，与大致同时期苏联企业对西西伯利亚煤铁资源的开发不相上下。[69] 在日本本土，由于有了伪满洲国的原材料进口，日本的重工业产品产量在 1930—1942 年增长了 5 倍，而同期的轻工业则保持稳定。[70] 其中，军备生产是整个工业发展的火花塞和主要增长点。

中国与日本咄咄逼人的军事及经济发展势头根本无法匹敌。即使美国和国联的抗议也无力阻止日本军队在 1937 年进一步入侵华北，继而在 1939 年又占领中国的沿海地区。不过日本与苏联在伪满洲国边境的冲突却以日本 1938 年的失败告终，其后在 1939 年更大规模的冲突中，日本再一次遭遇失败。冲突中苏联军队的强大威力令日本人记忆犹新，以至影响到“二战”期间日本对苏联的政策走向。[71]

日本在 1930—1941 年朝向战争经济的发展，与其说是受到了“一战”的影响，倒不如说植根于 1853 年以来日本对西方的更大的回应模式。通过国家管理实现军事大国地位的确立，这是日本整个现代化过程的中心主题。第一次世界大战标志着这种努力的一个阶段，日本以牺牲德国和中国为代价轻松取胜，不过战后由于中国人的抵抗和美国、欧洲各国的外交压力，日本被迫放弃了其在亚洲本土获得的部分战时收获，其后又被迫服从 1922 年签署的《五国海军条约》（Washington Naval Treaties），退出全面的海军军备竞赛。[72]

因此，1931 年日本的领土侵犯不过是重申了植根于日本历史的既定政策。[73] 农民对土地的渴求很容易演变成一种极具扩张、征服特征的公共政策，尤其是在那些青年军官当中，因为这些人通常都是农民出身。他们对唯利是图的资本家和市场上的买办充满了不信任，这一点也植根于农民心态且在关东军的军官中间表现得非常显著，而关东军经办着日本在中国的投机事业。[74] 更概括地说，日本式的指令性经济，和苏联式的指令性经济一样，基本建立在农村生活的格局之上，而从未与市场的财富聚敛方式达成完全妥协，也不会去调节个体经济活动的所得。把高技术强压到"封建"残余甚为普遍的劣势群体之上，这使日本和苏联在"二战"中具备了特别大的优势。刚毅大胆与绝对服从，再加上设计精良的武器装备和大致齐备的军需补给体系，把日本人和苏联人塑造成为高效的士兵，正是这一点使得日本和苏联政府的军事效能卓然出众，远非"一战"期间所能比拟。

谈到德国、西欧和美国对付 20 世纪 30 年代经济大萧条的办法，我们必须看清，第一次世界大战期间出现的经济动员格局在这些国家要比在日本明显得多。纳粹德国政府（1933—1945 年）执意动用战时的宣传方法，煽动民众情绪以反对其国内外的敌人。1935 年德国开始重整军备之后，武器生产在德国经济中的重要作用日趋明显，虽然直到 1942—1945 年才达到"一战"时期的水平。不同的是，希特勒重申德国人 1866 年及 1870 年的理想。他要德国充分做好获胜的一切必要准备，以便一举结束战争，而无须像 1914—1918 年那样把现有生产拖入令人绝望的消耗战之中。负责军备补给的官员不相信这一战略构想会真的奏效，而认为做好消耗战的准备是唯一现实的策略。但对德国民众是否愿意承担战争必然带来的缺衣少食的苦难，希特勒和众多德国军官却表现出同样的怀疑态度。所以，没有人真正反对希特勒的具体战术，即一方面虚张声势，另一方面为闪电战做好充分的准备。[75]

在美国，1932 年大选把伍德罗·威尔逊的政党重新推上了执政党的宝座。1933 年，富兰克林·D. 罗斯福总统宣布实行“新政”，但与纳粹德国政权所做的一样，“新政”也需要遵循“一战”的先例以解决经济萧条带来的危机，自 1929 年以来，此次经济萧条已经造成将近 1300 万人失业。[76] 和希特勒一样，罗斯福总统在其第一届任期内也试图通过资助公共建设工程而非军事动员解决就业。和希特勒的德国一样，美国政府要真正解决就业问题也需要等到军事动员呈现一定规模之后。

在西方国家中，德国率先于 1935 年重整军备。这一举措，再辅之以大规模的公共建设投资，使希特勒在其他工业国远未实现充分就业之前就做到了这一点，并因此享誉德国内外。而在法国和英国，人们对新的战争充满了强烈的反感，所以迟迟不肯重整军备。英法新式武器的订单比德国要少得多，且直到战争最后爆发还保持着相当高的失业率。另一方面，苏联受到德国的威胁恐吓，所以立即着手重新大规模装备苏联红军及其空军。美国在 1939 年开始重整军备，同样是对德国和日本军事强权所做的一种反应。

伴随世界主要工业国纷纷扩大武器生产，武器设备的改进步伐——在经历了“一战”之后急剧放慢了一段时间之后——突然开始加快，尤其是在飞机和坦克的设计上。军备竞赛一旦开始便一发不可收，在技术的改进方面更是难以控制。“一战”爆发前夕的舰船设计竞赛已经令人目眩，而现在则呈现出各式武器全面开花的局面。某一年的最新设计，一旦投入生产，就意味着装备它的部队使用的是已经过时两三年的武器。法国和俄国军队由于装备较早，就于1940—1941年遭遇到这种窘境。[77] 相反，如果按兵不动、静观潜在敌人将某一款武器投入生产，那么这时的后进者反倒能够制造出更好的武器。1940年英国人就是这么干的，他们生产的喷火式战斗机在性能上超过德国所有现役的驱逐机。不过，另一方面，1940年英国喷火式战斗机的数量却极有限，所以在不列颠之战德军空袭之际严重束缚了皇家空军的战斗力。

在进退维谷之际，没有人能够预料，更没有人能够获得足够的确切信息，以判断下一步该如何是好。很多时候，人们只得在茫然无知的情况下做出决断。信念、希望和恐惧夹杂在一起，令人惶恐不安，当时的领导人就是带着这种心情决定该制造什么样的武器，生产多少。不同兵种、不同部门、不同公司怀着各式各样的期望，从个体的领土野心到群体之间的较量，争夺财政和管理的控制权。德国于1936年公布了一个四年发展计划，以实现在橡胶和石油替代产品上的自给自足。这一政策的背后是“一战”期间德国遭受封锁的痛苦回忆。英国迟迟不愿向法国派兵，因为脑子里还满是四年堑壕战的徒劳无益，所以转而全力发展海上及空中的防御体系。法国人一想到又要和德国人打仗就感到恐惧，故而不愿再去设计，更不愿再去生产新式坦克和飞机。法英两国都带着极大的不情愿去备战，而作为侵略者的希特勒既可以虚张声势恐吓他国，又可以随意选择时间和地点挑起冲突。[78]

日本和苏联的工业基地虽然规模较小，但两国的军工企业动手早，所以生产的规模反倒较大。相比之下，在其他国家这种类似1916—1918年全面战备动员的举动几乎没有。1939年，当战争在欧洲爆发时，法英两国还寄希望于西线精心筹划的防御体系，实施“胶着战”以对抗纳粹在东线发动的“闪电战”，同时等待通过海上封锁瓦解德国的经济，削弱德国国内对希特勒的支持。人们还以为战争会像1914—1918年一样旷日持久，所以动员计划也基于这一设想。最初的战略也植根于这样一个决心，即决不再让“一战”期间大规模的无谓死伤重演。尤其是法国人，他们根本低估了有强大空中火力支持的装甲兵团的瓦解力量，更想不到这一攻势对本已厌战的法国后方军队的士气会构成致命的打击。结果，希特勒在1940年5月取得了重大胜利。

法国沦陷的噩耗警醒了英国人，他们决心全力捍卫自己的领土，使其免遭法国的命运。财力上的限制一下子不见了，人力资源成了最大的制约因素。战备管理得益于两次世界大战期间发展起来的经济学理论，同时从“一战”中吸取教训。结果，整个工业-军事联合体运转良好，几乎所有国家的民众都表达了抗击德国侵略者直至最后胜利的决心。[79] 面对法国的沦陷，美国亦加强了其国内的战备动员，并通过《租借法案》（1941年3月通过）向英国及其他抗击德、日侵略者的各国提供无须如数清偿的补给。这个法案避免了两次大战期间曾一度挫伤国际关系的战争债务问题，法案生效期间美国与英国的战时经济迅速达成了一种共生关系，其密切程度远非“一战”可比。另一方面，在经历了1937—1938年有损士气的军官大清洗之后，斯大林似乎并不急于武器生产或重组苏联红军。他反倒试图通过向德国提供大宗原材料和食品来确保和平，该项业务是根据1939年8月德苏签订的《里宾特洛甫-莫洛托夫条约》（Ribbentrop-Molotov agreement）中的《贸易附件》达成的。[80] 苏联的这一举动使英国的海上封锁形同虚设，德国亦可以无改其战前不需要大规模动员的国策。即使在1940年秋希特勒决定在安抚英国之前进攻苏联的时候，德国依然没有背离上述国策。结果，当德国的坦克于 1941 年 6 月隆隆驶入苏联之时，德国的厂家才开始生产用于从海上和空中向英国发动更大规模进攻的武器装备。[81]

但是苏联红军却出人意料地在纳粹的屠刀之下挺了过来。1941 年 12 月 5 日，即日军偷袭美国珍珠港海军基地并因此把美国拖入战争的前两天，希特勒被迫宣布国防军进攻莫斯科的计划暂时取消。这就意味着希特勒千方百计试图避免的消耗战再一次降临到德国人的头上。但与 1914 年相比，德国现在的处境要好得多，毕竟德国已经征服了欧洲的大片领土，这些被征服地区可以补充德国自身生产的不足。尽管有纳粹的信条和严重的种族歧视，自 1942 年起德国却领导着一场跨国战争。随着时间的推移，德国人变得越发冷酷无情，他们往往会通过武力或武力威胁掠夺被征服地区的资源。截至 1944 年，已有 750 万外国人为德国服劳役，占德国总劳动力的 1/5。其中有一部分人是战俘，有一部分人至少名义上是自由人，但大多数却是被搜捕来的“苦役”。[82] 德国的武器产量在 1944 年 7 月达到顶峰，其后不久，德国各地几乎同时都出现了必需品的严重短缺，致使德国经济在 1945 年 5 月迅速走向崩溃。[83]

其他各主要交战国的战备工作也大致踏上了跨国的轨道。日本在太平洋及远东建立的“大东亚共荣圈”是迄今最贫弱、也是最缺乏整合的一个。日本治下的人口绝大多数是农民，拥有的技能、资金和生产能力相对弱小且很难增容。其中为数最多的中国人又表现得不尽合作。虽然日本人提出的反对白种人至上的口号最初深受欢迎，但真正心甘情愿与其日本新主子联手合作的人却很少。连接日本本土与其遥远占领地的客货船只不久也出现了严重短缺，主要是美军潜艇的袭击及其他战争损失所致。及至 1943 年，为远方的兵站输送补给已不可能；

作战飞机和其他武器的设计也已跟不上最新的发展，显得陈旧落后。[84]

苏联本身即具备跨国性质，其战争投入通过《租借法案》和《互助协定》与英美两国的经济连在了一起。英美对苏联的援助从未能满足后者的需求，所以造成斯大林总是怀疑西方大国的用意是让苏联与德国拼个你死我活、两败俱伤，而自己则坐山观虎斗。实际上斯大林1939年就想这么做。然而截至战争结束，苏联红军的机动作战能力却主要归功于《租借》为其带来的卡车、皮靴和食品。1942年以后，苏联的武器弹药产量已大致能够满足红军的需求，但取得这一成就的沉重代价是牺牲了民用工业和农业。[85]

苏联和美国在“二战”期间的关系与“一战”期间法国和英美两国的关系很相似。前者在战争最初的几个月都出现了工业资源重组必需的冶金工厂的严重损失；两国都极端偏重军备建设，但却因此而获益匪浅，两国原本贫弱的工业最终成功支撑起了抗击德国的重任，不过人员的损失都非常惨重。此外，斯大林继承了昔日沙皇唯军备与重工独尊的政策。“二战”期间，苏联能够躲过食品短缺的厄运，部分原因是有来自美国的食品补给，但更主要的是农业集体化的实施在行政管理上确保农民把粮食拿到了城镇上，但作为回馈，农民是否拿到了消费品则不得而知。[86]

迄今规模最大、机制最复杂的跨国战时经济是由美国主导、英国协助建立起来的。就在日本偷袭珍珠港的前几天，美国通过了本土资源全面动员的“胜利计划”（Victory Program），从而使动员工作具备了政治上的可行性。取名“胜利计划”主要是为了宣传。但此后美国又花了两年多的时间方才健全必要的行政手段，根据计划中有关未来军事行动的需求实施上述资源的有效动员。在实施过程中，供求关系、计划与执行等方面又出现了诸多矛盾。就有关稀有资源及其他各生产要素的分配问题人们往往争吵得非常激烈。但不管怎样，结果是美国战备物资产量显著提高，另有其他大量产品可用来补充英、苏及其他盟国的战时经济。原先仅用于操控大工厂流水线平稳作业的程序进度表被推广运用到整个美国经济的管理。生产力水平的提高以及产品产量净值的增加与大规模生产提升企业效益的原理几乎完全相同。[87]

美英的联系非常密切。英法专家都有权利和义务为美国的战备组织工作提出建议；[88] 有关《租借》补给分配额度的协商往往会涉及经济和军事计划方面的交流。英国需要美国提供的食品和原材料。作为回报，英国则为驻扎在不列颠群岛的美军提供各种后勤补给服务，且在英国管辖的地区向美国提供部分所需的原料。但随着战争的进一步深入，英国把越来越多的资源投入到军队的装备补给和军工生产中，所以渐渐地，如同苏联一样，也不得不依赖美国的进口填补其国内生产上日渐加剧的不足。

就这样，英美官员之间的协作渐渐催生并维持了一种经济事务中的劳动分工，这种分工既有理性的考虑，又包含刻意的成分。同一分工协作原则主导着盟军的军事指挥。英美联军由司令部机关统一指挥，而司令部机关的作风往往超越狭隘的民族国家观念。军事指挥链条的最顶端是通常设在美国首都华盛顿的参谋长联席会议，负责执行罗斯福总统和丘吉尔首相（1943 年 11 月以后还包括斯大林元帅）在各种会议上就未来战役计划达成的联合战略，协调其他的高层政策。[89]

战争结束时，一大批盟国政府和流亡政府以及包括“自由法国”在内的准政府组织聚集在以英美为首的权力中心，分享《租借》的补贴并同时为盟国事业提供道义和物质上的支持。

非洲、印度及拉美地区的战争动员工作不似上述国家和地区那样紧张激烈。但这些地区的资源却被纳入英美联军的战争动员事业当中，有时通过开放市场上的购买，有时也通过某种行政手段获得。例如，印度组建了一支较为庞大的军队，以抗击驻扎在缅甸的日军。为这支军队生产必需的武器装备给印度的工业化提供了一种特别的助力，而组织征兵和战备工作使印度人萌生了一种集体意识，这使得战后印度的独立成为必然。[90]

由此我们看到，战争的跨国组织在“二战”期间得到了史无前例的发展和有效表现。由于武器生产变得越来越复杂，单独的国家已经变得过于狭小，根本无法组织有效的战争。这一点可以说是第二次世界大战的主要创新。对和平时期的国家主权而言它的含义是明显的，且与那种对地方自治的热切渴望背道而驰，而正是这种独立自治的渴望激励着亚洲及非洲人在战后的第一个10年纷纷摒弃其殖民地的地位。

在当时，堪与跨国组织相比的重要事件要算科学知识在武器设计上的系统应用。随着和平的到来，国际经济结构有了很大改变，但原子弹却并未因此而自行消失，所以战争的这一成果从长远来看可能意义更为重大。

在“二战”之前很长的一段时间里，人们遇到武器设计上的关键问题总要征求科学家的意见。据说公元前212年，阿基米德曾帮助叙拉古的僭主设计新式武器以抗击罗马人的进攻；格里博瓦尔就有关弹道学的发展问题与18世纪法国高层科学家保持着密切接触。早在1904年，著名物理学家开尔文勋爵就曾为英国海军部的舰船设计技术方案进言。“一战”期间，海军部专门成立了一个科学家特别小组，协助研究反潜艇战的战术与技术问题。不过其重要成果——被称为潜艇探测器（ASDIC）的回声测距装置直到1920年才步入成熟，没有来得及在“一战”中使用。[91]在德国一方，弗里茨·哈贝尔（Fritz Haber）教授提供了有关固氮程序的化学知识，且发明了最早的毒瓦斯。[92]不过，在“一战”期间，政府或军方与科学家的合作总是时断时续，既少又不受重视——在飞机的设计方面可能除外。[93]

但第二次世界大战就不同了。从 20 世纪 30 年代末起，武器上的改进开始加速，刻意的新发明催生了一大批各具特色的新式武器。所有的交战国都认识到，一旦战争爆发，某个秘密武器就可能帮助扭转整个战局。所以，为改进现行武器并发明新式武器，各国政府召集了大批科学家、技术专家、设计工程师以及效率专家等参与战备，其规模远非昔日可比。[94]

战场上的经历很快就被反馈到专家委员会，后者的职责就是弥补现行武器装备的不足，同时设计出性能更好的武器装备。结果，一代又一代的新式坦克、飞机、大炮从生产线上滚滚而来，每一种新式武器都明显优于先前的武器，同时敌对方也会很快设计出新的防御硬件及战术措施。在数量和质量之间总要权衡一番，因为要把全部新颖设计融入现有的加工机床中，就意味着新式飞机、坦克或火炮的产量会大幅降低。在这里，不同国家之间表现出了有趣的差异。德国和英国的厂商更注重质量，往往会做很多的调整，美国和苏联则更青睐数量上的优势，只做少许调整以便现有生产线能够满负荷运转。不过，在急需数量之际，德国人也会一反常态，在战争的最后关头敲定某一武器设计方案，然后全力生产。[95]

完整武器体系的概念也萌生于第二次世界大战的战火之中，即同类武器中每一零部件要能够与其他的零部件相吻合。标准的包装尺寸与列车车厢、飞机和卡车等运输工具上标准化的集装箱帮助人们省去了大量的时间和精力。步枪、手枪和机枪使用的标准尺寸的弹药使战场上的补给工作也变得非常简单。不管是标准公路还是乡村越野，坦克、运兵车和自行驱动火炮均可在同样宽窄的路面上行进，比起过去速度不一、宽窄不等的状况，这种新型设计使同样的队伍威力倍增。通过所有这些手段，生产各要素之间呈现出兼容匹配、平稳运行的格局，这既造就了现代企业的繁荣，又使得毁灭性武器的生产成本低、产出高。总之，战争已经实现了工业化，而工业发展也被军事化了。

更壮观且或许更重要的是，“二战”前后有一系列的新式武器问世。当初最突出的创新是雷达。英国科学家和工程技术人员发现，利用无线电短波可在远距离确切定位飞机的位置，凭着这一发现，皇家空军的歼击机飞行员在不列颠之战中成功拦截了德国的轰炸击群。“二战”期间，雷达又经历了新的飞速发展，在导航、武器瞄准等领域找到了新用途。但此时不断问世的其他技术开始和雷达媲美，如喷气式飞机、近炸雷管、两栖战车、导弹、火箭以及复杂至极的核弹头等。

如何开发利用上述新科技，以及选择哪种款式的坦克、火炮或飞机，对这些问题做出的解答往往就决定了军事行动的路线以及最终的结果。比如，若希特勒不是迟至 1943 年 7 月才全力支持 V-2 火箭的研发，很难设想盟军的诺曼底登陆还会发生，[96] 因为停泊在英国南部港口准备横渡英吉利海峡的那只舰队恰恰就处在 V-2 火箭的有效射程之内。另一方面，若欧洲的流亡科学家们未能成功说服英美政府投入那么大的财力物力支持第一颗原子弹的研发，[97] 不只抗日战争的最后阶段会另作他论，战后的国际关系也会因之大为不同，因为很难相信哪个政府会在和平时期斥巨资投入这样一个充满风险的研发项目。（曼哈顿计划处于高潮时有 12 万人参与其中，包括一大批世界顶级的物理学家。整个计划的投资超过 200 亿美元，但直到试验的最后阶段，根本没人有十足的把握断言这个可爆弹头的设计就能体现原子理论。）

在诸如此类的众多事例中，有些人事出名了，另外一些人事大概会永久埋藏于历史卷宗。更重要的是，理性的科学与管理在战争中的应用却造成了非理性的结局，这一发展模式不断重演，其场面之壮观非历史上任何时期可比。伴随原子弹的发明，人类具有的毁灭能力达到了一个新的、自我毁灭的程度，超过了人类先前所能想象的极限。

同样，福利与战争之间的关系比“一战”时期更加密切。两次世界大战之间，科学家们对人类自身的饮食需求有了更多的认识，故而其后的食品定量配给也变得更科学了。也就是说，不同人群对维生素、卡路里和蛋白质的需求量完全能够精确计算出来，且在现有补给的范畴内予以供应。英国人的健康状况在“二战”期间反倒有所改善，主要是因为实行了配给制。要不是技艺高超的医疗队及时予以扑灭，有好几次，流行病的肆虐几乎威胁到了作战计划的实施；[98] 军事医学使“二战”战场以外的军人也史无前例地获得了安全保障。磺胺类与青霉素等新药及滴滴涕（DDT）之类的杀虫剂大大降低了传染的危险，转眼之间就改善了军队的生存环境。

参战各盟国往往通过行政许可证制度保障其劳动大军能够在优化的环境中从事生产生活。相比之下，德国的强迫劳动营和灭绝营则呈现出一幅惨不忍睹的景象，在那里，数以百万计的犹太人及纳粹的其他敌人忍饥挨饿或被大量屠杀。应用于战备的各种有效手段如科层化在这里被同样有效地应用于极端惨无人道的杀戮，这比现代史上的任何其他事件都更能痛苦地说明，人类每一次掌控自然及社会环境的能力的提高，都伴随着突出的道德双重性。其他国家的战俘营把不信任的民族集体迁移到异地并严加看管——“二战”期间在美国和苏联都有发生——同样昭示了高效行政还有其恶魔的一面，而这个恶魔在20世纪的两次大战前后都有令人难忘的表演。

另一方面，虽然人们早在大战结束之前便开始满怀信心地筹划世界和平，但却并不是很成功。联合国善后救济总署（UNRRA）这一国际救助组织的确曾在战后的几个月内开展了一些工作。但美国人对高效维和机制和国际贸易中自由主义经济秩序的幻想注定要破灭。相反，战争结束才两年多一点儿，美国和苏联便又回到了“二战”期间被证实极端高效的跨国经济与军事组织模式。苏联 1949 年引爆了一颗原子弹，军备竞赛遂于 1950 年重新启动。从此以后，整个世界就生活在蘑菇云的阴影之下。结果，我们这个时代陷入了新的困境，容我在最后一章对此进行详述。

第十章

1945 年以来的军备竞赛和计划经济

1945 年第二次世界大战结束后，要人们再回到战前的生活状况已不大可能。在地球上的许多地方，旧有的政体已经威风扫地、臭名昭著。在战败国和大多数欧洲的殖民地，甚至在从未经历过战争的地区，都是这种情况。在欧洲的解放区和占领区，战争都造成了巨大的破坏和难以名状的混乱，即使战争结束了，人们也不得不在悲惨的境遇中生活很长一段时间。即使是战胜国，战争动员毕竟消耗太大，要回到正常生活——不论“正常”这两个字如何界定——已经不可能了。仅仅取消战时的各种章程是不够的，有计划的动员还需要有计划的遣返和有意识的重新部署资源。因此，国内甚至跨国的管理和指令性经济还是必要的，如同在战时一样。美国人要建立一个自由主义国际贸易体系的努力注定是徒劳的。

战后发生的一系列事件，令人瞠目的程度丝毫不亚于战时生产的成就和战争的毁灭性。战时曾令大量坦克、飞机等新式武器问世的方法现在被应用到重建工作中依然魔力不减当年——至少在战后的最初几年是这样，那时的人们非常清楚，也很容易就必须做的事情达成一致。借助于美国 1948—1953 年的贷款，西欧的重建进展异常迅速。苏联和东欧的进展也不慢，主要是因为那里的人力资源丰富，而且大量的自然资源迄今只有很少一部分得到开发。日本在1950年以后也显示出巨大的工商业活力并最终超过了德国和美国，这要归功于日本人独特的适应能力，传统的社会凝聚力与现代工业及城市生活很好地融合在一起。

随着德、日的溃败，先前的四大战时跨国经济体很快消解为两大对立集团。德国被分区占领。德国在战时的欧洲附庸国分裂成由苏联控制的东区和由美国主导的西区。日本的“共荣圈”也四分五裂。中国大陆1949年成了共产主义的天下；朝鲜和印度支那都出现了分裂；大多数其他地区，包括日本在内，都成了美国的势力范围。欧洲的“铁幕”引发了激烈的争论，但并没有发生武装冲突。相反，“共荣圈”的分裂却诱发了经年不断的战争，包括在中国（1945—1949年）、朝鲜（1950—1953年）、印度支那（1946—1954年，1955—1975年）的战争，印度尼西亚、马来半岛和缅甸的武装冲突规模相对要小一些。

许多前殖民地都竭力保卫其新近赢得的政治主权，把与苏联或美国等强权集团的关联尽可能降到最低限度。事实上，这些新政府在经济上还需要帮助，在某种程度上不自觉地依赖外来贷款，而提供帮助或贷款的要么是其前帝国时代的主人，要么是美国或苏联，后者热切地希望填补前帝国留下的政治空间。但不管怎样，由新近成立的国家以及自诩在国际事务中不承担任何义务的国家组成的“第三世界”在战后的数十年里是一种现实存在，在战后的两极世界中发挥着某种缓冲作用。

苏联在战后最初的一段时间里面临极大的困难，但1945年以后便实现了自给，摆脱了自“二战”最后阶段逐渐形成的对美国《租借法案》贷款的依赖。诚然，来自德国以货代款的战争赔偿以及与东欧各国的贸易往来——其规则往往对苏联极为有利——帮助苏联人度过了战后重建艰难困苦的最初几个月。先是同英国、继而与美国发生的政治摩擦在共产主义精英当中维持着一种战争气息。斯大林声称——可能他真的相信——在纳粹德国和其他资本主义国家之间只存在某种“暂时的政治”（temporary political）差别。[1] 斯大林式的马克思主义认为，促使希特勒 1941 年入侵社会主义祖国（Motherland of Socialism）的本能在战后的英国和美国同样存在。所以，苏联的战后重建从一开始就必须同时维持巨大的军费支出。尤其是，苏联要建造类似美国 1945 年袭击日本时所使用的原子弹，实施这一计划在当时苏联公民消费水平极低的情况下肯定是被作为第一位的工作的。同时，斯大林在东欧维持着规模庞大的驻军，以至于美国和其他国家的观察员们认为：苏联红军有能力且有可能随时侵占整个欧洲大陆。

1946—1949 年，美国采取的对抗行动使另一个对立的跨国经济-军事权力结构日趋稳固，美国人别有用心地称之为“自由世界”。在多重意义上，这一世界比苏联的统治区更为自由。持不同政见者发表异己的言论不会遭到系统的压制；劳工、食品、燃料及原材料不像共产主义统治区那样由政府的行政指令分派。个体在就业、消费品及闲暇活动的选择上比相应的共产主义阵营有更多的余地。不过这种个体和小群体的自由选择却是在一个公共与私人管理共生的大背景之下运行的。对经济实施管理在所有的工业化国家业已演变成一种常态，只要公众对这种经济管理的目标的认同得以维持，就不会有人提出强烈的反对意见。换句话说，在美国、西欧和日本的大多数人中间，自由已经蜕变成一种科层导向的服从或顺从行为。在共产主义主导的地区，服从或顺从行为的生发原理与此相近，大多数苏联人和东欧人，再加上为数众多的中国人，都欣然接受上层官僚设定的目标并依法行事。不过他们获得的报偿比西方和日本要少，后两者生活水平提升得很快，不久便超过了战前水平。共产主义国家的消费水平也在提高，所以二者只不过是程度存在差异而已。

由政府直接干预的资源分配份额越来越少，而由浮动价格调控的经济行为的范围日趋扩大，这一点大概是自由世界在总体效率上高出共产主义阵营的原因之一。美国的企业主虽在自己的公司内部仅靠简单的指令便可实现资源的分配，但在与不受其控制的企业打交道时却不得不遵守商品及劳务买卖的规则。假如其交易伙伴为大公司和政府，那么就必然引发市场供应垄断或独占的对峙行为。在这种情况下，价格便由外交协商敲定而非来自所谓神秘“外界”的竞争。但在与个体市民及其他弱小的市场伙伴合作时，大公司和政府往往可以依据对自己有利的原则为商品定价。它们只需控制供应量便足以使价格按其所倾向的水平发展。

只要大规模买卖可以在缺乏有效组织的贸易伙伴中间进行，大规模的精确管理便存在可能。金融财政计划与有形产品计划两相协调。随着战争创伤的修复，经济繁荣就开始了。新的投资机会层出不穷，充分就业已变成现实。娴熟的大公司规模管理与政府基于宏观经济学原理而制定的财政政策的妥善结合，再加上军备与福利支出的不断加大，使得战前经济萧条时代的机能障碍突然不见了。发生在主要资本主义国家的管理革命显然使工业化国家成为人类集体命运的主宰。另外，由于各主要国家的政府都是基于民选，普通百姓的利益与需求便可通过民主选举体制得到保障。

另一方面，一旦置身组织管理不力的外国，美国和欧洲的大公司就可以逃脱其在国内所遭遇的各种政治限制。以农业为主或以提供矿藏及其他生产原料为主的国家很难与这些大公司在公平的条件下交易。1973年，当石油输出国政府成功地迫使西方大国与其实现公平交易时，战后自由世界的指令–公司经济格局遭遇了 20 多年以来的首次重创。[2]

第二次世界大战刚一结束，美国便率先垂范，试图重新建立起跨国的军事指挥体系，以捍卫英帝国衰败以后由美国接管的势力范围。1949 年成立的北大西洋公约组织（NATO，以下简称“北约”）把西欧各国抵御苏联红军的指挥权交给了美军总司令。起初，有苏联红军驻扎在东欧各国似乎比从当地招募国防军更能保障苏联人的利益。但 1955 年，联邦德国加入了北约，作为回应，苏联当即仿效北约组建了一个军事联盟及指挥体系，即所谓的华沙条约组织（Warsaw Pact）。在东南亚和中东，美国试图建立类似上述地区防卫体系的努力却不是很成功。所以两大超级大国泾渭分明的对垒只发生在欧洲，双方均是多民族的阵营，各自制定战争计划，进行军事训练和各种各样的军事演习，而在战前，这种军事演习一般只在民族国家的境内举行。“二战”时期的跨国军事组织就这样在和平时期被制度化了。原先构架的民族国家主权消失了，这更多的是出于恐惧，而非认识到跨国军事组织的各种好处。

经济与心理因素在消融欧洲各民族国家主权的过程中发挥了一定作用，但更重要的原因是核武器带来的巨大威胁。北约的建立最初是针对驻扎在东欧的苏联红军的数量优势。在前者看来，若无以终极核制裁作支撑的美国军队长期驻防在欧洲的桥头堡，苏联红军随时都有可能横扫整个欧洲大陆，掌控欧亚大陆辽阔疆域的丰富资源。

可另一方面，苏联人绝不愿无限期地在美国人的原子弹面前束手无策。斯大林遂不遗余力地加大原子弹研究的投入。1949 年，也就是北约成立 5 年之后，苏联爆炸了第一颗原子弹。这一消息震惊了美国，因为所有美国人都确信苏联人不可能在短短几年的时间里就掌握复杂的原子技术。在下一轮的军备竞赛中，苏联人在科学、工程及武器设计制造方面的威力进一步卓然于世。1950 年，失去了原子弹垄断地位的美国政府虽不情愿，却被迫决定研制威力更大的武器——核聚变（或称氢弹）。美国 1952 年 11 月在西太平洋的埃尼威托克岛（Eniwetok）上进行了首次核聚变试验。苏联人紧追不舍，仅在之后的 9 个月内也引爆了自己的第一颗氢弹。

虽然建造起来更复杂，但与笨重的铀钚核弹相比，氢弹的弹头倒很容易做得轻巧些。显而易见，最好的发射器械就是火箭。当时还没有什么武器可以拦截火箭，1944 年德国用 V-2 火箭轰炸英国便证明了火箭的有效性。于是，美国在 20 世纪 50 年代早期便开始加紧火箭的研发。但苏联人这一次却早早地抢占了先机，原因是沉重的原子弹需要越来越强大的火箭才能够发射。[3] 1957 年 10 月，苏联人成功地用火箭将一颗小型的人造地球卫星送入环绕地球旋转的轨道，之后的几个月内，又有越来越大的有效负荷被发射到太空。[4]

苏联在技术上取得的巨大成就无疑使其有能力随时把核弹头丢到地球表面上的任何一个角落。1965 年以前，与苏联相比，美国人制造的火箭体积小，威力也不大。这倒不是说美国人发射核弹头的能力比苏联人低，因为美国的轰炸机群就驻扎在可以轻松对苏联实施轰炸的地方，加上可从水下发射核弹的新式潜艇，这使得苏联人和美国人一样在 1958 年之后都面临着毁灭的威胁。

在可能遭受攻击的问题上，美国人自然不满足只是达到其对手的水平。苏联的人造地球卫星上天之前，美国本土曾长时期不存在任何来自外界的威胁。所以当美国人得知苏联人至少在一个重要领域远远超过素以技术精湛而自豪的美国时，其震惊程度可想而知。[5] 毫不令人奇怪，这种所谓的“导弹上的差距”在 1960 年总统竞选时成了一个备受瞩目的问题。1961 年入主白宫的民主党政府决心在火箭技术方面超过苏联，无论在月球上还是在地球上。

另一方面，苏联人企图利用技术上的领先优势与美国在全世界范围内享受平起平坐的地位。1962 年 10 月，苏共中央总书记赫鲁晓夫计划在古巴部署中程导弹，这样就能够随时攻击美国的大多数城市。不过这次计划失败了：美国海军阻止了部分关键设备运抵古巴。经过紧张激烈的对峙，苏联人最终让步，答应从古巴撤出已部署的导弹。但这次屈辱却引发了苏联在海军舰队建设上的大幅投入，他们决心用几年的时间赶上甚至超过美国的海上实力，尤其是在水下的比拼上。[6]

因此，到 20 世纪 60 年代，美苏的军备竞争达到了新规模，重点在发展新技术，研制新武器。研发能力比现有的实力更受重视。因为未来的科技突破，无论应用于防守还是进攻，都有可能改变或颠覆双方的恐怖平衡。1957 年之后的 10 年中，两国部署了成百上千的远程导弹，双方都具备了在几分钟之内毁灭对方所有城市的能力。

面对新威胁，美国政府不惜重金全力投入研发。但投入并不限于军事方面，因为政策的制定者们——尤其是在接受哈佛大学及麻省理工学院的高参指点之后——坚信，在与苏联的竞争中，对美国社会的最终考验是看哪一方能够在人力所及的全部领域技高一筹。着手为这一竞争做准备，明智果敢的政府必须授权多个训练得当、技术精湛的特别行动小组以设计出无限多个应对和平与战争的新式装置和策略。但要取得成功，光知道怎样做不行，还要经过培训才能转化成必需的技能，还有就是取消长久以来对教育和研发的财政投入的限制。

之后不久便出现了以自然科学为龙头的学术繁荣，其势头之盛唯有宇航和电子能与之媲美。实际上，“二战”期间曾显赫一时的管理精英们在新的技术统治论中找到了实现其雄心和技艺的出路。冷战一定要在更宽广的战线上展开。只有通过社会工程才能造就一个完美的社会，这一点的重要性并不亚于军事硬件的改进。

美国人坚信自己有能力克服一切障碍，解决所有问题，这一信念在1961年得到了戏剧性的表现：约翰·F. 肯尼迪宣布，美国将在10年之内把人类送上月球。这项任务被交给了一个民间机构，美国国家航空航天局（NASA）。但能令人和机器在太空行进的新技术总会有军事的意义和应用价值。这使得军事与民用宇航技术研发分离的规定变得毫无意义。[7]

苏联紧追不放，并于1961年宣布一项新党纲，要求在下一个10年超过美国的人均生产力水平，并在20世纪80年代开始进入共产主义（各尽所能，按需分配）。赫鲁晓夫的技术治国信念与肯尼迪总统的政策高参们的企望确实非常相近。双方都从“二战”期间及其后的深刻记忆中汲取力量，并试图通过刻意的社会与技术工程实现不切实际的生产目标。

大多数国家都对两个强国的竞赛感到绝望。不过，法国的夏尔·戴高乐将军觉得美国过于偏袒英、德，作为回应，法国退出了北约，并开始致力于自己的国家研发计划。戴高乐认为，只有这样才能使法国不至沦为美国（或苏联）技术统治的准殖民附庸国。[8] 在远东，中国和日本后来也加入了太空技术竞赛，但只有苏联才具备同美国一争高下的能力和动机。下面是1957—1972年各国太空发射次数的一个简单统计，由此我们可以看出这最初的15年里两大超级大国在太空技术上的统治地位：苏联，612次；美国，537次；法国，6次；日本，4次；中国，2次；英国，1次。[9]

苏联20世纪60年代在新式海军建设、火箭技术和宇航器设计建造方面都投入了巨资。苏联用于军事研发的支出很可能与美国不相上下。但这种比较却是非常不准确的，因为双方的财政预算都很混乱，且为了不暴露新式器械的真正价值，它们对外界往往会任意地公布一个数字。在宇航竞赛中，非常常见的现象是一个生产商只有一个客户，那么计算某一器械的制造成本和经常费用就变成了一种会计学上的玄思。不过有一点是没有疑问的，即两国在技术创新方面的投入远远超过“二战”期间投入的最高点。[10]

巨额的投入换来的是超乎想象的结果。无疑其中最为壮观的一幕是 1969 年美国宇航员的登月。发射到其他星球的探测器获取了宇航员极感兴趣的信息，扫描卫星帮助人类对地球表面有了更多更确切的了解。在新式武器领域，科幻与技术事实交织在一起，简直令局外人真假莫辨。例如，用于改变高速飞行中的导弹轨迹的控制装置在 20 世纪 70 年代有了长足的进步。这个进步使拦截任务变得更加复杂、困难。事实上，人类还未能找到任何可靠的方法以击毁前来袭击的导弹。至少在导弹竞赛轰轰烈烈地进行了 25 个年头之后，能以光速击毁敌方核弹的激光及其他“死光”武器还处于天方夜谭的阶段。虽然美苏两国都花了不小的力气试图为自己造一个牢不可破的盾牌，以免遭遇突然的毁灭性打击，但恐怖平衡却一如既往，没有丝毫的改变。

至少在一点上，恐怖平衡变得更加稳固了。1960 年以来问世的间谍卫星使双方都能够确切了解彼此在陆地上部署的所有导弹装置。这对美国人似乎更有利，因为美国人不像苏联人那样善于伪装。双方都彼此接受从外层空间实施卫星侦察这一现象大概是一次意外事故的副产品：苏联发射第一颗人造卫星时，其飞行路径无可避免地要穿越他国的上空；其后美国也如此效法，苏联便不能提出任何异议。后续的事实是，当双方的卫星穿越对方的领空时，彼此都无力击落对方的卫星，所以在无可避免的情况下只能默许。其后不久，美国在卫星上面装备了高清摄像机，并把整个苏联地面景观的所有细节都发回到地球。苏联人对此表示抗议，但也只是走走形式而已。

来自卫星扫描的结果驱散了有关苏联导弹部署的迷雾。事实上，在“空中间谍”1960 年大显神威之时，美国人突然发现所谓的“导弹上的差距”纯系子虚乌有。虽然苏联人已经具备了摧毁美国城市的火箭技术，但苏联却尚未在昂贵的火箭编队上真正地投资。此后双方陆续在精心设计的地点部署了成百上千的导弹。但整个过程，包括每一次导弹部署的细节，都被侦察卫星一览无余。自此，两国政府对彼此的导弹部署情况都出乎意料地了如指掌，哪怕某个发射点的伪装做得再好，在建造过程中，可疑的迹象也逃不过对方的眼睛。

因此，在整个 20 世纪 60 年代，一方在部署洲际弹道导弹（ICBM），另一方肯定在严密监视着每一个细节并同时部署反洲际弹道导弹。与此同时，双方都建造并部署了大量潜艇发射装置，这种装置可以在水下静静地等待数周后从海底发射核弹头。[11] 这种累积的结果是表 10-1 所示的核力量平衡。

表 10-1 核武器拥有量对比

	1970 年	1980 年
远程轰炸机	——	——
美国	512 架	348 架
苏联	156 架	156 架
潜艇导弹发射装置	——	——
美国	656 艘	576 艘
苏联	248 艘	950 艘
洲际弹道导弹	——	——
美国	1 054 枚	1 052 枚
苏联	1 487 枚	1 398 枚
核弹头总数	——	——
美国	4 000 枚	9 200 枚
苏联	1 800 枚	6 000 枚

资料来源：Stockholm International Peace Research Institute, *Yearbook 1981*, table 2:1, p. 21。

显然，到 20 世纪 70 年代初，双方已经大致处于平等的地位，也就是说，双方都有足够的能力毁灭对方，所以再造更多的导弹就无异于浪费了。1972 年双方签署的《限制战略武器条约》（SALT）设定了一个核武器拥有量的上限。不过此举未能阻止两国之间的军备竞赛。研发小组只是把重心转移到条约中未提到的其他武器的设计制造上。原因很简单：这些武器尚不存在。因此，截至 20 世纪 70 年代末，有好几种新式武器系统已经从实验室过渡到生产线。但是对于该制造哪种武器，美国该投入多少资源以支撑这种不断升级的军备竞赛，美国人到 1981 年还在争论不休。无疑，类似的争论在苏联也从未停止过，只不过苏联不像美国，不需要国会投票拨款之类的公开辩论罢了。

具有改进潜力的旧武器的新型号足以打破世界的实力均衡。更进一步，还存在一种可能：某种非常规武器会突然引发新一轮极端暴力。这种可能性也阻止了超级大国之间保持稳定和彼此信任的关系。化学或生物战的突破随时可能打破原子武器带来的恐怖平衡。不过，20 世纪 80 年代最有前景的是各类以光速传播的“死光”。从太空设施上发射的此类射线有望拦截导弹甚至将其在发射点摧毁。这种可能性哪怕有一点机会成为现实，也会深刻动摇自 20 世纪 60 年代以来一直保持的恐怖平衡。

在一个对手之间彼此恐惧的世界里，要祛除通过秘密武器的设计制造而获得战略优势的竞争这只魔怪简直是不可能的。一代又一代的新式武器变得越来越复杂精巧，其高昂的造价成了经济发展的某种掣肘。但相关各方为赢得新的政府签约或对人力和物质资源的支配，却总能指称对方的研发优势危及己方的安全。政府的管理者不得不权衡民用经济的投入与军方研发永无餍足的需求。美国决定采纳或否决某个武器系统、实施或终止某个研发计划，在苏联会引发镜像式的反应。

但秘密还是大量存在的，尤其是在苏联。财政的模棱两可，道德的反复无常，再加上技术工程方面的瞬息万变，“一战”之前英德海军军备竞赛过程中如此致命的不确定因素[12]再次令两国的决策者们寝食难安。与“一战”相比，唯一的差别是，经过几十年的发展，现在犯下错误，代价要比过去大得多。

宇航科技方面的壮观景象往往会掩盖军备竞赛不止限于美苏之间这一事实，热切关注火箭及原子弹技术的同样也不只是两个超级大国。表 10-2 是“二战”以后几十年内各国军备支出大幅增长的一个小结。表中的数字可能有很大偏差，因为各国在这方面的预算数额上常有托词，还有就是把投入总额转化成统一的美元为单位可能存在汇率上的臆断因素。但无论是否存在扭曲的现象，从这家中立的瑞典研究机构以求真为本的努力中，我们能够发现，除了两个超级大国以外，还有其他一些国家的军费支出居高不下。事实上，第三世界国家军费支出的增长幅度在 20 世纪 70 年代超过了两个超级大国。

表 10-2　以不变价格核算的军费支出

（单位：10 亿美元，以 1978 年的汇率为准）

	1950 年	1955 年	1960 年	1965 年	1970 年	1975 年	1980 年
美国	39.5	98.2	100.0	107.2	130.9	101.2	111.2
北约合计	67.3	142.6	150.3	168.1	194.0	184.9	193.9
苏联	37.3	51.2	48.0	65.9	92.5	99.8	107.3
华约合计	40.7	54.2	51.3	71.3	100.8	110.3	119.5
不承担义务国家	25.7	29.6	34.6	57.9	85.7	123.7	141.9
世界合计	133.7	226.4	236.2	297.3	380.5	418.9	455.3

资料来源：Stockholm International Peace Research Institute, *Yearbook 1981*, Appendix 6A, p. 156。

军备竞赛富有传染性，影响到地球上的每一个角落。其影响至极（抑或至深？）的一个事例发生在中东地区，那里有巨额的石油收入和极端不稳定的政府，还有阿以之间以及其他众多显然不可调和的局部冲突。1947 年以来发生在该地区的各种冲突花样之繁多简直令其他地区无法比拟，东南亚的流血冲突只不过规模大一点儿而已，非洲的种族、部落冲突则由于贫困所限缺少高度致命的武器，而不是出于审慎考虑。

两个超级大国也无力控制局面。早在 20 世纪 60 年代甚至更早，美苏政府便认识到，即使一方使用原子武器成功奇袭对方，可怕的报复依然会接踵而至。因此，具有毁灭能力已经不再是可行的政策手段。其他新兴强国不久也认识到了这一点，故而肆无忌惮地公开挑衅美苏的权威。法国于 1966 年退出北约，东欧各国日复一日的不安宁，都可以证明上述事实。随着彼此之间越来越有把握毁灭对方，两个超级大国慢慢地成了一对巨人歌利亚，先进武器的巨大威力反倒妨碍了自身的手脚。令人感到矛盾和不可救药的是，他们不能使用核弹，可又不能没有核弹。

一股巨大到无法想象的力量，挥手之间，便会转化到其反面——这种情况确实没有历史先例。然而它就这样发生了：核扩散既是一种可能，同时也是一个现实，虽然还没有人能知道当今世界究竟有多少个国家拥有核弹头或有能力生产核弹头。现今已有 6 个国家公开引爆了核弹，[13] 但另外还有好几个国家被普遍怀疑拥有通过核电站合成的钚核弹头。[14]

在战后的几十年里，核保护伞及联合国维和组织的努力都无法阻止各地频繁爆发的局部战争和游击战争。武装冲突有大小数百起；交战双方无一例外地依赖从外部进口武器，最终总会直接或间接地寻求两个超级大国的帮助。[15] 要置身局外是困难的。例如，有为数众多的美国军队参与了 1950—1953 年的朝鲜战争，之后又有为数更多的美军 1964—1973 年在越南徒劳地战斗。而苏联分别在 1956 年和 1968 年入侵难以驾驭的东欧国家，1979 年又试图侵占阿富汗。美国在朝鲜小有收获，在越南则遭受了屈辱的失败。苏联在阿富汗的境遇是否会像其在匈牙利和捷克斯洛伐克那般顺利，我们拭目以待。（本书首次出版于 1982 年。——译者注）

某个社会在技术上占有优势，便具有了超乎寻常的威力，但若想将这种威力成功加到敌人的头上，还取决于行动之前就想要实现的目标达成一致。这种一致性并非自动生成或确定不移的。美国卷入越战时就出现了这种情况，美国人对越战的目标充满了怀疑，以至于撤军成为政治上的必须。美国人虽有技术优势，却无力战胜越共。美军的毁灭举动更坚定了越南人抗击外国侵略者的决心。战争升级也解决不了问题，除非炸平整个北方，毁灭整个南方，不过那样的话，就会杀绝那些美国声称为其获得自由而战的越南人。

另外，越南人对待美国侵略者可谓是众志成城，而美国国内的民意却充满分歧，越来越多的人批评美国武装干涉越南有失正义，缺乏智慧。苏联发射第一颗人造卫星曾在美国引发了对军方、高科技及行政-学术-军旅-工业精英们的怀疑，而今这种不信任感更加普遍。20 世纪 60 年代美国政府曾满怀希望、极端自信地开启了太空探险，而今这种希望和自信早已烟消云散，只留下一股酸楚。大批的青年人支持某种形式的反文化，刻意地拒绝“二战”期间及其后盛极一时的社会管理模式。

在极端的情况下，上述反叛采取了自杀的形式，许多人因吸毒而早赴黄泉。同时，试图寻找可替代科层化公司管理方式的努力也徒劳无益。要享受廉价的、规模生产的产品就需要流水线技术，而流水作业只能靠大规模科层化管理的大公司支撑；在一个大公司林立的世界里若要获得安全，其间的互动大概也只能采取科层化模式加以规范。那种率性而为、个体的超然独立以及不与外界来往的小团体几乎不容于拥有上述组织形式的社会。但是回到任何一种旧时的价值观与行为模式都意味着物质上的贫穷，事实上许多反叛者也不一定愿意付出这样高昂的代价。

不过，流水线技术极易遭到破坏。工厂的效率降低了生产成本，但同时也需要对分支流水线做更细致入微的协调。生产线上的任何一个部位出现故障都会造成适得其反的效果。若有人心存不满或试图破坏，那么稍加组织便可轻松阻碍整个生产流程，19 世纪 80 年代以来工人的罢工就不止一次说明了这一点。

另一方面，哪怕是最辉煌的革命群体，其生存的代价是其内部必有一个有效的科层权力机关。科层化组织的革命队伍，如果真的富有实力，便很快会融入政府管理错综复杂的任务中。自第一次世界大战以来，德国和英国的公众生活即清晰地展现了这种强制特性，但在苏联，暴动者经科层转化而成为管理者，从而形成了一个完满的逻辑回环，从前一度富于革命气息的政党或极具分裂性的社团遂演变成国家政权公开的统治工具，凌驾于产业工人和整个社会之上。

在一个科层化的世界里，某个群体若想伸张自己的权利，就必须同样具备有效的科层化管理体制，这依然是一个不争的事实。这就使得 20 世纪 60 年代反文化运动的重要性不可能持久。不过这一点也迫使美国的技术统治论者和政客认识到其先前确信无疑的社会管理是有一定的限界的。那个由民族国家创设同时又构成民族国家骨架的庞大的行政管理机器并不能随心所欲地确定民族国家的发展目标，也无力决定谁是管理者，谁是被管理者。对于解决理想和情感等方面的问题，理性与审慎的分析显得不合时宜。幕后操纵的宣传仅能确立一个供大众顺从的情感趋向，即使这样也必须限定在传统的、广为人接受的信仰框架内。既需要娴熟的技能又高度分化的社会本身就蕴含着一种分裂倾向，给政治领导层增添了极大的压力。政治家们当然可以随时求助于各行专家的系统分析、成本效益计算及其他各类现代企业和公司管理工具，但仅此并不足以显著减轻上述压力。[16]

也许战后几十年最根本的一个转变是，人们已不再效忠于合法的政府当局。民族的、区域的及宗教的群体正取代民族国家而变得越发重要。与此同时，各种跨国的集体认同及跨国行政机构也变得比以往任何时候都强。现代管理的精湛技艺该在何种单位之内施展？又为何目的？有关此类问题的讨论在 20 世纪 60—70 年代达到一个新高潮，尤其是在较为发达的工业化国家，在那里，旧式的爱国主义显然日趋没落。对此类问题的解答关乎人类的未来命运。

苏联自然也不能无视上述问题。在那里，一切都取决于生产力水平的提高，但生产力并不会仅凭共产党敦促人民为明天的美好生活而努力奋斗就能提高，一旦这一切变得一目了然，赫鲁晓夫 20 世纪 60 年代充满自信的许诺便失去了吸引力。赫鲁晓夫 1956 年在私下里对斯大林的指责立即引发了苏联精英管理层内部蓄积已久的批评意见。苏联的计划管理模式遭到详细审查，人们以一种已不大习惯的坦诚讨论如何更有效地利用资源。20 世纪 60 年代中期，苏联开始试行行政管理体制改革。但时隔不久，有关争论已经令人觉察到政府内部的重重困境和要员之间的巨大意见分歧，因此，公众讨论再一次被禁止。[17]和在苏联（革命前的俄国也是如此）的历史上曾经发生过的事情一样，警察扮演了压制异己言论的角色。

个体反抗官方的压制往往需要很大的勇气，而正是这种勇气使那些敢于继续反抗的志士获得了极大的威望。战后在整个共产主义世界，持不同政见者可谓层出不穷。早在1946年，南斯拉夫即从共产主义阵营分裂出来。此后，分裂的现象越来越多，最突出的是中国1961年同苏联的决裂。这种分裂现象反映了不同民族的感情需要和存在的多样性。苏联国内也有不少这样的持异议者，尤其是在犹太人和穆斯林当中。此外还有一些著名科学家及作家学者等，他们也发表言论，抨击苏联国内压制真理和个人自由的做法。这些人能够通过某些秘密渠道传播自己的见解，并不限于苏联国内。

这就证明了——如果还需要证据的话——肯定还有许多其他人同情、支持这些敢于反对党的领导的少数人群体，所以前者才会乐于把这些人书写的文稿私下传递，直至通过秘密渠道传到苏联警方管辖不到的地方。对官方意识形态产生幻灭感的另一个事例是从西方传入的流行音乐及其他青年文化的盛行。它们在苏联国内诱发了一种虽然没有多少实质内容但却实实在在的反文化潮流，其反传统的激进程度更甚于美国青年反抗资本主义-大公司的价值观。

然而，国内分歧的加大却凸显了警察与军队的重要性。除了法国和英国之外，战后还没有哪一个发达工业国家需要动用军队来平息国内的骚乱。不过，在欠发达国家，国内的争端往往异常激烈，所以军队不时成为政治生活的主角。在现代国家，除非军队的纲纪与凝聚力出现崩溃，警察与军队凭借手中掌握的武器总能在政治决策过程中行使最后的否决权。在动荡时期要保证军队的纲纪，就必须把军队同公民社会隔离，尤其是在后者充斥各种异己言论之时。不过，另一方面，要保证军队有适时更新的军事技能却往往需要军队与公民社会的技术精英进行某种交流渗透。而这些技术精英往往对腐败低效的现行政府深恶痛绝，觉得他们自己当政会更好些。谁管理谁？管理又为何目的？这类问题再次凸显，尤其是当技术精英和军队的精英同社会中的其他群体发生冲突的时候。

一旦这种冲突导致军事政变并把军方的领导人送入政坛，新领袖便会发觉很难在军队里继续维持当初的凝聚力与士气。不管在初入政坛的时候改革的措施显得多么深入人心，政策一旦付诸实施便举步维艰。随着个人敛财和沉湎声色的机会不断增多——大权在握的政坛领袖无一能够幸免——军营或军校里萌发的崇高理想很可能就要落空。通常，对理想的背叛会令军人政权失去其存在的合法性，至少在相关者看来是这样。因此，现代的大多数军事独裁统治都很短命。

王权与神权的联合是长久维持政权合法性的久经考验的传统良方。20世纪的最大问题是，根本找不到这样一种普遍的信仰，也不可能再豢养一大批僧侣辅佐政权，统治者只好在缺乏民众一致认同的情况下苟且维持。18世纪和19世纪的世俗信仰在发达的工业化国家渐趋衰落。事实上，民众认同的削弱就是对这一衰落过程的记载。诚然，在战后的几十年里，马克思主义及国家主义的理想曾非常有效地鼓动了广大农民去反对欧洲的殖民者和外国的资本家。可是，一旦这些革命的政党掌权，面对日常管理的实际工作，国家主义的原理与马克思主义的信念便不足以成为行动的指南。绝望与幻灭感遂由此而生。

在世界的某些地区，尤其是在伊斯兰国家，传统宗教也可以成为一种选择，有时这种宗教还采取了宗派的形式。伊斯兰教与基督教和犹太教的对抗可追溯到伊斯兰教建立之初，这种传统的对立很容易被利用来抵抗来自外国的影响、反腐败及号召广大教徒团结捍卫真主的信仰。但那些试图忠于《古兰经》的国家却很难处理20世纪出现的科学技术问题，因为那些掌握了西方现代科技的穆斯林往往不会再狂热地接受穆罕默德的启示。

国内缺少自发形成的一致认同，那最好的替代物就是在国门之外树敌。人们对入侵者的惧怕通常会造成国民的服从行为，这恐怕是应了那句老话“熟识的坏人胜过令人恐惧的外人”。因此在非洲、亚洲和拉美等公众认同程度较低甚至岌岌可危的地区，邻国之间的战争或谣传将要发生的战争就会变得异常频繁。一旦农村出现人口暴涨，成长中的年轻一代没有足够的土地养家糊口，农民的传统生活方式就会面临巨大的压力。除非等到人口压力渐趋缓和，否则在此之前，人们寻求新的信仰，寻找新的土地，寻觅新的生活方式，由此带来的激情和骚动不安无疑会危及任何一个当政的合法政府。从1750—1950年的欧洲历史来看，这一过程往往要经历很长的时间，且会造成大量人口死亡。

因此，战争与战备在第三世界大多数地区的社会生活中依然会占据突出的地位。20世纪60年代以来大量武器在这些地区的集结就是一个证明。从历史及经济发展的角度看，这种在武器装备上的支出并非纯属浪费。掌握了操作复杂机械，如现代化的战斗机，所必需的新技能有着广泛的应用价值。如果条件适宜，就像19世纪的日本一样，上述举措就可能促进工业增长。不过另一方面，武器装备上的巨额投资会影响到其他领域的发展。总体而言，第三世界国家自1945年以来的经济增长率与相应的军备支出之间似乎不存在内在的关联。[18]

然而，无力维持国内和平注定要导致经济衰退。假如公共秩序出现问题，政府觉得国民与外敌同样可怕，这时候武警的装备遂成为政府优先考虑的问题。最新的数据表明，自20世纪60年代起，新兴国家在武警力量上的投资超过了对正规军队的军备投资，后者主要是用来抵御外敌的。[19]在缺乏内部认同的情况下，我们还不清楚组织有效的压制行为能否长久地支撑现行政府。严明军纪并同时采用将军队同社会隔离的策略当然存在某种成功的可能性。旧时欧洲各国的王室使用这种政治手腕可谓炉火纯青、登峰造极。另外，随着军备所需投资的额度不断加大以及武器致命程度的日渐提高，只要很少的职业军队就足以镇压类似19世纪末20世纪初那种临时招募的群众大军。如果真是这样，那么政府再加上军队就有可能不需要民众的支持，完全依靠武力或武力威胁就可以实现统治，所要做的只不过是把职业化军队与整个被统治人群系统隔离罢了。这种统治模式不管与现代政治和民主理论如何大相径庭，都很符合历史上的统治术。

另一方面，当代各种形式的大众传媒却可能产生某种反向的作用力，使得那种旧式的统治者全副武装而平民无奈只得接受压迫的统治格局变得非常不稳定。当然，从国民中某个特定的人群有选择地招募现役人员确实有助于在军队与平民之间制造社会距离，但这样一支队伍能否垄断国内有组织的暴力行动却主要取决于充满怨愤的革命者是否能够获得武器装备，而后一点又取决于他国政府的政策以及革命者的狂热程度。只要这个世界还存在相互敌对的国家，革命者就不愁找不到赞助人和武器供应商。这样，在那些由于农村人口暴涨而导致民众普遍不满的地区，强化警察和军队似乎并不能确保政治上的稳定。

欧洲、美国的人口压力与苏联的人口压力性质不同。它们面对的是如何处理外来移民和外族人的问题，不论是身处美国的拉美人还是欧洲和苏联境内的穆斯林，这些都需要审慎细致的安排才能处理好。但这种人口问题还不至威胁现行的政治秩序。同样，军队–技术精英与普通民众之间的分歧，不管其资源分配的竞争多么激烈，也不会危及国家政权。反复不断地，对外敌共同的恐惧使得政治管理者与广大民众一道致力于赶上甚至超过敌方的武器装备水平。军备竞赛的不断升级保障了国内民众的步调一致和服从行为，因为显著的外来威胁总是人类所知的最强有力的社会黏合剂。

然而这种小心翼翼、蓄而不发的盘桓究竟能维持多久却是成问题的。核弹的问世改变了游戏规则。把大量资源投入到无人敢使用的武器，这在所有相关各方看来都是明显滑稽可笑的。这就是说，目前用于保护北约和华约各国免受侵袭的大量武器装备有可能最终导致灾难，不仅是因为可能有来自外部的袭击，还可能有来自内部的衰败。促成这种内部衰败的原因在于，长久以来的英雄主义以及尚武观念在技术日新月异的陆军和海军中陷入困境。只需按钮便可发动的战争可谓是个体勇武气概的反命题，琐碎的科层化管理同样与战士素朴而真实的内心渴望毫不相干。二者之间的冲突可谓久矣，似可追溯到战争科层化与工业化的开端，但火箭时代的到来，伴随其强大的远距离攻击的威力，使个体肌肉强健的勇武精神黯然退场，使战争进行的方式发生突变，而士兵们的心理并不容易转变过来。[20]

同样，除非在战场上彻底溃败，否则让军人的意志突然彻底消沉恐怕不太可能。传统上用以灌输并维持军纪的做法依然非常有效。近身的操练，日复一日，年复一年，依然能够在战士中间激起人与人之间最根本的情谊。这一点在现代战争中可能并不重要，但是没有关系。其他的礼仪和日常惯例同样也会自然生发并自我延续下去，以导引和平衡军旅之中乃至整个公民社会的行为。日常惯例和礼仪是热情似火的个体革命信仰的标准替代物。这种信仰——不管是马克思主义的还是自由民主的——渐渐蜕变为某种口令似的东西，只有礼仪与惯例保留了下来。

在过去的年代里，欧洲及其他各地的军旅中都盛行着某种惯例和礼仪。那时的技术剧变发生的不多且间隔较远，所以无论其对胜败起伏及人世消长显得多么重要，均未能抹去礼仪与惯例的地位。也许有一天，自战争工业化一个半世纪以来升腾起来的巨大混乱将被遏止，世界各国的军队亦将回复到那种由一成不变的惯例主导的、得以长久维持的、具有自制能力的政权体制。

而另一方面，只要不同国家间的相互敌对与猜疑存在，有目的、有组织的发明行为就将持续下去，而不管花费有多大。绝对的经济发展限度尚难预见。原则上说，不是生命所必需的每一种生产性资源都可以拿来支持防御建设，而且自动化机器作业的生产力水平如此之高，以至于我们说军费支出存在实际的限度，倒不如说人类在备战的效率上存在限度，而非其他。我们再一次回到了一致认同与服从的问题。相比之下，物质上的限度无足轻重。

也许有人觉得，武器制造的绝对物质极限已近在咫尺。早在 1957 年，人类就已经制造出具有逃逸速度的弹道导弹。新一代的武器将有望能够在太空以光速发射，而现在的控制指挥系统已经能够做到这一点。但达到自然界的物理极限并不能阻止敌对双方的研发小组改进精确制导系统的努力，研究通过什么样的方法可以完全不受任何外界的干扰。实现武器系统的稳定是科学研究与工程技术永不枯竭的前沿。

要制止军备竞赛，政治上的变革是必要的。成立一个至高无上的全球政府，它既有意愿又有能力实施核武器的垄断，解散研发小组，同时销毁核弹头，只留少许作为纪念。做不到这一点就根本无法消除核武器的威胁。即使在这样一个世界中，只要人类还彼此仇视，彼此相爱，彼此畏惧，形成以相互竞争表现并支撑其凝聚力和存续的群体，武力的争斗就不会停止。但全球帝国总会努力限制不同群体之间争斗的幅度，防止某些群体武装过度，危及帝国的主权。这时的战争将退回到前工业化时代的规模。恐怖主义、游击行为、土匪抢劫会继续充当人类发泄失落和愤怒的出口。但类似 20 世纪有组织的大规模战争将从此消失。

另外也有一条路，它直接导向突然的全人类的灭绝。何时以及是否会实现国家体系向全球帝国的转变，这是我们人类面临的一个极其严肃的大问题。只有时间才能告诉我们答案。

结 论

理解时事需要大胆的想象。面对一大堆数据，你必须学会关注那些最重要的部分，哪怕这会令你舍弃所有其他部分。这当中注定有可能犯错误，但这与环绕人生的其他众多不确定性没有什么两样，从来都是这样且永远无法避免。我们人类的祖先就是通过把目力集中于感官所能接触到的外部环境信息中的微小一点并将这一信息传达给中枢神经系统，才成为娴熟的狩猎者。接着，他们通过一系列的发明和社会集体的努力试图改变地球上的生态环境。语言和符号使人的心智主观地集中于事物的某些方面而同时忽略其他方面，所以成为非凡变革极重要的工具。现在我们通过语言了解时事，其实与我们的祖先数千年来所做的完全一样，一点儿不多，一点儿不少。

有了这一反思的结果壮胆，我们便可以进一步设想：假如有一天，人类成功度过了我们这一时代政治对立和军备竞赛所呈现出的两难处境，且大致保全了人类社会和人类文明。从未来几百年以后回望我们这个时代，人们会发现，本书撰写的这 1 000 年是一个异常动荡的时代。在 1 000 年的时间里，人类社会的政治调控与公共管理模式远远落后于交通及通信网络的发展，以至能够容忍个人与小群体的优先权及一己私利在人类日常行为的管理中发挥异常重要的阶段性过渡作用。

市场那看不见的巨手大权在握，通过浮动价格操纵着数百万人的就业以及数亿人的生活。新技术与资源的互补在从前的人们预想不到的宽广领域得到利用，养活了越来越多的人口。不久，发明创造成为人类自觉、刻意的行为；生产活动在越来越大的单位框架内被系统地组织起来；到了20世纪，科层化管理与资料检索技术终于赶上了通信和交通事业的发展，直至全球政府最终变得切实可行。

一旦由可行演变成现实，充分考虑到附带费用的通盘计划很快就会令疯狂的技术变革停下脚步。人们依据现有资源精确地调节人口数量，这样就可以大大减轻人类因经济预期与实际结果之间的系统差异而遭受的巨大伤害。和平与秩序大为改进。生活变得平静而有规律。剧变的时代已经结束。曾一度包办军队管理的政府恢复了其调节人类行为的主要功能。一己私利与通过买卖赚取利润的行为退居到日常生活的边缘，其活动的范围非常有限，且须遵守政治-军事管理人员定下的规矩。一句话，人类社会又恢复了正常的生活。社会变革宛如前工业化、前商业化时代那样节奏舒缓。目的与手段之间、人类活动与自然环境之间以及互动的人群之间的协调配合精确入微，以至任何进一步的变革都显得没有必要且不受欢迎。况且，变革也不被允许。

人类固有的竞争与好斗倾向在体育活动中得到了满意的发泄。学术与文学创作趋于凋敝，因为有关行政管理与日常惯例都有详细的规定和说明。但有时历史学家和全社会的人都难免惊奇地（还带有一点儿敬畏）回望充满惊险的过去，回味公元1000—2000年这段时间里那不顾一切的彼此对立和无穷无尽的创造力。

我们这些人虽然还未能逃脱这1000年，但我们尽可以提前回望一下即将过去的这段历史。令人毛骨悚然的巨大威力与令人一筹莫展的困顿从来没有像现在这样同时并存。正因为如此，我们的信念与行为就比其他时代更具影响。清晰的思维、果敢的行动，加之永远不可能完全充足的证据，这些是我们瞻望未来的唯一工具。未来也许会大大出乎我们所有人的意料，正如业已发生的一切也许并非如我们的先辈所愿。但研究历史可以减少预期与现实之间的偏差，即便不过是让人做好准备去迎接预想不到的结局也好——其中有一点就是，本结论所展望的未来模式也可能中途发生故障。然而，不管生活在一个变化无常的世界多么可怕，未来，如同过去一样，依然取决于人类改造并重塑自然与社会环境的能力在多大程度上得到发挥。这种能力的发挥也是有一定限度的，它取决于我们在多大程度上能够就集体行为的目标达成一致。

注　释

第一章

1　2 Kings 19:20-36.

2　G. A. Barton, ed. and trans., *Royal Inscriptions of Sumer and Akkad* (New Haven, 1929), pp. 109-111.

3　用同时代人的话说，就是：

他向卡萨拉（Kasalla 是邻近的一个地区）进军，
他把卡萨拉夷为废墟一片；
他大肆毁坏（田庄和万有），甚至飞鸟
都无处栖身。

参看 L. W. King, ed. and trans., *Chronicles concerning Early Babylonian Kings* (London, 1907), pp. 5-6。

4　希罗多德的史书自然是有关波斯人此次战役的主要文献依据，但其中有关薛西斯王所率军队的规模却是极度夸大了。有关薛西斯王此役的后勤补给情况，可参看 G. B. Grundy, *The Great Persian War* (London, 1901) and Charles Hignett, *Xerxes' Invasion of Greece* (Oxford, 1963)。

5　通过更豪华的宗教仪式向诸神赎罪，建造更大的陵墓以确保永生，这些都如同开沟挖渠、修筑堤坝以扩大灌溉面积一样被看作福利事业，这种福利事业的目的是提高收成。

6　A. Heidel, ed. and trans., *The Gilgamesh Epic and Old Testament Parallels* (Chicago, 1946), tablet III, col. iv, lines 156-167.《吉尔伽美什史诗》散见于几个不同版本的残片，自然都比吉尔伽美什的历史年代晚得多。但毫无疑问，史诗文本仍体现了古风，反映了人类文明发展初期苏美尔的情况。

7　Ibid., tablet V, col. iv, lines 20-28.

8 不过在公元前 1 世纪的远东，中华帝国的统治者与周边国家的统治者建立起一套“朝贡贸易”（tribute trade）制度，其中最核心的是礼仪上的敬服（ritual deference）。事实上，中国政府为赢得这种礼仪上的优越地位的认同，反倒给朝贡方大量的实物馈赠。不过从另一种意义上说，包括匈奴在内的异域边民若臣服来自中华帝国朝廷的礼仪，就有被汉化的危险，因此也是付出了高昂的代价的，虽然这种代价是无形的。可比较 Yu Ying-shih, *Trade and Expansion in Han China: A Study in the Structure of Sino-Barbarian Economic Relations* (Berkeley and Los Angeles, 1967) 对这种关系所做的精彩分析。

9 有关薛西斯王此次进军的确凿证据现已缺失，但可参照最近一个多世纪以来学者对此进行的探讨和猜测，如 Hignett, *Xerxes' Invasion of Greece*, app. 14, “The Chronology of the Invasion,” pp. 448-457。希罗多德认为，薛西斯大军从赫勒斯滂（即达达尼尔海峡）到雅典前后用时 3 个月（8.51.1）。

10 有关这一观点更详细的论述，可参看 William H. McNeill, *The Rise of the West: A History of the Human Community* (Chicago, 1963)。

11 1 磅约等于 0.454 千克。——译者注

12 复合弓在木条的一面衬以有伸缩性的筋，另一面覆盖压缩性的兽角，借此增强发射力。但这种复合弓是战车武士的新发明，还是早已有之，对此学界还存在争议。Yigael Yadin, *The Art of Warfare in Biblical Lands in the Light of Archaeological Study,* 2 vols. (New York, 1963), 1:57 认为，这种复合弓是萨尔贡时代的阿卡得人发明的，理由是萨尔贡王的孙子兼继承者纳拉姆・辛（Naram Sin）的一座石柱上刻有一把弓，其形状酷似后世的复合弓。但对于如何理解石刻的弓的弧度，目前还很难形成定论。有关复合弓及其威力的论述，可参看 W. F. Paterson, “The Archers of Islam,” *Journal of the Economic and Social History of the Orient* 9 (1966):69-87; Ralph W. F. Payne-Gallwey, *The Crossbow, Medieval and Modern, Military and Sporting: Its Construction, History, and Management* (London, 1903), appendix。

13 比如可参看 book 16, lines 426ff。荷马的叙事虽显得可笑，却有可能是准确的。他所描述的这种战术可能取决于数量和地形。用战车冲锋要想成功，就必须有一定的规模，因为只有足够的利箭和进攻的战车才能突破敌军步兵阵，迫使其逃窜。但在希腊这样一个山岭起伏、饲料短缺的国家，战车只能维持一个很小的数目——也许正是因为数量少，所以不可能在战斗中起决定作用。但是，战车在中东取得成功后便声名大振，于是欧洲各地方的首领也都想有一辆，无论在战斗中能否有效地加以利用。这种情况，就像不久前人们对待凯迪拉克牌轿车的态度一样。

14 Judges 21:25 (Theophile J. Meek, trans.).

15 早在公元前 14 世纪，就有人偶尔骑在马背，这有现存纽约大都会博物馆阿玛纳时代（Amarna age）的埃及雕像为证。有关图片，可参见 Yadin, *Art of Warfare in Biblical Lands*, 1:218；此外还有一尊同时代的骑士雕像，ibid.,p.220。马若无鞍或马镫，人要在马背上坐稳就非常困难，尤其是当人

还要同时弯弓搭箭或挥舞某种兵器的时候，就更加困难了。因此，数个世纪以来，骑马作战一直不受重视，也许只有受过训练的信使才利用马的速度为军官传递信息。至少 Yadin 是这样解释另一幅有关卡迪什战役（Battle of Kadesh，约公元前 1298 年）的古埃及浮雕上的骑兵的。

16 有关亚述时代双骑士浮雕的照片，可参见 Yadin, 2:385。

17 Karl Jettmar, “The Altai before the Turks,” Museum of Far East Antiquities, Stockholm, *Bulletin* 23 (1951): 154-157.

18 然而，中国北方黄土地上的农民至少有两次被驱逐出自己的家园。一次是 13、14 世纪蒙古人的侵袭，另一次是 3 世纪汉朝灭亡之后来自游牧民族长达几个世纪的进攻，其破坏程度之深、持续时间之久，致使华北广阔地区的农业社会悉遭破坏，其程度从残损不全的人口统计数字中可略见一斑，相关情况可参看 Ping-ti Ho, *Studies in the Population of China, 1368-1933* (Cambridge, Mass., 1959), and Hans Bielenstein, “The Census of China during the Period 2-742 A.D.,” Museum of Far Eastern Antiquities, Stockholm, *Bulletin* 19 (1947): 125-163。

19 在亚述的浮雕上可见穿戴胸甲的骑兵。亚述人在军事上许多方面都领先，身穿铠甲的武士似乎也最先在亚述人中间出现。

20 种植紫花苜蓿的田地几乎不需要任何费用，因为种植谷物的大田需要隔年休耕，以便抑制野草生长。而在休耕的大田种植紫花苜蓿，一方面可以收获有用的牧草，另一方面紫花苜蓿根部的细菌作用还可以给土壤提供丰富的氮，使来年的谷物比不种苜蓿的时候更好。大田休耕时，必须在季中犁地才能阻止野草的生长并为来年播种做好准备，而播种和收割紫花苜蓿并不比季中犁地费事，且苜蓿叶子的遮挡同样可以抑制野草生长。

21 John W. Eadie, “The Development of Roman Mailed Cavalry,” *Journal of Roman Studies* 57 (1967): 161-173.

22 拜占庭的这一政策与埃及新王国用战车战的先进技术抵消旧王国中央集权官僚旧传统的做法十分相近。

23 有关马镫与骑士的相关情况，可参看 Lynn White, Jr., *Medieval Technology and Social Change* (Oxford, 1962); John Beeler, *Warfare in Feudal Europe, 730-1200* (Ithaca, N.Y., 1971), pp. 9-30。

24 战车时代也隐约出现了旧的指令结构的残余，而这种残余恰恰促进了铁器时代君主政体的重建。

25 1 码等于 0.9144 米。——译者注

26 James Lee, pending Ph.D. diss., University of Chicago.

27 可参看 Denis Twitchett, “Merchant Trade and Government in Late T’ang,” *Asia Major* 14 (1968): 63-95，作者对中国商人的作用有精彩描述。

28 在安纳托利亚发现的公元前 1800 年前后的大量楔形文字书版描述了由一个母城亚述尔（Assur）发展出来的众多商业殖民地的情况。这些地区兴旺发达，构成了起自波斯湾通过美索不达米亚向北延伸的贸易网络的一个组成部分。这些古代亚述商人将锡运到东方，又将美索不达米亚中部生产的纺织品

运往西方。他们看起来就像私人资本家，颇具2000年后中世纪商人的精神。家庭商号互致信件，档案由此而来。利润很高——如果一切顺利，年利润高达百分之百。可参看 M. T. Larsen, *The Old Assyrian City-State and Its Colonies*, Studies in Assyriology, vol. 4 (Copenhagen, 1976)。很显然，沿途的统治者和权贵们允许他们的驴车商队通过，也许是因为锡具有战略价值的缘故。但对此，档案中并未记载。关于商人及其在美索不达米亚的作用，另可参看 A. Leo Oppenheim, "A New Look at the Structure of Mesopotamian Society," *Journal of the Economic and Social History of the Orient* 10 (1967): 1-16。

第二章

1 这是何炳棣在 *An Estimate of the Total Population in Sung-Chin China* 中提出的统计数据，参看 *Etudes Song I: Histoire et institutions*, ser. 1 (Paris, 1970), p. 52。

2 Stefan Balazs 是一位重要先驱者，撰写了 "Beiträge zur Wirtschaftsgeschichte der T'ang Zeit," *Mitteilungen des Seminars für orientalische Sprachen zu Berlin* 34 (1931): 21-25; 35 (1932): 27-73，他后来的论文收录在两本内容重复的论文集中，Etienne Balazs, *Chinese Civilization and Bureaucracy* (New Haven, 1964) and *La bureaucratieceleste: Recherches sur l'économie et la société de la Chine traditionelle* (Paris, 1968)。Yoshinobu Shiba 所著 *Commerce and Society in Sung China* (Ann Arbor, Mich., 1970) 体现了日本最新的学术成果，这一成果对收集在 John W. Haeger, ed., *Crisis and Prosperity in Sung China* (Tucson, Ariz., 1975) 一书中的论文以及 Mark Elvin, *The Pattern of the Chinese Past* (Stanford, Calif., 1973) 产生了影响。Anthony M. Tang 做了一个有趣的尝试，将中国的经济史纳入当代经济"发展"理论的范围，参看 Anthony M. Tang, "China's Agricultural Legacy," *Economic Development and Cultural Change* 28 (1979): 1-22。

3 Robert Hartwell, "Markets, Technology and the Structure of Enterprise in the Development of the Eleventh-Century Chinese Iron and Steel Industry," *Journal of Economic History* 26 (1966): 29-58; "A Cycle of Economic Change in Imperial China: Coal and Iron in Northeast China, 750-1350," *Journal of Economic and Social History of the Orient (JESHO),* 10 (1967): 103-159; "Financial Expertise, Examinations and the Formulation of Economic Policy in Northern Sung China," *Journal of Asian Studies* 30 (1971): 281-314.

4 参看 Joseph Needham, *The Development of Iron and Steel Technology in China* (London, 1958), p. 18。

5 在炼铁时用煤做燃料也由来已久，但是为了防止铁因为受到煤中硫的污染而报废，采用了将需要熔炼的矿石置于圆柱形的黏土容器之中的方法。因此，此时炼铁生产规模小而燃料消耗大，Cf. ibid., p.13, and pi.11，图示为现代工匠使用这种手掌大小的熔罐的情景。

6 参看 Hartwell, "Markets, Technology and the Structure of Enterprise," p. 34。正

如 Hartwell 指出的，这些统计数字和工业革命初期的英国产量相似。直到 1788 年，英国也开始将焦炭用于金属冶炼时，英格兰和威尔士铁的总产量也才只有 7.6 万吨，仅是 700 年前中国总产量的 60%。

7 人们很早就认识到，中国的人口估计也遇到了同样的问题。

8 这仅出现在四川，其他地方用铜铸造钱币。

9 参看 Esson M. Gale, *Discourse on Salt and Iron* (Leiden, 1931)。

10 钢铁用于建造桥梁、修建宝塔和雕像。参看 Needham, *Iron and Steel Technology*, pp. 19-22; Hartwell, "A Cycle of Economic Change," pp. 123-145; Hartwell, "Markets, Technology and the Structure of Enterprise, pp. 37-39。

11 Robert Hartwell , "Financial Expertise," p. 304.

12 Yang Lien-sheng, *Money and Credit in China: A Short History* (Cambridge, Mass.,1952), p. 53. Robert Hartwell, "The Evolution of the Early Northern Sung Monetary System, A.D. 960–1025," *Journal of the American Oriental Society* 87 (1967): 280-289. 起初，纸币是以白银为后盾的。"如果纸币的流通受到阻碍，当局就会抛售白银，并且接受纸币作为支付手段。如果某个省份的当局担心会失去民众信任，那么，该省境内的金银储备就不会运往外省。" Elvin, *Pattern of the Chinese Past*. p. 160, 译自 Li Chien-nung, *Sung-Yüan-Ming ching-cloi-shih-kao* (Peking, 1957), p. 95。铜钱是一种小硬币，中间有孔，用标准长度的绳子串联起来，用于大宗交易。

13 Edmund H. Worthy, "Regional Control in the Southern Sung Salt Administration," in Haeger, *Crisis and Prosperity*, p. 112.

14 Yang, *Money and Credit,* p. 18.

15 Yoshinobu Shiba, "Commercialization of Farm Products in the Sung Period," *Acta Asiatica* 19 (1970): 77-96; Peter J. Golas, "Rural China in the *Song,*" *Journal of Asian Studies* 39 (1980): 295-299.

16 摘引自 Hugh Scogin, "Poor Relief in Northern Sung China," *Oriens extremus* 25 (1978): 41。

17 丁桥位于长江下游地区。这段文字出自一部 1330—1332 年间撰写的当地地方志，摘引自 Yoshinobu Shiba, "Urbanization and the Development of Markets on the Lower Yangtse Valley," in Haeger, *Crisis and Prosperity,* p. 28。Shiba 的文章出色地将特定地区的商业化和地形差异（山地与泛滥平原的比较）、运输网络及人口增长联系起来。显然，并不是中国各地都和长江下游地区一样发达。但是，那一地区和黄河下游平原的状况都为 11—15 世纪新的社会和经济发展提供了榜样。

18 Ibid. p.36，译自 Ch'en Fu, *Treatise on Agriculture*, 于 1154 年首次刊行。

19 参看 Etienne Balazs, "Une Carte des centres commerciaux de la Chine à la fin du XIe siècle," *Annales: Economies sociétés, civilisations* 12 (1957): 587-593。

20 参看 Shiba, "Urbanization," p. 43。

21 据说这是公元前 81 年一位匿名儒生在一次有关国家经济政策的重大辩论中

发表的见解。参看 Gale, *Discourse on Salt and Iron*, p. 74。

22　Hartwell, “A Cycle of Economic Change,” p. 147.

23　参看 Herbert Franke, “Siege and Defense of Towns in Medieval China,” in Frank A. Kierman, Jr., and John K. Fairbank, eds., *Chinese Ways in Warfare* (Cambridge, Mass., 1974), pp. 151-201。

24　Laurence J. C. Ma, *Commercial Development and Urban Change in Sung China (960–1279)* (Ann Arbor, Mich., 1971), p. 100. 一部宋代的百科全书对宋朝开国皇帝的军事政策做了如下的概括：“他懂得强干弱枝的道理。” WangYing-lin, *Yü Hai,* cited in Lo Ch’iu-ch’ing, “Pei-sung ping-chih yen-chiu” (The militaryservice of the northern Sung Dynasty), 译自 Hugo Scogin。

25　边防部队发动军事叛乱的危险在唐朝有着非常鲜明的表现。755 年，一名胡人将领安禄山的反叛，几乎颠覆了唐朝统治。那次叛乱确实使中央文官政府陷于瘫痪。其后 200 年唐朝进入地方军阀割据时期。正是鉴于这样的经验教训，宋朝在其建国元勋、功绩显赫的军阀赵匡胤领导下，在国家（大部分）获得统一后不久即制定了其军事政策，通过建立一套管理制度，在军事将领发动武装叛乱的道路上设置了一切能够设想的障碍，从而推倒了他本人借以登上王位的长梯。关于唐朝的叛乱，参看 Edward A. Kracke, Jr., *Civil Service in EarlySung China, 960-1067* (Cambridge, Mass., 1953), pp. 9-11。关于宋朝的军事政策，参看 Jacques Gernet, *Lemonde chinois* (Paris, 1972), pp. 272-275; Edward A. Kracke, Jr., *Civil Service in EarlySung China, 960-1067* (Cambridge, Mass., 1953), pp. 9-11; Karl Wittfogel and Feng Chia-sheng, *History of Chinese Society, Liao. 907-1125* (Philadelphia, 1949), pp. 534-537。

26　关于女真人征服北宋的详情，参看 Jing-shen Tao, *The Jürchen in Twelfth Century China: A Study of Sinicization* (Seattle and London, 1976), pp. 14-24。

27　关于中国弩的发展史没有令人满意的记述。据中文文献《吴越春秋》所述，弩的发明者为琴氏，他将这项发明传给当时的三个富豪，经过他们又传给中国中南部的楚灵王，时间在公元前 541 年至前 529 年。考古发现印证了这一日期，因为公元前 5 世纪和前 4 世纪的好几个陵墓内都有弩。11 世纪（1068 年左右），李定发明了脚镫，用背部和腿部肌肉的力量上弦。这是弩的设计的首次改进，此后也就可以使用更强劲的弩。这些资料是笔者通过个人联系，从夏威夷大学的 Steven F. Sagi 和剑桥大学的 Robin Yates 处获得的。业界出版的材料似乎严重不足。参看 C. M. Wilbur, “History of the Crossbow,” *Smithsonian Institution AnnualReport, 1936* (Washington, D.C., 1937), pp. 427-438; Michael Loewe, *Everyday Lifein Early Imperial China* (London, 1968), pp. 82-86; Noel Barnard and Sato Tamotsu, *Metallurgical Remains of Ancient China* (Tokyo, 1975), pp. 116-117。关于欧洲弩的杰出著作见 Ralph W. F. Payne-Gallwey, *The Crossbow, Medieval andModern, Military and Sporting: Its Construction*, *History and Management* (London, 1903), 这本书提供了明确、丰富的资料，也提及了现代的中国弩。

28 365.76 米。——译者注

29 Corinna Hana, *Berichte über die Verteidigung der Stadt Te-an wàhrend der Penode K'ai-hsi, 1205–1209* (Wiesbaden, 1970). 我们将在第三章看到，13 世纪，强弩在欧洲地中海区域普及时，骑士精神的发展受到了抑制。在中国，强弩也许能够促使人们摆脱对伊朗式重装骑兵的依赖，因为既然强弩手能够将重装骑兵射下马，那么再为当年曾使伊朗贵族和欧洲骑士登上各自社会顶端的高头骏马和昂贵的盔甲投资就失去了意义。重装骑兵在中国称雄约 300 年后，在 7 世纪就销声匿迹了。然而，在 11 世纪脚蹬问世以前，中国的弩是否有穿透盔甲的力量还不能肯定。参看 Joseph Needham, *The Grand Titration: Science and Society in East and West* (London, 1969),pp. 168-170。

30 有关制弩工艺的书面描述和描述弩工匠制弩情景的图片，参看 Sung Ying-Hsing, *T'ien-Kung K'ai-Wu,* translated as *Chinese Technology in the17th Century,* by E-tu Zen Sun and S. C. Sun (Univeristy Park, Pa., 1966), pp. 261-267。较弱的弓可以用较为简单的材料制造，甚至可以完全用木料制造出可以使用的扳机，但是这种武器缺乏穿透盔甲的力量。想要了解能够快速连发的 19 世纪中国的木弩，可参看 Payne-Gallwey, *The Crossbow,* pp. 237-242。这些力量不够强大但制作精巧的武器（19 世纪 60 年代在抵抗英国军队时实际使用过）可以用毒箭来加强杀伤力。

31 Sergej Aleksandrovic Skoljar, "L'artillerie de jet à l'époque Song," in FraniseAubin, ed., *Etudes Song,* ser. 1 (Paris, 1978), pp. 119-142; Joseph Needham, "China's Trebuchets, Manned and Counter-weighted," in Bert S. Hall and Delno C. West, eds., *On Pre-modern Technology and Science: A Volume of Studies in Honor of Lynn White, Jr.* (Malibu, Calif., 1976), pp. 107-138.

32 Joseph Needham, "The Guns of Khaifengfu," *Times Literary Supplement,* 11 January 1980; Herbert Franke, "Siege and Defense of Towns in Medieval China," in Kierman and Fairbank, *Chinese Ways in Warfare,* pp. 161-179; L. Carrington Goodrich and Feng Chia-sheng, "The Early Development of Firearms in China," *Isis* 36 (1946): 114-123; Wang Ling, "On the Invention and Use of Gunpowder in China," *Isis* 37 (1947): 160-178.

33 引自 Wang Ling, "Gunpowder," p. 165。根据 Wang Ling 所述，这种火箭的箭头有火药，在撞击时火药爆炸。

34 关于武器和人员是如何被调动起来抵御女真人、保卫省城的详细情况，参看 Hana, *Berichte über die Verteidigung der Stadt Te-an*。

35 Kracke, *Civil Service in Early Sung China.*

36 这里的引文和军队费用的数字引自 Hsiao Ch'i Ch'ing, *The Military Establishment of the Yilan Dynasty* (Cambridge, Mass., 1978), pp. 6-7。

37 Wolfram Eberhard, "Wang Ko: An Early Industrialist," *Oriens* 10 (1957): 248-252, 其中记述了这段故事。

38 Ma, *Commençai Development and Urban Change in Sung China,* p. 34. 引文摘自

1137 年颁布的帝国法令。

39 Ibid. p. 38. 参看 Lo Jung-pang, "Maritime Commerce and Its Relation to the Sung Navy. "*JESHO* 12 (1969): 61-68。

40 Herbert Franz Schurmann, *Economic Structure of the Yüan Dynasty* (Cambridge, Mass., 1967), pp. 3-4. Herbert Franke, "Ahmed: Ein Beitragzur Wirtschaftsgeschichte Chinas unter Qubilai," *Oriens* 1 (1948): 222-236, 描述了这些外来者中功名最显赫的人物的兴衰史。他是伊斯兰教徒，出生于外高加索，曾经是盐业和其他专利产品的总管。然而，蒙古人虽然给商人更多施展能力的机会，但同时也大力动员海运用于国事目的，使得中国的海上贸易受到严重挫折，参看 Lo Jung-pang, "Maritime Commerce," pp. 57-100。

41 Joseph Needham, *Science and Civilization in China* (Cambridge, 1971), 4, pt. 3:476.

42 关于海战的详细描述，参看 Jose Din Ta-san and F. Olesa Munido, *El poder naval chino desde sus o ri genes hasta la caida de la Dinastia Ming* (Barcelona, 1965), pp. 96-98。

43 Needham, *Science and Civilization in China* 3, pt. 3, sec. 29, "Nautical Technology," pp. 379-699，这本书是关于中国造船业和海军史的深入而有说服力的研究资料，笔者关于海军发展史的论述主要取材于该书，并且用了以下材料作为补充：Din Ta-san and Olesa Munido, *El poder naval chino*；Lo Jung-pang, "China as a Sea Power," *Ear Eastern Quarterly* 14 (1955):489-503; "The Decline of the Early Ming Navy," *Oriens extremus* 5 (1958): 149-168; and "Maritime Commerce and Its Relation to the Sung Navy," *JESHO* 12 (1969): 57-107。

44 Needham, *Science and Civilization in China* 4, pt. 3: 484.

45 郑和首次航行的目的也许是为了确保中国海上通道的安全，以防备帖木儿可能发动的陆上进攻，帖木儿于 1405 年准备向中国大举进攻时死亡。关于这一看法，参看 Lo Jung-pang, "Policy Formulation and Decision Making on Issues Reflecting Peace and War," in Charles O. Hucker, ed., *Chinese Government in Ming Times: Seven Studies* (New York, 1969), p. 54。

46 更多关于中国远洋海运和贸易的资金提供，船舶的指挥、控制和船员组成的详细情况，参看 Shiba, *Commerce and Society in Sung China*, pp. 15-40。关于中国商人对海外情况有何了解的问题，参看 Chau Ju-kua, *On the Chinese and Arab Trade in the 12th and 13th Centuries*, trans. Friedrich Hirth and W. W. Rockhill (St. Petersburg and Tokyo, 1914)。

47 August Toussaint, *History of the Indian Ocean* (Chicago, 1966), pp. 74-86; Paul Wheatley, *The Golden Khersonese: Studies in the Historical Geography of the Malay Peninsulabefore 1500 A.D.* (Kuala Lumpur, 1961), pp. 292-320; K. Mori, "The Beginning of Overseas Advance of Japanese Merchant Ships," *Acta Asiatica* 23 (1972): 1-24.

48 Lo Jung-pang, "The Decline of the Early Ming Navy," pp. 149-168; Kuei-

sheng Chang, "The Maritime Scene in China at the Dawn of the Great European Discoveries," *Journal of the American Oriental Society* 94 (1974): 347-359.

49 参看 John V. G. Mills, ed. and trans., Ma Huan, *Ying-yai Sheng-ian: Overall Survey of the Ocean's Shores* [1433] (Cambridge, 1970), Introduction。

50 关于这次军事失利的详情，参看 Fredrick W. Mote, "The Tu-mu Incident of 1449," in Kierman and Fairbank, *Chinese Ways in Warfare,* pp. 243-272。

51 这是范济写的奏章，引自 Lo Jung-pang, "The Decline of the Early Ming Navy, " p. 167。更多关于决定撤退的细节，参看 Lo Jung-pang, "Policy Formulation and Decision Making," in Hucker, *Chinese Government in MingTimes,* pp. pp. 56-60。

52 据 Matsui Masato, "The Wo-K'uo Disturbances of the 1550's," *EastAsian Occasional Papers* 1 (Asian Studies Program, University of Hawaii, Honolulu, 1969), pp. 97-107，明朝政府于 1390 年、1394 年、1397 年、1433 年、1449 年和 1452 年重新实施了对海外贸易的禁令。

53 Jitsuzo Kuwabara, "P'u Shou-keng: A Man of the Western Regions," *Memoirs of the-Research Department of the Toyo Bunko* 7 (1935): 66.

54 关于"倭寇"的问题，参看 Kwan-wai So, *Japanese Piracy in Ming China during the 16th Century* (Lansing, Mich., 1975); Louis Dermigny, *La Chine et l'occident: la commerce à Canton au XVIIIe siècle* (Paris, 1964), 1: 95-99。

55 关于后来的一些实例，参看 Ping-ti Ho, "Salt Merchants of Yang-chou," *Harvard Journal of Asiatic Studies* 17 (1954): 130-168。

56 1 英里约等于 1.609 千米。——译者注

57 Archibald Lewis, "Maritime Skills in the Indian Ocean, 1368–1500," *JESHO* 16 (1973): 254-258, 其中列出了大量贸易商品的名称。

58 关于马六甲的情况，参看 Wheatley, *The Golden Khersonese,* pp. 306-320。

59 宋朝的文献记录充分证明了这种收税方式是如何运作的。公元 1144 年官方将进口税提高到申报价格的 40%，其结果就是贸易萧条和收入减少，到了公元 1164 年只恢复了原来的 10% 的税额。Lo Jung-pang, "Maritime Commerce," p. 69.

60 在南亚沿海国家商人与统治者如何相互作用这一问题上，我的观点很大程度上受 Niels Steensgaard，*The Asian Trade Revolution of the Seventeenth Century: The East India Companies and the Decline of the Caravan Trade* (Chicago, 1974), pp. 22-111 影响。Steensgaard 描述了公元 1600 年左右的情况，主要是商队贸易的情况。但是从很早的时候开始，直到公元 1600 年以后，统治者和陆地经营的商人的关系与他们和乘船而来的商人的关系也没有明显的不同。"保护税"的概念是由 Frederick Lane 提出的，"Economic Consequences of Organized Violence," *Journal of Economic History* 18 (1958): 401-417，他对中世纪地中海区域意大利人的事业所做的调查研究也为我提供了一个模板，我相信在印度洋沿岸就发生了这样的情况。Archibald Lewis 对这个题目提供了很有启发性的概论，虽然他没有直接提出统治者和商人之间关系的问题，"Maritime Skills in the Indian Ocean," pp. 238-264。

61　《古兰经》第 4 章第 29 节："信道的人们啊！你们不要借诈术而侵蚀别人的财产，惟借双方同意的交易而获得除外。" Arthur J. Arberry, trans., *The Koran Interpreted* (London, 1955).

62　这是 Stefan Balazs 著作的中心论点，参看 "Beitràge zur Wirtschaftsgeschichte der T'ang Zeit" (n. 2 above), 也是 Jacques Gernet 的中心论点 , *Les aspects économiques du Bouddhismedans la société chinoise du Ve au Xe siècle* (Saigon, 1956)。

63　我已故的同事 Marshall G. S. Hodgson 几年前也提出了同样的看法，但是缺少证据支持这一论点，*The Venture of Islam* (Chicago, 1974), 2: 403-404。

64　参看 William H. McNeill, *Venice: The Hinge of Europe, 1081–1797* (Chicago, 1974), pp. 1-39。

65　参看 Archibald R. Lewis, *The Northern Seas: Shipping and Commerce in Northern Europe, A.D. 300-1100* (Princeton, 1958)。

66　Robert Lopez, *Genova Marinara nel Duecento: Benedetto Zaccaria, ammiraglio emercanti* (Messina-Milan, 1933).

67　关于地中海的情况，Robert S. Lopez and Irving W. Raymond, *Medieval Trade in the Mediterranean World* (New York and London, 1955), 是有用的入门级材料；关于印度洋的情况，Michel Mollat, éd., *Sociétés et compagnies de commerce en orient et dans l'océan indien: Actes du huitième colloque internationale d'histoire maritime, Beyrouth, 1966* (Paris, 1970)，是对目前了解甚少的情况的最好总结；关于中国的情况，Shiba, *Commerce and Society in Sung China,* pp. 15-40；关于印度贸易有趣的间接说明以及它和地中海方式的一致性，S. D. Goitein, *Studies in Islamic History and Institutions* (Leiden, 1968), pp. 329-350。

68　Luc Kwanten, *Imperial Nomads: A History of Central Asia, 500-1500* (Philadelphia,1979), 这本书对目前了解的情况做了恰当的概括。

69　参看 Yü Ying-shih, *Trade and Expansion in Han China: A Study in the Structure of Sino-Barbarian Economic Relations* (Berkeley and Los Angeles, 1967), p. 209 及其他各页。

70　据 Hsiao Ch'i Ch'ing 所述，每年向喀喇昆仑山脉运送的粮食在 20 万 ~ 30 万石，一石为 157.89 磅，或者大约为 3 浦式耳小米，$2\frac{3}{4}$蒲式耳小麦。参看 Hsiao Ch'i ch'ing, *The Military Establishment of the Yüan Dynasty*, pp. 59-60。

71　Jacques Gernet, *Le Monde chinois* (Paris, 1972), p. 351.

72　关于伊斯兰社会中牧民和城市居民的关系，参看 Xavier de Planhol, *Les fondements géographiques de l'histoire de l'Islam* (Paris, 1968), pp. 21-35；关于基督教的巴尔干社会，参看 William H. McNeill, *The Metamorphosis of Greece since World War II* (Chicago, 1978), pp. 43-50。

73　关于契丹成为"新一代"游牧社会的代表，参看 Gernet, *Le monde chinois*, p. 308; 关于中东军事奴隶，参看 Patricia Crone, *Slaves on Horses: The Evolution of the Islamic Polity* (New York, 1980) 及 Daniel Pipes, *SlaveSoldiers and Islam: The Genesis of a Military System* (New Haven, 1981)。

74　针对这一问题的论点和论据，参看 William H. McNeill, *Plagues and Peoples* (New York, 1976), pp. 149-165, 190-196。

75　John E. Woods, *The Aqquyunlu: Clan, Confederation, and Empire:* A *Study in 15th/9th Century Turko-Iranian Politics* (Minneapolis, 1976), 这本著作提供了一个范例，说明城市居民和游牧民族如何相互作用和（通常）相互联合，组成了一个不稳定的国家。1000 年之后，伊斯兰的疆域分成了许多这样的不稳定国家。

76　参看 S. D. Goitein, "The Rise of the Near Eastern Bourgeoisie in Early Islamic Times," *Journal of World History* 3 (1957): 583-604。

77　我不了解关于这几个世纪中东气候变化的学术讨论。关于欧洲的情况，参看 Emmanuel LeRoy Ladurie, *Histoire du climat depuis l'anmil* (Paris, 1967)。

第三章

1　参看 J. F. Fino, "Notes sur la production de fer et la fabrication des armes en France au moyen age," *Gladius* 3 (1964): 47-66。

2　在欧洲，伴随武士阶层的兴起，却并未同时产生一个俯首帖耳、和平温顺的农民阶层。嗜血杀戮的习性在这里根深蒂固，因为欧洲人从很早以前便开始大量蓄养猪和牛，除了少数种猪、种牛之外，其他的牲畜都要在秋季宰杀，原因是冬季草料不足。相比较而言，其他农业体系——比如以种植稻米为主的中国和印度——则无须每年宰杀大量大型牲畜。与此相反，生活在阿尔卑斯山北部的欧洲人早已适应了每天秋季大肆杀戮牲畜的习俗。这一生活事实大致能够说明欧洲人为何能够做到杀人不眨眼。有关北部欧洲人由来已久的凶猛嗜血的习性，可参看 *Saga of Olav Trygveson*。亦可参看 Georges Duby, *The Early Growth of the European Economy; Warriors andPeasants from the Seventh to the Twelfth Century* (London, 1973), pp. 96, 117, 163, 25, and passim。

3　轻骑兵和小型浅耕犁比西欧类似的骑兵和耕犁费用低，而且适用于东部当地的环境，这里的种子收获率也低于土地肥沃的西欧。在东部地区，领主和农民之间的关系不像西部那样牢固，而且无论贵族还是农民，也不像西部那样被牢固地束缚在特定的土地范围内，因为浅犁耕作，比较容易使用刀耕火种之类的古老方法重新开辟新耕地。

4　在欧洲历史上，最相似的情况可追溯至古代。当时希腊雇佣军应地中海范围内市场（包括希腊境内和境外的市场）的需要而产生。参看 H. W. Parkes, *Greek Mercenary Soldiers from the EarliestTimes to the Battle oflpsus* (Oxford, 1933)，该书对这一发展的最初阶段做了有趣的描述。然而，公元前 30 年以后罗马的兴起意味着地中海的市场完全为军事服务。结果，为战争动员财力物力的旧式的指令原则取得了胜利。这一原则在公元 3 世纪人口锐减以后，不仅适用于军事，而且还适用于平时事务。古代地中海武器发展的主要时期是在该地区各国互相竞争的统治者将商业原则运用于军事动员工作的几个世纪，这就不是偶然的了。关于古希腊时期大炮的突出发展，参看 E. W. Marsden, *Greek and Roman Artillery: Historical Development* (Oxford, 1969); Barton C. Hacker, "Greek Catapults and Catapult Technology: Science, Technology, and War in the Ancient World," *Technology and Culture* 9 (1968): 34-50; W. W. Tarn, *Hellenistic Military and Naval Development* (Cambridge, 1930)。

5 参看 William H. McNeill, *Venice: The Hinge of Europe* (Chicago, 1974), pp. 48-51。这些新船主要依靠弩弓进行防御，这也许是从 11 世纪起，弩弓成为地中海战争中日益普遍和重要的武器的一个关键性因素。

6 看来有关 16 世纪以前欧洲采矿技术的问题，还没有令人满意的记述。Maurice Lombard, *Les métaux dans l'ancien monde du Ve au XIesiècle* (Paris, 1974) 恰恰在欧洲采矿蓬勃发展时期中断了。T. A. Richard, *Man and Metals* (New York, 1932), 2:507-569 的资料零散；Charles Singer, ed., A *History of Technology* (Oxford, 1956), 2:11-24 也没有取得任何进展；John Temple, *Mining: An International History* (London, 1972) 同样缺少新见。其中的困难在于采矿技术是在手工业的基础上发展起来的，直到 1555 年 George Bauer 的杰作《金属学》(*De re metallica*，作者署名为 Agricola）出版时才有文字记载。该著作有插图说明工艺过程。在技术问题上，Richard、Singer 和 Temple 都完全以 Agricola 为依据。现代学者要想了解在《金属学》突然揭示 16 世纪欧洲矿工的成就以前技术进步是在什么时候、什么地点发生的，还需进行艰苦的考古工作。

7 关于从城市民兵到职业军人的转化问题，参看 Michael E. Mallett, *Mercenaries and Their Masters: Warfare in Renaissance Italy* (London, 1974), pp. 1-51; D. P. Waley, "The Army of the Florentine Republic from the 12th to the 14th Centuries," in Nicholai Rubenstein, ed., *Florentine Studies* (London, 1968), pp. 70-108; Charles C. Bayley, *War and Society in Renaissance Florence: The "De Militia" of Leonardo Bruni* (Toronto, 1961)。

8 而且在冒险进入意大利大陆以前不久，就已经实行雇用巴尔干基督教徒（所谓的 stradioti）的做法。参看 Freddy Thieret, *La Roumanie vénetienne au moyen age* (Paris, 1959), p. 402。

9 关于意大利军事组织的这些论述主要依据 Mallet 的重要著作 *Mercenaries and Their Masters* 以及他所写的章节 "Venice and Its Condottieri, 1404-54" in John R. Hale, ed., *Renaissance Venice* (London, 1973), pp. 131-145。另参看 John R. Hale, "Renaissance Armies and Political Control: The Venetian Proveditorial System, 1509-1529," *Journal of Italian History* 2 (1979): 11-31 和 Piero Pieri, *Il Rinascimento e la crisi militare italiana* (Turin, 1952)，后者材料丰富，但总的来说赞成否定雇佣军制的传统观点。

10 Ralph W. F. Payne-Gallwey, *The Crossbow, Medieval and Modern, Military and Sporting: Its Construction, History and Management* (London, 1903), pp. 62-91 andpassim.

11 参看 L. Carrington Goodrich, "Early Cannon in China," *Isis* 55 (1964): 193-195; L.

Carrington Goodrich and Feng Chia-sheng, "The Early Development of Firearms in China," *Isis* 36 (1946): 114-123; and Joseph Needham, "The Guns of Khaifengfu," *Times Literary Supplement,* 11 January 1980。关于欧洲早期大炮的著作极多，其中 O. F. G. Hogg, *Artillery, Its Origin, Heyday, and Decline* (London, 1970) 是一部很有价值的近期作品。

12 当时封建服役已部分具有货币性质。在一段规定的时间（一般为 40 天）之后，骑士就会希望或要求领主每日支付津贴，以便他们能够继续服兵役。由于无论冬夏，英格兰人都留在法国，他们的到来给法国人的短期封建服役的传统方式造成了无法忍受的压力。在英格兰人中间，早年征服威尔士和苏格兰的战争，已经让他们发展出一支半职业化的皇家雇佣军。关于招募英国远征军军人的问题，参看 Kenneth Fowler, ed., *The Hundred Years War* (London, 1971), pp. 78-85; H. J. Hewitt, *The Organization of War under Edward III, 1338–62* (Manchester, 1966), pp. 28-49。

13 参看 Phillipe Contamine 的力作 *Guerre, état et société à la fin du moyen âge: Etudes sur les armées des rois de France, 1337–1494* (Paris, 1972)。关于英国军队的情况，参看 Hewitt, *Organization of War under Edward III, 1338-62;* K. B. McFarlane, "War, Economy and Social Change: England and the Hundred Years War," *Past and Present* 22 (1962): 3-17; Edward Miller, "War, Taxation and the English Economy in the Late Thirteenth and Early Fourteenth Centuries," in J. M. Winter, ed., *War and Economic Development* (Cambridge, 1975), pp. 11-31。Fowler 所著 *The Hundred Years War*（见注 12）中有几篇文章颇为中肯。关于抢劫活动所造成的经济后果，参看 Fritz Redlich, *De Praeda Militare: Looting and Booty, 1500-1800* (Wiesbaden, 1956)，尤其是他的主要著作 *The German Military Enterpriser and His Work Force*, 2vols. (Wiesbaden, 1964), 1:118 and passim。Redlich 的资料时间较晚近，但他受过经济学的专业训练，并且用经济学的词语论述抢劫活动和雇佣制度。因此，他的著作具有独特的价值。

14 这些数字援引自 Contamine, *Guerre, état et société*, pp. 317-318。1478 年，法国的 lances 达到 4 142 个，与米兰军队人数相比，为 4 : 1 强。据此可以大略看出，到 15 世纪末，在战争规模方面，法兰西王国是如何超出意大利城邦的。Ibid.,p.200。

15 参看 Thomas Esper, "The Replacement of the Longbow by Firearms in the English Army," *Technology' and Culture* 6 (1965): 382-393。性象征可能一开始就和大炮联系在一起，并且也许大大有助于解释欧洲君主和工匠们在早期火器方面进行不合理投资的原因。我有这种想法是受了 Barton C. Hacker 的启发。他在 "The Military and the Machine: An Analysis of the Controversy over Mechanization in the British Army, 1919–1939" (Ph.D. diss., University of Chicago, 1968) 一文中探讨了两次世界大战之间的 20 年促使坦克发展的类似的心理动力。然而，即使这种心理反响能够解释舍此无法理解的行为，它仍然没有说明为什么欧洲人特别容易产生这种反响。西欧政治制度的性质和那些制造（和购买）新炮的城市居民的黩武习惯似乎是将心理动力从单纯的幻想转化为坚硬的金属的必要因素。参看 J. R. Hale, "Gunpowder and the Renaissance: An Essay in the History of Ideas," in Charles H. Carter, ed., *From Renaissance to Counter-Reformation: Essays in Honor of Garret Mattingly* (London, 1966), pp.133-134。

16 Theodore A. Wertime, *The Coming of the Age of Steel* (Leiden, 1961), pp. 67-69; H. R. Schubert, *History of the British Iron and Steel Industry from c. 450 B.C. to A.D.1775* (London, 1957), pp. 164ff. 实际上，欧洲大陆在 15 世纪中叶就有了铸铁炮，但往往有缺陷。所以铁虽然便宜，但是这一优点被大炮的经常失灵抵消了。英国在制造耐用的铸铁炮方面的有效垄断地位保持了半个世纪，主要是因为苏塞克斯的铁器制造商所使用的矿石中有少量的微量元素，使铁在冷却时不大容易出现裂缝。

1604 年英国和西班牙媾和（荷兰人也很快效法了），导致军方对大炮的需求量减少。苏塞克斯已出现的经济萧条由于燃料日益短缺而更加严重。20 年后，瑞典由于从瓦隆人那里引进了建造鼓风炉和铸造金属的技术而开始铸造出优质铁炮。从那时起直至 18 世纪后期，瑞典人一直控制着国际铁炮市场。参看 Eli Heckscher, "Un grand chapitre de l'histoire de fer: le monopole suédois," *Annales d'histoire économique et sociale* 4 (1932): 127-139。

17 Maurice Daumas, éd., *Histoire générale des techniques* (Paris, 1965), 2:493.

18 参看 Léon Louis Schick, *Un grand homme d'affaires au début du XVIe siècle: Jacob Fugger* (Paris, 1957), pp. 8-27。

19 1 英寸等于 2.54 厘米。——译者注

20 1 英尺等于 0.3048 米。——译者注

21 指 1363—1477 年间，勃艮第各公国的君主们集中起来的领地。低地国家是他们领地中最富饶的部分，而这个地区又曲曲折折地向南延伸至瑞士边界。1477 年"大胆的查理"去世前的半个世纪中，勃艮第的公爵们似乎即将重新组成 843 年由于加洛林帝国（Carolingian empire）的分裂而一直被夹在法国和德意志之间的洛泰林吉亚王国（kingdom of Lotharingia）。

22 Daumas, *Histoire générale des techniques,* 2:487.

23 Carlo M. Cipolla, *Guns, Sails and Empires: Technological Innovation and the Early Phases of European Expansion, 1400-1700* (New York, 1965), pp. 1-73. 这是本人所见关于欧洲大炮的初期发展的论著中论述最深刻的一本书。到 19 世纪，随着 A. Essenwein, *Quellen zur Geschichte der Feuerwaffen*, 2 vols. (Leipzig, 1877; republished in facsimile, Graz, 1969) 等论著的问世，关于大炮的更详尽的、具有一定古物研究性质的著作，达到了很高的水平。关于勃艮第大炮的发展，参看 C. Brusten, *L'armée bourguignonne de 1455 à 1468* (Brussels, 1954); Claude Gaier, *L'industrie et le commerce des armes dans l'anciennes principautés belges du XIIIe à la fin du XVe siècle* (Paris, 1973)。

24 Christopher Duffy, *Siege Warfare: The Fortress in the Early Modern World, 1494-1660* (London, 1979), pp. 8-9.

25 1477 年，哈布斯堡人和法国人分享勃艮第人的遗产，从而直接继承了低地国家的铸炮能力。关于奥斯曼人的情况，参看 John F. Guilmartin, Jr., *Gunpowder and Galleys: Changing Technology and Mediterranean Warfare at Sea in the 16th century* (Cambridge, 1974), pp. 255-256。

26 阿尔布雷特·丢勒（Albrecht Dürer）在许多方面都是意大利人的学生。他从意大利旅行回国以后，对这一问题表现出很大兴趣，并且出版了第一本关于防御工事的书而成名。*Etliche Underricht zur Befestigung der Stett Schloss and Flecken* (Nuremberg, 1527) 一书中为抵挡炮弹而设计的工事雄伟壮观，但实用性较差。参看 Duffy, *Siege Warfare,* pp. 4-7。

27 Duffy, *Siege Warfare,* p. 15.

28 John R. Hale, “The Development of the Bastion, 1440-1534,” in John R. Hale, ed., *Europe in the Late Middle Ages* (Evanston, Ill., 1965), pp. 466-494.

29 Halil Inalcik, “The Socio-Political Effects of the Diffusion of Firearms in the Middle East,” in V. J. Parry and M. E. Yapp, eds., *War, Technology and Society in the Middle East* (London, 1975), pp. 199-200.

30 Richard Hellie, *Enserfment and Military Change in Muscovy* (Chicago, 1971), pp.152-168.

31 参看 John F. Guilmartin, Jr., *Gunpowder and Galleys*。该书对地中海海上战术的保守主义的合理性做了深入论述。

32 Fernand Braudel, *The Mediterranean and the Mediterranean World in the Age of Phillip II,* 2 vols. (New York, 1972, 1973).

33 Garret Mattingly, *The Defeat of the Spanish Armada* (London, 1959), pp. 215-216.

34 据上引书第 87 页所述，投资者所得的红利为 4700%。

35 1590 年，海事法庭的一位官员写道：“自从这些私掠巡航开始以来（始于 5 年前，即 1585 年），女王陛下共从中获得并储存了 20 万英镑以上。”参看 Kenneth R. Andrews, *Elizabethan Privateering, 1585–1603* (Cambridge, 1964), p. 22。伊丽莎白的年薪约为 30 万英镑。因此，这是一项可观的额外收入。

36 其他因素，尤其是税率和木材费用，也对伊比利亚的私人海运不利，参看 Andrews, *Elizabethan Privateering*。

37 据 Richard Bean 估计，在 1450—1500 年，按实际的平均人口计算，西欧中央政府的税金岁入增加了一倍，从那时以后，增长较慢。参看 “War and the Birth of the Nation State”, *Journal of Economic History* 33 (1973): 217。

38 参看 Richard Ehrenberg, *Capital and Finance in the Age of the Renaissance* (London, n.d.); Frank J. Smoler, “Resiliency of Enterprise: Economic Crisis and Recovery in the Spanish Netherlands in the early 17th century,” in Carter, *From Renaissance to Counter-Reformation.* pp. 247-268; Geoffrey Parker, “War and Economic Change: The Economic Costs of the Dutch Revolt,” in Winter, *War and Economic Development,* pp. 49-71。

39 参看 Geoffrey Parker, *The Army of Flanders and the Spanish Road, 1567-1659* (Cambridge,

1972), pp. 336-341。

40 关于西班牙军队中的兵变问题，参看 Geoffrey Parker, “Mutiny in the Spanish Army of Flanders,” *Past and Present* 58 (1973): 38-52 及同一作者的 *Army of Flanders,* chap. 7。按 Parker 的计算，1572—1607 年间，西班牙军队中发生了 46 次兵变。

41 这些数字全部引自 I. A. A. Thompson, *War and Government in Hapsburg Spain, 1530-1620* (London, 1976), pp. 71, 73, 103。关于 1567—1665 年在荷兰的西班牙军队每年的人数（其中大部分不是西班牙人），参看 Geoffrey Parker 同样优秀的著作 *Army of Flanders,* p. 28。每年的人数变化很大，取决于计划进行的战役的规模和财力，但 1572 年为平息反叛进行最初动员以后，在佛兰德斯的西班牙军队通常超过 5 万人。

42 这些数字引自 Geoffrey Parker, “The ‘Military Revolution’ 1550-1660—a Myth?” *Journal of Modern History* 48 (1976): 206。欧洲第二大的法国军队，在 16 世纪 50 年代人数只及西班牙军队的三分之一。

43 Thompson, *War and Government in Hapsburg Spain,* p. 72.

44 根据 Parker, “The ‘Military Revolution’ 1550–1660,” p. 206 的记述，西班牙和法国军队的人数各为：

表 3-3 西班牙和法国军队的人数

年代	西班牙	法国
17 世纪 30 年代	300 000 人	150 000 人
17 世纪 50 年代	100 000 人	100 000 人
17 世纪 70 年代	70 000 人	120 000 人
18 世纪	50 000 人	400 000 人

其他各国军队即使在技术上能与法国和西班牙军队并驾齐驱，规模也小得多。例如，荷兰军队在 17 世纪 30 年代只有 5 万人左右，到 18 世纪为 10 万人。在北方，瑞典军队的人数 17 世纪 30 年代为 4.5 万人，18 世纪为 10 万人。俄国军队在 17 世纪 30 年代为 3.5 万人，18 世纪为 17 万人（出处同上）。不过，Parker 著作中有关 18 世纪的第一个 10 年中法国军队的人数偏高。其他权威著作中提到在西班牙王位继承战争中路易十四的军队只有 30 万人。见第四章。

45 可参看 Kiyoshi Hirai, *Feudal Architecture in Japan* (New York and Tokyo, 1973) 一书中的照片。然而，对日本人而言，防御小型火器的火力比防御大炮火力更为重要，这是因为日本军队缺乏进行长期攻城战所需的后勤资源，而大炮在攻城战中才会起决定性的作用。因此，日本的国民经济未能奠定任何接近欧洲规模的大炮生产的技术基础。日本的武士观念强调短兵相接的搏斗，这也许约束了日本发展大炮的努力。燃料缺乏也许也是重要原因。我是从和 John F. Guilmartin, Jr. 的私人信件往来中得到这些启示的。

46 可参看 Jean Le jeune, *La formation du capitalism moderne dans la principauté de Liège au XVI siècle* (Liège, 1939), p. 181; Claude Gaier, *Four Centuries of Liège Gunmaking* (London, 1977), pp. 29-31。

第四章

1 我们已经看到，富有技术革新精神的西班牙士兵依靠手枪和新战术很快就推翻了法国刚刚建立的霸权。瑞士人在他们平时的盟友法国人手里遭到了决定性的打击。那是在马里尼亚诺战役（Battle of Marignano，1515 年）中，法军部署适当的大炮向队形密集的长矛兵轰击，造成了惨重的伤亡。参看 Charles Oman, A *History of the Art of War in the Middle Ages* (London, 1898), 2:279。如果当年（1476—1477 年）“大胆的查理”能够用大炮对付瑞士人，欧洲的历史也许会重写。

2 关于雇佣兵（Landesknechten）的情况，参看 Eugen von Frauenholz, *Das Heeresivesen in die Zeit des freienSoldnertums, 2 vols.* (Munich, 1936, 1937); *Fritz Redlich, The German Military Enterpriser and His Work Force. 2 vols.* (Wiesbaden, 1964); *Carl Hans Hermann, Deutsche Mihtdrgesckichte: Eine Einführung* (Frankfurt, 1966), pp. 58ff。

3 关于华伦斯坦的情况，参看 Golo Mann, *Wallenstein* (Frankfurt am Main, 1971); Francis Watson, *Wallenstein: Soldier under Saturn* (New York, 1938); G. Livet, *La Guerre deTrente Ans* (Paris, 1963); Redlich, *The German Military Enterpriser,* 1:229-336; Fritz Redlich, “Plan tor the Establishment of a War Industry in the Imperial Dominion during the Thirty Years War,” *Business History Review* 38 (1964): 123-126。

4 据信，这位瑞典国王用了“*Bellum se ipse alet*”这个拉丁文短语。参看 Michael Roberts, *Essays in Swedish History* (Minneapolis, 1967), p. 73。

5 Eli Heckscher, “Un grand chapitre de l’histoire de fer: le monopole suédois,” *Annales d’histoire économique et sociale* 4 (1932): 127-139.

6 参看 Louis André, *Michel Le Tellier et Louvois,* 2d ed. (Paris, 1943); Louis André, *Michel Le Tellier et l’organization de Vannée monarchique* (Montpelier, 1906)。关于马塞利尼和他的行政改革问题，参看 Michael E. Mallett, *Mercenaries and Their Masters: Warfare in Renaissance Italy* (London, 1974), pp. 126-127。

7 译自 Camille Rousset, *L’histoire de Lou rois,* 4 vols. (Paris, 1862–64), 1:209。警卫规则规定部队每周在一名军官面前操练两次，每月整个警卫部队在一名高级军官或其他重要人物面前以战斗队形行进接受检阅一次。参看 André, *Michel LeTe Hier,* pp. 399–401。

8 Roberts, *Essays in Swedish History,* p. 219.

9 埃利安是希腊人，曾于罗马帝国及其军队的鼎盛时期撰书论述图拉真时代的战术。该书于 1550 年被译成拉丁文，所以，当莫里斯亲王开始军事改革时，它既是古代的权威，又带有新奇事物的气息。根据 Werner Halbweg, *Die Heeresreform der Orianerunddie Antike* (Berlin, 1941), p. 43 的记述，莫里斯的改革所受的启发主要来自埃利安。

10 这种枪需要先装上火药，然后装上用来固定火药位置的软填料，接着装上弹丸和固定弹丸的软填料，然后往底火盘里再填满另一种火药，最后（左手持）点燃的火绳贴到点火装置上，此时就可以瞄准射击了。在整个程序重新开始之前，必须把火绳挪开以保证安全。

11 关于莫里斯的改革问题，除上面已经提到的 Halbweg 的著作以外，还可参看 M. D. Feld, "Middle Class Society and the Rise of MilitaryProfessionalism: The Dutch Army, 1589-1609," *Armed Forces and Society* 1 (1975): 419-442 引起争论的论述。

12 我没有看到任何有关密集队形的操练对人——尤其是对欧洲军队——的心理和社会作用问题的深刻论述。我的论述是据个人经验以及在第二次世界大战中我个人对操练的意外反应的反省。

当代有些军事作家提到操练的威力以及操练和舞蹈的关系，参看 Maurice de Saxe, *Reveries on the Art of War,* trans. Thomas R. Phillips (Harrisburg, Pa., 1944), pp. 30-31："让他们按节奏行进，整个秘密就在于此。这是罗马人的军人步伐……每个人都见过人们通宵跳舞，但是如果你叫出一个人来，让他在没有音乐伴奏的情况下跳一刻钟，看他是否能够忍受……

"有人会说，也许很多人对音乐听觉不灵敏。这是不对的。跟随音乐舞动是自然的、自动的。我经常注意到，军鼓擂响时，所有的士兵都有节奏地行进，但并非有意，也没有意识到这一点，人的本性和本能促使他们这样做。"

顺便说一句，基督教欧洲的军乐来源于奥斯曼土耳其人的横笛（fife）和军鼓乐团，而横笛乐和军鼓乐又是根据草原的传统鼓点——它通过年轻人组成的伊斯兰教托钵僧（dervish）团体慢慢传入伊斯兰世界——改造而成的。但是，基督教军队已经开始持续不断地进行操练，而奥斯曼军队并不这样操练，而且行进时也不齐步走，因而减弱了行进时的共振现象。

13 Jacob de Gheyn, *Wapenhandelinghe van Roers, Musquetten ende Spiessen, Achtervolgende de Ordre van Syn Excellentie Maurits, Prince van Orangie* (The Hague, 1607). 我所看到的版本是复制件（New York，1971），附有 J.B. Kist 的资料丰富的评论。据 Kist 所述，莫里斯于 1592 年首次检阅部队，并举行演习。那时他的部队每营有 800 人；后来他把每营（演习的基本单位）人数减少到 550 人，这样，在野外活动更灵活，也更便于一人指挥。此后，德·格恩的书屡次被人非法翻印，最重要的一例是 Johann Jacob Wallhausen, *Kriegskunst zu Fuss* (1614)，他用的是和原版相同的铜版，但用德文出版。

14 Richard Hellie, *Enserfment and Military Change in Muscovy* (Chicago, 1971), pp. 187-188.

15 关于奥斯曼帝国未能顺应欧洲操练的问题，参看 V. J. Parry, "La manière de combattre," in V. J. Parry and M. E. Yapp, eds., *War, Technology and Society in the*

Middle East (London, 1975), pp. 218-256。

16 有关详情可参看 James P. Lawford, *Britain's Army in India from Its Origins to the Conquest of Bengal* (London, 1978)。

17 参看 Frauenholz, *Das Heeresivesen in die Zeit des freien Soldnert urns,* 1:36-39。例如，退役老兵为 1525 年的农民战争提供了主要人力。

18 1479 年法国的路易十一解散了他的步兵部队，并和瑞士人签订了合约。瑞士人作为欧洲首屈一指的长矛兵的声誉对这一决定无疑是有影响的，但他们在政治上与法国社会动乱所保持的距离也是一个因素。参看 Phillipe Contamine, *Guerre, état et société à la fin du moyen age: Etudessur les armées des rois de France, 1337–1494* (Paris, 1972), p. 284。关于使用雇佣军的一般情况，参看 V. G. Kiernan, "Foreign Mercenaries and Absolute Monarchy," in Trevor Aston, ed., *Crisis in Europe. 1560–1660* (New York, 1967), pp. 117-140。

19 从 16 世纪 90 年代起，奥斯曼帝国就和威尼斯人争相雇用来自巴尔干半岛西部的基督教步兵。参看 Halil Inalcik, "Military and Fiscal Transformation in the Ottoman Empire, 1600-1700," *ArchivumOttomanicum 6* (1980)。然而，在西欧的田野和战场上步兵已取得首要地位以后两个世纪左右的时间里，黑海以北地区的技术和地理条件仍然对骑兵有利。由于草原上很容易得到便宜的马匹，哥萨克骑兵便能够在东方发挥类似瑞士人在西方发挥的作用。他们和瑞士人一样，成了军事上的平均主义者。一旦他们的军事价值在邻国得到承认，他们就在可供选择的外国雇主之间摇摆不定。最后，哥萨克人为沙皇效力，但那是以背离他们以前的平均主义传统为代价的。参看 William H. McNeill, *Europe's Steppe Frontier, 1500-1800* (Chicago, 1964)。

20 在伊斯兰国家，有时用把外国士兵的地位降为奴隶的办法来解决类似困难。但是奴隶士兵也很难驾驭，而且，在好几个伊斯兰国家里，奴隶队长将大权抓在自己手中，建立“奴隶王朝”。大权不是由父传子，而是奴隶队长代代相传。埃及的马穆鲁克王朝（Mameluke State）为其中最著名者。它从 13 世纪一直延续到 19 世纪。有关伊斯兰国家的奴隶军队问题，参看 David Ayalon, "Preliminary Remarks on the Mamluk Military Institution in Islam," in Parry and Yapp, *War, Technology, and Society in the Middle East,* pp. 44-58; Daniel Pipes, *Slave Soldiers and Islam* (New Haven, 1981); Patricia Crone, *Slaves on Horses: The Evolution oj the Islamic Polity* (New York, 1980)。

21 操练和新的日常生活产生了巨大的精神力量，使一个新兵的出身和过去的经历与他作为一个士兵的行为表现基本无关。这就使有关军人的阶级和地区出身的研究丧失了文物研究以外的价值，尽管军事记载有时非常有利于这种分析。法国历史学家也许受了马克思主义的影响，一直特别积极地从事这方面的研究，但是根本不能清楚地说明法国军队在战争或和平时期的实际行为。这一流派的不朽之作是 A. Corvisier, *L'armée françise de la fin du XVIIe siècle au ministère de Choiseul,* 2 vols. (Paris, 1964)。

22 18 世纪应用于工业生产的标准化和常规化，在 17 世纪的军队管理和供应中就已经实施了。两者取得了相似的结果，即生产率大大提高，单位成本降低。这一论点在 Jacobus A. A. van Doorn, *The Soldier and Social Change: Comparative Studies in the History and Sociology of the Military* (Beverly Hills, Calif., 1973), pp. 17-33 中也许强调得略嫌过分。Lewis Mumford, *Technics and Civilization* (New York, 1934), pp. 81-106.

23 关于发明和采用附环刺刀的疑问，参看 David Chandler, *The Art of War in the Age of Marlborough* (New York, 1976), pp. 67, 83。

24 1710 年左右，莫里斯亲王时代的火绳枪让位于燧发枪，从而简化了操练（至少在管理最好的欧洲军队中是这样）。早在 1615 年燧发枪就已经发明了，但当时用来取代火绳枪价格太昂贵，虽然燧发枪射击速度快得多（约快一倍），也更可靠（哑火率约为 33%，火绳枪为 50%）。这些数字引自 Chandler, *The Art of War,* pp. 76-79。

25 按更严格的说法，这种式样流行的时间减少到 100 年，即 1730—1830 年。关于许多设计上的小变化，以及军械部（Board of Ordnance）在短期内需要大量滑膛枪的时刻如何处理紧急情况的详情，参看 Howard L. Blackmore, *British Military Firearms, 1670-1850* (London, 1961)。

第五章

1 欧洲的人口从 1700 年的 1.18 亿增加到 1801 年的 1.87 亿。英格兰和威尔士的人口从 18 世纪初的 580 万左右增加到 1801 年的 915 万。法国人口在 1715 年至 1789 年从 1 800 万左右增加到 2 600 万。参看 Jacques Godechot, *Les revolutions, 1770-1799* (Paris, 1970), pp. 93-95; Phyllis Deane and W. A. Cole, *British Economic Growth, 1688-1959: Trends and Structure,* 2d ed. (Cambridge, 1967), p. 103; M. Reinhard and A. Armengaud, *Histoire générale de la population mondiale* (Paris, 1961), pp. 151-201。人口统计学家对于 18 世纪人口激增的原因的看法可以在下列著作里找到概括性说明：Thomas McKeown, R. G. Brown, and R. G. Record, "An Interpretation of the Modern Rise of Population in Europe," *Population Studies* 26 (1972): 345-382。也许最重要的一个因素是致命的传染病的发病率有了变化，参看 William H. McNeill, *Plagues and Peoples* (New York, 1976), pp. 240-258。

2 1730 年，苏丹马赫穆德一世（Mahmud I）开始进行艰难的尝试，模仿基督教徒的办法来改进奥斯曼帝国的防务。一个法国的叛教者克洛德 - 亚历山大 · 博纳瓦尔伯爵（Claude-Alexandre, comte de Bonneval，1675—1747 年）在这一努力中扮演了主要角色。他化名阿什买 · 帕夏（Achmet Pasha），并被任命为鲁迈利亚（Rumelia）的总司令（奥斯曼军队中的最高职务）。具有讽刺意味的是，尽管奥斯曼帝国 1736—1739 年在对奥地利人和俄国人的军事行动中都取得了真正的胜利，战后政策却陡然逆转。博纳瓦尔伯爵由于桀骜不驯，于 1738 年失宠并且被囚禁。他被免职后，那些宁可依赖真主的意志而不要新奇的重武器的虔诚的穆斯林又重新掌权。第二次实行现代化的失败尝试是 1770 年俄国舰队在爱琴海意外出现而引起的。一个名叫弗朗索瓦·德·托特男爵（Baron François de Tott，1733—1793 年）的法国化了的匈牙利人被授予在紧急情况下封锁达达尼尔海峡的权力。接着他做了更全面的努力，设法改进首都的防御工事，并实行奥斯曼炮兵和舰队的现代化。然而，1774 年战争结束以后，为实现这些改进所花费的精力就付诸东流了。以前并没有人像要求德·博纳瓦尔那样要求德·托特接受伊斯兰教义。所以他因为是外国人和异教徒而受到双重怀疑。1776 年他回到法国以后，他所推行的改革逐渐被削弱到无关紧要的地位。关于德·博纳瓦尔的情况，参看 Albert Vandal, *Lepacha Bonneval* (Paris, 1885)；有关德·托特的情况，参看他本人撰写的 *Mémoires sur les Turcs et les Tartares* (Amsterdam, 1784)。

3 边界地区的边缘国家征服更古老、更小的国家，在古代的近东至少有三次：阿卡得（约公元前 2350 年）、亚述（约公元前 1000—前 612 年）和波斯（公元前 550—前 331 年）。地中海的历史提供了一系列类似的事例：在古代，先有马其顿（公元前 338 年），后有罗马（公元前 168 年）；在近代则有西班牙对意大利的统治（不迟于 1557 年）。在前一章里我们已经简要地回顾了西班牙对意大利的统治。古代的中国（公元前 221 年秦的崛起）和古代的印度（约公元前 321 年摩揭陀的崛起）以及美洲印第安墨西哥（阿兹特克人）和秘鲁（印加人），似乎也都体现了相同的模式。这不足为奇。某种特定的组织和技术水平，如果应用于更广阔的地区，就有可能产生更大的效果。这在技术水平特别高的文明中心的边缘地区往往是可能的。每当统治者设法巩固了他对比较广阔的边缘地区的权力，通常便会产生按文明方式组织起来的半野蛮的武装力量去征服较老的财富和技术中心的可能性，而这种可能性往往会被付诸实施。

4 参看 François Crouzet, "Angleterre et France au XVIIIe siècle: Essai d'analyze comparée de deux croissances économiques," *Annales: Economies, sociétés, civilisations* 21 (1966): 261-263 and passim。

5 关于美洲的人口情况，参看 Nicholas Sanchez-Albornoz, *The Population of Latin America* (Berkeley and Los Angeles, 1974), pp. 104-129; Shelbourne F. Cook and Woodrow W. Borah, *Essays in Population History: Mexico and the Caribbean,* 2 vols. (Berkeley and Los Angeles, 1971, 1974)。和后来在波利尼西亚人以及其他太平洋岛屿居民中发生的情况一样，当地人与白种人初次接触后急遽死亡主要是外来传染病所致。

6 例如，在塞缪尔·佩皮斯（Samuel Pepys）的时代，皇家海军长期缺乏经费，而到 18 世纪的最初几十年，已经没有必要采取 17 世纪后期普遍采用的权宜之计，如延期付款，一年中一部分时间将船只搁置不用等。参看 Daniel A. Baugh, *British Naval Administration in the Age of Walpole* (Princeton, 1965), p. 496 and passim; Robert G. Albion, *Forests and Sea Power: The Timber Problem of the Royal Navy, 1652-1862* (Cambridge, Mass., 1926), p. 66。18 世纪法国

军队在准时付薪和加紧财政管理方面所做的改进，可以作为比较。参看 A. Corvisier, *L'armée françoise de la fin du XVIIe siècle au ministère de Choiseul: le Soldat* (Paris, 1964),2:822-824; Lee Kennett, *The French Armies in the Seven Years War* (Durham, N.C., 1967), p. 95。

7 参看 James P. Lawford, *Britain's Army in India, from its Origins to the Conquest of Bengal* (London, 1978)。在普拉西战役（Battle of Plassey，1757 年）中罗伯特·克莱夫（Robert Clive）指挥 784 名欧洲士兵、10 门野战炮以及大约 2 100 名以欧洲方式训练和装备的印度士兵，击溃了约 50 000 之众的敌军。参看 Mark Bence-Jones, *Clive of India* (New York, 1974), pp. 133-143。

8 关于奴隶贸易对非洲影响的概括说明，可参看 Paul Bohannan and Philip Curtin, *Africa and Africans* (New York, 1971), pp. 273-276。

9 关于这些斗争的情况，参看 William H. McNeill, *Europe's Steppe Frontier, 1500-1800* (Chicago, 1964), pp. 126-221。

10 参看 Anton Zottman, *Die Wirtschaftspolitik Friedrichs des Grossen mit besondere Berücksichtigung der Kriegswirtschaft* (Leipzig, 1937); W. O. Henderson, *Studies in the Economic Policy of Frederick the Great* (London, 1963)。

11 参看 Otto Büsch, *Mihtarsystem unci Sozialleben im alten Preussen* (Berlin, 1962), pp. 77-99 and passim; Herbert Rosinski, *The German Army* (New York, 1966), pp. 21-26。

12 海军技术难度比较大。1770 年驶入地中海向奥斯曼土耳其人进攻的俄国海军舰队尽管轻而易举地击败了奥斯曼海军，但是并没有真正达到法国或英国的水准。到 1790 年，俄国海军超过了瑞典人，从此一直领先，从而在波罗的海的列强中赢得了稳定的优势。参看 Nestor Monasterev and Serge Terestchenko, *Histoire de lamarine russe* (Paris, 1932), pp. 75-80; Donald W. Mitchell, *A History of Russian and Soviet Sea Power* (New York, 1974), pp. 16-102。

13 莫里斯·德·萨克斯（Maurice de Saxe）认为没有一个将军能够在战场上有效地控制4万人以上的军队。参看 Eugène Carrias, *La pensée militaire française* (Paris, n.d.), p. 170。Jacques-Antoine Hypolite de Guibert, *Essai générale de tactique*， 在 1772 年把军队的理想规模定为 5 万人,7 万人为最高上限。他认为，唯有如此，才能具有战场上的真正的机动性。参看 Robert A. Quimby, *The Background of Napoleonic Warfare: The Theory of Military Tactics in 18th Century France,* Columbia University Studies in the Social Sciences, no. 596 (New York, 1957), p. 164。

14 Christopher Duffy, *The Army of Frederick the Great* (Newton Abbot, 1974), pp. 135-136. 关于法国供应的局限问题，Kennett, *French Armies in the Seven Years War,* pp. 100-111。若要了解总的看法，Martin L. van Creveld, *Supplying War:Logistics from Wallenstein to Patton* (Cambridge, 1977) 也提供了有趣的资料。

15 据一位官员于七年战争结束后不久计算，普鲁士在那次战争中的总费用只有 30% 用于物资；武器、火药、铅的费用总计仅是区区 1%。Paul Rehfeld, "Die preussische Rüstungsindustrie unter Friedrich dem Grossen," *Forschungen zür*

brandenburgische nundpreussischen Geschichte 55 (1944): 30.

16 Violet Barbour, *Capitalism in Amsterdam in the 17th Century,* reprint (Ann Arbor, Mich., 1963), pp. 36-42; J. Yerneaux, *La métallurgie liégeoise et son expansion au XVîle siècle* (Liège, 1939); Claude Gaier, *Four Centuries of Liège Gunmaking* (London,1977).

17 我无法找到 A. Dolleczeck, *Geschichte der österreichische Artillerie* (Vienna, 1887) 这本书，所以无法得知细节。

18 用等高线表示山坡是制作对军事指挥官有用的地图的重大发明。作为沼泽地和越野行动的其他障碍的标志也很重要，但设计容易得多。地形等高线似乎是 1777 年由一位法国工兵中尉穆斯尼尔（J.B. Meusnier）首先提出的，但用线条代表水的深度在历史上要长得多，早在 1584 年荷兰人就开始这样做了。由于资料缺乏，使用等高线的时间延迟许多，在经过改良的测绘工具使资料收集工作既容易又迅速时，等高线从 1810 年开始在小比例地图上普遍使用。参看 François de Dainville, "From the Depth to the Heights," *Surveying and Mapping* 30 (1970): 389-403; Pierre Chalmin, "La querelle des Bleus et des Rouges dans l'artillerie française à la fin du XVIIIe siècle," *Revue d'histoire économique et sociale* 46 (1968): 481ff。

19 Dallas D. Irvine, "The Origins of Capital Staffs," *Journal of Modem History* 10 (1938): 166-168; Carrias, *La pensée militaire française,* pp. 176ff.

20 Stephen T. Ross, "The Development of the Combat Division in Eighteenth Century French Armies," *French Historical Studies* 1 (1965): 84-94.

21 引自 Geoffrey Symcox, ed., *War. Diplomacy and Imperialism. 1618-1763* (London, 1974), p. 194。同时参看 Duffy, *The Army of Frederick the Great,* p. 134。

22 例如，普鲁士一个职位较低的官员巴龙·冯·施泰因（Baron vom Stein）将鲁尔河改造成运河，以期扩大煤炭生产。参看 W. O. Henderson, *The Stateand the Industrial Revolution in Prussia, 1740-1870* (Liverpool, 1958), pp. 20-41。

23 一位名叫皮埃尔·特雷萨盖（Pierre Trésaguet）的法国工程师采用了一种比较廉价的方法建造了一条全天候道路，即用大小不等的碎石铺成互有区别的三层。1761 年后，他的方法在法国广泛使用；东至俄国的其他欧洲国家均起而效仿。俄国按照特雷萨盖的原理在莫斯科和圣彼得堡之间建造了一条道路。在英国，约翰·劳登·麦克亚当（John Loudon McAdam）于 18 世纪 90 年代对筑路问题产生了兴趣，并采取了一种非常相似的方法修筑牢固的路面。麦克亚当只用同一种大小的碎石，从而简化了工序。参看 Gosta E. Sandstrôm, *Man the Builder* (New York, 1970), pp. 200-201; Roy Devereux, *The Colossus of Roads:* A *Life of JohnLoudon McAdam* (New York, 1936)。

24 参看 Emile G. Leonard, *L'armée et ses problèmes au XVIIIe siècle* (Paris, 1958); Louis Mention, *Le comte de Saint-Germain et ses réformes. 1775-1777* (Paris, 1884); Albert Latreille, *L'armée et la nation à la fin de l'ancien régime: les derniers ministres de guerre dela monarchie* (Paris, 1914); Jean Lambert Alphonse

Colin, *L'infanterie au XVIIIe siècle:La tactique* (Paris, 1907)。

25 1757 年英国开创了这一风尚。参看 Rex Whitworth, *Field Marshal Lord Ligonier: A Story of the British Army. 1702-1770* (Oxford, 1958), p. 218。美国如法炮制，于 1777 年请巴龙·冯·施托伊本（Baron von Steuben）去训练美洲殖民地军队。

26 关于战术辩论问题，参看 Colin, *L'infanterie au XVIIIe siècle;* Mention, *Le comte de Saint-Germain,* pp. 187-210; Quimby, *The Background of Napoleonic Warfare;* Robert R.Palmer, "Frederick the Great, Guibert, Bülow: From Dynastic to National War," in Edward M. Earle, ed., *Makers of Modern Strategy* (Princeton, 1943), pp. 49-74; Henry Spenser Wilkinson, *The French Army before Napoleon* (Oxford, 1915)。关于战术和围地问题，参看 Richard Glover, *Peninsular Preparation: The Reform of the British Army, 1795-1804* (Cambridge, 1963), p. 124。有关小规模战斗和轻步兵问题，参看 Gunther Rothenberg, *The Military Border in Croatia, 1740-1881: A Study of an Imperial Institution* (Chicago, 1966), pp. 18-39 and passim; Peter Paret, *Yorck and the Era of Prussian Reform, 1807-1815* (Princeton, 1966), pp. 24-42。

27 当时制造了数千支后膛装填式滑膛枪，据 Kennett, *The French Armies in the Seven Years War,* pp. 116, 140 的记述，当后膛装置被证明有缺陷时，其发明者自杀身亡。

28 1794 年法国并吞列日以后，法国监察员迫使全欧技术最熟练的列日枪炮工匠提高制炮水平。详情见 Gaier, *Four Centuries of Liège Gunmaking,* pp. 95ff。

29 *Grande Encyclopédie,* s.v. Maritz, Jean; P. M. J. Conturie, *Histoire de la fonderie nationale de Ruelle, 1750-1940, et des anciennes fonderies de canons de fer de la Marine* (Paris, 1951), pp. 128-135.

30 1763 年普鲁士人请一位荷兰兵工匠到施潘道（Spandau）的兵工厂装置大炮钻孔机。1760 年，他被占领柏林的俄国人俘虏，俄国人劝说他在图拉（Tula）为他们做同样的工作。参看 Rehfeld, "Die preussische Rüstungsindustrie unter Friedrich dem Grossen," p. 11。

31 Clive Trebilcock, "Spin-off in British Economic History: Armaments and Industry, 1760-1914," *Economic History Review 22* (1969): 477.

32 在 B. P. Hughes, *Firepower Weapons' Effectiveness on the Battlefield, 1630-1850* (London, 1974), pp. 15-36 中可以找到很有启发意义的图表，说明 18 世纪后期大炮的功能。

33 E. W. Marsden, *Greek and Roman Artillery: Historical Development* (Oxford, 1969), pp. 48-49. 据该书所述，发明的主要所在地是叙拉古的狄奥尼修斯一世（Dionysios I of Syracuse，公元前 399 年）和埃及托勒密二世（Ptolemy II，公元前 285—246 年）的宫廷。

34 这个"贵族反应"（noble reaction）也许是反映人口增长的因素之一。贵族家庭需要照顾更多的年轻儿子，因此大概更急切地希望获得军职，也就更厌恶没有头衔的暴发户。

35 关于腓特烈的动机问题，参看 Gordon Craig, *The Politics of the Prussian Army, 1640–1945* (Oxford, 1956), p. 16. 关于法国军队的贵族反应，参看 Kennett, *The French Armies in the Seven Years War,* p. 143; David Bien, "La reaction aristocratique avant 1789: L'example de l'armée," *Annales: Economies, sociétés, civilizations* 29 (1974): 23-48, 505-534; David Bien, "The Army in the French Enlightenment:Reform, Reaction and Revolution," *Past and Present,* no. 85 (1979): 68-98。

36 Howard Rosen, "The Système Gribeauval: A Study of Technological Change and Institutional Development in Eighteenth Century France" (Ph.D. diss., University of Chicago, 1981) 为我提供了重要依据。Rosen 的某些深刻见解见于 "Le système Gribeauval et la guerre moderne," *Revue historique des armées* 1-2 (1975):29-36。相关细节，可参看 Jean Baptiste Brunet, *L'artillerie française au XVIIIe siècle* (Paris, 1906)。关于军队的内部斗争，参看 Chalmin, "La querelle des Bleus et des Rouges," pp. 490-505。

37 1791 年，法国的野战炮只有 1 300 门。参看 Gunther Rothenberg, *The Art of Warfare in the Age of Napoleon* (Bloomington, Ind., 1978), p. 122。

38 Charles K. Hyde, *Technological Change and the British Iron Industry, 1700–1870* (Princeton, 1977), pp. 194-196.

39 Bertrand Gille, *Les origines de la grande industrie métallurgique en France* (Paris, 1947), pp. 131-135 and passim; Conturie, *Histoire de la fonderie nationale de Ruelle*, pp. 248-280; Theodore Wertime, *The Coming of Age of Steel* (Leiden, 1961), pp. 131-132; Joseph Antoine Roy, *Histoire de la famille Schneider et du Creusot* (Paris, 1962), pp.11-15.

40 Gaier, *Four Centuries of Liège Gunmaking,* p. 60.

41 大部分劳动力靠分派到新企业的农奴解决。很多工作是在冬季田间无事可干时做的，因此农奴的额外负担对他们的农业生产影响很小。换句话说，俄国政府大力采取强制方式，实行了远较以前有效的全年劳动分配制度，从而获得了作为武器装备基础的炼铁工业。除供养监督管理人员和少数几个国外请来的熟练工人以外，这种方式所需费用很少。参看 James Mavor, *An Economic History of Russia,* 2d ed. (New York, 1925), 1:437-438。到 1715 年，彼得大帝的工厂生产的大炮已不下 13 000 门。1720 年，滑膛枪的年产量达到两万支，和法国的产量完全相当。参看 Arcadius Kahan, "Continuity in Economic Activityand Policy during the Post-Petrine Period in Russia." in William L. Blackwell, ed., *Russian Economic Development from Peter the Great to Stalin* (New York, 1974), p. 57。

42 见上文，p.122。

43 W. O. Henderson, *Studies in the Economic Policy of Frederick the Great* (London, 1963), p. 6.

44 Trebilcock, "Spin-off in British Economic History," p. 477.

45 Hyde, *Technological Change and the British Iron Industry*, p. 115. 由于有些私人出售的铁最后用于制造滑膛枪，被政府以成品或半成品的方式从私人手中买去，Hyde 的估计（即政府占有铁的总产量的 17%~25%）大概是最低限度。事实上，在我看来，他一贯低估军备和政府购铁对英国工业兴盛的重要作用，尽管他使用的是复杂的经济衡量标准和概念（也许原因正在于此）。例如，威尔士和苏格兰最早的铸铁厂都是依靠和海军签订造炮合同兴起的。参看 Harry Scrivenor, *History of the Iron Trade*, 2d ed. (London, 1854), pp. 122-123; Arthur Henry John, *The Industrial Development of South Wales* (Cardiff, 1950), pp. 24-36, 99ff。大规模的市场有了保证，就有利于企业家克服在起初几乎无人居住的地带创业的经费困难。英国的这一实例证明了一种广泛现象：我们已在上文中看到，国家的武器订货合同往往为在新领域建立费用比较昂贵的新技术提供了基础；俄国乌拉尔、普鲁士的施潘道和法国的勒克鲁佐都是这同一现象的平行事例。

46 有两本写得很出色的书对国家政策和力量均势的这个重大变化作了非常充分地说明：John Ehrman, *The Nary in the War of William III, 1689-1697: Its State and Direction* (Cambridge, 1953), and Geoffrey Symcox, *The Crisis of French Sea Power,1688-1697; From the Guerre d'Escadre to the Guerre de Course* (The Hague, 1974)。

47 为了能在船上装配这些口径大、炮壁薄的大炮，必须减少火药量，否则反冲力太大，木质结构无法承受。这样，炮弹的初速低且射程近，但炮弹的外加重量却比普通炮火的摧毁力更大。卡隆炮首次制造的时间是 1774 年。起初是卖给商船，1779 年皇家海军吸收卡隆炮作为补充武器。此后，卡隆炮为纳尔逊（Nelson）的著名命令（停泊在敌人近旁）提供了技术根据，因为它只能在近距离内发挥火力优势。

48 关于 17、18 世纪海军舰船的技术局限问题，参看下列很有启发意义的著作：Ehrman, *The Navy in the War of William III.* pp. 3-37; G. J. Marcus, *Heart of Oak: A Survey of British Seapower in the Georgian Era* (London, 1975), pp. 8-9, 39, and passim。造船仍然靠手工计算，按船体的弧线配上奇形怪状的木材，等等。虽然早在 1681 年法国人就开始尝试运用理论使船体和风帆达到最相称的程度，但是收效甚微。

49 参看 1695 年沃邦（Vauban）致路易十四的备忘录："……装备舰队耗资巨大，且此种费用纯系损失。"引自 Symcox,*War, Diplomacy and Imperialism,* p. 240。

50 波罗的海的木材供应商愿意跟英国人而不愿跟法国人打交道，因为法国人的付款方式不可靠，这就增加了法国人绕过敌人——英国人和荷兰人——从波罗的海获得木材的战略困难。参看 Paul Walden Bamford, *Forests and French Sea Power, 1660-1789* (Toronto, 1956)。

51 例如在詹金斯的耳朵战争（War of Jenkins' Ear）期间，英国海军人数从 1738 年的不足 1 万人增至 1741 年的 4 万多人，1748 年达到 6 万人的高峰。战争以后，1749 年海员人数减至 2 万人。参看 Daniel A. Baugh, *British Naval Administration in the Age of Walpole* (Princeton, 1965), p. 205。

52 参看 Ehrman, *The Navy in the War of William III,* p. 171 ："海上战争不仅仅帮助它（指英国）获得财富，其进程还直接增加了财富；费用昂贵的舰队并没有耗尽贸易和工业……力量和财富互相起作用；费用增加，自有增长的财力物力来解决。"

53 对七年战争的海战失败，公众反应强烈。因此，当时的法国海军部部长舒瓦瑟尔公爵（duc de Choiseul，1761—1766 年）能够通过财团（多少带有志愿性质）认捐的方式付清 16 艘新军舰的贷款。这些财团包括包税商、外省的有产者、乡绅、巴黎商人等。用捐款建造的战舰一览表，参看 E. H. Jenkins, *A History of the French Navy* (London, 1973), p. 142。

54 Symcox 对这一点提出了具有说服力的观点。参看 Symcox, *The Crisis of French Sea Power,* pp. 221ff。

55 滑膛枪的生产在四个中心组织，由少数几个"企业家"和政府订立合同，每年交付规定数量的枪支。实际上，滑膛枪由工匠们按照企业家的命令制造，整个生产过程由一名政府官员监督，他的任务是保证每一支枪都达到官方的规格。我找到的有关法国枪炮制造的最佳著作是 Louis Joseph Gras, *Historique del'armurerie stéphanoise* (St. Etienne, 1905), pp. 36-40, 59, and passim。18 世纪下半叶，滑膛枪的年产量从 10 000 支到 26 000 支不等。数量虽然不少，但比起列日的生产规模还远远落后。根据 Gaier, *Four Centuries of Liege Gun Making,* p. 42 的叙述，列日的年产量为 20 万支。

56 关于面包承包商以及他们支配战场上部队行动的倾向，参看 Kennett, *The French Armies in the Seven Years War*, pp. 97-104。关于法国缺乏全国性商业网络的问题，参看 Edward Fox, *History in GeographicPerspective: The Other France* (New York, 1971)。

57 P. K. Crimmin, "Admiralty Relations with the Treasury, 1783-1806: The Preparation of Naval Estimates and the Beginnings of Treasury Control," *Mariner's Mirror* 53 (1967): 63-72; Bernard Pool, *Navy Board Contracts, 1660-1832* (Hamden, Conn., 1966), pp. 111-115; Albion, *Forests and Sea Power*, pp. 45ff. 英国陆军的改革一直等到 1795 年以后才进行，参看 Richard Glover, *Peninsular Preparation. 1795-1809* (Cambridge, 1963)。

58 有三本写得很好的书论述美国独立战争期间英国的后勤工作，颇为详尽：Piers Mackesy, *The War for America, 1775-1783* (Cambridge, Mass., 1964); David Syrett, *Shipping and the American War, 1775-1783: A Study of British Transport Organization* (London, 1970); R. Arthur Bowler, *Logistics and theFailure of the British Army in America, 1775-1783* (Princeton, 1975)。 Norman Baker, *Government and Contractors: The British Treasury and War Suppliers, 1775-1783* (London, 1971) 一书资料也很丰富。

59 A. H. John, "War and the English Economy, 1700-1763," *Economic History*

Review, 2d ser.7 (1954-55): 329-344.

第六章

1 有关这一观点在 W.H. McNeill, *Plagues and Peoples* (New York, 1976), pp. 240-256 有详细阐述，虽然既有的资料并不是很丰富。

2 George Dudé, *Paris and London in the Eighteenth Century: Studies in Popular Protest*(New York, 1971), pp. 35-36; Jacques Godechot, *La prise de la Bastille* (Paris, 1965), p. 75.

3 Oliven F. Hufton, *The Poor of Eighteenth Century France, 1750–1789* (Oxford, 1974) 一书对此有精彩评述。

4 Y. LeMoigne, "Population et subsistence à Strasbourg au XVIIIe siècle," in M. Bouloiseau et al., *Contributions à l'histoire démographique de la révolution française.*Commission d'histoire économique et sociale de la révolution, no. 14 (Paris, 1962), pp.15, 44.

5 有关戈登暴动，参看 Rudé, *Paris and London,* pp. 268-292。作者特别指出，伦敦群众攻击那些有地位的人，也就是拥护天主教解放的人，而没有攻击伦敦贫穷的爱尔兰人，从这一点看来，戈登暴动的社会性质同巴黎发生的革命并没有多大的差异。

6 以克里特岛为中心的米诺斯文化将财力物力集中于克诺索斯，似乎主要是依靠贸易而不是武力来实现的。爪哇和苏门答腊两个海上帝国在公元后第一个千年里也是这样做的。但是由对立的若干政治领袖分割统治的群岛（日本在其大部历史上就属于这种情形）则具有大陆国家的特征，其动员方式以强制命令为主，市场只是从属的。

7 对 18 世纪的军队而言，用正规部队对付平民是不可思议的事情。参看 Tony Haytor，*The Army and the Crowd in Mid-Georgian England* (London ,1978)。以成排步枪近距离射击极为致命，几乎避无可避。对平民的控制到 19 世纪 80 年代才由欧洲警察机关系统发展起来。伦敦码头罢工 (1889 年) 确立了"请继续前进"——也即，允许游行队伍和平示威，根据事先的安排通过既定的街道。这标志着先代技术的曙光到来；允许愤怒的人群在几个小时的呐喊和体力消耗中无害地释放能量，而不是靠蛮力将人群冲散。但是在 1789 年，这种成熟还远未到来，因此人群被警察驱散。关于巴黎的警察，见 *Laprie de la Bastille*, pp.95-115。

8 A. Corvisier, *L'armée française de la fin du XVlie siècle au ministère de Choiseul* (Paris, 1964), pp. 784-790.

9 Samuel F. Scott, *The Response of the Royal Army to the French Revolution, 1787–1793* (New York, 1978), pp. 26, 34. 下文所谈军队对大革命最初几年的反应，大部分依据这本出色的著作。

10 Godechot, *La prise de la Bastille,* pp. 289ff.

11 Scott, *Response of the Royal Army,* pp. 17, 45.

12 Louis Gottschalk and Margaret Maddox, *Lafayette in the French Revolution:Through the October Days*(Chicago, 1969), pp. 159-190, 256-340.

13 Scott, *Response of the Royal Army*, pp. 98-120; Henry S. Wilkinson, *The French Army before Napoleon* (Oxford, 1915), pp. 99-143.

14 根据选举原则任命下级军官的制度并未完全废弃，但选举权限于与有待任命的职务同级的军官。而且 33% 的空缺由晋升递补，晋升则根据服役资历。参考 Scott, *Response of the Royal Army*, pp. 157, 165, 180。1795 年军官选举制被废除。

15 Jean-Paul Bertaud, "Voies nouvelles pour l'histoire militaire de la révolution," *Annales historiques de la révolution française* 47 (1975): 83.

16 据 Crane Brinton 等人的英译文，转引自 Edward Mead Earle, *Makers of Modern Strategy* (Princeton, 1941), p. 77。

17 Richard Cobb, *Les armées révolutionaires: Instrument de la Terreur dans les départements, avril 1793–floreal an II,* 2 vols. (Paris, 1961). 此书提供了大量详细情况介绍。

18 生活不安定也鼓励了反革命，如在里昂、土伦和旺代。1793 年何种反应占优势一时还看不清楚。到了年底，以著名的公共安全委员会（Committee of Public Safety）为中心、由巴黎提供的出色组织，加上自由的号召（即使实际上指征兵），使局势发生了有利于革命的变化。

19 1794 年 6 月有一个官方报告人对国民议会说，法国军队人数为前一年的 3 倍，而费用只是原来的一半。参看 S. J. Watson, *Carnot* (London, 1954), p. 88。关于兵役和穷人的情况，参看 Alan Forrest, *The Trench Revolution and the Poor* (Oxford, 1981), pp. 138-167。

20 Georges Lefebvre, *The French Revolution from 1793 to 1799* (London, 1964),p.145. 关于青年人都去参军从而削弱了群众行动的情况，参看他的评论，Ibid.,p.70。Jacques Godechot, *Les revolutions, 1770–1799* (Paris, 1970), pp. 94-95.

21 Lefebvre, *French Revolution,* p. 315.

22 根据 Gunther Rothenberg, *The Art of Warfare in the Age of Napoleon* (Bloomington, Ind., 1978), pp. 120-121 的记述，1778—1783 年法国从武器库数量送给美国人 10 万支滑膛枪。

23 1789 年法国军队只拥有 1 300 门格里博瓦尔新式野战炮。到 1795 年，这种野战炮的数量几乎增加了一倍，这是做出巨大努力的革命行动所创造的成绩。当时的人把教堂的钟熔化，作为主要的金属材料来源。Ibid.,p.123.

24 Theodore Wertime, *The Coming of Age of Steel* (Leiden, 1961), p. 249. 据该书记述，在公共安全委员会的领导下，巴黎每天生产 1 100 支滑膛枪。

25 这些数字依据 Louis Joseph Gras, *Historique de l'armurerie stéphanoise*(St. Etienne, 1905), pp. 99, 225-227。

26 *Grande Encyclopédie,* s.v. LeBlanc, Carny.

27 Lefebvre, *French Revolution,* pp. 101-103; Shepard B. Clough, *France: A History of National Economics* (New York, 1939), p. 51.

28 根据 David Chandler, *The Art of War in the Age of Marlborough* (New York, 1976), p. 65 的记述，1694 年路易十四的军队总人数达到 30 万人，这是他在位时军队人数的最高数字。我所引用的革命军队人数，乃是依据 Lefebvre, *French Revolution*, p. 81。

29 其他因素，尤其是普鲁士军队中疾病蔓延，也是决定撤退的原因。根据 Curt Jany, *Geschichte der Koniglich Preussischen Armee* (Berlin, 1928–37), 3:257 的记述，1792 年 10 月 20 日，15 068 名士兵中有 12 864 人感染了疾病。在最后瓜分波兰的行动尚在进行时（1793 年，1795 年），普鲁士和奥地利就感到不可能将注意力集中在法国。然而，法军战胜趾高气扬的普军所取得的初步胜利乃是依靠从格里博瓦尔的改革措施继承下来的武器优势，这一点标志着旧政权军队与革命军队之间在战术上具有连续性。拿破仑初露头角的收复土伦之战（1793 年）依靠的也是法国新式野战炮的准确度和发炮速度。

30 Marcel Reinhard, *Le grand Carnot* (Paris, 1952), 2:81-82.

31 古罗马军团之所以比古希腊马其顿步兵密集方阵优越，也是因为古罗马军团能适应山地战。在这方面以及其他各个方面，法国革命者都是自觉地以罗马共和国时代的模式为榜样的。

32 20 世纪前普遍存在的状况是，士兵死于疾病的人数远远超过死于敌人枪炮的人数。因病死去的士兵人数当时并无统计，现已无法考证。

33 此种支援有时是实物，亦即一支军队，有时是现款。例如，1804 年拿破仑迫使荷兰提供 16 000 名士兵，并令荷兰造船厂制造许多进攻用的大型平底船，准备运送他的军队横渡英吉利海峡。他迫使西班牙支付一笔巨款，不过这是向西班牙政府发出最后通牒之后实现的。参看 Georges Lefebvre, *Napoleon* (Paris, 1947), p. 165。

34 Ibid., pp. 191, 195, 379, 513-514. 该书作者说，拿破仑大军总数为 700 000 人，其中 610 000 人越过了俄国边境。这些士兵中只有 300 000 人是法国人，来自“老法国”的有 230 000 人。拿破仑直到 1812—1813 年才进行了真正影响法国的大规模征兵，当时拿破仑征募了 100 多万名新兵，成功动员了向陆军部登记的男子中的 41%。关于德国的人口压力及其在政治中的表现，参看 Karl H.Wegert, “Patrimonial Rule, Popular Self-Interest and Jacobinism in Germany, 1763-1800,” *Journal of Modern History* 53 (1981): 450 ff。

35 亚历山大与谋杀其父保罗一事有牵连。亚历山大登基后不久，在他的思想中，对开明的法国思想的热情同他追求与上帝交往的神秘构想相抗衡。他反复无常地与法国结盟，后又与英国结盟，然后又再次与法国结盟。这种做法往往与他内心思想信仰的变化有关。当时众所周知的一件事是 1815 年德·克吕德纳夫人（Mme. de Krüdener）使他改信基督教。上述情况就发生在此事前后。参看 Alan Palmer, *Alexander I: Tsar of War and Peace* (New York, 1974)。

36 L. Bergeron, “Problèmes économiques de la France Napoléonienne,” *Annales*

historiques de la révolution française 42 (1970): 89.

37 这种差距很容易被夸大。拿破仑供应他的军队全部能携带的武器装备并无困难。根据 Clough, *France,* p. 49 记述，法国铁炮年产量从每年 900 门增加到 13 000 门，而且 17 家新铸造厂每年生产的铜炮不下 14 000 门。根据差不多同时代的另一项计算，1803—1815 年法国生产了 390 万支滑膛枪、来复枪、卡宾枪和手枪，而在同一时期英国只生产了 310 万支。F. R. C. Dupin, *Military Force of Great Britain* (London, 1822)，转引自 Richard Glover, *Peninsular Preparation in 1795–1809* (Cambridge, 1963), p. 47。这个数字可能低估了英国的产量。据有的学者估计，1804—1815 年，仅伯明翰一地就向军械局送交了 1 743 383 支手枪和 3 037 644 支枪筒。参看 William Page, ed., *The Victoria History of the County of Warwick* II (London, 1908), "The Gun Trade of Birmingham," pp. 226-232。 在法国以及法国控制下的一些欧洲地区也涌现出一些诸如纺纱之类的新企业。参 看 Fernand Lelux, *A l'aube du capitalisme et de larévolution industrielle: Lieven Bauwens. industriel Gaulois* (Paris, 1969)。然而，由于原棉供应无常，纺纱业受到打击；而且一般来说，凡依靠进口来维持的工业都萧条了，战争年代所造成的主要后果就是切断了法国同大西洋的联系，而在莱茵河–罗讷河流域建立起工业。参看 François Crouzet, "Wars, Blockade and Economic Change in Europe, 1792–1815," *Journal of Economic History* 24 (1964): 567-588; Bertrand Gille, *Lesorigines de la grande industrie métallurgique en France* (Paris, 1947), pp. 206 ff。

38 当时开展了各种实验，后来起了重要作用，如对甜菜的实验以及在波河流域试种棉田，但是这一切一直未能填补因殖民地商品切断而造成的短缺。拿破仑认识到这种不利状况，一直希望能在海上再次与英国较量一番。特拉法加海战（1805 年）后法国只剩下 30 艘主力舰，于是拿破仑着手重建海军。到 1814 年法国已建成 103 艘主力舰、65 艘中型快速战舰。但是新舰挤在港口里不能发挥作用，而 1812 年拿破仑又将许多舰上人员调入进攻俄国的军队，等于默认他暂时还不能有效地向海上敌手挑战。参看 Joannes Tramond, *Manuel d'histoire maritime de la France: Des origines à 1815* (Paris, 1947), pp. 772 ff。

39 西班牙游击队同西班牙及葡萄牙正规军一道由威灵顿指挥，游击队在配合英军作战方面发挥了很大的作用。如果没有游击队，威灵顿出色地应用的旧式战术恐怕不会取得这样多的胜利。关于伊比利亚半岛战争，参看 Charles W. C. Oman, A *History of the Peninsular War,* 3 vols. (Oxford, 1902–1908)。

40 关于 1812 年拿破仑军队的供应办法，参看 David G. Chandler, *The Campaigns of Napoleon* (New York, 1966), pp. 757-759。

41 至少原则上是如此。我未能找到有关 1812 年俄国军队实际供应情况的任何资料。但是研究一下标明俄国军队撤退与前进路线的地图就可以看出，他们的路线经过一系列的河流，行军路线两侧的河岸完全在俄国政府控制之下。因此，我认为他们的供应是经由河流运送的。而且即使运输组织得不好（很可能事实如此），显然也比法国的运输办法优越。俄国军队能够继续存在，而且在整个冬季都能袭击撤退中的拿破仑大军，即可证明上述基本事实。

42 这是 Phyllis Deane and W. A. Cole, *British Economic Growth, 1688–1959* (Cambridge, 1962) 一书的中心论点。10 年后，W. A. Cole, "Eighteenth Century Economic Growth Revisited," *Explorations in Economic History* 10 (1973):327-348 重申了该论点。另可参看 H. J. Habakkuk, *Population Growth and Economic Development since 1750* (New York, 1971), p. 48 and passim; D. E. C. Eversley, "The Home Market and Economic Growth in England, 1750–1780," in E. L. Jones and G. E. Mingay, eds., *Land, Labour and Population in the Industrial Revolution* (London,1967), pp. 206-259。

43 有一点或许值得注意：英国的这种发展以及焦炭和炼铁技术的同时兴起，与前面第二章所讨论的中国人在早得多的时候所经历的发展过程何其相似。

44 Robert R. Palmer, *The Age of the Democratic Revolution: A Political History of Europe and America. 1760–1800,* 2 vols. (Princeton, 1959, 1964).

45 此数字出自 Glenn Hueckel, "War and the British Economy, 1793–1815: A General Equilibrium Analysis," *Explorations in Economic History* 10 (1972): 371。Patrick Colquhoun, *A Treatise on the Wealth, Power and Resources of the British Empire* (London, 1814), p. 47 给出的数字更是高达 511 679。

46 关于北爱尔兰向美洲移民的人数，大西洋两岸都无正式的统计数字，但历史学家们认为，1718—1775 年，总计大约有 225 000 名阿尔斯特省人到达美洲。1783 年后移民又恢复，人数比独立战争前少些。参看 H. J. M. Johnston, *British Emigration Policy, 1815–1830* (Oxford, 1972), pp. 6-7。从苏格兰高地向加拿大、北卡罗来纳和南卡罗来纳开始移民是在七年战争以后，当时复员军人到美洲可以分到土地，参看 Helen I. Cowan, *British Emigration to British North America: The First Hundred Years,* rev. ed. (Toronto, 1961), pp. 3-64。但是这种人口流动的规模太小，对其家乡人口的影响不大。

47 1795 年伯克郡的地方执法官在斯宾汉姆兰开会，制定了院外救济发放救济金的办法，在随后的若干年中，各地广泛效仿此种办法，称为"斯宾汉姆兰制度"。参看 Michael E. Rose, *The English Poor Laws, 1780–1930* (New York, 1971), pp. 18-20。

48 John U. Nef, *War and Human Progress* (Cambridge, Mass., 1950) 或许发表了一种极端的见解，但 W. W. Rostow, "War and Economic Change: The British Experience," *The Process of Economic Growth,* 2d ed. (Oxford, I960), pp. 144-167 一文也得出了类似的结论。Phyllis Deane, "War and Industrialization," in J. M. Winter, ed., *War and Economic Development* (Cambridge, 1975), p. 101 一文得出结论说，1793—1815 年的战争"对英国工业革命的步伐和内容只不过引发了一些浅层的波动而已"。

49 英国政府 1814 年的支出达到国民生产总值估计数的 29%，参看 Alan T. Peacock and Jack Wiseman, *The Growth of Public Expenditurein the United Kingdom* (Princeton, 1961), p. 37。

50 John T. Sherwig, *Guineas and Gunpowder: British Foreign Aid 1793–1815*

(Cambridge, Mass., 1969), p. 345.

51 关于这一点，同时代的人也看到了。Joseph Lowe, *The Present State of England in Regard to Agriculture, Trade and Finance* (London, 1833), pp. 29 ff 将英国战时繁荣归功于税收和政府借款带来的全民就业，其有益效果“遍及全国，因为……我们的全部支出……除微不足道的例外，都是在国内流通的”(p. 33)。

52 据 J. L. Anderson, “Aspects of the Effects on the British Economy of the War against France, 1793-1815,” *Australian Economic History Review* 12 (1972): 1-20 指出，在特拉法加海战中，纳尔逊的战舰上配备有一种短炮身特大口径的大炮，其威力胜过一般大炮。此种大炮是苏格兰卡隆工厂首次设计的，故名卡隆炮；南威尔士铁厂的产品当初是在加的夫（Cardiff）的码头装船的，至今该码头仍叫“大炮码头”（Cannon Wharf）。这类用语记录了军备生产队英国新兴铁工业的重要性。甚至由亚伯拉罕·达比（Abraham Darby）在科尔布鲁克代尔（Coalbrookdale）创立的一家教友派公司也于 18 世纪中叶开始制造大炮，但在 1792 年以前就中断了。参看 Arthur Raistrick, *The Coalbrookdale Ironworks:A Short History* (Telford, 1975), p. 5。

53 威尔金森的大炮镗床提高了瓦特蒸汽机的效率，因为这种镗床提高了活塞和汽缸之间的密合度。参看 Clive Trebilcock, “Spin-off in British Economic History: Armaments and Industry, 1760-1914,” *Economic History Review* 22 (1969): 477。

54 Phyllis Deane, *The First Industrial Revolution* (Cambridge, 1965), p. 110 就是这样讲的。还可参看另一部相当出色的著作 Charles K. Hyde, *Technological Change andthe British Iron Industry, 1700-1870* (Princeton, 1970), p. 129：“如果没有战争，对铁的总需求或许还要大些。” Hyde 对这一令人吃惊的判断未加解释，就像是一句旁白。我所见到的关于战争对英国炼铁工业的影响最细致的评价是 Alan Birch, *TheEconomic History of the British Iron and Steel Industry, 1784-1879: Essays in Industrialand Economic History with Special Reference to the Development of Technology* (London, 1967), pp. 47-56。

55 政府支出由 1792 年的 2 200 万英镑增加到 1815 年的 12 300 万英镑，几乎增加了 5 倍。

56 数字引自 Deane and Cole, *British Economic Growth,* p. 8。

57 Jacques Dupaquier and Christine Berg-Hamon, “Voies nouvelles pour l’histoire démographique de la révolution française: Le mouvement de population de 1795 à 1800,” *Annales historiques de la Révolution française* 47 (1975): 8 给出的法国在战争中的兵员损失总数为 130 万。但是根据 Lefebvre 的统计，1792—1799 年的阵亡人数为 60 万（引自前文注 21），J. Houdaille, “Pertes de l’armée de terre sous le premier Empire,” *Population* 27 (1972): 42 将此数值新增 90 万，结果损失兵员为 150 万。由于 Houdaille 的数据和计算方法优于以前的方法，这个较大的数字可能是正确的。Houdaille 计算的结果是，1790—1795 年出生的全部法国男子，因与战争有关的原因而在 1816 年以前死亡者至少占

20.5%，这个年龄组受战争的影响最严重。Ibid.,p.50.

58 法国出生率为什么比欧洲其他国家都低，这是历史人口统计学的一个重要课题。农民普遍以土地为重，这一点必定起了作用；年轻人要等到继承土地在望时才结婚，这对于放慢人口增长速度能起很大的作用，爱尔兰 1845 年爆发饥荒以后的历史就证明了这一点。但是法国人也必定有意识地采取了节制生育的措施，而且节育的规模是欧洲各国人民在 20 世纪以前未能达到的。可能法国士兵在战争期间从妓女那里学会节育方法而在法国人中传播开来。再加上法国人因革命而普遍脱离宗教，不再奉行天主教教义，这或许可以解释为什么法国出生率这样低。Jacques Dupaquier, "Problèmes démographiques de la France napoléonienne," *Annales historiquesde la Révolution française* 42 (1970): 21 是我看到的唯一承认战时军人性经验对 1800 年后的法国家庭模式可能具有重要作用的权威著作，但是凡经历过 20 世纪战争的军人都能证实上述说法的合理性，而且也都知道不大可能找到文字材料作为依据。

59 英语译文出自 Gordon A. Craig in *The Politics of the Prussian Army, 1640-1945* (Oxford, 1955), p. 43。

60 沙恩霍斯特的观点反映出这样一个事实：他既是炮手，又是平民出身。

61 自 17 世纪起，普鲁士的文官就从日耳曼的大学中选拔，而且从 1770 年开始还要通过考试证明其学业合格。因此，1808 年关于普鲁士军官任命与晋升的法令，只不过是将文官管理制度应用于军队管理而已。

62 Samuel F. Scott, *The Response of the Royal Army to the French Revolution, 1787-1793* (Oxford, 1978), pp. 153, 161. 炮兵和工兵继续实行考试办法，像旧政体时代一样。

63 1808 年拿破仑颁布命令，规定普鲁士军队人数不得超过 42 000 人。1814 年普鲁士野战军兵力为 358 000 人，另有 30 000 人左右在后方执行各种任务和支援工作。数字引自 Jany, *Geschichte der Koniglich Preussischen Armee,* 4:114。

64 普鲁士的改革时期向来是德国爱国人士喜欢讨论的话题。其中，Friedrich Meinecke 的一篇短论 *The Age of German Liberation, 1795-1815* (Berkeley and Los Angeles, 1977; originally published 1906) 是主流意见的极好总结。在军事方面，除了已提到的 Gordon Craig 的权威著作之外，尚有 William Shanahan, *Prussian Military Reforms, 1786–1813* (New York, 1945) 和 Peter Paret, *Yorck and the Era of Prussian Reform, 1807-1815* (Princeton, 1966)，后者在一些细节方面纠正了 Shanahan 的说法，资料特别丰富。

65 这种火箭是英国人威廉·康格里夫（William Congreve，1772—1828 年）在 19 世纪初发明的。他听说印度王子蒂普·萨赫伯（Tipoo Sahib）曾于 1792 年和 1799 年用火箭攻击英军，因而受到启发。康格里夫火箭的射程达到当时野战炮射程的两倍，曾于 1806 年被用来攻打布洛涅（前一年未成功），后来又被用来攻打哥本哈根（1807 年）、但泽（1813 年），并被用于莱比锡战役（1813 年），效果都相当好。康格里夫火箭在美国和英国之间的 1812 年战争中也起了显著作用，这可以从美国国歌《星条旗》歌词中看出来。康格里夫火箭可能确实使英国人的火力能达到美国的新首都华盛顿而使其燃烧。

1813年以后，大多数欧洲国家的陆军都建立了火箭部队，但19世纪40年代以后，大炮有了巨大的新发展，使火箭因太不准确而相形见绌。19世纪末期，在战争中已不再使用火箭，到了第二次世界大战，火箭才又大大发展起来。参看 Willy Ley, *Rockets, Missiles, and Men in Space* (New York, 1968), pp. 61-75; Wernher von Braun and Frederick I. Ordway III, *Rocketry and Space Travel,* 3d ed. (New York, 1975), pp. 30-34。关于威灵顿拒绝采用康格里夫火箭的情况，参看 Glover, *Peninsular Preparation,* pp. 68-73。

66　俄国沙皇实际是仿效英国将海军力量保持在"等于两国"的标准。将俄国的陆军保持在等于任何其他两个欧洲国家陆军加在一起的规模。为了节省开支，亚历山大实行军事殖民政策，让和平时期三分之一左右的军队过类似农民的生活。关于俄国的军事殖民，参看 Alan Palmer, *Alexander: Tsar of War and Peace* (New York, 1974), pp. 344-348。

67　Douglas Porch, *Army and Revolution: France, 1815–1848* (London, 1974), pp.138-139 and passim.

第七章

1　参看 Alfred D. Chandler, *The Visible Hand: The Managerial Revolution in American Business* (Cambridge, Mass., 1977)。

2　英国的邮政补贴是在1939—1860年间由海军部管理实施的，只为那些在战时可能派上用场的船只发放。比如一有必要便可装备火炮的邮船。直至后来的克里米亚战争证明这种做法失当，官方才转变观点，主张凡商用船只都必须能够迅速改造成战列舰。这显然又恢复了1300—1600年间的做法，那时厚重坚固的商船比战列舰还要耐用。而在19世纪，新船须能改造成战列舰的做法坚持了不到20年即作罢，这一点也能够说明1800年以后技术变革的迅猛发展。有关商用汽船改造成战舰的情况，可参看 David B. Tyler, *Steam Conquers the Atlantic* (London, 1939), pp. 77–81, 170–72, 231–32。

3　这里的数据来自 W. A. Baker, *From Paddle Steamer to Nuclear Ship: A History of the Engine-Powered Vessel* (London, 1965), pp. 41–58。同时可参看 Francis E. Hyde, *Cunard and the North Atlantic: A History of Shipping and Financial Management* (London,1975); Tyler, *Steam Conquers the Atlantic*。

4　Michael Lewis, *The History of the British Navy* (Baltimore, 1957), p. 224。

5　早在1827年，英国的亲希腊分子即在汽船上装备了佩克桑式大口径火炮，并在希腊独立战争中用以攻击奥斯曼土耳其军队，其中"卡特里娅号"（Karteria）汽船使希腊叛军成功夺取爱琴海地区的主权，但事实上该船却从未真正下水，因为在"卡特里娅号"运抵交战地时，英、法、俄三国的旧式战舰在1827年的纳瓦里诺（Navarino）海战中已经击败颇具实力的奥斯曼劲旅。可参看 Christopher J. Bartlett, *Great Britain and Sea Power. 1815–1851*

(Oxford, 1963), p. 200。

6 参看 Stephen S. Roberts, "The Introduction of Steam Technology in the French Navy, 1818–1852" (Ph.D. diss., University of Chicago, 1976)。

7 有关"荣光号"引发的技术革命，可参看 Paul Gille, "Le premier navire cuirassé: La *Gloire*" in Michel Mollat, éd., *Les origines de la navigation à vapeur* (Paris, 1970), pp. 43–57。

8 有关 19 世纪中叶法英海军军备竞赛，除了上述引证外还可参看 James Phinney Baxter, *The Introduction of the Ironclad Warship* (Cambridge, Mass., 1933); Bartlett, *Great Britain and Sea Power;* Oscar Parkes, *British Battleships, "Warrior" to "Valiantrev*. ed. (London, 1970), pp. 2–217; Bernard Brodie, *Sea Power in the Machine Age,* 2d ed. (Princeton, 1942); Wilhelm Treue, *Der Krimkriegund die Entstehung der modernen Flotten* (Gottingen, 1954); William Hovgaard, *Modern History of Battleships* (London, 1920)。

9 1853 年双方交战前，俄军的总兵力即已达 98 万人，至战争结束更增加到 180.25 万人，这还不算战争中阵亡的 45 万人。可参看 John Shelton Curtiss, *Russia's Crimean War* (Durham, N.C., 1979), p. 470。

10 这里的数字取自 Curtiss, ibid., pp. 339–40, 448。

11 Howard L. Blackmore, *British Military Fire-arms, 1650–1850* (London, 1961), pp. 229–33; O. F. G. Hogg, *The Royal Arsenal: Its Background, Origin and Subsequent History* (London, 1963), 2:736–40; James E. Hicks, *Notes on French Ordnance, 1717—1936* (Mt. Vernon, N.Y., 1938), p. 24.

12 Dennis Showalter, *Railroads and Rifles: Soldiers, Technology and the Unification of Germany* (Hamden, Conn., 1975), pp. 81, 96–98.

13 这种机械并不难设计，其原理与配钥匙的程序非常相像：机械联动装置迫使切割器沿仿形板规定的路线行进，依据母型或夹具的样式照着做就行了。这种缩放原理早在希腊化时代即已为人所知，那时就有人使用类似的机床批量生产雕像，并从亚历山大港出口外地。参看 Gisela M. A. Richter, *The Sculpture and Sculptors of the Greeks*, 4th ed. (New Haven, 1970), p. 246。美国人之所以制造批量生产的机械，部分原因在于当时缺少枪械师。另外，尤其是在 1812 年以后，美国政府制定了加大资本投资的政策，与生产商签订长期购销合同。参看 Felicia Johnson Deyrup, *Arms Makers in the Connecticut Valley*, Smith College Studies in History, No. 33 (Northhampton, Mass., 1948)。

14 有关美国的武器生产，除了上述德鲁普（Deyrup）的著述，还可参看 Merritt Roe Smith, *Harpers Ferry Armory and the Neul Technology* (Ithaca, N.Y., 1977); Robert J. Woodbury, "The Legend of Eli Whitney and the Interchangeability ol Parts," *Technology and Culture* 1 (I960): 235–51。有关英国的武器贸易及 19 世纪 50 年代的大幅变革，可参看 Nathan Rosenberg, ed., *The American System of Manufactures: The Report of the Committee on the Machinery of the United States, 1855, and the Special Reports of George Wallis and Joseph Whitworth,*

1854 (Edinburgh, 1969), Introduction; H. J. Habakkuk, *American and British Technology in the Nineteenth Century* (Cambridge, 1962); A. Amesand Nathan Rosenberg, "Enfield Arsenal in Theory and History," *Economic Journal* 78(1968):825–42; Russell I. Fries, "British Response to the American System: The Case of the Small Arms Industry after 1850," *Technology and Culture* 16 (1975): 377–403。

15 O. F. G. Hogg, *Royal Arsenal* 2:783, 792.

16 S. B. Saul, "The Market and the Development of the Mechanical Engineering Industries in Britain," *Economic History Review* 20 (1967): 111–30; Fries, "British Response to the American System" ; Conrad Gill, *History of Birmingham: Manor and Borough to 1865* (London, 1952), p. 295.

17 至少这一点令 Charles H. Fitch 引以为荣，见 Charles H. Fitch, "Report on the Manufacture of Interchangeable Mechanisms," U.S. Congress, *Miscellaneous Documents of the House of Representatives,* 4th Cong., 2d sess. 1882–82, 13, pt. 2: 613–14。不过 Fitch 并未详细说明，我也尚未发现来自购买方的证据。

18 参看 Claude Gaier, *Four Centuries of Liege G unmaking* (London, 1977), p. 122。

19 Ibid.,pp.190–95.

20 Dennis Showalter, *Railroads and Rifles,* pp. 81–82, 95–98; Curt Jany, *Geschichte der Königlich Preussischen Armee* (Berlin, 1928–37) 4:199–202.

21 John D. Goodman, "The Birmingham Gun Trade," in Samuel Timmins, ed., *History of Birmingham and the Midland Hardware District* (London, 1866), p. 415. 同年，伯明翰的枪械生产商出产武器 460 140 件，伦敦出产 280 181 件，其中大部分销往海外，英国政府核准采购的仅有 19 263 件。

22 拿破仑三世对普鲁士战胜奥地利的反应是决定于 1866 年 8 月在皮托建造一个新兵工厂，年产量达 36 万件"夏塞波"后膛快枪。据 Louis César Alexandre Randon, *Mémoires* (Paris, 1877), 2:236–42 记载，截至 1870 年，该型新式步枪的库存已达到 100 多万件。不过，这一成果还得益于伯明翰、列日及布雷西亚等厂家的大力辅助。参看 Françcais Crouzet, "Recherches sur la production d'armement en France, 1815–1913," *Révue historique* 251 (1974): 54。普鲁士在 1869 年致力于新式毛瑟枪的生产，不过在普法战争爆发前还尚未产出。但是到 1873 年，这种新式武器已足够装备也已大幅扩军的德武装部队。有关 1869 年以后德国采用美国生产技术的情况可参看 Ernst Barth, *Entwicklungslimen der deutschen Maschinenbauindustrie von 1870 bis 1914* (Berlin, 1973), pp. 48–49。据 Gunther Rothenberg, *The Army of Francis Joseph* (West Lafayette, Ind., 1976), p. 43 称，奥地利 1862 年以后便接受了轻型自动武器生产的所谓"美国体系"。有关俄国的情况，可参看 J. G. Purves, "Nineteenth-Century Russia and the Revolution in Military Technology," in J. G. Purves and D. A. West, eds., *War and Society in the Nineteenth-Century Russian Empire* (Toronto, 1972), pp. 7–22。

23 1617—1850年，英国国家专利局共批准约300项有关武器生产技术的专利，但在1850—1860年这10年里，其批准的专利技术多达600多项。参见Rosenberg, *American Systemof Manufactures,* p. 29。

24 Hogg, *Royal Arsenal* 2:756–60.

25 Sir Henry Bessemer, *An Autobiography* (London, 1905), pp. 130–42 对自己的发现过程有生动的记载，但可能并不完整且较为个人化。Theodore A. Wertime, *The Coming of Age of Steel* (London, 1961) 对冶金技术史有精彩的叙述，且无须专业知识便能读懂。有关对钢铁武器的抵制情况，普鲁士的事例尤为显著。可参看 W. A. Boelke, *Krupp und die Hohenzollern in Dokumenten* (Frankfurt am Main, 1970), pp. 106, 123。

26 J. D. Scott, *Vickers: A History* (London, 1962), p. 25.

27 自15世纪以来，枪炮的铸造一直沿用一次成型的模铸法，阿姆斯特朗却采用了一种型芯铸造法制造枪炮，或用铁条（后最终改用钢条）缠绕炮膛衬里，或用“热熔焊接”（sweating）法将铁圈固着在型芯上，这样一层一层地完成。所谓“热熔焊接”法是指将金属条加热令其膨胀，然后套在业已成型的枪械部件上，热金属圈冷却收缩但却不会回复到先前室温的状态，如此形成恒久的内部张力使内外层紧密地结合到一起，其强度足以克服火药在炮管内爆炸时产生的扩张力。就同质地金属铸造而言，这种别出心裁的做法造就了无可超越的坚硬品质。此外，阿姆斯特朗的铸造法还使武器的型号大幅提高，因为它使得先前一次成型铸造法无法完成的部件组装成为可能。

28 惠特沃思将科学技术和企业经营效益结合到相当高超的地步，并与自由党领导层建立了良好的关系，正如阿姆斯特朗和保守党政治家保持联系一样。惠特沃思在膛线和发射形制方面的试验比其他人做得都要系统和彻底，发明了一种平头式加长的穿甲弹，远胜其他对手。有关惠特沃思的创业历程，可参看 James E. Tennant, *The Story of the Guns* (London, 1864)，有关阿姆斯特朗，参看 David Dougan, *The Great Gunmaker: The Story of Lord Armstrong* (Newcastle-on-Tyne, n.d.)。

29 惠特沃思制造的枪炮有椭圆或多棱形的膛线，这样加长的枪弹在出膛时便会发生旋转。对当时的金属加工水平而言，要制造如此精密的膛壁能够令装弹和射击变得顺畅绝非易事。惠特沃思的名声就在于他发明了前人所不能为的异常精确的金属加工工艺。但他所达到的水平可以说已经达到了当时所能达到的技术水准的极限。

30 参看 Peter Padfield, *Guns at Sea* (New York, 1973), pp. 174–76; Ian V. Hogg, *A History of Artillery* (London, 1974), pp. 59–70; O. F. G. Hogg, *Royal Arsenal* 2:773–78, 812–14; Charles E. Caldwell and John Headlam, *The History of the Royal Artillery fromthe Indian Mutiny to the Great War,* 2 vols. (Woolwich, n.d.), 1:151 ff。

31 Comité des Forges de France, *La sidérurgie française, 1864–1914* (Paris, n.d.), p. 310.

32 Stanley Sandler, *The Emergence of the Modern Capital Ship* (Newark, 1979) 对此

一发展做了清晰的描述；Parkes, *British Battleships, "Warrior" to "Vanguard"* 是有关皇家海军舰艇制造的权威版本，其中有不少技术细节。相比之下，Brodie, *Sea Power in the Machine Age* 的叙述更简明扼要。

33 奥地利人急于显示其新式步枪的威力，所以在双方军队距离很远时便开枪射击，却收效甚微。加之瞄准射击方面的训练不充分，射出的子弹大多贴着进攻中的法军士兵头顶飞过。不过即使如此，法军在索尔费里诺（Solferino）和马真塔（Magenta）的交战中依然损失惨重；拿破仑亲自视察了上述两次战斗，故而其战争热情也一劳永逸地衰减了。有关 1859 年的奥地利军队情况，可参看 Rothenberg, *The Army of Francis Joseph,* pp. 43–84。

34 Pierre Chalmin, *L'officier français de 1815 à 1870* (Paris, 1957).

35 有关拿破仑三世麾下法国军队的情况，参看 Ludovic Jablonsky, *L'armée française à travers les ages* (Paris, n.d.), vols. 4, 5; Chalmin, *L'officier français de 1815 à 1870;* David B. Ralston, *The Army of the Republic: The Place of the Military in the Political Evolution of France, 1871–1914* (Cambridge, Mass., 1967),chap.1; Alphonse Favé, *The Emperor Napoleon's New System of Field Artillery,* trans. William H. Cox (London, 1854); Raoul Girardet, *La société militaire dans la France contemporaine, 1815–1939* (Paris 1953); 及 Joseph Montheilhet, *Les institutions militaires de la France, 1814–1924* (Paris, 1932)。

36 据 Gordon A. Craig, *The Battle of Koniggratz* (Philadelphia, 1964), p. 8，当时的奥地利人有 736 枚线膛炮和 58 枚滑膛炮，而普鲁士人的拥有量分别为 492 枚和 306 枚。

37 德雷塞撞针步枪每分钟可发射 5~7 枚子弹，高出米尼步枪射速两倍多。这是因为撞针抢需“闩锁”（bolt action）打开枪膛装弹，之后的反向推撞将枪膛自动闭合并进入发射状态，撞针也随推撞自动弹回至预备状态。可参看 Peter Young, *The Machinery of War* (New York, 1973), pp. 73–76。

38 这一方面的改革计划尤为州议会所不容。自由派人士怀疑改革的真实动机无非是为反动势力积蓄后备军人，以便利普鲁士军队镇压国内的革命者。可参看 Gordon A. Craig, *The Politics of the Prussian Army, 1640–1945* (New York, 1964), pp. 138–48。

39 毛奇深恐后方发布命令过多会约束前方将士的灵活机动，故而很少干涉后者。参看 Dennis Showalter, "Soldiers into Postmasters? The Electric Telegraph as an Instrument of Command in the Prussian Army," *Military Affairs2*(1973): 48–51。不管怎么说，毛奇在柯尼格拉茨战役打响之前即与皇储率领的军队失去电报联系，所以不得不特遣一队骑兵方才令后者及时赶往作战地点。见 Craig, *Koniggratz,* p. 98。

40 据 Chandler, *The Visible Hand,* pp. 259 ff.，19 世纪 80 年代成功的工业管理秘诀就在于对现有手段系统有效的应用。军官和企业主之间有着当事双方都尚未认清的诸多共同点，不过到了 19 世纪后半叶，双方都学会了把管理技巧分别应用到毁灭性战争和生产之中。尤为突出的是，双方均认识到，要生产什么东西则意味着必然要毁灭其他的什么东西。比如，重工业生产要消耗燃料和原材料，这一点足以与战争中的大量资源消耗相比，甚至双方劳工之间的命运也存在有趣的相似之处。

41 Martin Van Creveld, *Supplying War: Logistics from Wallenstein to Patton* (Cambridge, 1977), pp. 79–82; Craig, *Koniggratz,* p. 49.

42 有关“夏塞波”后膛快枪和“机关枪”可参看 Maréchal Randon, *Mémoires,* 2:234–36; E. Ann Pottinger, *Napoleon III and the German Crisis, 1865–66* (Cambridge, Mass., 1966), pp. 94–97; G. S. Hutchison, *Machine Guns; Their History and Tactical Employment* (London, 1938), pp. 9–15; Louis Etienne Dussieux, *L'Armée en France: histoire et organization* (Versailles, 1884), 3:233; Michael Howard, *The Franco-Prussian War: The German Invasion of France* (London, 1961), p. 56。

43 Howard, *The Franco-Prussian War* 是迄今有关这一军事史专题的最好叙述和分析评论。Alistair Horne, *The Fall of Paris* (New York, 1961) 有关巴黎公社的描述非常生动。可同时参看 Melvin Kranzberg, *The Siege of Paris* (Ithaca, N.Y., 1950)。

44 笔者迄今尚未找到有关“一战”期间欧洲各国军队社会心理格局令人信服的分析，所以上述分析大致基于我自己“二战”中在美军服役的切身经历，当然“二战”中缺少“一战”中那种贵族军官团体。不过读者可比较 Martin Kitchen, *The German Officer Corps, 1890–1914* (Oxford, 1968); Girardet, *La société militaire,* pp. 198–291。德、英军队均按兵源地进行军团划分，这一做法极大地提升了团体精神在公民社会中的重要性。服役期间，入伍的士兵及志愿者之间往往形成伴随终生的友谊，退役后在其整个成年生涯中也会以先前所服役的军团为单位经常聚会。军旅生活生发的同志情谊就这样被不断延续，为当地男性生活平添了别样情怀，甚至成为当地男性生活的主导，尤其是在农村，因为这里根本缺乏把如此多的男性紧密团结在一起的其他联系。我这里的解释得益于同迈克尔·霍华德教授的交谈。

45 参看 Brian Bond, ed., *Victorian Military Campaigns* (London, 1967), pp. 7–8; Philip Mason, *A Matter of Honour: An Account of the Indian Army, Its Officers and Men* (London, 1974)。1870—1874 年间英国军队的卡德威尔（Cardwell）改革，结果不过是旧军团军人长期服役的传统与普鲁士人发明的大陆招募制及预备役制时尚的混合体。

46 Bond, *Victorian Military Campaigns*. pp. 309–11 列举了维多利亚统治时期不下 72 场战役，即不到一年便有一场战役。

47 B. R. Mitchell, *Abstract of British Historical Statistics* (Cambridge, 1971), pp. 396–97.

48 参看 Daniel R. Headrick, *The Tools of Empire: Technology and European Imperialism in the Nineteenth Century* (New York, 1981)。

49 参看 John Bushnell, “Peasants in Uniform: The Tsarist Army as a Peasant Society,”

Journal of Social History 13 (1980): 565-76; John Bushnell, "The Tsarist Officer Corps 1881-1914: Customs, Duties, Inefficiency," *American Historical Review* 86 (1981): 753-80。

50 英国及欧洲其他国家将海外定居作为缓解人口压力的阀门，这一举措的顺利实施极大地得益于文明地区的疾病对诸如澳大利亚、南非及南北美洲的传染，引起原住民人口的大量灭绝，遂使欧洲人几乎不需动用任何武力便占据了大片近乎空旷的肥田沃土。相比之下，俄国向中亚的扩张就须动用相当的武力，因为这一地区的人口已经获得对文明地区疾病的免疫力；在非洲和中东的穆斯林地区，情况也大致如此。有关疾病与欧洲扩张的关系，可参看 W. H. McNeill, *Plagues and Peoples* (New York, 1976), Chap.5。

51 有关 19 世纪欧洲对外移民——同时包括技术的对外传播——的详细探讨尚待时日，不过可参看 D. F. Macdonald, "The Great Migration," in C. J. Bartlett, ed., *Britain Pre-eminent: Studies of British World Influence in the Nineteenth Century* (New York, 1969), pp. 54-75 对人口部分的简明叙述。据麦氏估计，在 1750—1900 年间，大致有 2 300 万欧洲人移居海外，其中有 1 000 万来自不列颠群岛。

第八章

1 行驶速度快且装载重型火炮的巡洋舰销售非常好。阿姆斯特朗在 1884—1914 年间共为 12 个不同国家政府建造了 84 艘战舰。在这 30 年的时间里，每个国外客户定制的战舰的每一点技术改进都会迫使皇家海军迎头赶上，定制相当的改良型战舰。其中最为突出的例证包括 1882 年阿姆斯特朗公司为智利政府建造的新型巡洋舰以及为俄罗斯人设计建造的带有 8 英寸大口径火炮的“留里克号”（Rurik）巡洋舰，结果对双方同时造成打击。参看 David Dougan, *The Great Gunmaker: The Story of Lord Armstrong* (Newcastle-on-Tyne, n.d.), pp. 138–44; Donald W. Mitchell, A *History of Russian and Soviet Sea Power* (New York, 1974), p. 193。

2 小麦价格从 1877 年的每夸特 56 先令 9 便士下降到 1894 年的低谷每夸特 22 先令零 10 便士。小麦种植面积在 1872 年至 19 世纪末的 20 多年间减少了大约 50%；收益也有下跌，但幅度不大；从农村外迁的居民人数异常众多。不过 1860—1900 年间的实际工资却增长了大约 77%。这里的统计数字取自 R. C. K. Ensor, *England, 1870–1914* (Oxford, 1936), pp. 115–16, 275, 284–86。

3 Volkmar Bueb, *Die "Junge Scloule' der franzosischen Marine: Strategic und Politik, 1875–1900* (Boppard am Rhein, 1971) 是我见过的最精彩的叙述。有关法国的观点，可参看 Henri Salaun, *La marine française* (Paris, 1932), pp. 18ff。法国在 1181—1887 年再度发生海洋政策的转移，且同先前的政策转移如出一辙，即放弃与英国的全面对垒，原因也一如从前：法国纳税人坚决拒斥过高的海军军费支出（参看该书第 5 章）。关于英国的反应，可参看

Brian Ranft, "The Protection of British Seaborne Trade and the Development of Systematic Planning for War, 1860–1906," in Brian Ranft, ed., *Technical Change and British Naval Policy, 1860–1939* (London, 1977), pp. 1–22。

4 "鱼雷"最初指任何用于攻击轮船吃水线以下部位的爆炸装置。水的密度远高于空气，在船侧的水中爆炸也就自然会对船体造成更大的威胁。这使得鱼雷成为攻击舰船的致命武器。最初人们采用长桅杆把鱼雷吊投到敌方船侧实施攻击。但随着自驱动鱼雷准确性能的提高，鱼雷便取代了其他所有用于攻击舰船的武器。有关鱼雷的发展史，可参看 Edwin A. Gray, *The Devil's Device* (London, 1975)。

5 R. F. Mackay, *Fisher of Kilverstone* (Oxford, 1973), pp. 144–45; William Manchester, *The Arms of Krupp* (Boston, 1964), pp. 176–77; Ian V. Hogg, A *History of Artillery* (London, 1974), pp. 82–92.

6 参看 Mackay, *Fisher of Kilverstone,* p. 187。

7 *Pall Mall Gazette*, 18 September 1884, p.6.

8 Ibid.,8 December 1884, p.1.

9 有关库珀·凯的观点，可参看 Richard Hough, *First Sea Lord: An Authorized Biography of Admiral Lord Fisher* (London, 1969), p. 83。

10 *The Daily Telegraph*，转引自 *Pall Mall Gazette,* 11 October 1884。

11 *Hansard,* 2 December 1884, col. 410. 诺斯布鲁克伯爵在讲话中四次提到允许与私人订立购销合同，反驳者则提到政府意在鼓励"大型钢铁制造企业"，不愿让伍尔维奇具备生产这种新型制炮金属的能力。

12 据 Arthur Marwick, *The Deluge: British Society and the First World War* (London, 1965), p. 21 记载，1914 年，英国只有不足 1/7 的劳动力缴纳收入所得税。

13 保守派虽然比自由主义者更支持国防投入，却不愿以累进税的支出购置军舰和大炮。比如，1889 年，索尔兹伯里勋爵秘密致函时任财政大臣，敦促其以提高消费税及财产税的方式筹办海军拨款，因为"一遇财政困难便仅仅指望有产者的实际财产是非常危险的举动，原因在于有产阶层本来在政治上业已式微，上述恶习一旦形成便有一发不可收拾之势"。转引自 Gwendolyn Cecil, *Life of Robert, Marquis of Salisbury* (London, 1932), 4:192。

14 J. D. Scott, *Vickers: A History* (London, 1962), pp. 34–44. 1878 年以前，克虏伯公司主要致力于陆军火炮的生产，有意识地把海军火炮的生产让给英国。所以，克虏伯公司 1878—1879 年生产的重型火炮一出炉便威胁到传统的市场划分。难怪阿姆斯特朗公司的反应如此强烈。

15 1881—1890 年，私企只占到海军购置军火总支出 35.7% 的份额，但随后这一比例稳步提升，至 1890—1900 年达到 46.1%，1900—1910 年更跃迁到 58.5%。参看 Clive Trebilcock, "Spin-off in British Economic History: Armaments and Industry, 1760–1914," *Economic History Review* 22 (1969): 480。

16 Gray, *The Devil's Device,* pp. 71, 88. 怀特海随后在英国兴建了一家私企，生产鱼雷并向国外销售。1906 年，该企业被维克斯公司兼并。

17 参看 John Ellis, *The Social History of the Machine Gun* (London, 1975), pp. 79–109。只消看一眼 1914—1918 年的现实便不免对此发出嘲笑之声，但陆军在战场上要追求的是机动性——1914 年以前欧洲各国的陆军都做到了这一点，而由于当时缺少必要的运输手段，机枪虽能每分钟发射 600 发子弹，却只能作为象征性的配置。

18 与过去的标准比照，技术的变革的确显得异常迅速，但比照海军军备的飞速发展，一切又看来不过小有变化而已。铜壳子弹（从 1867 年开始采用）、钢制的火炮（1883 年）、带弹匣的步枪（1888 年）、采用控制与通信器械实现准确的火炮间接发射（1906 年），战术和火力上的革命都是在渐变中展开的。参看 Arthur Forbes, *A History of the Army Ordnance Services* (London, 1929), 3:112–34; Charles E. Caldwell and John Headlam, *The History of the Royal Artillery from the Indian Mutiny to the Great War,* 2 vols. (Woolwich, n.d.), 2:105 等多处。

19 W A. Boelke, *Krupp und die Hohenzollern inDokumenten* (Frankfurt-am-Main, 1970), pp. 104–6, 123 的记载说明德国军方如何趾高气扬且顽固拒绝与私营武器制造商合作，哪怕是威廉一世和威廉二世皇帝都与克虏伯家族和继承人建立起了私人关系也无济于事。非常怪异的是，克虏伯的颂扬者和批评者都承认自己曾歪曲军方与克虏伯公司的关系。参看 Wilhelm Berdrow, *The Krupps: 150 Years of Krupp History. 1787–1937* (Berlin, 1937) 及 William Manchester, *The Arms of Krupp* (Boston, 1964)。Gert von Klass, *Krupps: The Story of an Industrial Empire* (London, 1954) 更多揭示了买卖双方的社会距离和彼此之间的不信任。

20 参看 Frederic Manning, *The Life of Sir William White* (London, 1923)。

21 斯科特出了名地脾气坏，但富于创造力，1920 年他状告维克斯公司侵吞他的部分专利权并诉讼成功。参看 Peter Padfield, *Aim Straight: ABiography of Admiral Sir Percy Scott* (London, 1966), pp. 262–68。

22 据说“双强标准”的始作俑者是老威廉·皮特（William Pitt the Elder），他也因此光耀门楣。不过这一标准在随后的岁月里并未成为英国海军发展的指导方针，虽然其倡议者坚持这样说。可参看 Arthur Marder, *British Naval Policy, 1880–1905: The Anatomy of British Sea Power* (London, n.d.), pp. 105–16。

23 *Hansard,* 14 May 1888, vol. 326, col. 100.

24 Cecil, *Life of Robert, Marquis of Salisbury*, 4:186.

25 乔治勋爵在“一战”后的回忆录中写道：“1884 年的《改革议案》极大地拓展了选民的范围，从而在很大程度上压倒了曼彻斯特自由贸易学派那种吝啬鬼一般的政策。诚然，新近获得选举权的人群可以逃避用以支付大部新增支出的直接税（direct taxation），但除去这种个人的考虑不说，广大工薪阶层对皇家海军还是引以为傲的。”见 *Lord George Hamilton, Parliamentary Reflections1886–1906* (London, 1922), pp. 220–21。

26 Arthur J. Marder, “The English Armaments Industry and Navalism in the

Nineties," *Pacific Historical Review* 7 (1938): 241–53 曾援引业界发言人来说明这一点。或许我们值得注意的是，根据 1889 年法案建造的皇家海军舰船首次使用了镍钢合金甲板，且完全依赖蒸汽机驱动。去掉老式的桅杆和索具、重新改造舰船的设计是 1889 年海军建设计划的一个重要（和昂贵）的部分。

27 海军拨款从 1905 年的 3 680 万英镑锐减到 1908 年的 3 110 万英镑。可参看 B. R. Mitchell, *British Historical Statistics* (Cambridge, 1971), pp. 397–98。

28 有关危难处境下的惴惴不安如何使考文垂军械厂（Coventry Ordnance Works）的老板们诉诸制造恐慌和幕后操纵的政治手段为己牟利，可参看 Philip Noel-Baker, *The Private Manufacture of Armaments* (London, 1936), 1:449–51。不过最终建造 8 艘无畏舰的计划确使该厂获得了渴望得到的新生意机会。

29 Winston S. Churchill, *The World Crisis*, abridged and rev. ed. (London, 1931), p. 39.

30 要求还包括：必须是三人一组的小艇、6 磅重的射弹、整个艇身不得超过 1 000 磅等等。参看 William Laird Clowes, *The Royal Naiy: A History from Earliest Times to the Death of Queen Victoria* (London, 1903), 7:48。

31 Mackay, *Fisher of Kilters tone,* p. 252.

32 参看 Stanley Sandler, *The Emergence of the Modern Capital Ship* (Newark, N.J., 1979), pp. 306–13。

33 Hugh Lyon, "The Relations between the Admiralty and Private Industry in the Development of Warships" in Ranft, *Technical Change and British Naval Policy*, pp. 37–64 有概述。

34 同时还必须设计建造并不断改进用以调整方位和装弹的精密器械。截至 1914 年，巨大的旋转炮台已经深入船舱，每个炮台都装配自动旋转的装弹设备，不管炮管的方位角和仰角如何变化都能应对自如。

35 Oscar Parkes, *British Battleships: "Warrior" to Vanguard,* rev. ed., (London, 1970), p. 377; Clowes, *The Royal Navy,* 7:39, 54.

36 根据后来的官方统计，在马尼拉湾战役中，5 895 发炮弹只有 142 中；在圣地亚哥湾之战中，8 000 发炮弹仅有 121 中。参看 Donald W. Mitchell, *History of the Modern American Navy from 1883 through Pearl Harbor* (London, 1947), pp. 73, 105。

37 Parkes, *British Battleships,* p. 461.

38 有关“无畏号”为海军建设带来的革命性变化，参看 ibid., pp. 466-86; Arthur Marder, *The Anatomy of British Sea Power: A History of British Naval Policy in thePre-Dreadnought Era, 1880–1905* (New York, 1940), pp. 505–43; Arthur Marder, *From Dreadnought to Scapa Flow*, vol. I, *The Road to War, 1905–1914* (London, 1961), pp. 43–70; Mackay, *Fisher of Kilverstone,* pp. 293ff.; Richard Hough, *First Sea Lord: An Authorized Biography of Admiral Lord Fisher* (London, 1969), pp. 252ff。

39 Parkes, *British Battleships,* pp. 560, 592; Peter Padfield, *Guns at Sea* (New

York, 1974), pp. 195–252. Elting E. Morison, *Men, Machines and Modern Times* (Cambridge, Mass., 1966) 就舰船火炮的革命性变化对旧有舰船格局带来的影响和压力有较有见地的论述。

40 下面的数据是怀特海鱼雷厂提供的历代鱼雷射程统计表，可以说明这一点：

表 8-2 怀特海鱼雷厂历代鱼雷射程表

年份	鱼雷射程（单位：码）
1866	220
1876	600
1905	2 190
1906	6 560
1913	18 590

资料来源：Gray, *The Devil's Device*，Appendix。

41 有关 1884—1914 年法国海军政策的进展，笔者尚未找到真正令人满意的资料，读者可参看 Ernest H. Jenkins, *A History of the French Navy* (London, 1973), pp. 303 ff.; Bueb, *Die "Junge Schule" der franzbsischen Marine;* Joannes Tramond and André Reussner, *Elements d'histoire maritime et coloniale contemporaine, 1815–1914,* new ed. (Paris, 1947), pp. 652 ff.; Salaun, *La marine française,* pp. 1-75。

42 Gray, *The Devil's Device,* p. 206.

43 Trebilcock, "Spin-off in British Economic History," pp. 474–80.

44 W. Ashworth, "Economic Aspects of Late Victorian Naval Administration," *Economic History Review* 22 (1969): 492.

45 Marder, *Anatomy of British Sea Power,* pp. 25–37。这里可能有夸大的不实之词，但笔者尚未找到更为精确的计量经济学资料。有关经济方面的情况，还可同时参看 William Ashworth, *An Economic History of England, 1870–1939* (London, 1960), pp. 236–37。

46 Scott, *Vickers,* p. 81.

47 这种限制日后变得愈发重要。此时，私下的秘密串通有取代用以保护新技术的专利法之势，因为公共机构把持着各种技术方案和设计图纸，这对保障专利确有必要，但同时也使得彼此竞争的公司和国家能够非常容易地"借用"所需（可能会稍有改变，目的在于使侵害专利的行为在法律上变得富有争议），或者干脆在充分了解对方产品性能的基础上研发一种更卓越的产品。

48 Scott, *Vickers,* pp. 20, 42.

49 Scott, *Vickers* 和 Clive A. Trebilcock, *The Vickers Brothers: Armaments and Enterprise, 1854–1914* (London, 1977) 这两本出色的专著是上述说法的主要依据。Noel-Baker, *Private Manufacture of Armaments,* vol. 1 和 Helmut Carl Engelbrecht and F. C. Hanighen, *Merchants of Death: A Study of the International Armaments*

Industry (New York, 1934) 着力揭露30年代那种彼此相互敌对、为搞垮对手不惜信口雌黄制造流言蜚语的时代特点；Dougan, *The Great Gunmaker: The Story of Lord Armstrong* 则是传统的悲天悯人的口吻，这些著述都有不少相关的确切信息，但同时也不乏不实之词。

50 Trebilcock, *The Vickers Brothers* 在描述私营企业的老板们如何全力降低风险、理性应对市场需求方面颇有见地。他在一系列文章中更为深入全面地探讨了同样一些问题。以下文章均出自克莱夫·A. 特里比尔科克（Clive A. Trebilcock）之手："Legends of the British Armaments Industry: A Revision," *Journal of Contemporary History* 5 (1970): 2–19; "A 'Special Relationship'— Government, Rearmament and the Cordite Firms," *Economic History Review* 19 (1966): 364–79; and "British Armaments and European Industrialization, 1890–1914," *EconomicHistory Review* 26 (1973): 254–72。最后一篇论文尤其令人震撼。特里比尔科克在该文中指出，1890—1914年间公众对军工生产投资的规模及其经济上的重要意义足以与先前政府大兴铁路的规模和意义相提并论。这两次现代化的举动均以政府资信导引大规模的公众投资，其势头、规模远非私营企业自身单独所能做到的。作者认为，军工企业发展对地方经济的拉动作用也丝毫不亚于当年的铁路建设。据作者估算，西班牙在武器进口的顶峰时期（1906年）花掉了其当年国民总收入的2%，1903年，日本更是斥资国民总收入的10.3%用于购置军火。其他国家在武器购买方面的投入比例位于上述二者之间。但从任何一国来看，此举的规模都是异常庞大的，且通过获取新技术、启动新需求、拉动政府资信和税收的流转给整个国民经济带来了某种巨大的变化。

51 汤姆·维克斯（Tom Vickers）是一个富于技术天才的企业家，他自身的个性是维克斯公司崛起的源泉，同时也说明技术本身业已成为个体追求的终极目标所在。他把整个身心都投入到工作中去，丝毫不计较财富、所有权及财产的诱惑。参看 Trebilcock, *The Wickers Brothers,* p. 33。

52 可参看 Peter Wiles, "War and Economic Systems," in *Science et conscience de la société: Mélanges en honneur de Raymond Aron* (Paris, 1971), 2:269–97。里面有一些离经叛道、尖酸刻薄的评论。

53 1916年日德兰海战期间，英国海军部遗憾地发现，炮弹以倾斜角度击中甲板完全不同于迎面击中的效果。英国海军只做了迎面垂直击打的火炮实验，结果有不少从超常射距发射的穿甲弹或是从德舰舰体擦过，或是在穿透甲板之前就爆炸了。相比之下，德国此前便进行过侧火（glancing fire）试验，因此火炮的设计更为妥当，炮弹的命中率较高。

54 1926年，英国皇家专门调查委员会正式公布了专利侵权的调查结果，波伦因此获得了3万英镑的补偿金。参看 Anthony Pollen, *The Great Gunnery Scandal: The Mystery of Jutland* (London, 1980), p. 145。对私人专利权的管理不善行为早有先例。作为一个明显的例子，费希尔上将就曾亲自把阿尔弗雷德·亚罗的锅炉设计图交给与后者是竞争对手的新型驱逐舰建造商，亚罗通过媒体公开悬赏捉拿泄露机密的罪犯，海军部则公开道歉，但费希尔却未被公开指控。参看 Hough, *First Sea Lord*, p. 101; Eleanor C. Barnes, *Alfred Yarrow, His Life and Work* (London, 1923), pp. 102–5。

55 Parliamentary Debates, Commons, 30 June 1913, vol. 54, col. 1478.

56 波伦与贝雷斯福德上将乃密友。这件事使得波伦在费希尔上将等人眼中成了不受欢迎的人，而后者在 1906 年以后依然把持着海军部的大权。

57 1912 年海军部决定不采用波伦的火控系统之后，波伦的公司也就被排除在海军部定点合作公司的名单之外了。如阿姆斯特朗在 1863 年所做的一样，波伦把自己的产品卖给了包括俄国在内的他国海军。不过出于爱国之心，波伦没有把技术卖给德国人，有关这一点波伦的儿子已经指出过。但在与美国海军，随后又与巴西、智利、奥地利及意大利等国海军洽谈的过程中，德国专家肯定能够间接了解到波伦火控装置的原理。参看 Pollen, *The Great Gunnery Scandal,* pp. 96, 108, 114。后来，海军部亦曾主动向波伦示好，但他拒绝了，从此陷入资金短缺的困境，这段历史也说明，对试图加入军备工业的小公司来说，道路是何等的曲折和艰辛。

58 Ibid.,p.116.

59 Parkes, *British Battleships,* p. 486.

60 Stephen Roskill, *Admiral of the Fleet Lord Beatty: The Last Naval Hero* (London, 1980), pp. 59–72.

61 我对有关火控系统争端的理解基于 Jon T. Sumida, “British Capital Ships and Fire Control in the *Dreadnought* Era: Sir John Fisher, Arthur Hungerford Pollen and the Battle Cruiser,” *Journal of Modern History* 51 (1979): 205–30，以及他的优秀博士论文 “Financial Limitation, Technological Innovation and British Naval Policy, 1904-1910”（University of Chicago，1982）。

62 在造舰材料突飞猛进的变革年代，人员的选拔、培训和迁升等程序也经历了系统的理性改进过程。参看 Paul M. Kennedy, *The Rise and Fall of British Naval Mastery* (New York, 1976) 和 Michael A. Lewis, *The History of the British Navy* (Harmondsworth, 1957)。

63 同时伴随发生的工业管理的辉煌业绩中也出现了类似的悖论。从 19 世纪 80 年代始，大公司只需合理妥善地处理生产流程的各个要素，如车间、钢厂和流水线，便可获得巨大的经济效益。但在“二战”之前，这些公司内部管理的能力却并未延伸至作为一个整体的国民经济，而自 1873 年的经济危机以来，整体国民经济对工业产品施加的“粘性”（sticky）管理价格已经开始加剧商业圈的功能紊乱效应。

64 Duncan L. Burn, *The Economic History of Steel Making, 1867–1939: A Study in Competition* (Cambridge, 1940), pp. 52–53.

65 James Dredge, *Modern French Artillery* (London, 1892) 把法国人技术精湛的美名传遍了英语世界。

66 1893 年，施耐德–克鲁索公司推出了有名的法国 75 毫米速射火炮，其史无前例的稳定性能为火炮设计带来了一场革命性变革。这种 75 毫米速射火炮炮身轻，易于机动部署，又经过1898年的改进，每次发射后不需再行调整便可再次准确发射，是其他火炮发射速度的4倍，达到每分钟20次。其秘密就在于内部安装了一个精确的平衡器，利用发炮时形成的后座力与压缩空气的力量使火炮迅速回复待发射状态。克虏伯的设计师花了好几年时间还是没有赶上法国人的设计。可参看 Bernhard Menne, *Krupp, or the Lords of Essen* (London, 1937), p. 237。整个“一战”期间，英国生产的火炮均质量低劣。参看 O. G. F. Hogg, *The Royal Arsenal,* (London, 1963), 2:1421; I.V. Hogg, A *History of Artillery,* pp. 95–97。

67 据 Joseph A. Roy, *Histoire de la famille Schneider et du Creusot* (Paris, 1962), pp. 88–89，1885—1914年，施耐德公司一半的火炮和差不多一半的装甲板都用来出口。有15个国家购买法国的装甲板，其中以意大利、西班牙和俄国为最；有23个国家购买法国的火炮，最大的买主分别为俄国、西班牙、葡萄牙。有关法国冶金工业产量的统计数据，可参看 Comité des Forges, *La sidérurgie française, 1864–1914* (Paris, n.d.)。法国炼钢业的腾飞极大地得益于法德边境小城布里埃新开采的煤田。

68 Raymond Poidevin, *Les relations économiques et financières entre la France et l'Allemagne de 1898 à 1914* (Paris, 1969), pp. 290–98, 709–11, 811; René Girault, *Em-prunts russes et investissements français en Russie*, 1887–1914 (Paris, 1973), pp. 435–44,536–40; Herbert Feis, *Europe, the World's Banker*, 1870–1914 (New Haven, 1930), pp. 212–31; Rondo E. Cameron, *France and the Economic Development of Europe, 1800–1914*:*Conquests of Peace and Seeds of War* (Princeton, 1961), pp. 494–501; Trebilcock, "British Armaments and European Industrialization," pp. 254–72.

69 W. A. Boelcke, *Krupp und die Hohenzollern in Dokumenten,* (Frankfurt am Main, 1970), Appendix.

70 Hartmut Pogge von Strandmann, *Vita Rathenau, Grand Master of Capitalism* 对 Gert von Klass, *Krupps,* p. 308 及 Boelke, *Krupp und die Hohenzollern,* pp. 178–84 有关克虏伯战前数十年间向国外出口武器的论述予以更正。有关施耐德公司海外销售的情况，可参看 Roy, *Histoire de la famille Schneider et du Creusot,* p. 89；有关维克斯公司的情况，参看 Trebilcock, *The Vickers Brothers,* pp. 20–22。

71 参看鲍伊德温的精彩论述，其专著 Poidevin, *Les relations économiques et financières entre la France et l'Allemagne de 1898 à 1914* 提出，不带政治色彩的国际贷款市场在1911年就彻底终结了。

72 保罗·阿拉德言，转引自 Noel-Baker, *The Private Manufacture of Armaments,* 1:57。

73 François Crouzet, "Recherches sur la production d'armements en France, 1815–1913 "*Revue historique* 251 (1974): 50. Alan S. Milward and S. B. Saul, *The Developmentof the Economies of Continental Europe, 1850–1914* (London, 1977), pp. 79, 86–89 指出，“一战”前，军工企业在法国冶金业快速发展的过程中发挥了重要作用。

74 有关细节，可参看 Donald W. Mitchell, *History of the Modern American Navy from 1883 through Pearl Harbor* (London, 1947)。

75 Kenneth Bourne, *The Foreign Policy of Victorian Britain, 1830–1902* (Oxford, 1970), p. 461 刊登了一份内阁备忘录复印件。

76 笔者认为，Volker R. Berghahn, *Die Tirpitzplan: Genesis und Verfall einer innerpolitischen Krisenstrategie unter Wilhelm II* (Düsseldorf, 1971) 对德国海军发展规划的小结对读者而言非常便捷且富有见地。伯格翰在 Geoffrey Best and Anthony Wheatcroft, eds., *War, Economy and the Military Mind* (London, 1976), pp. 61–88 中也发表了类似的总结。Holger H. Herwig *"Luxury Fleet": The Imperial German Nary, 1888–1918* (London, 1980) 对德国海军管理的技术层面做了精彩的阐述。

77 Eckhardt Kehr, *Schlachtflottenbau und Parteipolitik, 1894–1901* (Berlin, 1930) 率先指出，德国海军的发展规划乃德国内部的政治压力使然。在纳粹统治之下，这一观点肯定是会遭诅咒，但“二战”后却成为德国史学界普遍接受的观念。在我个人看来，德国学者在反抗传统的理想主义观念的同时，又走上了另一个极端，过度强调实际利益的作用和价值。1914 年以前，所有的欧洲国家都坚信，一个民族只有通过赢得战争才能争取到国家的强大和繁荣，正是这一狭隘的信念限制了公众的选择能力。一旦这一信念与金钱和自我利益结合到一起，自然会造成一场残忍、血腥的风暴，但这一信仰或观念也有着自身半独立的生命，它会影响到数以百万计的德国人，他们没有明确或至少是眼前的利益可追求但却依然希望看到一支强大的德国海军。Jonathan Steinberg, *Yesterday's Deterrent: Tirpitz andthe Birth of the German Battle Fleet* (New York, 1965) 与其他德国历史学家相比虽较多地突出了官方对民意的蓄意操纵，却依然过分强调了自我经济利益和金钱上的合理追求，故而显得有些不切合实际。

78 Kehr, *Schlachtflottenbau und Parteipolitik*, p. 101. 可同时参看 Wilhelm Diest, *Flottenpolitik und Flottenpropaganda: Das Nachrichtenbureau des Reichsmarineamptes, 1897–1914* (Stuttgart, 1976)。

79 Fritz Fischer, *War of Illusions; German Policies from 1911 to 1914* (London, 1975), pp. 116ff。可同时参看 Bernd F. Schulte, Die *deutsche Armee,* 1900–1914, *zwischen Beharren und Werandern* (University of Hamburg dissertation, 1976) 中有关德国陆军两难处境的叙述。

80 有关施里芬计划，可参看 Gerhard Ritter, *The Schlieffen Plan: Critique of a Myth* (London, 1958)。

81 Gordon A. Craig, *The Politics of the Prussian Army* (New York, 1964), pp. 193–216。

第九章

1 Marc Ferro, *La Grande Guerre* (Paris, 1969), and Emmanuel Todd, *Le fou et le proletaire* (Paris, 1979) 对此有极富想象力的说明。托德提出，手工业者和小

店主阶层在 1914 年以前备受压迫，大战的爆发，使其有机会将遭受压迫和性压抑的种种不满统统发泄到外敌身上。

2 Ludwig Wilhelm Dehio, *The Precarious Balance: The Politics of Power in Europe,1494–1945* (London, 1963) 对 20 世纪德意志民族挑起的战争有简要的说明，且认同此观点。Martin Wight, *PowerPolitics* (Harmondsworth, 1979) 相对更具哲学意味。

3 如同美国的威尔逊和罗斯福一样，列宁在俄国及后来的苏联也始终宣称大国间的权力均衡乃邪恶及过时之举。甚至希特勒对这种过时的规则也不加遵守，最为明显的是 1941 年日军偷袭美国珍珠港海军基地之后德国率先对美宣战，从而使罗斯福摆脱此前无法解决的两难窘境。美国随之于 12 月 10 日对德宣战，实施此前早已与英国达成的“先打击德国”的战略。要不是希特勒率先宣战，真无法想象罗斯福如何在日本偷袭之仇未报之时成功要求国会对德宣战。

4 有关“生育革命”可参看 F. Helleiner, “The Vital Revolution Reconsidered,” in D. V. Glass and D. E. C. Eversley, *Population in History* (London, 1965), pp. 79–86; Ralph Thomlinson, *Population Dynamics: Causes and Consequences of World Demographic Change* (New York, 1965), pp. 14ff。

5 Eugene M. Kulischer, *Europe on the Move: War and Population Changes, 1917–1947* (New York, 1948) 对此战争年代的人口现象有概述。

6 英国的爱尔兰问题并未因 1845—1846 年间爆发的马铃薯晚疫病（potato blight）及由此导致的饥荒而得到解决；人口的迅速增长倒是因人口的大量消耗得到缓解，一是对外移民呈加速之势，二是严格执行晚婚，条件是新婚夫妇必须有田产可继承。所以，1845 年以后爱尔兰的政治危机并未因人口的增长，反倒是因大量乡下人等待继承田产完婚之前积聚起来的长时期普遍的性压抑而加剧。有关爱尔兰饥荒年景之后人口因素导致的种种心理和社会后果，可参看 Conrad Arensburg, *The Irish Countryman* (London, 1937)。

7 连锁移民，指先行成功移民者省吃俭用帮助自己的亲属移民的现象，由此造成大量贫苦人口也有机会远渡重洋到异地谋生。正因为大量农村人口的外移，1873 年以后英国出现的粮食歉收并未在英国本土造成严重的政治动荡，反而导致了 1911—1913 年间对外移民的高潮。可参看 R. C. K. Ensor, *England, 1870–1914* (Oxford, 1936), p. 500。

8 Marcel Reinhard, André Armengaud, and Jacques Dupaquier, Histoire générale dela population mondiale. 3rd ed. (Paris, 1968), pp. 401, 470; Donald W. Treadgold, The Great Siberian Migration (Princeton, 1957), pp. 33–35.

9 1880—1914 年约有 50 万德国农民离开东部。据 William W. Hagen, *Germans, Poles, and Jews: The Nationality Conflict inthe Prussian East. 1772–1914* (Chicago, 1980)，对外移民达 482 062 人。

10 战争爆发前夕德国政治领袖的“古板”（archaic）特性导致了战争灾难，这种说法已经成为德国史学家认可的标准解释。最初做如此解析的是历史学家弗里茨·费希尔（Fritz Fischer）的两部专著 *Griff nach der Weltmacht* (Düsseldorf,

1961) 和 *Krieg der Illusionen* (Düsseldorf, 1969)，英译本分别为 *Germany's War Aims in the First World War* (London, 1967) 和 *War of Illusions: German Policies from 1911 to 1914* (London, 1975)。

11 不列颠群岛也出现类似的形势，比如苏格兰高地和南爱尔兰。

12 1900—1914 年大约有 400 万人从哈布斯堡王朝的治下移民海外。俄罗斯西部省份的对外移民达 250 万，意大利的对外移民甚至造成了南部有些村落空无一人的状况。Reinhard et al., *Histoire générale,* pp. 400–401 对"一战"前欧洲各国对外移民有图表统计。

13 成立于 1879 年的塞尔维亚激进党在广大农村设立了完整的乡党机制和鼓动宣传网络，仅用 10 年左右的时间就改变了该地区的政治根基。可参看 Alex N. Dragnich, *Serbia, Nikola Pasic and Yugoslavia* (New Brunswick, N.J., 1974), pp. 17–22。有关保加利亚的情况，可参看 Cyril Black, *The Establishment of Constitutional Government in Bulgaria* (Princeton, 1943), pp. 39ff。

14 民族主义比社会主义对东欧的农民或前农民有更大的吸引力，因为在这些人看来，民族主义就是剥夺异族地主和城市有产者的财产而丝毫无损农民自身的所有。所以，塞尔维亚的激进党在获得农民的支持以后便摆脱了其创立者的社会主义主张。有关该激进党的社会主义初衷，可参看 Woodford D. McClellan, *Svetozar Markovic and the Origins of Balkan Socialism* (Princeton, 1964)。

15 这一数字是 Reinhard et al., *Histoire générale*, p. 488 所载"一战"期间全球死亡人口总数 1 300 万减去法、英两国死亡人数的余数。但最好的估计也很难说得上准确，原因是在所有的战败国死亡人口统计大都难以实施，且因伤寒和流感致死的人口既有士兵又包括大量的平民，因此而丧生的人口有时被归入战争有关的死亡，而有时根本就不计。

16 Ibid.,p.573. 有关第二次世界大战期间死亡人口的统计，其误差可能高于"一战"，原因之一是前者有一半以上属于平民。

17 参看 Ansley J. Coale et al., eds., *Human Fertility in Russia since the Nineteenth Century* (Princeton, 1979); David M. Heer, "The Demographic Transition in the Russian Empire and the Soviet Union," *Journal of Social History* 1 (1968): 193–240; Reinhard et al., *Histoire générale*, p. 610。

18 除了阿尔巴尼亚及南斯拉夫境内的阿尔巴尼亚人口，其中有部分人保持着穆斯林传统和山地生活形态，从而延续了传统的性伦理和家庭格局。可参看 John Salt and Hugh Clout, *Migration in Post-warEurope: Geographical Essays* (Oxford, 1976), p. 13。1981 年，由此引发的人口压力曾造成政治动荡。

19 运动中有将近 4 000 万人丧生，另有 800 万人在随后的几十年间移居海外或邻国。据 Reinhard et al., *Histoire générale*, p. 476，中国的人口由 1850 年的 4.3 亿锐减至 1870 年的 4 亿。

20 有关中国的情况可参看 M. P. Redfield, ed., *China's Gentry: Essays in Rural-Urban Relations by Hsiao-tung Fei* (Chicago, 1953)。

21　日本的人口增长情况如下：

表 9-1　1880—1950 年日本人口增长情况

年份	总人口数（百万人）	增加值（百万人）	增长百分比（%）
1880	36.4	——	——
1890	40.5	4.1	11
1900	44.8	4.3	11
1910	50.9	6.1	14
1920	55.9	5.0	10
1930	64.4	8.5	15
1940	73.1	8.7	13.5
1950	83.2	10.1	14

资料来源：Reinhard et al., *Histoire générale,* pp. 479 566 640。

22　有关日本农村人口增长及其政治影响，可参看Takehiko Yoshihashi, *Conspiracy at Mukden: The Rise of the Japanese Military* (New Haven, 1963); Tadashi Fukutake, *Japanese Rural Society* (Tokyo, 1967); Ronald P. Dore, *Land Reform in Japan* (London, 1959); Cyril E. Black et al., *The Modernization of Japan and Russia* (New York, 1975), pp. 179–85, 281; Carl Mosk, "Demographic Transition in Japan, " *Journal of Economic History* 37 (1977): 655–74。

23　据 Samuel J. Hurwitz, *State Intervention in Great Britain: A Study of Economic Control and Social Response,1914–1919* (New York, 1949), p. 63，这个短语是英国前首相温斯顿·丘吉尔发明的。

24　据 Joseph Montheilet, *Les institutions militaires de la France, 1814–1924* (Paris, 1932), p. 350，战前法国陆军部对地面主动进攻的战术奉若神明，结果使部队在空旷的原野中暴露在敌方的步枪、机枪猛烈的火力之下，仅在 1914 年 8 月 1 日至 12 月 1 日这 3 个月的时间里就有 64 万人丧生，差不多占到法国在整个战争中死亡将士总数的一半。

25　法国生铁生产的 64%、钢材生产的 26% 及 170 座高炉中的 85 座均落入德方手中。可参看 Robert Pinot, *Le Comité des Forges en service de la nation* (Paris, 1919), p. 76。

26　根据战前计划，一遇战时，将需要每天 1 万 ~1.2 万枚 75 毫米枪弹的产量。实施战争动员之时兵工厂现有员工才不过 7 600 名，另外所需的 4.5 万 ~5 万名工人均要临时招募。在勒克鲁佐（Le Creusot），1914 年战争动员令停止执行之后 1.3 万名工人中仍有 6 600 人坚守岗位。这些数字取自 Gerd Hardach, "La mobilization industrielle en 1914–1918: Production, planification et idéologie," in Patrick Fridenson, éd., *1914—1918: Vautre front* (Paris, 19?7), p. 83。

27　在先前的战争中，野战炮团差不多所有的时间都在调整射击的方位，用于直接轰炸的时间不过几个小时，所以弹药的消耗不是很大。1914—1918 年的堑壕战却完全扭转了这种局面：火炮永远处于射击的位置，敌方的目标也总是在射程之内，所以炮弹（及轻武器弹药）能否充足供应遂变成制约进攻能力的关键，军事后勤保障及最终的武器、军火生产能力成为战争取胜的决定因素。1915 年春，所有参战方都认识到了事前估计不足的战争工业化问题。

28 迟至 1915 年 8 月，规范军队转业从事军工生产工人地位的法律方才出台。根据法律，这些工人依然隶属于军队，但享受普通工人的工资待遇，身着某种特殊徽章标记，但因工作需要被重新调遣时无权拒绝。凡不服从者旋即被再度派往前线。参看 Gilbert Hatry, *Renault:Usine de guerre, 1914–1918* (n.p., n.d.), pp. 79, 92–93。

29 首次会议于 1914 年 9 月 20 日召开，当时的战争部长宣布了日产 10 万枚 75 毫米枪弹的目标。随后由每周例会到隔周例会再到每月例会；1915 年 5 月以后新成立的军火弹药部开始操持政务。三部记述法国战争动员的优秀作品解释了事情的经过：Arthur Fontaine, *French Industry during the War* (New Haven, 1926); John F. Godfrey, "Bureaucracy, Industry and Politics in France during the First World War" (D. Phil. thesis, St. Antony's College, Oxford, 1974); and Etienne Clémentel, *La France et la politique économiqueinteraliée* (New Haven, 1931)。上文引述过的戈特·哈达什（Gerd Hardach）的短论亦有一定的参考价值。

30 其中最有名也最富争议的是 1916 年 9 月拟在罗昂（Roanne）建立的一座新型国家军工厂，但事实上却未能建成。有关细节可参看 Godfrey, "Bureaucracy," pp. 314–33。另有一项类似的差点启动的建设项目，可参看 Albert G. Stern, *Tanks. 1914—1918: The Logbook of a Pioneer* (London, 1919), pp. 185–201。斯特恩拟在法国建立一家月产 300 辆坦克的工厂，雇用安南人，从美国进口马达，从英国进口钢板。

31 有关雷诺公司战时飞速发展的最精彩的两本专著要数 Hatry, *Renault* 和 Patrick Fridenson, *Histoire des usines Renault,* vol. 1, *Naissance de la grandeentreprise. 1898–1939* (Paris, 1972)。有关雪铁龙及其他公司成长的情况，可参看 Gerd Hardach, "Franzôiche Rüstungspolitik 1914–1918" in H. A. Winkler, ed., *Organizierter Kapitalismus* (Gottingen, 1974), pp. 102–4。

32 据 Gerd Hardach, *The First World War, 1914–1918* (Berkeley and Los Angeles, 1977), p. 86，1918 年 9 月在法国各类兵工厂做工的人员可小结如下：49.7 万名士兵，43 万名女性，42.5 万名男性法国公民，16.9 万名外国人和殖民地劳工，13.7 万名未成年人，4 万名战俘，1.3 万名伤残军人，总计 171.1 万人。

33 B. W. 夏普尔（B. W. Schaper）的传记 B. W. Schaper, *Albert Thomas: Trente ans de réformisme sociale* (Assen, 1959) 虽不乏辩护的味道，但却记载翔实。

34 1917 年法国的粮食产量从 1909—1913 年的年均 850 万吨降到 310 万吨。粮食储备之危急由军方可见一斑：军队曾一度仅剩两天的干粮，幸亏及时抽调货船运力从海外进口粮食方才躲过一劫。从此，美国的粮食源源不断地运抵，所以 1918 年初的粮食储备再度充足。可参看 Clémentel, *La Franceet la politique économique interalliée*, p. 233。

35　差不多 AEF 所有的火炮和坦克都是法国制造的，还有美国人使用的 6 287 架飞机及 1 000 万发 75 毫米枪弹。可参看 André Kaspi, *Le temp des Américains: Le concours américain à la France, 1917–1918* (Paris, 1976), pp. 244–45。

36　参看 Hardach, *The First World War,* p. 87 有关各种武器生产的数字。据此，除了步枪和机枪两项以外，法国在其他各类武器生产中均领先其他各盟国。在诸如飞机等生产领域，法国甚至超过了德国。参看 James M. Laux, "Gnome et Rhône: Une firme de moteurs d'avion durant la Grande Guerre," in Fridenson, *1914–1918: L'autre front,* p. 186。

37　1913 年军队改革前，德国仅征召适龄阶层的 53.12%，而同期的法国则招募了 82.96%，差不多是身体条件大致符合的全部人口。这里的数字取自 Hans Herzfeld, *Die deutsche Rüstungspolitik vor dem Weltkrieg* (Bonn-Leipzig, 1923), p. 9。

38　战前的筹划并未完全忽视这个问题，但德国官方却假定，只要荷兰的舰船挂上美国国旗，德国就可以通过其进口必需的所有商品。在 1812 年战争中，德国同样假定英国人不敢在公海上拦截美国商船。对此可参看 Egmont Zechlin, "Deutschland zwischen Kabinettskrieg und Wirtschaftskrieg," *Historische Zeitschrift* 199 (1964): 389–90。但事实上，英国确曾说服美国默许其对德实施大范围的海上封锁，虽然就封锁的实施细节直到后来美国最终参战前双方也存在不少摩擦。有关英国的海上封锁及其影响，可参看 A. C. Bell, *A History of the Blockade of Germany, Austria-Hungary, Bulgaria and Turkey, 1914–1918* (London, 1961); M. C. Siney, *The Allied Blockade of Germany, 1914–1916* (Ann Arbor, 1957); Hardach, *The First World War,* pp. 11–34。

39　Walther Rathenau, *Tagebuch, 1907–1922* (Düsseldorf, 1967), pp. 186–88。据 L. Burchardt, "Walther Rathenau und die Anfange der deutschen Rohstoffswirtschaftung im Ersten Weltkrieg," *Tradition* 15 (1970): 169–96 一文称，战争原材料部（Kriegsrohstoffsabteilung）的真正创始人实为通用电力公司（AEG）雇用的一名工程师，名为威查德·冯·莫伦多夫（Wichard von Moellendorf）。

40　Ernst von Wrisberg, *Wehr und Waffen, 1914–1918* (Leipzig, 1922), pp. 86–92。弗里斯贝格当时任职于战争部，专司供给，正是他曾书面上陈己见，为自己的纪录辩驳，后被斥为"琐碎无聊"、没完没了。

41　罗马尼亚国王系霍亨索伦王室成员，又是德国皇帝的近亲。他对亲族的背叛对德国是个不小的刺激。

42　参看 Clive Trebilcock, "War and the Failure of Industrial Mobilization, 1899 and 1914," in J. M. Winter, ed., *War and Economic Development* (Cambridge, 1975), pp.139–64。

43　据说劳合·乔治曾说过这样的话，足以反映英国新政府当时的精神状态："就照基奇纳的最高额度走，先来一个平方，再乘以 2；若是接近这一目标，那么再翻一番碰碰运气。" R. J. Q. Adams, *Arms and the Wizard; Lloyd George and the Ministry of Munitions, 1915—1916* (College Station, Tex., 1978), p. 174。

44　第一天就有近 5 万人死亡。据官方统计，总共有 419 652 名士兵阵亡。John

Keegan, *The Face of Battle* (New York, 1977), pp. 204–80 对英国在索姆河战役中的失败做了精彩的分析，同时说明了整个 1915—1918 年堑壕战的残酷现实，其简明、晓畅之程度几无人可比。

45 从 1915 年开始，英国便与荷兰、瑞士和斯堪的纳维亚半岛诸国谈判，把进口额限制在仅够维持当地需求的水平。

46 但可参看 Robert J. Wegs, *Die österreichische Kriegswirtschaft 1914–1918* (Vienna, 1979)，以了解当时的生产纪录。

47 Norman Stone, *The Eastern Front* (New York, 1975), pp. 149–52 等多处都不赞成俄国军队在“一战”中因武器弹药匮乏而败北的说法。

49 一项令人吃惊的统计：俄军人月均发射步枪子弹 125 发，相比之下，法军只有 30 发，英军也不过 50 发。Ibid.,p.135. 由于伪装技术和间接炮火（indirect fire）1915 年在东线战场的普遍采用，俄军的火控技术显得非常落伍。凭借这些技术，德军的炮手能够在远距离重伤俄军的炮团。俄国的步兵总喜欢把炮火支援的乏力归咎于后方的粗制滥造和效率低下，而实际上，军事训练的不足足以抵消扩张中的俄国军备工业生产的任何成就。

48 下列统计数据可说明这一点。

表 9-2 粮食产量

年份	粮食产量（百万普特）
1914	4 309
1915	4 659
1916	3 916
1917	3 809

表 9-3 俄国物价水平

年份	俄国物价水平（1914 年 =100）
1914 年 6 月	100
1915 年 6 月	115
1916 年 6 月	141
1916 年 12 月	398
1917 年 6 月	702
1917 年 12 月	1 172

表 9-4 工业生产指数

年份	工业生产指数（1913 年 =100）
1913	100
1914	101.2
1915	113.7
1916	121.5
1917	77.3

表 9-5 输送到城镇的粮食

年份	输送到城镇的粮食（百万普特）
1913—1914	390
1915—1916	330
1916—1917	295

1 普特 =56 磅（通常为 36 磅，疑有误。——译者注）。资料来源：Stone, *The Eastern Front,* pp. 209, 287, 295。

50 路易·雷诺（Louis Renault）在访问美国之后于 1911 年开启了第一条车身生产线。这一做法曾引发了一场行业罢工，但雷诺最终获胜，从而为战争年代的飞速发展做好了准备，各式各样的汽车、卡车和飞机生产线纷纷上马。参看 Hatry, *Renault: Usines de guerre,* p. 15; Fridenson, *Histoire des usines Renault,* vol. 1, pp. 73–75。

51 Basil Lidell Hart, *The Tanks: History of the Royal Tank Regiment and its Predecessors,* 2 vols. (London, 1959) 是半官方的英国记录。可同时参考 J. F. C. Fuller, *Tanks in the Great War. 1914–1918* (London, 1920)；有关“1919 年计划”，可参看 R. M. F.Cruttwell, *A History of the Great War, 1914–1918,* 2nd ed. (Oxford, 1936), p. 547。

52 有关雷诺公司的相关行动，可参看 *Renault: Usines de guerre,* pp. 94–102。

53 Gerald Feldman, *Army, Industry and Labor in Germany, 1914–1918* (Princeton, 1966) 的主题之一即在于此。

54 有关雷诺公司自 1917 年始遭遇工联的困境，可参看 Hatry, *Renault; Usines de guerre*, pp. 119-45。有关美国的情况，参看 David M. Kennedy, *Over Here: The First World War and American Society* (New York, 1980), pp. 70–73, 258-64 等多处，其中有不少关于美国劳工联合会与世界产业工人组织领导人之间相互对抗的趣闻。有关俄国的情况，可参看 Isaac Deutscher, *Soviet Trade Unions* (London, 1950), pp. 1–17。

55 1918—1919 年流感导致人口大量死亡，死亡人数最保守的估计为 2 100 万，有些估计则远高于此，是“一战”中阵亡的将士数目的两倍多。可参看 Alfred W. Crosby, Jr., *Epidemic and Peace* (Westport, Conn., 1976), p. 207。与此同时，性病在英军中肆虐的程度并不亚于流行病，部分原因可能是当时人们将其归因于道德而不是疾病。

56 企业家们组成相互对垒的势力集团，以各式各样的方法从军需生产的扩张中大获其利。有关德国企业界分裂对垒的情况，Hartmut Pogge von Strandmann, “Widersprüche in Modernisierungsprozess Deutschlands,” in Bernd Jürgen Wendt et al., eds., *Industrielle Gesellschaft und pohtisches System* (Bonn, 1978), pp. 225–40 有精彩论述。军官们和工会领袖及社会主义者对企业家唯利是图的精打细算深恶痛绝。在战争行将结束之际，工人的士气变得至关重要，鲁登道夫甚至幻想取消利润，实现军工生产的国家社会主义化（étatisation）。参看 Gerald Feldman, *Army, Industry, and Labor in German,1914—1918*（Princeton,1966）, pp. 494-96。马克思主义的观点认为此乃资本家操琴、军官听音跳舞的把戏，如 J. Martin Kitchen, *The Silent Dictatorship: The Politics of the German High Command under Hindenburg and Ludendorff, 1916–1918* (London, 1976) 即为一例，这一观点现在看来是那么幼稚、失当，其实不过是抱守 19 世纪市场至上的观念，将其错误地应用于这种旧有观念已经屈从于古代指令性动员原则的时代。

57 August Skalweit, *Die deutsche Kriegsnahrungswirtschaft* (Berlin, 1927) 对当时农业管理的失误有详论。

58 停战之后，即使在食物短缺最为严重的 1918—1919 年冬季，盟国对德国的封锁依然没有解除，这一点自然遭人诟病，被当成是德国食品危机的根源所在。但德国若是筹划储备得当的话，本可以实现粮食自给。

59 Ludwig Wartzbacker, "Die Versorgung des Heeres mit Waffen und Munition," in Max Schwarte, éd., *Der Grosse Krieg* (Leipzig, 1921) 8:129。Von Wrisberg, *Wehr und Waffen, 1914–1918,* pp. 57, 84 对"兴登堡计划"虽不乏尖刻的批评，但在结论中仍然自负地认为，是人力与马匹而非火炮弹药的短缺限制了德军在战争最后阶段的攻势。

60 有关克莱门泰尔的观念及商务部对法国战备的影响，可参看 Godfrey, "Bureaucracy, Industry and Politics in France during the First World War," pp. 95–215。克莱门泰尔本人的著作 *La France et la politique économique interalliée* 是应纽约的卡耐基公司之约而撰写的，其中谈到终未成型的、与德国和美国均对立的欧洲经济共同体，这一观点显得前后不相协调也是可以理解的。

61 J. Arthur Salter, *Allied Shipping Control: An Experiment in International Administration* (Oxford, 1921) 详述了该理事会主席对机构成就的回顾。有关法国一方的认识，可参看 Jean Monnet, Mémoires (Paris, 1976), pp. 59–89。

62 Hardach, *The First World War,* pp. 123–31. 英国对农业的高度重视与德国（和法国）形成鲜明对照。无疑，英国显然更容易遭受饥荒的威胁，正是这一点造成了上述政策上的差别。

63 William Beveridge, *British Food Control* (London, 1928), pp. 217–32.

64 法国对农业的忽视与德国不相上下，甚至有过之而无不及。对此可参看 Clémentel, *La France et la politique économique interalliée,* p. 233。据 William C. Mallendore, *History of the United States Food Administration, 1917–1919* (Stanford, 1941), p. 42，1914—1924 年，美国向法国提供的粮食应不少于 842 万吨。

65 Godfrey, "Bureaucracy, industry and politics in France during the First World War," pp. 84–86; Clémentel, *La France et la politique économique interalliée,* p. 321.

66 美国的国内生产总值在"一战"期间约翻了一番，1920 年的人口统计首次发现有一半以上美国人成了城镇居民。不过"一战"对美国最重要的影响可能是使美国的农业从农户分散经营一跃而成为农业产业经营：政府担保的粮食高价造成粮食产量的激增，同时政府还鼓励对拖拉机和其他农业机械的大额投入。有关战时对美国农村生活的改造，可参看 David Danbom, *The Resisted Revolution:Urban America and the Industrialization of Agriculture, 1900–1930* (Ames, Iowa, 1979), pp. 97–109。

67 John Ericson, *The Soviet High Command: A Military-Political History* (London, 1962), pp. 303–6.

68 John Scott, *Behind the Urals: An American Worker in Russia's City of Steel* (London, 1942), pp. 8–9 有如下的叙述："从 1931 年左右开始，苏联就陷入了某种战争……成群的人遭杀戮或重伤，妇女和儿童大批地冻死街头，数以百万计的人被活活饿死，还有成千上万人被军事法庭判处死刑、枪决，所有这一切都发生在集体化和工业化的过程之中。我敢打赌，光是在俄罗斯冶金战役中死伤的人数便不亚于马恩河战役中的伤亡。"有关苏联的五年计划类似战争经济的描述，可参看 Moshe Lewin, *Political Undercurrents in Soviet Economic Debates from Bukharin to the Modern Reformers* (Princeton, 1974), pp. 102–12。

69 F. C. Jones, *Manchuria since 1931* (London 1949), pp. 140-60. 1936 年，日本人在伪满洲国实施了一项“五年计划”，刻意模仿苏联的发展模式。

70 Jerome B. Cohen, *Japan's Economy in War and Reconstruction* (Minneapolis, 1949), p. 2.

71 Ericson, *The Soviet High Command*, pp. 494–99, 517–22, 532–37 对这些相对规模不大且鲜为人知的战役有简明清晰的论述。

72 这些条约同时阻止了英美最初的海上对抗。日本在 1934 年正式拒斥上述条约，1936 年便开始行动起来。故而 1937 年各国间的海军军备竞赛陡然升级。可参看Stephen Roskill, *Naval Policy between the Wars,* vol. 1, *The Period of Anglo-American Antagonism* (London, 1968), and vol. *2, The Period of Reluctant Rearmament, 1930–1939* (London, 1976)。

73 Edwin O. Reischauer, *Japan Past and Present* (New York, 1964), pp. 158–68. 日本民族发端于日本岛南部，经过数世纪的征服与殖民，至 19 世纪末 20 世纪初方在北部的北海道岛大批定居。

74 Yoshihashi, *Conspiracy at Mukden,* pp. 116–18.

75 1934—1942 年的战争部（后于 1939 年改称为国防经济与军备办公室）首席经济参谋乔治·托马斯将军针对希特勒的“横向军备”（armament in breadth）战略第一个提出了“纵向军备”（armament in depth）的主张。参看 B. A. Carroll, *Design for Total War: Anns and Economics in the Third Reich* (The Hague, 1968), pp. 38–53 and passim。欲深入了解德国军方高层领导的决策过程，可参看 Michael Geyer, *Rüstung oder Sicherheit: Die Reichsivehr in der Krise der Machtpolitik, 1924–1936* (Wiesbaden, 1980), pp. 489–505 and passim。

76 Ellis W. Hawley, “The New Deal and Business,” in John Braeman et al., eds., *The New Deal: The National Level* (Columbus, Ohio, 1975), p. 61; William E. Leuchtenburg, “The New Deal and the Analogue of War,” in John Braeman et al., eds., *Change and Continuity in Twentieth Century America* (Columbus, Ohio, 1964), pp. 82–143; John A.Garraty, “The New Deal, National Socialism, and the Great Depression,” *American Historical Review* 78 (1973): 907–44.

77 John F. Milson, *Russian Tanks, 1900–1920* (London, 1970), pp. 59–64. 1941 年苏联投入战争的 24 000 辆坦克中，只有 967 辆属新式设计，在性能上等同或超过当时的德国坦克。参看 Andreas Hillgruber, *Hitler's Strategie: Pohtik and Knegsführung 1940–1941* (Frankfurt am Main, 1965), p. 509。

78 D. C. Watt, *Too Serious a Business: European Armed Forces and the Approach of the Second World War* (London, 1975) 是一本别具智慧且资料翔实的书。同时参考 M. M.Postan, *British War Production* (London, 1952), pp. 9–114; Robert Paul Shaw, Jr., *British Rearmament in the Thirties: Parties and Profits* (Princeton,

1977); Walter Bernhardt, *Die deutsche Aufrüstung 1934–1938: Militdrische und politische Konzeptionen und ihre Einschatzung durch die Allierten* (Frankfurt am Main, 1969); Edward L. Homze, *Arming the Luftwaffe: The Reich Air Ministry and the German Aircraft Industry, 1919–1939* (Lincoln, Neb., 1976)。有关法国重整军备的材料迄今还没有找到。

79 W. K. Hancock and M. M. Gowing, *British War Economy* (London, 1949) 是有关重要决策过程的官方历史，非常精彩。Postan's *British War Production* 也属于官方的军事生产史，也同样出色。

80 Ericson, *Soviet High Command,* pp. 575–83.

81 Alan S. Milward, *The German Economy at War* (London, 1965), pp. 43–45; Barry A. Leach, *German Strategy against Russia, 1939–1941* (Oxford, 1973), pp. 133–46 and passim; B. Klein, *Germany's Economic Preparation for War* (Cambridge, Mass., 1959); Andreas Hillgruber, *Hitler's Strategic: Politik und Kriegsjilhrung, 1940–1941* (Frankfurt am Main, 1965), pp. 155–66 and passim.

82 Edward L. Homze, *Foreign Labor in Nazi Germany* (Princeton, 1967), pp. 232. 具有讽刺意味的是，在德工作的经历成为塑造战后欧洲一体化的要素之一。如此说来，希特勒及其残暴成性的副手弗里茨·索科尔（Fritz Sauckel）足堪与让·莫内和乔治·马歇尔元帅一起算作欧洲经济共同体的缔造者。

83 Albert Speer, *Inside the Third Reich: Memoirs* (London, 1970); Milward, *German Economy at War;* Alan S. Milward, *The New Order and the French Economy* (London,1970); Friedrich Forstmeier and Hans-Erich Volkmann, eds., *Kriegswirtschaft und Rüstung, 1939–1945* (Düsseldorf, 1977)；马克思主义视角的论述包括 Dietrich Eicholtz, *Geschichte der deutschen Kriegswirtschaft. 1939–1945* (Berlin, 1969)。

84 Cohen, *Japan's Economy in War and Reconstruction,* pp. 56, 267.

85 从下列数据来看可谓一目了然：

表 9-6 1941—1944 年工农业生产总值及军工占比的指数（1940 年为 100）

	1941 年	1942 年	1943 年	1944 年
工业生产总值	98	77	90	104
军工占比	140	186	224	251
农业生产总值	62	38	37	54

资料来源：Alec Nove, *An Economic History of the USSR* (Harmondsworth, 1969), p. 272。

86 除了上述诺弗的专著以外，有关数据还可参看 Nikolai Voznesensky, *The Economy of the USSR during World War II* (Washington, D.C., 1948), and Roger A. Clarke, *Soviet Economic Facts. 1917—1970* (London, 1972)。

87 有关美国官方的数据，可参看 U.S., Civilian Production Administration, *Industrial*

Mobilization for War: History of the War Production Board and Predecessor Agencies, 1940–1945 (Washington, D.C., 1947)。Donald M. Nelson, *Arsenal of Democracy* (NewYork, 1946) 系战时生产部主管者的私人回忆录。

88　让·莫内是 1917 年作为盟国海上运输理事会的法方代表开始其公共事业生涯的，他在游说美国制订“胜利计划”的过程中发挥了重要作用。可参看其 *Mémoires,* pp. 179–212。约翰·梅纳德·凯恩斯亦曾向美国人大力传授宏观经济观念和管理经验，可参看 Roy F. Harrod, *The Life of John Maynard Keynes* (London, 1951), pp. 505–14, 525–623。

89　有关“二战”期间盟国战略管理的书籍可谓为数众多。Robert E. Sherwood, *Roosevelt and Hopkins: An Intimate History* (New York, 1948) 是最早的内部知情者叙述之一，迄今仍富有趣味。William H. McNeill, *America, Britain and Russia: Their Cooperation and Conflict, 1941–1946* (London, 1953) 代表一种早期的综合与解析。新史料的解禁并未根本改变旧有的宏观认识，比如 John Lewis Gaddis, *TheUnited States and the Origins of the Cold War, 1941—1947* (New York, 1972) 便可以证明这一点。

90　Philip Mason, A *Matter of Honour: An Account of the Indian Army, Its Officers and Men* (London, 1974), pp. 495–522; Bisheshwar Prasad, ed., *Expansion of the Armed Forces and Defense Organization, 1939—1945* (n.p., 1956).

91　R. F. Mackay, *Fisher of Kilverstone* (Oxford, 1973), pp. 506–9; Richard Hough, *First Sea Lord* (London, 1969), p. 238.

92　参看 L. F. Haber, *Gas Warfare, 1916–1945: The Legend and the Facts* (London, 1976), p. 8。为什么“二战”未如人们所预料的那样以遮天蔽日的毒气战开始，这是一个既有趣又甚为严肃的问题。军人对使用这种偷偷摸摸、胆小鬼般的武器从心理上感到厌恶和不自在，这种心理上的反应肯定起了某种作用，使军方废弃毒气转而使用飞机和坦克。Barton C. Hacker, “The Military and the Machine: An Analysis of the Controversy over Mechanization in the British Army, 1919–1939” (Ph.D. diss., University of Chicago, 1968) 对上述选择做了令人信服的心理论证。有关当时德国人的考虑，可参看 Rolf-Dieter Muller, “Die deutschen Gaskriegsvorbereitungen, 1919–1945: Mit Giftgas zur Weltmacht?” *Militargeschichtliche Mitteiliungen* 1 (1980): 25–54。

93　有关英国方面的情况，参看 John M. Sanderson, *The Universities and British Industry, 1850—1975* (London, 1972), pp. 228–30；关于美国的情况，可参看 Daniel Kevles, *The Physicists* (New York, 1978), pp. 117–38。

94　M. M. Postan et al., *Design and Development of Weapons: Studies in Government and Industrial Organization* (London, 1964) 的范围仅限于英国，但亦明确指出武器设计过程中科学系统卷入的程度和规模，尤其是在 pp.433-58, 472-85。要了解美国的情况，可参考官方认可的 James Phinney Baxter III, *Scientists against Time* (Boston, 1946)，该书写得很好。P. M. S. Blackett, *Studies of War: Nuclear and Conventional* (Edinburgh, 1962), pp. 101–19 and 205–34 较多亲身

经历的描述；Reginald Victor Jones, *Most Secret War* (London, 1978) 更是充满了离奇的有关反间集团的见闻。有关德国、日本或苏俄的科学动员，迄今我还没有找到比较有学术价值的材料。

95 参看 Alan S. Milward, *War, Economy and Society, 1939–1945* (Berkeley, 1977), pp. 184–93; Postan, *British War Production*。英国的喷火式战斗机在 1938—1945 年间就曾经历了 1 000 多次技术改造，使其时速提高了 100 英里。

96 参看 Walter Dornberger, *V2* (London, 1954), pp. 93, 100; Dwight D. Eisenhower, *Crusade in Europe* (New York, 1948), p. 260。

97 Martin J. Sherwin, *A World Destroyed: The Atomic Bomb and the Grand Alliance* (New York, 1975) 是近期出版的一部可读性较高的佳作。Margaret Gowing, *Britain and Atomic Energy, 1939–1945* (London, 1964) 是一部很好的官方历史。

98 1943 年，那不勒斯的一次斑疹伤寒症通过 DDT 灭虱在大规模爆发之前被及时扑灭；此间，盟国的医疗队在北非还曾两次及时阻止了淋巴腺鼠疫的流行。可参看 Harry Wain, *A History of Preventive Medicine* (Springfield, Ill., 1970), p. 306。

第十章

1 1947 年 4 月 9 日与美国政治家哈罗德・史塔生的一次访谈，发表在 1947 年 5 月 4 日的《纽约时报》上。有关斯大林就资本主义与社会主义最终无可避免的大决战的言论，参看 Historicus, "Stalin on Revolution," *Foreign Affairs* 27 (1949) : 175 ff。

2 有关政治与经济相互影响的深刻探讨，可参看 Robert Gilpin, *United States Power and the Multinational Corporation* (New York, 1975); Charles E. Lindblom, *Politics and Markets: The World's Political-Economic Systems* (New York, 1977); Gavin Kennedy, *The Economics of Defense* (London, 1975)。

3 "二战"结束不久，美国便迅速建立起基于空中战略考虑的一系列基地，美国飞机可随时从基地起飞对苏联境内的任一角落实施核打击。在其后将近 10 年的时间里，美国人一直将空中打击视为最主要的威慑手段，但实施这一战略的结果却是限制了美国在长距离火箭方面的研发。可参看 Edmund Beard, *Developing the ICBM: A Study in Bureaucratic Politics* (New York, 1976)。

4 第一颗人造地球卫星重量只有 84 千克，而仅在其后一个月发射升空的第二颗便重达 508 千克；1965 年苏联发射入轨的有效荷载已达 12200 千克。参看 Charles S. Sheldon, *Review of the Soviet Space Program with ComparativeUnited States Data* (New York, 1968), pp. 47–49。

5 Robert A. Divine, *Blowing in the Wind: The Nuclear Test Ban Debate, 1954–1963* (New York, 1978) 对此间的政治、心理压力展开了令人信服的探讨。

6 参看 Donald W. Mitchell, *A History of Russian and Soviet Sea Power* (New York, 1974), pp. 518–19。 有关古巴导弹危机的种种解析及分歧的小结，可参看

Robert A. Divine, ed., *The Cuban Missile Crisis* (Chicago, 1971)。

7 John M. Logsdon, *The Decision to Go to the Moon: Project Apollo and the National Interest* (Cambridge, Mass., 1970); Alfred Charles Bernard Lovell, *The Origins and International Economics of Space Exploration* (Edinburgh, 1973).

8 Robert Gilpin, *France in the Age of the Scientific State* (Princeton, 1968) 对 20 世纪 60 年代法国对美国空间计划的反应给予同情。本人还得益于沃尔特·A. 麦克杜戈（Walter A. McDougall）两篇未经发表的论文，一为《早期宇航时代的技术与狂妄》（Technology and Hubris in the Early Space Age）；一为《宇航时代的政治和技术：人类升空史稿》（Politics and Technology in the Space Age – Toward the History of a Saltation）。

9 参看 A. C. B. Lovell, *The Origins and International Economics of Space Exploration* (Edinburgh, 1973), p. 28。

10 且不论其价值的高低，瑞典人的研究显示，1972 年苏联投入军事研发的费用大致在 41~61 亿美元，同期美国的投入为 72 亿美元。可参看 Stockholm International Peace Research Institute, *Resources Devoted to Military Research and Development* (Stockholm, 1972), p. 58。这还不算美国国家航空航天局（NASA）的投入，虽然后者实施的众多项目均与军事有关。名为民用、实为军用的预算投入在苏联也绝不会少。再加上双方的物价指数难以比较，所以要对美苏之间的真实投入进行客观比较近乎不可能，该项目的研究人员并不否认这一点。

11 技术进步呈现的加速趋势源于大规模研发成果的系统应用，下述事实即能说明这一点：自驱动鱼雷从 1866 年问世时的射距 220 码提升到 1905 年的 2 190 码就用了 40 年时间，但猛增到 1913 年的 18 590 码却只用了 6 年时间；北极星（Polaris）导弹 1959 年最初装备美国潜艇时的射距是 1 200 英里，提升到 2 500 英里也不过用了 5 年的时间。有关鱼雷射距的材料，可参看 Edwin A. Gray, *The Devil's Device* (London, 1975) 一书的附录，有关北极星的射距，参看 SIPRI *Yearbook, 1908–69* (London, 1969), p. 98。

12 参看本书第八章。

13 1945 年 7 月 16 日至 1979 年 12 月 31 日，这期间已知的核爆炸数量为：美国，667 次；苏联，447 次；法国，97 次；英国，33 次；中国，26 次；印度，1 次。SIPRI *Yearbook 1981,* App. 11B, p. 382.

14 至 1979 年，不下 36 个国家已经拥有核工厂，且有能力加工用于核裂变的材料。美国及其他国家对这些材料的监控可谓漏洞百出。某些国家（比如以色列）可能早已违反有关规定。不过虽然如此，一切都在秘密中进行，所以谣传可能多于事实。

15 国际间的武器销售"二战"以后都是在政府的监控之下，在自由世界和共产主义世界均是如此。违反官方规定的事例即使有也不会很多。有关这一方面的材料，可参看 John Stanley and Maurice Pearton, *The International Trade in Arms* (London, 1972)。

16 有两本书可谓恰切阐释了这一僵局，Alain C. Enthoven and K. Wayne-Smith, *How Much Is Enough? Shaping the Defense Program,1961–1969* (New York, 1971) 似乎颇具信心，而 Don K. Price, *The Scientific Estate* (Cambridge, Mass., 1965) 则对此充满疑虑。

17 Moshe Lewin, *Political Undercurrents in Soviet Economic Debates from Bukharin to the Modern Reformers* (Princeton, 1974), pp. 127ff 对此有简明的概述。

18 参看 Gavin Kennedy, *The Military in the Third World* (London, 1974), pp. 174–89。

19 Morris Janowitz, *Military Institutions and Coercion in the Developing Nations* (Chicago, 1977), p. 35 指出，1966—1975 年间非洲各国在维持内部治安方面的投入增长了 144%，而同期的军费开支仅增长 40%。书中提供的其他一些数字表明，在全世界范围内，几乎每个国家都加大了对维持内部治安的投入，其增速远胜于军费投入。另外，警力的加强使得政变更难以成功实施，所以 20 世纪 70 年代政变的数量要少于 60 年代。Ibid., pp.42,70.

20 有关英雄与技术官僚角色冲突的论述，可参看 Jacques van Doom, ed., *Military Profession and Military Regimes: Commitments and Conflicts* (The Hague, 1969)。

译后记

翻译这本书，有一段颇为难言的苦涩经历。十多年前，我最初翻译的是本书的第七、八、九、十章，前六章由一位同事翻译，但最终这本已经签订了出版合同的书还是胎死腹中了。如今，幸赖中信出版社，本书才终获出版，心存感激！

其实，与此命运相同的还有另外两部书，一部是菲利佩·费尔南德斯-阿迈斯托的《世界千年史》，另一部是尼科·斯太尔的《脆裂的现代社会：信息时代的知识与重重危机》，前者笔者翻译了12万余字，后者将近7万字。这些书都是颇为严肃的学术专著，且都是笔者在十几年前的绝佳年纪所做的真诚学术付出，此中苦楚，诚令人长吁短叹！

本书是美国已故著名史学家威廉·麦克尼尔生前特别看重的三部巨著中的第三部，名为《竞逐富强：公元1000年以来的技术、军事与社会》，前两部为：《西方的兴起：人类共同体史》和《瘟疫与人》。《竞逐富强》主要围绕技术与政治力量之间的关系展开。《西方的兴起》凸显了两个核心主题，或称著者的两个信念，即：（一）人类社会在不同程度上都是相互关联的；（二）社会变革常常是与其他社会接触后的产物，采取的方式要么是模仿，要么是应对。《瘟疫与人》讲述的则是瘟疫对人类历史的影响。[1]

本书虽是重译，笔者对 1996 年的译本还是颇为敬服的。且不说该版的两位译者倪大昕、杨润殷二先生德高望重，[2] 其译作更是颇具匠心，理解准确、行文流畅，读来甚至不觉有隔文跨界之感。现试举两例：

（原文）Elizabeth of England was more modest. She never aspired to monopolize the overseas enterprise of her kingdom and chose which voyages to invest in from a mix of pecuniary and political considerations. She was shrewd on both counts, and profited handsomely from her investments.

（译文）英国的伊丽莎白比较有节制。她从不奢望垄断英国的海外事业，只是出于金钱和政治的综合考虑选择某些航程投资。她在这两方面都很精明，所以从投资中获利颇丰。（1996 年译本，第 104 页）

（原文）Earlier, sergeants did sometimes become officers, though few ever got beyond the rank of lieutenant. The regulation of 1781 reserving commissions to noblemen therefore rankled, and was still, in 1789, a fresh and remembered grievance.

（译文）在早期，中士有时还能晋升为军官，尽管很少能晋升到中尉以上。1781 年规定，军官必须由贵族担任。因此，到了 1789 年，旧恨新仇一起涌上了军士们的心头。（1996 年译本，

---

1 参阅 [美] 威廉 · 麦克尼尔：《 西方的兴起：人类共同体史 》，孙岳、陈志坚、于展等译，郭方、李永斌译校，北京：中信出版社，2015 年 1 月第 1 版，第 i-ii 页。

2 前者翻译或参与翻译的作品包括《 美国科技政策 》《 蝴蝶梦 》《 莎士比亚的故乡 》《 让–保罗 · 萨特 》《 顾维钧回忆录 》《 大国的兴衰 》《 毛姆短篇小说选 》等。后者的译作至今仍被列入“科学元典丛书”广为流传，如爱因斯坦的《 狭义与广义相对论浅说（彩图珍藏版）》（北京：北京大学出版社，2018 年）。

第 199 页）

对于如此精美绝伦的表达，笔者只得照单全收，悉心学习，以示对前辈译者的致敬。礼敬二位长者！

不过，在本次重译的过程中，笔者也发现一些漏译或错译的实例，在此试举数例，也算是对前人的一点补充。毕竟，学术也是在不断进步的。

原文第 47 页的引述以“and our dynasty would last for 10 000 generations”结束，1996 年译本第 46 页丢失该句，现补齐为“……国祚灵长于万年矣”。1996 年译本第 126 页漏掉了原文部分内容，现添加“可谓深陷欧洲军事–商业复合体的报应之中，而下层民众及德意志诸城邦”（had been caught up with a vengeance in the European military-commercial complex; and the lower classes, along with German city-states）。1996 年译本第 158 页漏掉了“及至 18 世纪末，更是有数百万人的日常生活因此而改变”（and by the end of the century of millions, of Asians, Africans, and Americans were transformed by the activity of European entrepreneurs）一部分内容，第 199 页漏掉了“从根本上动摇了旧政权生存的基础”（and deprived the Old Regime of its ultimate basis for survival）这一重要信息。

以上为 1996 年译本漏译的实例，以下是错译的实例。1996 年译本第 3 页把原文的“fifty-four thousand”错译成“5 400”，现改为“54 000”。第 43 页、第 56 页把原文的“Kublai Khan”、“Kublai”错译成“成吉思汗”，现改为“忽必烈”。第 67 页注释第 57 把原文的

“the old rate of 10 percent” 错译成“百分之二十的税额”，现改为“原来的 10%”。

1996 年译本第 166 页把原文的“But claim and counter claim could be settled only by experimental held maneuvers or by test firings and the like”译成“但是各自提出的要求和反要求只能通过野战演习或者火器试射等方式来解决”，现改为“但彼此间的各执一词最终只能靠野战演习或火器试射之类的实事来解决”。

另外，在原文的第 26 页，作者在表达对传统历史研究的不满之后，有这样一句表白: In the meanwhile, active hypothesis is all that can be hoped for。1996 年译本译为“在此之前，可望得到的不过是一些流行的假设”（第 30 页）。笔者直觉其中有误，尤其是“active hypothesis”这一词组，更是令人百思不解，遂发邮件向作者的儿子、美国乔治敦大学历史学教授约翰 ·R. 麦克尼尔（John R. McNeill）请教，不足一小时，即得如下答复:

> “active hypothesis” is a strange phrase, not normal English. I would guess that it means: hypothesis that will evolve as more knowledge becomes available. I would translate it the same way you would translate “informed hypothesis.”

于是笔者将此句改译为“与此同时，人们所能得到的却不过是一些权宜的知情假设（active hypothesis）”。

这自然是全球化时代便利的密切交流带来的福音。

笔者的翻译硕士（MTI）崔瑞轩同学承担了本书第二章的翻译及索

引整理等工作。笔者的初衷是翻译硕士一定要有真刀真枪的翻译实践机会，而本书在名译基础上的重译更是提供了难得的学习和历练机会。从最初的懵懂到后来的渐入佳境，这期间决然是放弃与坚持的反复决斗，而往往只有在这反复决斗之后，才有望理解翻译实乃一项须细心、细心、再细心的事业。

孙岳

2020 年 3 月 18 日

疫期蛰居在家有感

见识丛书

科学　历史　思想

01《时间地图：大历史，130亿年前至今》　［美］大卫·克里斯蒂安

02《太阳底下的新鲜事：20世纪人与环境的全球互动》　［美］约翰·R. 麦克尼尔

03《革命的年代：1789—1848》　［英］艾瑞克·霍布斯鲍姆

04《资本的年代：1848—1875》　［英］艾瑞克·霍布斯鲍姆

05《帝国的年代：1875—1914》　［英］艾瑞克·霍布斯鲍姆

06《极端的年代：1914—1991》　［英］艾瑞克·霍布斯鲍姆

07《守夜人的钟声：我们时代的危机和出路》　［美］丽贝卡·D. 科斯塔

08《1913，一战前的世界》　［英］查尔斯·埃默森

09《文明史：人类五千年文明的传承与交流》　［法］费尔南·布罗代尔

10《基因传：众生之源》（平装+精装）　［美］悉达多·穆克吉

11《一万年的爆发：文明如何加速人类进化》
［美］格雷戈里·柯克伦　［美］亨利·哈本丁

12《审问欧洲：二战时期的合作、抵抗与报复》　［美］伊斯特万·迪克

13《哥伦布大交换：1492年以后的生物影响和文化冲击》
［美］艾尔弗雷德·W. 克罗斯比

14《从黎明到衰落：西方文化生活五百年，1500年至今》（平装+精装）
［美］雅克·巴尔赞

15《瘟疫与人》　［美］威廉·麦克尼尔

16《西方的兴起：人类共同体史》　［美］威廉·麦克尼尔

17《奥斯曼帝国的终结：战争、革命以及现代中东的诞生，1908—1923》
［美］西恩·麦克米金

18《科学的诞生：科学革命新史》（平装）　［美］戴维·伍顿

19《内战：观念中的历史》　［美］大卫·阿米蒂奇

20《第五次开始》　［美］罗伯特·L. 凯利

21《人类简史：从动物到上帝》（平装+精装）　［以色列］尤瓦尔·赫拉利

22《黑暗大陆：20 世纪的欧洲》　［英］马克·马佐尔

23《现实主义者的乌托邦：如何建构一个理想世界》　［荷］鲁特格尔·布雷格曼

24《民粹主义大爆炸：经济大衰退如何改变美国和欧洲政治》［美］约翰·朱迪斯
25《自私的基因（40周年增订版）》（平装+精装） ［英］理查德·道金斯
26《权力与文化：日美战争1941—1945》 ［美］入江昭
27《犹太文明：比较视野下的犹太历史》 ［以］S. N. 艾森斯塔特
28《技术垄断：文化向技术投降》 ［美］尼尔·波斯曼
29《从丹药到枪炮：世界史上的中国军事格局》 ［美］欧阳泰
30《起源：万物大历史》 ［美］大卫·克里斯蒂安
31《为什么不平等至关重要》 ［美］托马斯·斯坎伦
32《科学的隐忧》 ［英］杰里米·鲍伯戈
33《简明大历史》 ［美］大卫·克里斯蒂安 ［美］威廉·麦克尼尔 主编
34《专家之死：反智主义的盛行及其影响》 ［美］托马斯·M. 尼科尔斯
35《大历史与人类的未来（修订版）》 ［荷］弗雷德·斯皮尔
36《人性中的善良天使》 ［美］斯蒂芬·平克
37《历史性的体制：当下主义与时间经验》 ［法］弗朗索瓦·阿赫托戈
38《希罗多德的镜子》 ［法］弗朗索瓦·阿赫托戈
39《出发去希腊》 ［法］弗朗索瓦·阿赫托戈
40《灯塔工的值班室》 ［法］弗朗索瓦·阿赫托戈
41《从航海图到世界史：海上道路改变历史》 ［日］宫崎正胜
42《人类的旅程：基因的奥德赛之旅》 ［美］斯宾塞·韦尔斯
43《西方的困局：欧洲与美国的当下危机》 ［德］海因里希·奥古斯特·温克勒
44《没有思想的世界：科技巨头对独立思考的威胁》 ［美］富兰克林·福尔
45《锥形帐篷的起源：思想如何进化》 ［英］乔尼·休斯
46《后基因组时代：后基因组时代的伦理、正义和知识》 ［美］珍妮·瑞尔丹
47《世界环境史》 ［美］威廉·H. 麦克尼尔 ［美］约翰·R. 麦克尼尔 等 编著
48《竞逐富强：公元1000年以来的技术、军事与社会》 ［美］威廉·麦克尼尔
49《大加速：1945年以来人类世的环境史》 ［美］约翰·R. 麦克尼尔
50《不可思议的旅程：我们的星球与我们自己的大历史》 ［美］沃尔特·阿尔瓦雷兹

……后续新品，敬请关注……